한국사의 어제와 오늘

공석구

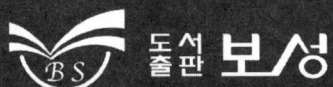
도서출판 보성

책머리에

이 책은 필자가 학생들에게 강의하는 내용(『우리문화 우리역사』 2002, 보성출판사)을 보완하여 편집한 것이다. 21세기를 지나면서 동북아의 국제질서가 해체되는 모습을 지켜보는 마음은 복잡하다. 이러한 변화상을 학생들에게 어떻게, 어떤 방식으로 전달해야 할까 하는 고심을 하게 된다. 역사는 그것을 기억하는 자의 소유이다. 역사란 자기인식이다. 인식의 범주를 확장해나가는 과정에서 수많은 사건, 사람들을 만나게 된다. 역사란 과거의 사실에 대한 인식을 대상으로 하지만 현재를 발판으로 하고 있기 때문에 현재모습의 소산이기도 하다. 역사를 통해서 현재의 국가·사회·우리 그리고 나의 모습을 바라보기 때문이다.

과거의 역사적 사실은 이미 지워진 것이 아니라 현재까지도 우리 곁에 숨쉬고 있다. 하여 그런 주제를 선택해서 책의 제목을 『한국사의 어제와 오늘』이라고 붙여보았다. 이 책의 내용은 우리가 주변에서 쉽게 접할 수 있는 역사와 문화 관련내용으로 구성되었다. 역사 편에서는 몇 가지 주제를 선택하였다. 첫째는 동북아의 역사 갈등과 화해이다. 21세기에도 동북아 3국의 모습은 불안하기만하다. 동북아 3국의 현대사는 20세기 전반 피해자와 가해자의 관계였다. 이러한 역사적 사실은 21세기인 오늘날까지도 청산되지 못하고 현실 정치사로서 유존해있다. 일본의 역사왜곡에 따른 식민지 지배 사실에 대한 논란이 있다. 또한 21세기 강대국으로 등장한 중국의 역사왜곡이 우리에겐 심각한 현실문제이기도 하다. 따라서 중국의 역사왜곡에 대한 내용을 이해할 필요가 있다.

둘째로 일본의 역사왜곡과 식민사관이다. 20세기 초에 일본에게 한동안 강점당했던 사실은 우리에게 치욕의 역사로 인식되고 있다. 허나 그로부터 60여년이 지난 오늘날에도 과거청산이라는 말을 혼히 접하며 살고 있다. 우리 역사의 이면에는 당시 친일했던 상당수의 인물들이 아직까지도 우리 사회의 기득권층으로 행세하고 있는 굴곡진 현실을 부인할 수 없기 때문이기도 하다. 이를 극복하기 위해서는 일제강점기의 지배 사실을 명확히 인식하고, 그에 대한 구체적인 분석과 이성적인 비판이 뒤따라야 할 것이다. 따라서 일제강점기 시절 행해졌던 식민정책에 대한 정확한 이해가 필요하다.

셋째로 21세기 강대국으로 등장한 중국에 대한 이해가 필요하다. 한국사를 객관적으로 이해하기 위해서는 우리 땅의 북쪽에 인접해있던 중국의 역사에 대한 이해가 필요하다. 특히 한국의 현재와 미래를 이해하고 예측하기 위해서는 20세기 중국 현대사를 이해할 필요가 있다.

넷째로 단군신화에 대한 이해가 필요하다. 최근 북한에서는 단군릉이 발굴되고 그 안에서는 단군의 뼈가 발견되어, 이제 단군이 신화적 인물이 아닌 역사적 인물로서 자리 매김하였다. 반면에 남한에서는 단군에 대한 인식의 혼란이 거듭되고 있으며, 개천절의 의미까지도 퇴색되어 가는 현실에서 단군에 관련된 문제를 생각해볼 필요가 있다. 『우리문화 우리역사』(2002, 보성출판사)의 내용을 보완했다.

다섯째로 고구려에 대한 이해이다. 고구려 역사는 한국사의 자부심으로 남아있다. 다양한 민족과 문화를 하나의 틀 속에 융합시켜 강력한 힘의 토대를 이루었던 고구려의 시대정신은 세계화가 보편정신으로 인식되고 있는 오늘날 우리에게 어떠한 메세지를 전하고 있다고 생각한다. 그러기 위해서는 고구려의 역사와 문화에 대한 구체적인 사실을 알 필요가 있다.

문화 편에서는 불교문화와 성곽문화, 무덤문화를 대상으로 하였다. 불교는 삼국시대 이래 오늘에 이르기까지 약 1,700년 동안 왕실, 귀족과 민간에서 면면히 이어져 내려오고 있다. 그렇지만 불교유적에 대한 잘못된 인식, 즉 사찰에 가서 건물을 보고는 무심히 대웅전 또는 법당이라고 부른다든지, 또는 건물 안에 봉안된 불상을 바라보며 대충 석가모니부처님이라고 이야기하는 것을 흔히 보게 된다. 사찰 곳곳에 산재해 있는 문화유산들은 종교적인 관점보다는 우리문화의 정체성을 이해하자는 측면에서 이해할 필요가 있다. 『우리문화 우리역사』(2002, 보성출판사)의 내용을 보완했다.

성곽문화를 대상으로 했다. 주변의 중국이나 일본과는 확연히 구분되는 우리문화의 특징 중에 하나는 우리가 '산성(山城)의 나라'라고 하는 사실이다. 성곽은 전쟁을 염두에 두고 설치된 시설물이다. 여러 가지 형태의 크고 작은 성곽을 통하여 이 땅을 살다갔던 선조들의 흔적을 이해할 수가 있을 것이다. 『우리문화 우리역사』(2002, 보성출판사)의 내용을 보완했다. 고대의 무덤문화에 대한 이해가 필요하다. 따라서 고대국가 성립이후 그 지배자의 무덤은 당시 사회·문화적 수준을 대표한다. 특히 삼국시대 왕릉을 통해서 그 시대의 역사성을 알아보았다.

이 책을 준비하면서 보다 많은 주제를 다루지 못하였다는 자책이 들기도 하였다. 학생들이 역사를 통해 우리역사와 문화를 이해하고 이를 현재 삶의 지혜를 계발하는 계기로 삼기를 바라는 것이 선생으로서의 바램이 아닐까 한다. 이를 위해 계속 새로운 주제를 개발하고 보완해 나갈 예정이다. 이 책을 기꺼이 출판해 준 도서출판 보성에 감사드린다.

2009년 한 여름 밤에
한밭 계룡산록 연구실에서
공 석 구

목 차

I. 동북아의 역사 갈등과 화해 ——— 15

1. 알자! 역사 왜곡의 문제를 ——— 15
2. 동북아의 역사 갈등과 역사 왜곡 ——— 17
   1) 한국의 역사 갈등 ——— 17
   2) 일본의 역사 왜곡 ——— 19
   3) 중국의 역사 왜곡 ——— 22
3. 역사 갈등이후의 문제 ——— 31

II. 중국의 한국 고대사 왜곡 ——— 37

1. '동북공정'의 고구려사 연구동향 ——— 38
2. 고구려사 왜곡의 주요내용 ——— 39
   1) 고구려이전에 살았던 종족 문제 ——— 39
   2) 고구려의 족속 기원과 건국 과정 ——— 40
   3) 고구려와 중국의 '조공-책봉'관계 ——— 41
   4) 고구려의 영역과 평양천도 문제 ——— 42
   5) 중국학계의 고구려 수·당 70년 전쟁인식의 비판적 검토 ⋯⋯ 43
   6) 고구려 붕괴 후 유민의 거취 문제 ——— 43
   7) 발해의 고구려역사 계승 문제 ——— 44
   8) 고구려와 고려의 역사적 계승성 ——— 44

Ⅲ. 현대 중국의 이해 —— 55

1. 중국 중심의 천하질서 —— 55
1) 중국인의 천하관 ········· 55
2) 전통적인 중국의 대외정책 ········· 57
3) 세계사에 영향을 끼친 중국문화 ········· 58

2. 중국 현대사의 이해 —— 64
1) 중국의 몰락 ········· 64
2) 중화인민공화국의 성립과 발전 ········· 65
3) 중국의 소수민족 ········· 68

Ⅳ. 일본의 역사왜곡과 식민지정책 —— 77

1. 식민사관의 형성 —— 78

2. 식민사관의 내용 —— 79
1) 타율성론 ········· 79
2) 역사왜곡과 일선동조론(日鮮同祖論) ········· 82
3) 정체성론(停滯性論) ········· 87

3. 식민사관의 비판 —— 88
1) 타율성론(他律性論) ········· 88
2) 일선동조론(日鮮同祖論) ········· 90
3) 정체성론(停滯性論) ········· 93

Ⅴ. 단군신화 —— 101

1. 단군릉 —— 102
1) 단군릉(檀君陵)조사 ········· 102

2. 단군신화의 해석 —— 106

VI. 넓은 땅 고구려 —————————————————— 115

1. 고구려의 영역은 어디까지였나 ————————————— 116
  1) 요동지역 ·· 119
  2) 백제지역 ·· 121
  3) 신라지역 ·· 122
  4) 낙랑·대방군 지역 ·· 124
  5) 부여지역 ·· 126
  6) 기타지역 ·· 127

2. 전성기 고구려의 대외관계 ————————————— 128
  1) 중국의 남북조와의 관계 ······························ 129
  2) 백제·신라와의 관계 ··································· 136

3. 고구려와 수의 전쟁 ————————————————— 142
  1) 전쟁의 배경 ··· 142
  2) 전쟁의 경과 ··· 143
  3) 전쟁의 결과 ··· 147

VII. 불교문화 ——————————————————————— 151

1. 석가모니의 일생 ———————————————————— 151
  1) 탄생(誕生) ·· 151
  2) 출가(出家) ·· 153
  3) 성도(成道) ·· 155
  4) 전법(傳法) ·· 157
  5) 열반(涅槃) ·· 160

2. 탑과 가람 ————————————————————————— 162
  1) 탑(塔) ··· 162
  2) 가람(伽藍) ·· 174

3. 불상 ———————————————————————————— 196

1) 불상의 발생 ··· 196
2) 불상의 종류 ··· 199

4. 불교공예품 ─────────────────────────── 221
1) 사리장치(舍利裝置) ·· 221
2) 범종(梵鐘) ··· 224
3) 금고(金鼓) ··· 227
4) 운판(雲版) ··· 228
5) 법고(法鼓) ··· 229
6) 목어(木魚) ··· 230
7) 향로(香爐) ··· 230
8) 정병(淨瓶)과 화병(花瓶) ·· 231
9) 금강저(金剛杵)와 금강령(金剛鈴) ······································ 232
10) 경자(磬子) ··· 233
11) 바라 ·· 234

5. 불화 ──────────────────────────── 235
1) 불화(佛畵)의 양식적 변천 ·· 235
2) 불화의 종류 ··· 238
3) 불화의 내용 ··· 240

6. 부도(浮圖)와 탑비(塔碑) ─────────────────── 252
1) 부도(浮圖) ··· 252
2) 탑비(塔碑) ··· 256

7. 석등(石燈)과 당간지주(幢竿支柱) ─────────────── 261
1) 석등(石燈) ··· 261
2) 당간지주(幢竿支柱) ·· 263

Ⅷ. 고대의 무덤문화(왕릉) ─────────────── 267

1. 지석묘(支石墓) ─────────────────────── 267
1) 탁자식고인돌 ·· 268

    2) 기반식고인돌 ·· 270
    3) 개석식고인돌 ·· 271
 2. 광개토왕릉 ———————————————————— 272
    1) 태왕릉 ··· 274
    2) 장군총 ··· 277
 3. 무령왕릉(武寧王陵) ———————————————— 280
 4. 천마총(天馬塚) ——————————————————— 283
 5. 황남대총(皇南大塚) ———————————————— 287

Ⅸ. 성곽문화 ———————————————————— 293

 1. 성곽의 발생 ———————————————————— 293
 2. 성곽의 분류와 종류 ———————————————— 297
    1) 축성재료(築城材料)에 의한 분류 ················ 297
    2) 축조지형(築造地形)에 따른 분류 ················ 301
    3) 축조목적(築造目的)에 따른 분류 ················ 313
    4) 거주주체(居住主體)에 따른 분류 ················ 314
 3. 성곽의 축조방법 ————————————————— 317
    1) 목책성(木柵城) ······································ 318
    2) 토성(土城) ·· 320
    3) 석성(石城) ·· 322
    4) 토석혼축성(土石混築城) ··························· 324
 4. 성곽의 각종시설 ————————————————— 325
    1) 성벽시설(城壁施設) ································ 325
    2) 성벽주변시설(城壁周邊施設) ···················· 335
 ◆ 참고문헌 ——————————————————————— 338

Ⅰ. 동북아의 역사 갈등과 화해

1. 알자! 역사 왜곡의 문제를
2. 동북아의 역사 갈등과 역사 왜곡
3. 역사 갈등 이후의 문제

I

동북아의 역사 갈등과 화해

1. 알자! 역사 왜곡의 문제를

역사라는 학문은 정치성을 띠고 있다. 정치권력의 변혁기 때 마다 역사 갈등이 일어나고 있는 사실이 이를 설명한다. 역사를 통해 국가, 사회, 우리 그리고 나를 바라보기 때문이다. 국가의 경우에는 현 권력의 정당성을 확보하기 위한 수단으로서 역사가 이용되고 있음이 짐작되는 사실이기도 하다. 역사의 해석에 따른 갈등보다도 심각한 문제는 역사 왜곡이다. 일제강점기 시절. 일본이 우리에게 한 일들이, 혹은 고구려사가 어떻게 해석되든지 간에 그것이 우리와 무슨 상관이 있을까? 또한 그것이 우리의 현재 삶에 어떤 영향을 끼칠 수가 있을까? 더욱이나 '고구려사는 이미 1,300여 년 전에 멸망해버린 과거지사에 불과한데'라는 의문과 생각을 가지게 된다. 요즈음 국민들의 관심을 끈 커다란 사건은 중국의 고구려사왜곡과 일본의 역사 왜곡 및 독도문제이다. 우리와 인접해 있는 강대국들의 팽창주의가 이런 모습으로 나타난 것이라고 생각된다. 따라서 이와 같은 문제는 신중하고도, 단호하게 대처해 나갈 필요가 있다. 요즈음 제기되는 문제에 대한 대처 및 해결방안을 후손들에게 적당히 넘겨서는 안 된다. 사실 역사에 대한 문제 특히 주변국과의 이해관계가 상충하는 영토문제의 경우는 결론을 도출해 내기가 쉽지 않다. 영토문제는 국가권력의 기반이 되는 것이다. 영토를 기반으로 하여 국민과 주권이 존재한다, 때문에 영토와 관련되는 문제는 그 나라의 생존문제와도 관련하여 인식하는 경향이 있다. 따라서 이러한 문제가 발생하게 되면 단호하고도 분명하게 입장을 표명하는 것이 중요하다. 그렇지만 이 문제가 당사국 간에 갈등과 분쟁이 아니라 서로 간의 입장을 존중하고 조정함으로서 상호의 차이를 인정하는 바탕위에서 해결되어야 할 것이다.

역사 속에 녹아있는 영토문제는 그 사실을 명백하게 규명하기 어려운 경우가 많다. 상대편에서도 나름대로의 논리적 근거를 마련하고자 하기 때문이다. 따라서 영토문제가 생기면 우선 양국은 그 문제에 대한 명확한 사실 규명이 선행되어야 한다. 역사는 과거의 사실에 대한 객관적이고도 정확한 인식을 바탕으로 하여 현재적 관점에서 그 진실을 규명하는 학문이다. 그런데 일반대중들은 사실보다는 진실에 관심을 보인다. 반면에 역사학자는 지나가 버린 역사 속에 녹아있는 사실을 찾아내고 그 속에 담겨진 진실을 규명하는 책임이 있다. 사실과 진실규명은 역사학자의 사명이다. 역사를 연구하는 목적은 집단 혹은 국가 간의 우호와 평화증진이다. 집단 혹은 국가 간에 우호적인 관계를 유지하는 길은 서로 간의 다름을 역사적으로 이해하는 것이다. 그러한 바탕위에서 서로를 인정하게 되고, 그럼으로써 평화가 유지되는 것이다.

지금 우리가 처해있는 현실을 직시할 필요가 있다고 본다. 우리나라는 역사 이래 최대의 경제적 번영을 누리고 있다. 어떤 측면에서는 민족 최대의 전성기라고 하겠다. 우리가 이와 같은 번영을 계속 유지 발전시켜 나갈 수 있는 방안 중에 한 가지가 있다면 그것은 통일이라고 생각한다. 통일에 대한 모든 것을 준비하면서, 이와 같은 역사 왜곡 및 영토문제에 대해서는 남과 북이 협력하여 현재의 상황에서 적절하고도 분명한 대책과 처리가 있어야 할 것이라고 생각한다. 중국과 일본으로부터의 역사공세로 위협을 받는 요즈음, 우리현실에서 국민들의 단합이 필요하다. 그러기 위해서는 민족의식의 고취가 중요하다고 생각된다. 지금보다는 한층 강화된 역사의식을 심어줄 수 있도록 장기적인 노력과 제도적인 장치가 필요하다고 본다.

2. 동북아의 역사 갈등과 역사 왜곡

21세기를 살고 있는 우리현실에서 내가 살고 있는 동북아시아는 복잡한 모습을 띠고 있다. 한국은 전쟁과 분단 상황이 계속되면서 남·북 간의 긴장관계는 우리뿐 아니라 주변국에게도 파급되고 있다. 또한 우리 사회에는 역사 갈등이 있어 아직 해결되지 못하고 있다. 즉 친일파들에 대한 청산 문제가 여전히 사회통합의 걸림돌로 작용하고 있다. 1945년 8월 패전의 악몽에서 벗어난 일본은 경제발전을 이룩하여 세계경제를 쥐락펴락하는 상황이다. 이는 오늘날 일본이 복잡한 얼굴을 띠게 만들었다. 국가의 경제적 힘이 팽창되었으나 1945년의 패전, 전범국가라는 멍에는 일본에 정치적 힘을 발휘하지 못하는 원죄처럼 남아 있다. 이런 상황은 일본사회에 영향을 끼쳐 20세기 초반의 전쟁 사실을 부인하거나 왜곡하고 심지어는 정당화하려고 한다. 이는 교과서 왜곡 등의 사례로서 우리들에게 알려져 있다. 중국은 20세기 후반 급격한 경제발전을 이룩하더니 21세기에 들어와서는 세계의 정치·경제대국으로 등장하였다. 이러한 중국의 등장은 동북아시아 힘의 균형을 바꾸게 되었다. 강대국의 등장은 인접국에 영향을 끼치게 되었고, 이는 우리에게 역사 왜곡과 갈등이라는 시련으로 다가왔다.

1) 한국의 역사 갈등

한국의 역사 갈등은 친일파 문제를 어떻게 해결해야할 것이냐 하는 것으로 귀결되고 있다. 친일행위는 그 시대를 살았던 사람들의 선택이었다. 이들은 자진해서 친일을 한 자와 피동적으로 친일을 한 자로 구분된다. 또 이들은 지주와 자본가, 지식인, 경찰·관료·군인 등으로 분류할 수 있다. 이중 지식인의 친일행위는 국민들의 의식에 직접적인 영향을 끼쳤다. 또한 경찰·관료·군인의 친일행위는 식민통치의 하부 집행요원으로서 민족말살정책과 민중수탈정책을 직접 담당했다. 1945년 해방은 우리 역사의 전환점이었다. 20세기 전반의 상황이 해방을 계기로 하여 완전히 달라진 것이다. 새로 시작된 대한민국 정부는 과거와의 단절이 필요한 상황이었다. 하지만 친일파는 해방 이후에도 여전히 그들의 기득권을 유지했을 뿐만 아니라 오히려 기득권을 확장해갔다.

친일반민족행위 진상규명위원회	친일반민족행위자 재산조사위원회
일제강점하 강제동원 피해진상규명위원회	제주 4.3사건 진상 규명 및 희생자 명예회복위원회
민주화운동 관련자 명예회복 및 보상심의위원회	동학농민혁명 참여자 명예회복심의위원회
특수임무 수행자 보상심의위원회	군의문사 진상규명위원회
민주화 운동기념 사업회	

그림 I-1 활동중인 진실 화해를 위한 과거사정리위원회(2009년)

이와 같은 친일파문제는 해방이후 문제꺼리로 대두되었다. 친일파 척결에 대한 여론이 높아지면서 1948년 제헌국회에서 '반민족행위처벌법'이 국회를 통과하였고, 10월엔 국회 안에 '반민족행위특별조사위원회(반민특위)'를 구성하여 활동에 들어갔다. 그러나 반민특위의 활동은 계속 방해를 당했고, 결국 1949년 경찰의 반민특위습격사건 등을 겪으면서[1] 와해되었다. 잠시나마 활동 했던 반민특위의 처리내용을 보면 미미하다. 징역 이상의 형을 받은 사람은 14명에 불과하며, 이들도 1950년 초에 대부분 석방되었다. 친일파 문제는 해방 후에 거의 척결되지 못한 것이다. 이들은 자신의 기득권을 지켜냈을 뿐만

---

1) 1948년 9월 '반민족행위처벌법'(반민법) 통과, 국무회의 인준 및 공포, 특별조사위원회 조직.
    11월 '반민족행위처벌 조사위원회 조사기관 조직법' 통과
    12월 반민특위 구성 완료
  1949년 1월 특별조사위원회, 특별검찰부의 조사위원·검찰관·조사관들의 신변보호와 구속 업무 담당할 특경대 설치, 조사활동 개시(피의자 1호로 박흥식 체포)
    2월 이승만 대통령 반민특위 활동 반대를 위한 담화 발표
    6월 경찰, 반민특위사무실 습격에 위원장 및 위원 전원 사표 제출
    10월 '반민족행위처벌법' 폐지법률 공포, 반민특위, 특별검찰부, 특별재판부 해체
  1951년 2월 '반민족행위처벌법' 폐지안 국회 본회의 통과 후 폐지.

아니라 오히려 새로 구성된 대한민국 정부에서 중요한 역할을 담당하고 있었다. 한 예를 들자면 전국의 경찰간부의 상당수가 일본경찰 출신(총경의 70%, 경감의 40%)이었다고 한다. 군인도 미군정과 대한민국 정부에서 군부 내의 중요한 위치를 장악하였다. 종합적으로 새로 구성된 대한민국 정부안의 친일 협력자가 차지하는 비중은 각료의 31.3%, 대법원의 68.4%나 되었다고 한다. 대한민국 정부수립에 깊숙이 간여한 친일파는 이후에도 계속 국가의 핵심세력으로 존재하였고, 이들은 대한민국의 경제발전에도 기여하였다. 이와 같은 친일파의 이중적인 모습은 오늘 날까지도 우리사회에 원죄(原罪)와 같은 존재로서 남아있다. 노무현정부에서 활동했던 '과거사위원회'2)도 이런 고민의 일단을 엿볼 수 있다.

건강한 사회가 유지되기 위해서는 가장 기본적인 사회적 통념 즉 권선징악(勸善懲惡)이 잘 지켜져야 한다. 그런데 친일파문제는 이 권선징악의 규칙이 지켜지지 않았다는 점에서 심각한 문제를 안게 되었다. 망한 나라를 지키려고 노력했던 사람이나 그 후손이 국가, 사회로부터 충분한 보상을 받지 못했던 사회. 오히려 망한 나라를 방치하고 새로운 일본세상으로 만드는데 협력했던 사람들의 이익이 지켜지고 오히려 확장되어 버린 사회. 이는 대한민국 정부 수립과 함께 국민들에게 불평등의 문제를 일으켰고 나아가 국가통합, 사회통합에 큰 장애물로 자리 잡게 되었다.

2) 일본의 역사 왜곡

일본은 우리나라를 병합하기 전, 그 전단계로서 역사를 왜곡하였다. 한 세기 전인 일제강점기 시절. 식민지정책의 주요 내용이 역사 왜곡을 근거로 하

---

2) 과거사위원회의 공식 명칭은 '진실・화해를 위한 과거사 정리위원회'이다. 2005년 시행된 '진실・화해를 위한 과거사 정리 기본법'에 의거 항일독립운동, 일제강점기 이후 국력을 신장시킨 해외동포사, 광복이후 반민주적 또는 반인권적 인권유린과 폭력 학살 의문사 사건 등을 조사하여 은폐된 진실을 밝혀 과거와의 화해를 통해 국민통합에 기여하기 위하여 만들어졌다.

고 있다는 사실을 아는가? 일본은 『광개토왕릉비(廣開土王陵碑)』에 기록된 어느 구절(百殘新羅舊是屬民 由來朝貢 而倭以辛卯年來渡海破百殘□□新羅 以爲臣民)을 자기들 유리한 대로 해석하였다. 나아가 그들의 역사책인 ≪일본서기≫에 기록된 '남선경영론(南鮮經營論)' 또는 '임나일본부설(任那日本府說)'을 확인하였다고 한다. 그들은 한국의 역사기록에서도 임나일본부를 해석해 낸 것이다. 식민사학자들은 이와 같은 학문적인 연구결과를 토대로 하여 옛날의 한일관계에 대한 그럴듯한 해석을 제시하였다. 즉 일본과 한국은 동일한 선조를 가졌던 역사적 근친성을 가지고 있다. 따라서 일본과 한국은 남이 아니라 넓게는 일본 속에 속한 관계였다는 것이다. 한일합방은 태고시절 혹은 임나일본부시절의 역사적 상황을 재현한 것이며 옛날의 상태로 돌아간 復古로서 해석하였다. 조선총독부의 존재는 옛날의 임나일본부를 연상케 되었다.

그림 I-2 백두산정계비

이와 같은 일선동조론의 학문적인 근거를 확보한 일본은 이 사실을 바탕으로 한 여러 가지 정책을 추진해나갔다. 그러한 정책을 몇 가지만 살펴보면, 첫째로 창씨개명(創氏改名)이다. 일본과 한국은 역사적으로 같은 조상임이 확인되었는데 구태여 한국과 일본이 성씨를 달리 표기할 필요가 없다는 것이다. 따라서 당연히 일본식 성씨로 바꾸어야 한다는 논리이다. 조선총독부에서는 1940년경 이 정책을 적극적으로 추진하였다. 1940년 2월에서 8월까지로 기한을 정해 놓고 창씨개명을 강요하였는데, 그 결과 전 국민의 약 80% 가까이에 이르렀다. 둘째는 신사참배(神社參拜)이다. 일본은 자국민과 식민지지배를 위하여 천황을 신격화하려고 노력하였다. 그러한 과정에서 신사(神社)를 전국적으로 건립하였다. 당시의 상황을 경험하지 못한 우리는 오늘 날 드라마에서 '황국신민(皇國臣民)'이라는 용어를 종종 들을 수가 있다. 말 그대로 천황의 백성이라는 것인데 여기서 '신민(臣民)'이란 말은 『광개토왕릉비』에 기록된 용어였던 것이다. 수많은 젊은이들이 2차 대전의 와중에 '천황폐하만세'를 외치며 죽어 갔는데 그들 중에는 식민지교육을 받은 한국의 청년도 다수 포함되었다고 하니 일선동조론의 영향력을 실로 짐작할 만하다. 이와 같은 역사 왜곡의 후유증은 오늘날까지도 심각하여 한국정부에서 '과거사위원회'를 설치 운영해야하는 상황에 이르고 있다.

또한 당시 일본의 행위는 오늘날까지도 우리들의 영토문제에 심각한 영향을 끼치고 있다. 1905년 일본은 공식적으로 독도를 자국영토로 편입시켰다. 한·일간의 독도분쟁은 이때부터 시작된 것이나 다름없다. 뿐만 아니라 일본은 을사조약으로 외교권을 박탈한 이후 1909년 당사자인 우리가 아닌 중국(청)과 간도협약을 체결하였다. 이는 중국이 간도지방을 영토화하게 되는 직접적인 계기가 되었다.

일본의 역사 왜곡은 과거만의 일이 아니다. 근래 20세기 전반의 전쟁행위를 부정하고 이를 정당화하려는 움직임도 없지 않다. 이는 일본의 내부 상황과도 관련이 있다. 2차 대전 종전 후에 행해진 전쟁의 뒤처리과정에서 패전국인 일본은 승전국인 연합국 측에 의해 전범, 전범국가라는 굴레가 씌워졌다. 이런 관점에서 2차 대전 전몰자의 유해를 모신 '야스쿠니진자(靖國神社)'[3]는 상대국에게 전범자의 집합체로 인식되었지만, 일본인에게는 그렇게 받아들이기 어려운 분위기였다는 것도 짐작할 수 있다. 당시 일본의 굴욕적인 상

---

3) 일본의 수도인 도쿄(東京)의 중심부인 지요다구(千代田區) 황궁 북쪽에 있는 신사(神社)를 말한다. 일본의 신사중에서 규모가 가장 큰 것으로 알려져 있다. 메이지유신(明治維新) 직후인 1869년에 건립되었다. 건립 당시의 명칭은 쇼콘샤(招魂社)였는데 1879년에 현재의 이름으로 바뀌었다. 제2차 세계대전 당시에는 천황이 참배하여 전몰자를 호국의 영령으로 제사함으로서 국민들에게 군국주의를 고무시키는 데 큰 영향을 끼쳤다. 청·일전쟁, 러·일전쟁 그리고 제1·2차 세계대전 등에서 전사한 사람들을 합동으로 제사지내며 제사의 대상이 현재 약 250만 명(여자는 6만 명)에 이르고 있다. 1978년에는 도조 히데키[東條英機]를 비롯한 A급 전범 14명이 합사되었고 이는 오늘날에 이르기까지 국제사회의 문제꺼리로 등장하고 있다. 매년 봄과 가을에 정기제사가 행해지고 있다.

황은 패전직후에 만들어진 일본헌법4)에도 반영되어 있다. 하지만 종전 후의 피동적인 상황은 점차 변해갔다. 1960년대 이후 일본의 경제성장은 패전의 악몽에서 벗어나는 계기가 되었다. 세계의 경제를 주도하는 일본의 현실은 과거 패전국의 상황과 많이 달라졌다. 이런 상황변화는 일본으로 하여금 복잡한 얼굴을 띠게 만들었다. 사실 일본은 오늘날 국가의 경제력이 크게 확대되었지만, 1945년의 패전, 전범국가라는 멍에가 일본으로 하여금 국제사회에서 정치적 힘을 발휘하지 못하는 배경이 되고 있다. 이는 일본의 또 다른 원죄(原罪)가 아닐까 한다. 이렇게 복잡한 상황은 일본으로 하여금 국내외 문제에 능동적인 입장을 취하도록 작용하였다. 국제적으론 팽창주의 성향을 보여 우리와 독도문제를 야기하였다. 최근 일본의 국방백서를 보면 독도를 일본영토로서 명기하고 있다. 국내적으론 보수적, 우익적 성향이 강해져 평화헌법 수정논란, 군비팽창 등의 문제를 야기하고 있다. 이런 움직임은 20세기 초반의 전쟁 사실을 부인하거나 왜곡 나아가 정당화하려고 까지 한다. 이는 교과서 왜곡 등의 사례로서 우리들에게 알려져 있다. 일본이 20세기 전반 주변국가에 끼친 해악들은 아직까지도 해결되지 않고 있다. 예를 들어 중국의 난징(南京)대학살사건5), 한국의 종군위안부문제 등에 대한 일본정부 차원의 공식 사과가 이루어지지 않고 있는 사실에서 복잡한 일본의 내면을 읽을 수 있다.

3) 중국의 역사 왜곡

중국은 한국고대사 특히 고구려사를 왜곡하고 있다. 이와 같은 역사 왜곡

---

4) 일본 헌법은 제2차 세계 대전에서 패한 뒤, 기존의 메이지 헌법을 개정하여 만들어졌다. 1946년 11월 3일에 공포되고, 1947년 5월 3일에 시행되었다. 시행 이후에 한 번도 개정된 적이 없다. 특히 제9조에서는 "전쟁 포기, 전력 불보유, 교전권 부인"을 명시하고 있어, '평화헌법'이라는 명칭으로 불리기도 한다.
5) 난징(南京)대학살 사건은 중·일 전쟁 도중, 당시의 수도였던 난징을 점령한 일본군이 중국인들을 무자비하게 학살한 사건이다. 최대 30만 명의 중국인들이 학살되었다고 한다. 이 사건은 1937년 12월 13일부터 1938년 2월까지 6주간에 걸쳐 이루어졌다.

작업의 정체는 중국정부가 주도하는 동북공정이다. 최근 중국에서는 고구려사를 중국사에 편입시키려는 작업을 진행했음이 밝혀졌다. 중국사회과학원에 소속된 연구소인 '변강사지연구중심'(邊疆史地硏究中心)에서는 2002년 2월부터 2007년까지 5개년 계획으로 '동북변강사여현상계열연구공정'(東北邊疆史與現狀系列硏究工程, 이를 줄여서 東北工程이라고 칭함)이라는 국가적 프로젝트를 추진하였다.

중국의 역사 왜곡은 20세기 말 이후 중국의 내부적인 상황변화와 관련이 있다. 이를 위해 먼저 중국이라는 나라를 간략하게 이해해보자. 1949년에 성립된 중화인민공화국은 56개의 민족으로 이루어진 다민족국가이다. 20세기 중반까지 인종, 언어, 역사와 문화 등을 각기 달리해 온 세력들이 하나의 국가로서 성립한 것이다. 이들 소수민족의 대다수는 중국의 외곽지역 즉 변경지역에 거주하고 있다. 주변의 20개 국가와 국경을 마주하고 있는 중국6)의 경우 소수민족 문제는 장차 문제를 일으킬 수 있는 소지를 안고 있는 셈이다.

중화인민공화국 정부의 정체성을 확보하기 위해서 필요한 과제가 제기되었다. 오랜 기간 언어를 비롯하여 각기 이질적인 문화를 가지고 살아온 각 소수민족의 역사를 어떻게 중국사로 포함시켜야 하는지 하는 문제였다. 중국학계는 이와 같은 문제를 합리적으로 설명하기 위하여 만들어낸 교묘한 이론이 있다. 요약하면, 중국을 구성하고 있는 56개의 여러 민족은 역사적으로 볼 때 항상 분열과 융합과정을 거쳐 대통일(大統一)을 지향해왔다는 것이다. 이를 통일적다민족국가론(統一的多民族國家論)이라고 규정하고 있다. 이러한 관점에서 본다면 현재 중국의 영토 안에서 생활하고 있는 모든 민족과 역사상

---

6) • 동북방: 1.조선민주주의 인민공화국, 2.러시아, 3.몽골
  • 북방: (몽골)
  • 서북방: 4.카자흐스탄, 5.키르기스탄, 6.타지키스탄, 7.아프카니스탄, 8.파키스탄, (러시아), (몽골)
  • 서남방: 9.인도, 10.네팔, 12.미얀마, 13.라오스, 14.월남
  • 바다경계: 1.말레이시아, 2.부르나이, 3.필리핀, 4.대만, 5.일본, 6.한국, (베트남)

현재의 영토 안에서 살다가 없어져 버린 모든 민족 모두가 중화민족을 구성하는 일부분이라고 해석할 수 있다. 즉 그들이 역사상 활동했던 지역과 그들이 건립했던 정권의 영토는 모두 중국역사상의 영토를 구성하는 한부분이라는 것이다.

  그렇다면 중국에서 역사 왜곡을 하게 된 이유는 무엇인가? 그것은 중국의 현실적인 문제를 해결하기 위한 정치적인 목적에서 나온 것이다. 그 배경은 국내외의 상황변화 즉 1980년대 이후 중국사회의 변화, 세계정세의 변화와 관계가 있다. 중국은 개혁개방 정책7)이후 사회주의적 시장경제 체제로의 적응과 이에 따른 경제발전이 지속되어 왔다. 이러한 과정에서 빈부격차를 비롯한 사회적인 갈등요인이 잠재해 있었고 일부는 노출되기도 하였다. 1990년대 전후 이룩된 중국의 경제성장은 복잡한 중국의 소수민족 문제를 정리하는 배경이 되었다. 이러한 과정 속에서 1989년 동구권에서 시작된 사회주의 국가들의 몰락은 1990년 독일의 통일, 1991년 소비에트 연방공화국의 해체로 이어졌다. 이런 상황은 또 다른 사회주의 국가인 중국에 큰 충격을 주게 되었다. 특히 소비에트 연방공화국의 해체는 중국에 큰 경각심을 불러 일으켰다. 중국과 소비에트 연방공화국의 유사성 때문이다. 두 나라는 국가의 구성원이 종교와 문화, 역사, 인종이 각기 다른 다민족으로 구성된 국가라는 점이다. 중국은 소비에트 연방공화국이 종교별, 민족별로 해체, 독립되는 과정을 지켜보았다. 중국은 56개의 민족으로 구성된 다민족국가인데 92%의 한족과

---

7) 1978년에 덩샤오핑 노선이 확정되고 1979년 마오쩌둥의 계속혁명론을 포기하고 혁명보다는 경제 건설에 치중하는 실용주의 노선에 의한 개혁·개방정책을 추진하게 된다. 이 과정에서 경제특구가 지정되었다. 경제특구는 중국의 개혁과 개방정책에 의해 1979년부터 외국의 자본이나 기술을 도입할 것을 목적으로 설치된 특별한 지역·경제 특별구역이다. 덩샤오핑의 대외개방정책의 소산으로 1979년 광동성의 深川, 珠海, 汕頭, 복건성의 厦門 등 4개 지역이 경제특구로 지정되었고, 1988년에는 해남도가 省으로 격상되어 5번째 경제특구가 되었다. 외국의 자본이나 기술을 도입하기 위해 100% 외자기업 인허가, 수출입 관세 면제, 기업이나 개인의 국외송금 자유, 소득세에 대한 3년 거치 등의 특혜가 있다. 중국은 경제특구를 지정한 뒤 10여 년 동안 수출주도형 경제발전 전략을 구사해 급속하게 발전하기 시작했다.

8% 가량의 소수민족으로 구성되어 있다. 더욱이 20개국과 국경을 마주보고 있는 중국은 그 영토의 약 60% 가까이를 점하고 있는 것이 소수민족이라고 한다. 소수민족은 대부분 변경지대에 거주하고 있다. 이러한 상황은 만일 중국에서도 정정불안이 야기될 경우 나타날 수 있는 국가적인 중요문제일 것이다. 더욱이 소수민족들은 중국 경제성장의 혜택에서 소외되어 있었다. 사실 오늘날까지도 중국에서 티벳족, 위구르족 등의 분리움직임이 있음은 알고 있는 바다.

그림 I-3 중국의 소수민족

한편 중국의 동북지방(요녕성, 길림성, 흑룡강성)은 러시아, 북한과 국경을 접하고 있는 변경지대이다. 이 지역에는 상당수 조선족이 거주하고 있다. 1949년 중화인민공화국 성립이전부터 이 지역에는 조선족이 집단적으로 거주하고 있었다. 조선족은 현재까지도 독자적인 언어(조선말)와 문화생활을 영위해오고 있다. 하지만 조선족은 중국에서 그렇게 높은 경제 수준은 아니라고 한다. 1990년대 중반까지만 하더라도 약 200만 이상의 조선족이 있었다고 한다. 조선족문제는 중국이 역사 왜곡을 추진했던 배경이 되었다. 중국의 역사 왜곡은 '동북공정(東北工程)'이라는 이름으로 알려져 있다.

1992년 한국과 중국 간의 수교는 중국에서 동북공정 프로젝트를 수립하게 되는 직접적인 계기가 되었다. 한국인과 중국의 동북지역에 거주하는 조선족과의 만남은 예상치 못한 문제를 가져왔다. 한국은 조선말과 조선 문화를 영위하며 살아가는 조선족을 접하면서, 같은 민족으로서의 동질감을 느꼈고, 이는 학창시절에 배웠던 역사적 사실 즉 '고구려 역사'를 떠오르게 하였다. 일부에서는 고구려사의 배경이었던 동북지역을 우리의 역사와 연결시켜 잃어버린 고토(故土)로서 해석하는 경향이 나타나기도 하였다. 이는 간도협약 문제, 한국에 들어온 조선족의 국적취득 운동(재외동포의 법적지위에 대한 특례법 제정) 등의 문제 등과도 연결되면서 현재의 정치적인 문제와 연결되곤 하였다. 결국 1990년대 중·후반에 들어와 조선족 문제는 중국정부에서 해결해야 할 중요한 과제로 대두되었다. 더욱이 2001년 북한에서는 평양에 소재한 고구려유적을 유네스코에 세계유산으로 신청을 하였다. 중국은 북한에서 신청한 고구려유적이 유네스코에 등재된다면 고구려사에 대한 상징적 주도권을 잃게 되는 상황이었다. 이처럼 중국의 내부적인 상황은 조선족이 많이 거주하고 있는 동북지방에 대한 적극적인 정책의 수립을 필요로 하게 되었다. 중국정부는 조선족에 대하여 중국국민으로서의 국가관, 민족관, 역사관 등을 고취시킬 필요를 느끼게 되었다. 중국 학계는 이러한 시각에서 고구려 주민의 정체성문제에 대한 연구를 시도하였다. 고구려사가 한국사에 속하느냐 아니면 중국사에 속하느냐 하는 귀속문제는 조선족의 역사문제와 직결되어 있는 상황이기 때문이다. 그러한 방법으로서 나타난 것이 조선족의 고대역사인 고구려사를 해석하여 중국사로 편입시키려는 것이었다.[8] 고구려 역사를 한국사

---

8) 고구려는 중국의 동북역사상에 존재하였던 소수민족 정권이라고 규정하고 있다. 즉

에서 분리하는 것은 중국의 현재 입장에서 대단히 중요한 사업이고 필요한 연구과제이다. 이것은 조선족에 대한 내부적인 단속9)과 더불어, 나아가서는 한반도의 미래상황, 즉 장차 있을 지도 모르는 북한의 붕괴 또는 남북통일 상황까지도 대비하고 있는 것으로 분석되고 있다.

현재의 중국영토 안에서 건국된 고구려사는 중국영토 안에서 건국되었다는 이유를 들어 중국의 지방사로서 파악하였다. 그런데 문제가 나타났다. 고구려가 5세기경 한반도의 평양지역으로 천도하게 된 역사적 사실을 설명하기가 어렵게 되었다. 평양지역은 현재 북한영토이기 때문에 자신들의 논리를 적용시키기 어렵게 된 것이다. 그러자 중국 학계는 평양지역이 B.C 1세기를 전후한 시기부터 4세기 대에 이르기까지 한사군(낙랑군)의 영역에 속하였다는 역사성을 주목하였다. 역사해석을 위하여 약 2,000여 년 전의 상황까지 소급시켜 현재의 역사해석에 적용한 것이다. 이에 따라 평양천도이후의 고구려사는 과거 한군현(漢郡縣)의 영역 안에 속하였기 때문에 역시 중국사로 포함시켜야 한다는 또 다른 논리를 적용하였다. 이와 같은 중국학계의 논리는 문제가 있다. 중국은 고구려사를 해석하는데 서로 각기 다른 논리적 기준을 적용하였다. 따라서 중국 학계는 자신들이 설정한 역사해석의 기본적인 논리를 스스로 부정하고 있다. 뿐만 아니라 고구려사의 중국사편입에 대하여 중국학계가 주장하고 있는 여러 가지 주장은 대부분이 잘못되었다. 고구려사는 고구려 당시의 역사적 관점에서 이해하여야 한다. 결코 어느 집단이나 국가의 정치적 필요에 고구려사가 왜곡될 수는 없다. 당시의 고구려는 천손(天孫)민족이라는 독자적인 정체성을 가지고 여러 종족과 문화를 하나의 틀 속에 융합하려고 시도하였다. 그 결과 고구려는 당시 동북아시아에서 한동안 강력한 힘을 발휘할 수가 있었다. 이후 중국을 하나의 왕조로 통일한 수, 당과 대립관계를 유지하였다. 고구려는 고구려사를 기억하는 사람들의 몫이다. 따라서 역사학자들은 고구려사가 오늘 날까지 어떤 집단 혹은 어떤 국가에 의해 어떻게 인식되어왔는지 그 역사를 연구하여야 한다. 한국에서 고구려시대의 역사를 기록한 역사서는 고려시대(10세기-14세기)에 편찬된 ≪삼국사기≫, ≪삼국유사≫ 등이 있다. 이들 역사서는 고구려사를 한국사로서 인식 기록하고 있다. 이들 역사서의 삼국은 고구려, 백제, 신라이다. 이후 오늘에 이르기까지 한국의 모든 역사서는 고구려를 한국사로서 기록하고 있다. 반면에 중국의 역사책은 고구려를 타국으로 인식하고 있었다. 현재 남북한의 국호인 코리아(Korea)가 고려라는 국가에서 유래되었음은 주지하는 바이다. 고려는 일찍이 corea라는 이름으로 유럽세계에 알려졌다. 또한 고려라는 국호는 고구려시대에 이미 존재하였던 국호를 고려왕조에서 계승한 것이다.

9) 동북공정 사업과 관련하여 중국영토 안에 소재한 고구려유적의 일부를 유네스코의 세계유산에 등재시킴으로서 중국과의 관련성을 부각시켰다. 또한 조선족의 역사와 연관되는 것을 말살하려는 시도도 유의깊게 관찰할 필요가 있다. 일례로 우리가 늘 부르던 백두산이란 명칭이 중국에서 장백산(長白山)으로 바뀌었다.

한편 1990년대 중반을 전후하여 중국과 인접한 북한의 위기상황이 지속되었다. 1980년대 말 경에 북한 땅 영변지역에서의 핵문제가 제기된 이래로 김일성사망, 김정일로의 권력승계이후 북한의 자연재해로 인한 기근과 이에 따른 탈북자 문제 등의 사안은 북한정권의 지속 가능성여부에 대한 국제사회의 관심으로 대두

그림 Ⅰ-4 동북공정을 추진하는 중국 사회과학원의 변강사회연구중심

되었다. 한반도가 현재 휴전중이라는 국제정치적인 상황은 북한변수에 미국, 중국 등의 휴전협정 당사자들이 직접적으로 간여할 수밖에 없는 현실적인 상황이다. 중국은 이러한 상황 속에서 한반도(북한)의 현재 및 미래정세에 관심을 가지게 된 것은 어쩌면 당연한 일이라 하겠다. 또한 이러한 관심이 동북공정에 깊숙하게 반영된 것이다.

그런데 또 다른 상황이 발생하였다. 최근에 美議會調査局(Congressional Research Service)에서 발간된 조사보고서를 보면 일부 중국 측의 주장을 수용한 것이 확인되어, 한국 사회에 큰 우려와 충격을 주게 되었다. 그 내용은 미국 상원 외교위원회의 요청에 따라 의회 조사국(CRS)측이 제작한 보고서가 2012년 12월 11일 공개되었다. '중국 역사 속에서의 한반도 영유권에 대한 주장'이라는 제목의 보고서 안에 부록으로 제시된 "한반도 영토에 대한 중국의 역사적 주장"이라는 소제목 하에 관련내용이 들어있다. 관련 부분의 일부를 인용해보자.

> A narrative of the territorial shifts over the centuries, as depicted by the maps in The Historical Atlas of China, follows below. The maps are discussed chronologically, from earliest history to most recent. CRS numbering is followed, in parentheses, by location of the maps in the Atlas.

Maps[10]) 1 and 2 (Vol. I, Maps 31 – 32 and 41 – 42), from the Warring States Period (approx. B.C. 475 – B.C. 221), show the course of a series of stone and earthen fortifications that later came to be considered part of the Great Wall of China. The maps show the fortifications extending well south of the Yalu/Amnok River into the current territory of the DPRK.[11])

　위의 내용은 중국이 동북공정 사업을 진행하기 이전인 20세기 중국의 유명한 연구물인 ≪中國歷史地圖集≫의 주장을 여과없이 인용하고 있다. 그 내용은 중국은 戰國時代에 해당하는 연(燕)나라의 長城이 한반도 청천강유역까지 연결되고 있다고 한다. 이러한 상황은 秦나라에도 이어져 장성이 평양부근까지 연결되었다고 한다. 그리고 漢나라 시기에는 漢四郡이 한반도 중북부지역에 존재하였고, 이어서 현도군 지역 안에서 고구려가 나라를 성립시켰으므로 고구려는 중국 역사 속에서 설명되어야 한다는 것이다. 결국 고구려 건국이전의 고대역사를 보면 한반도의 일부지역은 중국역사의 범주 안에 있었다는 것이 된다. 중국이 고대역사를 통해서 한반도지역에서 역사적 소유권을 주장하는 근거로 활용되고 있는 것이다.

　美 전문가는 이와 같은 중국 측의 주장을 인용하고 있다. 미국 의회 전문가가 한국과 중국 간에 일어났던 고대역사의 경계선을 이해함에 있어, 중국 측의 주장이 여과없이 반영되었다는 것을 확인할 수 있다. 이는 제 3자에 해

---

10) Maps는 ≪中國歷史地圖集≫을 말한다. 이 지도집은 1954년에 위원회가 구성되어 복단대학 譚其驤교수가 편집제작을 맡았고 지도출판사에서 製圖를 하였다. 1973년 원고를 마무리하였고 , 1974년부터 중화지도학사의 명의로 8권으로 나뉘어 연속으로 내부에서 시험용으로 출판하였다. 1980년 중국사회과학원은 내부본을 수정하여 조속히 출판하도록 결정을 내려 1982년에 공식 출간되었다. 중국의 대표적인 역사지도집이다.

11) 이 내용을 한글로 옮기면 '『地圖集』에 담긴 수세기에 걸친 영토 변화는 다음과 같다. 아래 지도 번호는 미의회조사국이 각 지도의 오른쪽 끝에 표기한 번호이며 상고시대부터 현대까지 연대순으로 나열하였다. 지도 1과 2(Vol. I, Maps 31 – 32 and 41 – 42)는 전국시대(B.C. 475 – B.C. 221)의 모습을 담은 것인데, 후일 중국장성의 일부로 인식된 토축과 석축의 장새의 경로를 표시하였다. 이 경로는 압록강의 남부에서부터 현 북한의 영토까지 이어지고 있다'.

당하는 미국이 가지고 있는 역사인식과도 관련되는 문제이기 때문이다. 따라서 여기서 제기된 사안은 이제 한·중 간 역사 갈등의 범위를 넘어선 것으로 파악되고 있다.

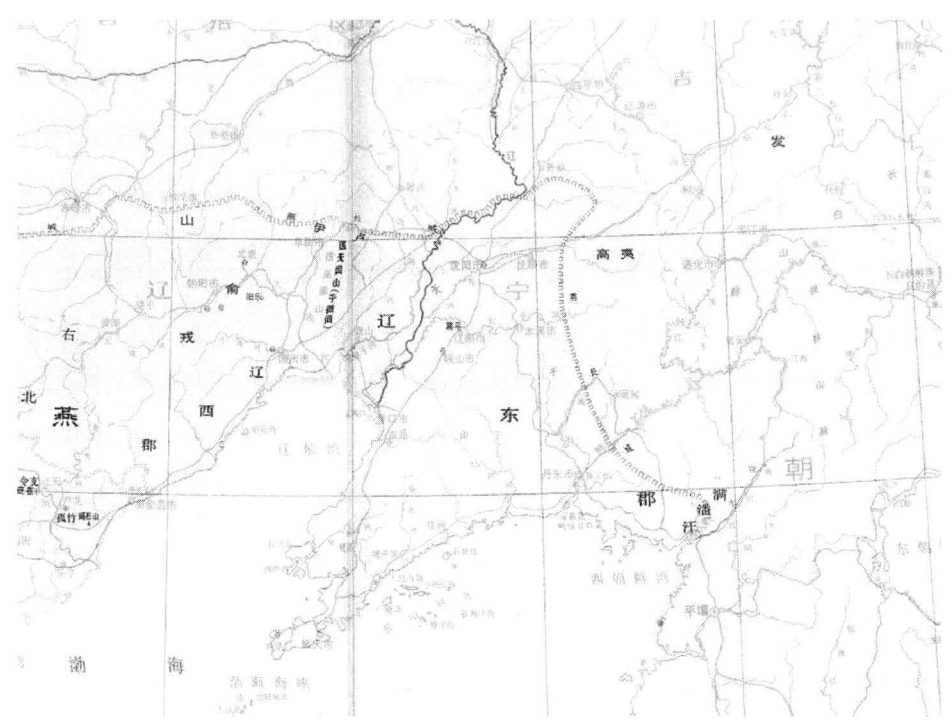

그림 I-5 ≪中國歷史地圖集≫에 표현된 중국 戰國시대 燕나라 지도
(청천강유역까지 중국의 장성이 연결되었음)

그렇다고 하여 남북한이 너무나도 당연하게 민족사로서 인식하고 있는 고구려사를 중국이 왜곡할 수는 없는 일이다. 우리는 고구려사가 우리 민족의 역사였다는 사실을 지키자는 것이다. 이러한 관점에서 만주지방에 대한 고토회복 등의 이야기는 앞으로의 한중관계에 도움이 되지 않을 것이라고 생각한다. 또한 중국에서도 고구려사문제를 왜곡하여 이를 근거로 우리 민족문제에 간여하려고 해서는 안 될 것이다. 한중 양국은 역사와 현재적 사실을 인정하

여야 한다. 고구려사는 우리 민족에게 특별한 의미가 있다. 그것은 민족사의 전개과정에서 우리 민족 구성원들에게 커다란 자부심으로 작용하였기 때문이다. 우리 역사상 가장 강력했던 국가, 만주지방을 영토로 하였던 국가라는 사실 들이 민족고난의 역사를 헤쳐 나올 수 있던 역사적 자부심의 기반이 되었던 것이다.

고구려사는 우리 민족의 역사로서 지켜야 한다. 그러기 위해서는 누구라도 고구려사가 한국사라는 사실을 인정할 수 있도록 고구려사에 대한 보다 심층적이고도 객관적인 연구가 진행되어야 할 것이다. 고구려사에 대한 사실과 진실을 현재적 관점에서 충분히 규명하여야 한다. 나아가 중국과의 역사문제가 거론될 소지가 있는 문제를 계속 발굴해 연구해야 한다. 그러기 위해서는 중국과 국경을 접하고 있는 북한 측과 민족적인 차원에서의 협력이 필요하다. 이제 우리는 고구려사를 비롯한 동북공정 문제 뿐 만이 아니라 통일 이후에 전개될 중국과의 영토문제 및 국경선 문제 등을 미리 미리 준비하고 연구하여야 할 것이라고 생각한다.

3. 역사 갈등이후의 문제

이러한 한·중·일의 역사 갈등은 각국이 당면하고 있는 현실 정치문제와 관련되기 때문에 이를 극복하기란 쉽지 않은 일이다. 하지만 한·중·일의 유대는 매우 중요한 문제이다. 사실 동북아 3국간의 협력문제는 일찍부터 제기된 바 있다. 우리는 이를 '동북아공동체' 또는 '동아시아공동체'라는 용어로서 이해하고 있다. 이러한 용어가 나온 배경을 알아보자. 사실 이와 유사한 논의는 이미 19세기 중후반 경에도 존재했었다. 19세기 중후반 서구열강의 힘이 동북아 지역에 미치게 되면서 이에 대항하기 위해서 아시아 각국이 협력하자는 취지의 주장들이다. 중국에서는 아편전쟁(1839~1842)의 결과인 난징(南京)조약으로 홍콩이 할양되는 것을 신호로 해서 국가수난의 시기로 들어가는데, 러시아의 흑룡강 지역 점령, 1894년 청일전쟁이후 일본에 대만과 요동반도 할양, 1900년 외국군대의 베이징 점령 등의 수난이 계속 이어졌다. 이 기간 동안에 손문의 '대아시아주의', 이대쇠의 '신아시아주의', 유사배의 '아시아민족연대론' 등이 제기되었다. 한국도 19세기 후반 개항이후의 상황 속에서 안중근의 '동양평화론' 박은식의 '동아시아협력론' 등이 주장되었다. 일본에서도 다양한 주장들이 표출되었는데 '홍아론', '대아시아주의', '아시아연대론' 등이 제기되다가 1940년에는 일본외상의 '대동아 신질서 건립' 발표 이후 '대동아공영론'이 제기된 바 있다.

아시아지역의 협력문제는 일찍이 동남아시아 국가연합[12](ASEAN) 에서 논의되었다. 아세안은 1970년대의 괄목할 만한 회원국의 경제성장을 바탕으로 지역결속이 공고해졌으며, 1980년대 후반부터 미·소간의 냉전이 종식되면서 지역 내 경제협력과 안보에 관한 정치적 독자성을 추구하게 되었다. 한편 아세안은 경제협력을 보다 활성화하자는 취지에서 동북아의 경제대국인 한국·중국·일본을 편입시키고자 하였는데, 1999년부터 아세안에다가 3국을 초청하는 형식으로 아세안+3[13]회의가 정례화 되었다. 아세안에 초청형식으로 참석한 한·중·일 정상은 별도 모임을 갖게 되었고, 이 모임은 2002년 정식협의체로 발전하게 된다. 2003년 아세안 정상회의에서는 아세안협력선언이 발표되었다. 이는 2020년까지 안보, 경제, 사회와 문화부문의 공동체 창설을 합의하자는 내용을 골자로 한다. 이러한 분위기는 노무현정부의 출범에도 영향

---

12) 아세안은 1967년에 설립된 동남아시아의 정치, 경제, 문화 공동체이다. 현재 10개국(인도네시아·말레이시아·필리핀·싱가포르·타이·브루나이·베트남·라오스·미얀마·캄보디아)이 가입되어 있다. 이 기구의 조직 구조는 먼저 회원국의 정상들이 해마다 11월에 회합하는 정상회담, 매년 외무장관들이 개최하는 각료회의를 비롯하여 여러 개의 상설위원회, 부속위원회, 특별조직 등으로 구성되어 있다.

13) 한·중·일과의 협력 필요성을 주장했던 마하티르 말레이시아 총리가 1997년 아세안 창설 30주년을 기념하는 비공식 정상회의에 한·중·일 3국 정상을 최초로 동시 초청함으로써 시작되었다.

을 미치게 되었다. 국정목표로서 '평화와 번영의 동북아시대'를 천명하게 되었다. 종래 갈등과 대립의 동북아시대에서 미래에는 평화와 번영의 동북아시대를 열자는 취지였다. 이를 실현하기 위해서 '동북아시아위원회'가 구성되었다. 이런 상황 속에서 '동북아공동체'라는 용어가 자연스럽게 사용되었다.

한편 기존의 아세안+3회의가 가지는 문제점을 해소하기 위해 참여국 모두가 동등하게 참여하자는 취지에서 '동아시아 정상회의(East Asia Summit: EAS)' 체제로 전환해 나가야 한다는 논의가 구체화되었다. 2005년에 이르러 동아시아정상회의(EAS)가 출범했다. 여기서 각국 대표는 '동아시아 공동체의 구축에 중요한 역할을 담당한다'라는 '쿠알라룸프르 선언'을 채택했다. 여기서 제기된 '동아시아 공동체'라는 용어는 일본 측에서 제안한 것인데 아시아 지역의 자유, 민주, 법치, 시장경제의 가치를 공유하자는 내용이다. 하지만 아세안+3회의, 동아시아정상회의 등은 그 구체적인 추진방안에서 주도권문제, 미국의 간여여부 문제 등의 현실적인 문제 등으로 아직 합의점을 도출해내지 못하고 있는 실정이다. 따라서 '동북아공동체' '동아시아공동체'라는 용어는 필요성을 인식한 정도의 담론으로서 회자되고는 있지만 구체적인 실현방안이 나타나기까지에는 많은 난관을 극복해야할 것이다.

그림 I-6 2007년 동아시아정상회의 모습

'동북아공동체' 또는 '동아시아공동체'가 진정 실현되기 위해서 시급하게 해결되어야 할 문제는 동북아 3국간에 남아있는 역사 갈등의 해소문제일 것이다. 하지만 이 문제는 이들 국가의 정체성과 관련되는 현안으로서 현실문제와 복잡하게 얽혀있다. 이러한 문제는 동북아공동체의 구상을 모색하고 이를 실현해 나가는 과정에서 점차 해소되어갈 전망이다. 그러기 위해서는 실현가능한 문제부터 합의 실천해야 할 것이다. 사실 한·중·일의 역사를 돌이켜보면 공통성이 없는 것도 아니다. 한자, 유교문화, 불교, 율령국가 등등이 오늘날까지도 이들 국가의 정치, 사회, 문화적 정체성을 나타내고 있다. 따라서 이러한 공통성을 배경으로 하여 오늘의 관점에서 문화적 공동체의 형성을 위한 노력이 우선 필요하다고 본다. 그러기 위해서는 먼저 한·중·일 간에 역사 갈등 문제를 논의하기 위한 협의체가 구성될 필요가 있다. 하지만 협의체가 구성된다고 해도 중국의 대국화 추세와 일본의 패권주의적 경향 때문에 현재의 역사 갈등 문제를 해소하기란 쉽지 않은 일이다. 그렇다고 시도조차 해볼 수 없는 일은 아니지 않은가? 서로 만나 역사 갈등 문제를 논의 하는 장을 마련한 이후에 구체적인 방법 등을 논의해 나갈 필요가 있다.[14]

---

[14] 이러한 논의 중에는 역사교과서를 공동 집필하는 방안이 있을 수 있겠다. 현재 '한·일 역사공동연구위원회', '중·일 역사공동연구위원회'가 구성되어 활동 중이다. 한편 한국에서는 이러한 역사 갈등을 해소하고, 역사교육의 강화방안을 발표했다. 교육과학기술부에서는 고등학교 선택과목으로서 '동아시아사'라는 교과목을 신설하기로 결정했다. 이 과목은 2012년부터 정규과목으로 실시될 예정이다.

II. 중국의 한국 고대사 왜곡

1. '동북공정'의 고구려사 연구동향
2. 고구려사 왜곡의 주요내용

II
중국의 한국 고대사 왜곡

　중국은 한국고대사 특히 고구려사를 왜곡하고 있다. 이와 같은 역사 왜곡 작업의 정체는 중국정부가 주도하는 동북공정이다. 최근 중국에서는 고구려사를 중국사에 편입시키려는 작업을 진행했음이 밝혀졌다. 중국사회과학원에 소속된 연구소인 '변강사지연구중심'(邊疆史地研究中心)에서는 2002년 2월부터 2007년까지 5개년 계획으로 '동북변강역사여현상계열연구공정'(東北邊疆歷史與現狀系列研究工程, 이를 줄여서 東北工程이라고 칭함)이라는 국가적 프로젝트를 추진하였다. 동북공정 사업의 완료이후에는 그동안 연구된 내용을 심화시켜 중국의 국내외정책에 반영할 것으로 예상되고 있다. 사실 동북공정은 중국정부에서 추진하는 중국사의 틀을 조정하는 원대한 계획1) 중의 일환으로서 진행된 것이다.

---

1) 중국의 새로운 역사 만들기 사업은 다양하게 진행되었다. ① 하상주단대공정(夏商周斷代工程): 이는 중국의 고대사(하, 은, 주) 연구 작업이다. 구체적인 연대가 판명되지 않은 중국 고대사인 하·은·주의 역사에 대하여 구체적인 연대를 확정(하: 기원전 2070~1600년, 은: 기원전 1600~1046년, 서주: 기원전 1046~771년)하였다. 제9차 경제사회 5개년계획에 포함되어 추진(1996~2000년)되었다. ② 중국고대문명탐원공정(中國古代文明探源工程): 이는 전설인 삼황오제의 신화시대를 고고학적으로 탐원하여 역사시대로 편입하려는 연구 작업이다. 용산문화 시대(기원전 3000~2000년)를 삼황오제(三皇五帝)의 시대로 파악하여 중국 역사로 포함시켰으며, 5천년 중국 역사라는 표현에 활용하였다. 제10차 경제사회 5개년계획에 포함되어 추진(2000~2005년)되었다.

1. '동북공정'의 고구려사 연구동향

중국학계의 역사관은 이른바 '통일적다민족국가론'으로 요약되고 있다. 중국의 강역에서 생활하고 있는 민족과 역사상 현재의 강역 내에서 살다가 이제는 이미 소실된 민족 모두가 중화민족을 구성하는 일부분이며, 그들이 역사상 활동하였던 지역과 그들이 건립한 정권의 강역은 모두 중국 역사상 강역을 구성하는 부분이라고 인식하고 있다. '동북공정'(東北工程)을 진행하기 전 중국 동북지방의 역사와 지리에 대한 연구 성과는 저서가 200여권, 논문은 수천 편에 이른다. 연구주제는 동북의 국경지역과 지방역사와 관련된 것인데 지방사, 변경민족사, 경계연혁사, 조선이민중국사, 동북과 주변국가 관계사 등에 집중되었다. 2002년부터 2007년까지 진행하기로 기획된 '동북공정'의 목표는 다음과 같다. 지금까지의 연구 성과를 모두 정리하고, 우수한 연구 역량을 집중하여 역사상 의문시되어온 문제, 현재에 있어서 관심이 집중되는 문제, 이론상의 난점을 보이는 문제를 극복하며, 총체적인 연구수준을 비교적 크게 제고시키며, 이를 기초로 하여 계열화시키고, 권위있는 연구 성과를 형성하는 것에 목표를 설정하였다. 이를 위하여 기초연구와 응용연구를 포함한 연구류, 번역류, 문서자료의 3대 계열로 나누어 연구공작을 추진하고 있다. 주요한 연구내용은 고대 중국 변경에 대한 이론연구, 동북지방사 연구, 동북 민속사 연구, 고조선·고구려·발해사 연구, 중조관계연구, 중국 동북지방 변경과 러시아 원동지역의 정치경제 관계사 연구, 동북변경의 사회 안정 전략연구, 조선반도의 형세변화와 중국 동북변경의 안정에 미치는 영향에 대한 연구 등이다. 이중 한국고대사 관련 주제가 상당한 분량을 차지하고 있다.

이상을 살펴보면 한국고대사에 대한 연구는 고조선과 고구려 및 발해에 걸쳐있지만 가장 핵심적으로 집중하고 있는 주제는 고구려를 전문주제로 다루고 있음을 알 수 있다.

2. 고구려사 왜곡의 주요내용

1) 고구려이전에 살았던 종족 문제

고구려이전 즉 고조선 시기에 살았던 종족문제를 검토하였다. 중국 학계는 고대 동북지구에서 살았던 4대 종족을 화하-한족계(華夏-漢族系), 숙신계(肅愼系), 예맥계(濊貊系), 동호계(東胡系)로서 파악하고 있다. 이들 종족의 기원과 발전, 성장, 유향, 귀속 등의 내용을 발전이라는 관점에서 접근하고 있다. 따라서 동북고민족의 발전사는 중국의 역사범주에 종속된다고 파악하고 있다. 또한 고조선을 중국역사의 범주에 포함시켰다. 단군신화를 화하-한(華夏-漢)문화의 영향을 받은 것이고, 기자조선과 위만조선은 중국의 지방정권으로 파악하고 있다.

중국학계의 이와 같은 인식은 문제점을 가지고 있다. 우선 기자조선은 실재하지 않았던 허구적 존재이기 때문에 이 문제를 가지고 논리를 펴는 것 자체가 문제라 하겠다. 또한 고고학적으로도 중국의 청동기문화와는 다른 이 지역의 독자적인 청동기문화가 존재하고 있었기 때문에 문제가 있다고 하겠다.

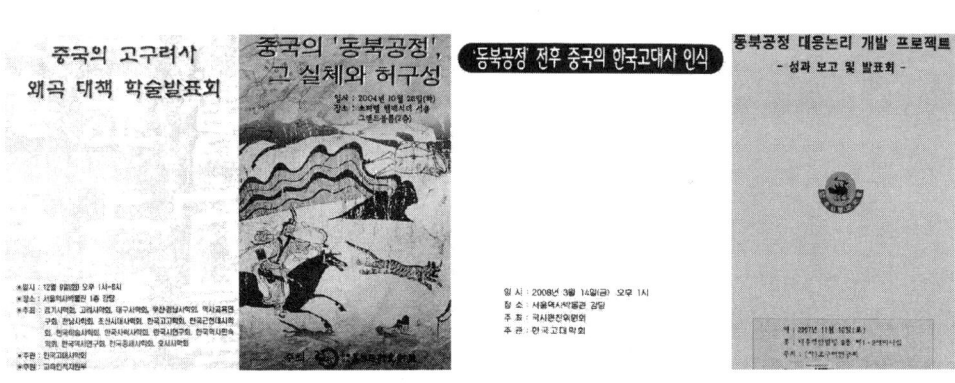

그림 Ⅱ-1 중국의 역사 왜곡에 대한 한국학계의 반응

2) 고구려의 족속 기원과 건국 과정

중국학계는 고구려사를 중국사로 귀속시키기 위하여 고구려의 족원(族源)을 중국 화하족(華夏族: 漢族)의 후예로 설정하였다. 처음에는 막연히 상인(商人)의 후예라는 가설만 설정하다가, 최근에는 『일주서(逸周書)』<王會解篇>의 고이(高夷)를 고구려의 선인(先人)으로 설정하고는, 이를 중국 전설상의 인물인 전욱(顓頊) 고양씨(高陽氏)의 후예라고 파악하고 있다. 그리고는 노합하~대릉하유역의 홍산(紅山)문화를 전욱 고양씨 집단의 산물로 설정한 다음, 고구려 선인이 이곳에서 연원하였다고 주장하고 있다. 고구려의 건국도 이러한 연장선상에서 파악하였다. 고구려는 본래의 중국경내에서 건국하였으며, 건국이후부터는 중원왕조와 예속관계를 맺었다고 한다.

그림 Ⅱ-2 동북공정 당시 선전물과 한국의 반발

이와 같은 중국학계의 주장은 문제가 있다. 고구려의 적석총문화와 홍산문화는 약 3,000년 가량의 연대차이가 있는 문화로서 이 두개의 문화를 직접 연결시키기에는 문제가 있다. 고구려를 건국한 주민집단은 중국에서 이주해 온 집단이 아니라 본래 만주와 한반도 지역에서 농경생활을 영위해오던 예맥족의 일원이었다. 고구려를 건국한 집단은 자신들의 본거지를 침략한 한(漢)의 군현을 물리치면서 정치적 독자성을 확보하고 국가체제를 완비해나갔던 것이다.

3) 고구려와 중국의 '조공-책봉'관계

중국학계는 고구려가 처음부터 중원왕조에 신속(臣屬)한 존재, 즉 건국직후에는 현도군의 일개 현후(縣侯)급 국가로 출발하였다가, 뒤에는 현도군, 요동군에 소속된 지방왕국(地方王國)으로 승격한 것으로 파악하였다. 남북조시대에는 중원왕조가 주변제국에게 책봉을 통한 외교관계를 전개하였는데, 고구려왕이 중원왕조에 조공을 하고 중원왕조로부터 책봉을 받은 사실을 강조하였다. 즉 고구려왕이 중원왕조의 책봉을 받은 것은 중원정권의 관리(官吏)임을 뜻하며, 중원정권을 대신하여 고구려지역의 백성을 다스린 것으로 파악하였다.

그림 Ⅱ-3 세계유산 장군총 주차장 앞의 안내판
(고구려는 조기 중국 북방의 소수 민족 정권입니다. 2013.10.28 확인)

이와 같은 중국학계의 주장은 문제가 있다. 이는 책봉과 조공제도를 중앙정부와 지방관사이의 내부적 정치질서로 오해한데서 비롯된 것이다. 조공과 책봉은 당시 중국과 고구려 사이에서 나타난 외교형식의 하나였을 뿐이다. 고구려는 독자적으로 자신의 세력권 안에 여러 국가나 세력집단을 포용하고 있었으며, 독자적인 천하관을 가지고 있었다는 사실을 간과해서는 아니 될 것이다. 중국의 논리대로라면 당시 조공과 책봉관계였던 백제, 신라 왜의 역사도 모두 중국의 역사가 될 것이다.

4) 고구려의 영역과 평양천도 문제

중국학계가 고구려사를 파악하는 기본적인 논리는 '통일적 다민족국가론'이다. 그런데 중국, 북한에 각기 나뉘어져 있는 고구려사를 해석하는 과정에서 중국학계는 논리적 문제점을 드러냈다. 현 북한의 영토 안에 있던 고구려사에 대한 해석이 문제가 되었던 것이다. 중국학계는 이 문제를 해결하기 위하여 또 다른 방안을 제시하였다. 그런데 이러한 몇 가지 방안은 당시의 고구려사를 '고위금용'(古爲今用)의 시각 하에서 수백 내지는 수천 년 이전의 역사적 상황에 소급하여 대입시킨 것이다. 그들의 주장에 따르면 이제는 고구려사 모두, 즉 현 북한 영토 안에 있었던 고구려사 까지도 중국사에 포함시키고 있는 것이다.

현 중국영토 안에서 건국한 고구려사는 중국의 영토 안에서 건국하였기 때문에 중국의 지방할거정권이 세운 지방사로서 파악하였고(통일적다민족국가론), 현 북한영토 안에 있었던 고구려사 즉 평양천도이후의 고구려사는 과거 고대중국의 영역 안에 있었기 때문에 중국사로 포함시켜야 한다는 논리이다. 결국 중국학계는 역사인식의 근본적인 바탕인 '통일적다민족국가론'의 논리적 근거를 스스로 폐기하는 오류를 범하고 말았다. 이는 현재의 정치적 목적을 위하여 과거의 역사를 자의적으로 해석하려는 것이라 평할 수 있을 것이다.

5) 중국학계의 고구려 수·당 70년 전쟁인식의 비판적 검토

중국학계는 수·당전쟁의 성격에 대하여 고구려간의 국제전이 아닌 중국 내부의 내전이라고 주장하고 있다. 그 근거를 수·당이 각기 고구려에 보낸 조서(詔書)에서 찾고 있다. 중국학계는 수의 문제(文帝)나 양제(煬帝)의 조서 그리고 당 태종이 고구려에 보낸 조서의 내용을 실제 역사적 상황으로 이해하고 있다. 즉 수·당이 고구려를 정벌함으로서, 중국의 고유영토를 회복하여 전중국을 통일하기 위한 것이었다라고 파악한다든지, 수·당이 고구려에 대하여는 영토의식, 수복의식, 통일의식이 있었던 반면에 백제, 신라에 대해서는 종번(宗藩)관계만 있었다고 파악하기도 한다.

이와 같은 중국학계의 주장은 문제가 있다. 고구려는 국초 이래 지속적으로 추진해 온 군사적 팽창정책에서 나름대로의 대륙정책을 관철해 나간 것이다. 이에 반해 수·당제국은 동아시아를 중국 중심의 일원적지배체제하에 두기 위한 목적을 가지고 있었다. 고구려정책 또한 그러한 정책의 일환으로서 전개되었다. 따라서 고구려와 수·당간의 전쟁은 각자의 국익을 추구하려는 고구려의 대륙정책과 수·당제국의 세계정책이 충돌하면서 빚어낸 동아시아의 국제전쟁 이었던 것이다.

6) 고구려 붕괴 후 유민의 거취 문제

중국학계는 고구려 멸망 후에 그 주민의 상당수가 중국으로 들어가 한족으로 흡수되었기 때문에 고구려사를 중국사의 일부로서 파악하고 있다. 이와 같은 중국학계의 연구경향은 문제가 있다. 즉 단편적인 사실만을 가지고 접근하고 있다는 점에서 문제를 제기할 수가 있다. 실제로 고구려 멸망이후 상당수의 고구려인들이 중국(당)으로 흘러들어갔음은 인정된다. 하지만 신라로 내려와 한국사의 흐름 속에 융화되어간 수많은 사람들도 생각해 볼 수 있다. 중요한 것은 망국민인 그들이 자의적으로 택한 길이 무엇이었던가 하는 것과 그들이 고구려인으로서의 자의식을 가지고 있었으며, 그것이 인식에만 그치지 않고 실제 역사적인 면으로 실현되었는지의 여부를 파악하는 것이 중요하다.

7) 발해의 고구려역사 계승 문제

중국학계에서 발해사를 중국사의 일부로서 해석하는 것은 오래전 일이다. 중국학계는 발해사를 고구려의 계승국으로 보지 않고 말갈국으로서 파악하고 있다. 그 근거는 『신당서(新唐書)』라는 중국사서에 발해 건국자를 속말말갈로 보고, 건국세력의 다수가 말갈족이었다는 기록에 근거한다. 또한 발해라는 국호를 중국에서 받았고, 발해왕은 당에 조공하고 당의 책봉을 받았으며, 문화적으로는 한자를 사용하는 등 중국의 문화를 향유하였다는 등의 몇 가지 이유를 들어 발해가 중국의 지방정권이었다고 주장하고 있다.

이와 같은 중국학계의 주장은 문제가 있다. 『구당서(舊唐書)』라는 중국 사서에는 발해를 세운 대조영이라는 인물은 고구려의 별종이라는 기록이 있으며, 또한 발해가 당과 조공-책봉체제를 맺거나 당의 한자를 사용하는 등의 경향을 보인 것은 당나라문화에 대한 적극적인 수용의지를 나타낸 것이라는 것이다. 발해는 자주국으로서 당과 조공과 책봉이라는 외교행위를 한 것일 뿐이며, 황제를 자칭하였거나, 독자적으로 연호를 사용하고 있었다. 발해는 고구려와 비슷한 풍속을 유지하고 있었으며, 주거문화 또한 고구려의 것을 계승하고 있었다. 발해는 고구려를 계승한 자주 국가였다.

8) 고구려와 고려의 역사적 계승성

중국학계는 고주몽이 세운 고구려와 왕건이 세운 고려는 서로 계승관계가 없다고 주장하고 있다. 즉 고구려와 고려는 본래 족속(族屬)이 다르다고 한다. 고구려는 중국역사상의 국가로 오늘날 중국 각족(各族)의 선인(先人)이 세웠는데 비하여, 고려는 조선역사상의 국가로 오늘날 조선족의 선인이 세운 국가라는 것이다. 이 두개의 국가가 각기 고려라고 부른데서 하나로 오인하는 것이지, 실제로는 관계가 없다고 주장하고 있다.

　이와 같은 중국학계의 주장은 문제가 있다. 왕건은 선대가 고구려 혹은 발해의 집안이었을 가능성이 있으며, 왕건이 국호를 고려로 한 것은 고구려계승의식에서 나타난 것이다. 즉 고려는 건국초기부터 고구려의 수도였던 서경(평양)을 중시하고 북진정책을 추진해나갔다. 또한 중국인들도 고려가 고구려를 계승한 국가였다는 인식을 가지고 있었다. 뿐만 아니라 고려사람 스스로도 고구려의 후예임을 자처하고 있었으니, 서희장군이 거란족을 물리친 사례에서도 잘 나타나고 있다. 고려는 고구려를 계승한 국가였으며, 발해멸망 후 발해의 유민들을 적극적으로 받아준 것도 고구려의 후예라고 생각했기 때문이었다.

　이상에서 알아본 것처럼 중국학계의 주장은 문제가 있다. 동북공정은 학술적 프로젝트가 아니라 중국의 현 정치적인 문제점을 해소하기 위한 정치적 목적이 짙은 정치 프로젝트이다. 근래 중국학계의 연구동향은 현재 중국의 강역 안에서 생활하고 있는 민족과 역사상 현재의 강역 안에서 살다가 없어져 버린 모든 민족 모두가 중화민족을 구성하는 일부분이라고 해석한다. 또한 그들이 역사상 활동했던 지역과 그들이 건립한 정권의 강역은 모두 중국 역사상 강역을 구성하는 한부분이라는 것이 중국학계의 공통적인 인식이라고 한다. 동북공정에서는 고구려사를 중국의 지방정권으로서 단정하여 중국역사학계의 공식견해로 삼고자 하였다. 이는 역사 왜곡이라고 하겠다. 문제는 중국정부 기관이 나서서 진행하고 있다는 사실에 심각성이 있다.

참고자료

1. 백두산 정계비(白頭山定界碑)

청 강희제(康熙帝)가 장백산, 즉 백두산을 그 조상의 발상지로서 관심을 갖고, 1677년에 부하를 보내 이 지역을 답사하고 제사하였다. 이후 1712년에 청은 목극등(穆克登)을 파견해 국경을 답사케 하였으며, 조선에서는 박권을 접반사로 파견했다. 그해 5월 15일에 백두산 정상에서 동남쪽으로 4km 떨어진 지점에 정계비가 세워졌다. 비석의 크기는 높이 2.55척, 너비 1.83척이며 비면에 '大淸'이라 행서하고, 그 아래에 "烏喇摠官穆克登奉旨査邊至比審視西爲鴨綠東爲土門故於分水嶺上勒石爲記"라고 종서(縱書)하고 청의 필첩식(筆帖式 : 하급 관리), 통역관, 조선의 군관, 차사관(파견관리), 통역관의 성명을 각기 각서(刻書)했다. 이 비석은 1931년 만주사변 직후에 없어졌다.

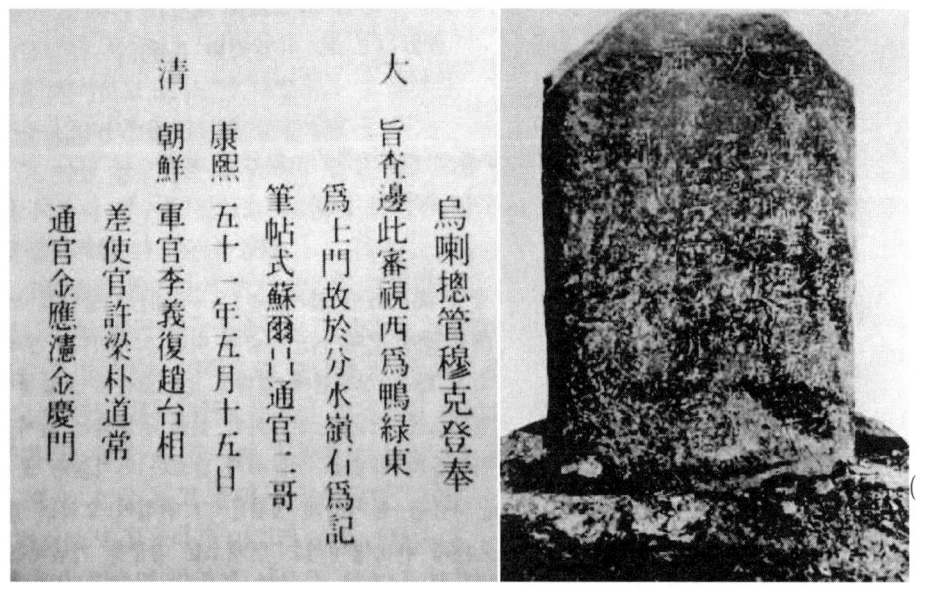

2. 간도협약

1712년 백두산정계비를 세워 양국의 국경을 확정한 이후 간도지방의 영유권문제는 조선과 청나라 간의 논쟁거리였다. 1881년 10월 청이 간도지역에 대한 봉금을 해제하면서 이 지역에 청나라사람의 이주가 많아지게 되었고 이에 따라 정치적 영유권문제가 발생했다. 청나라가 조선정부에 간도지역 조선농민의 본국송환을 요구해 옴에 따라 분쟁이 표면화되었다. 양국은 1885년 이후 수차례의 회담을 가졌지만 합의점을 찾지 못했다. 주된 논쟁거리는 청나라가 백두산정계비에 기록된 토문강(土門江)이 곧 圖們江 즉 두만강(두만강)을 의미하는 것이라고 주장하였기 때문이다. 이 지역이 조선의 영토임을 인식한 대한제국 정부는 1902년에 이범윤을 북변간도관리사로 임명하여 간도 주민에 대한 직접적인 관할권을 행사토록 조처하였다. 1905년 을사조약이후 1907년 일제는 간도에 조선통감부 간도파출소를 설치하여 관리하였다. 하지만 일제는 1909년 9월 청나라와 간도협약을 체결하였다. 그 대가로 일제는 청나라로부터 남만주 철도 부설권과 撫順탄광 개발 등 4대 이권을 받았다. 이로서 간도지역은 청나라의 영토로 확정되었고 이때 확정된 국경은 재차 1962년 조중변계조약(朝中邊界條約)으로 이어졌다.

〈간도(間島)에 관한 청일 협약〉

대일본제국 정부와 대청국 정부는 선린(善隣)의 호의(好誼)에 비추어 도문강(圖們江)을 청.한 양국의 국경임을 서로 확인함과 아울러 타협의 정신으로 일체의 변법(辨法)을 상정(商定)함으로써 청.한 양국의 변민(邊民)으로 하여금 영원히 치안의 경복(慶福)을 향수(享受)하게 함을 욕망하고 이에 좌(左)의 조관(條款)을 정립(訂立)한다.

제 1조
청.일 양국 정부는 도문강(圖們江)을 청.한 양국의 국경으로 하고 강원(江源) 지방에 있어서는 정계비(定界碑)를 기점으로 하여 석을수(石乙水)로써 양국의 경계로 할 것을 성명(聲明)한다.

제 2조
청국 정부는 본 협약 조인(調印) 후 가능한한 속히 좌기(左記)의 각 지를 외국인의 거주와 무역을 위하여 개방하도록 하고 일본국 정부는 차등(此等)의 지(地)에 영사관 또는 영사관 분관을 배설(配設)할 것이다. 개방의 기일(期日)은 따로 이를 정한다. 용정촌(龍井村), 국자가(局子街), 두도구(頭道溝), 백초구(百草溝)

제 3조
청국 정부는 종래와 같이 도문강(圖們江) 이북의 간지(墾地)에 있어서 한국민 거주를 승준(承准)한다. 그 지역의 경계는 별도(別圖)로써 이를 표시한다.

제 4조
도문강(圖們江) 이북 지방 잡거지(雜居地) 구역 내 간지(墾地) 거주의 한국민은 청국의 법권(法權)에 복종하며 청국 지방관의 관할재판에 귀부(歸附)한다. 청국 관헌은 우(右) 한국민을 청국민과 동양(同樣)으로 대우하여야 하며, 납세 기타 일체 행정상의 처분도 청국민과 동일하여야 한다. 우(右) 한국민에 관계되는 민사 형사 일체의 소송 사건은 청국 관헌에서 청국의 법률을 안조(按照)하여 공평히 재판하여야 하며, 일본국 영사관 또는 그의 위임을 받은 관리는 자유로이 법정에 입회할 수 있다. 단, 인명(人命)에 관한 중안(重案)에 대하여서는 모름지기 먼저 일본국 영사관에 지조(知照)하여야 한다. 일본국 영사관에서 만약 법률을 고안(考案)하지 않고 판단한 사건이 있음을 인정하였을 때에는 공정히 재판을 기하기 위하여 따로 관리를 파견하여 복심(覆審)할 것을 청국에 청구할 수 있다.

제 5조
도문강북(圖們江北) 잡거구역내(雜居區域內)에 있어서의 한국민 소유의 도지(圖地), 가옥은 청국 정부가 청국 인민의 재산과 마찬가지로 보호하여야 한다. 또, 해강(該江)의 연안에는 장소를 선택하여 도선(渡船)을 설치하고 쌍방 인민의 왕래를 자유롭게 한다. 단, 병기(兵器)를 휴대한 자는 공문(公文) 또는 호조(護照) 없이 월경(越境)할 수 없다. 잡거구역내(雜居區域內) 산출(産出)의 미곡은 한국민의 판운(販運)을 허가한다. 그러나, 흉년에 제(際)하여서는 금지할 수 있으며 시초인(柴草人)은 구(舊)에 따라 희변(熙辨)할 수 있다.

제 6조
청국 정부는 장래 길장(吉長) 철도를 연길 남경(延吉 南境)에 연장하여 한국 회령(會寧)에서 한국 철도와 연락하도록 하며, 그의 일체 변법(辨法)은 길장 철도와 일률로 하여야 한다. 개변(改辨)의 시기는 청국 정부에서 정형(情形)을 작량(酌量)하여 일본국 정부와 상의한 뒤에 이를 정한다.

제 7조
본 조약은 조인(調印) 후 즉시 효력을 발생하며 통감부 파출소 및 문무(文武)의 각원(各員)은 가능한한 속히 철퇴(撤退)를 개시하며 2개월 이내에 완료한다. 일본국 정부는 2개월 이내에 제 2조 신약(新約)의 통상지(通商地)에 영사관을 개설(開設)한다.

우(右) 증거로서 하명(下名)은 각기(各其)의 본국 정부로부터 상당한 위임을 받고 일본문(日本文)과 한문(漢文)으로써 작성한 각 2통의 본 협약에 기명조인(記名調印)한다.

명치(明治) 42년 9월 4일

선통(宣統) 원년 7월 20일 북경(北京)에서
대일본국 특명전권공사(特命全權公使) 이집원언길(伊集院彦吉)
대청국 흠명외무부상서회변대신(欽命外務部尙書會辦大臣) 양돈언(梁敦彦)

3. 조중변계조약(朝中邊界條約, 중국에서는 中朝邊界議定書)

　1909년 청나라와 일본 사이에 간도협약 이후에 한반도와 중국에서는 새로운 정권이 탄생하였다. 한반도 북부지역에 새로 정권을 수립한 북한과 1949년 10월 국가를 수립한 중국 사이에 새로운 국경조약이 체결되었다. 이것이 조중변계조약(朝中邊界條約)이다. 1962년 10월 북한 김일성과 중국 저우언라이(周恩來)가 서명하고 의정서를 교환함으로써 1964년 3월 20일 발효됐다. 모두 5개조로 구성된 조약문은 백두산과 천지, 압록강-두만강, 그리고 서해 영해의 국경선을 명확히 구분하고 있다. 이로서 백두산 천지의 54.5%는 북한에, 45.5%는 중국에 속하였으며, 압록강과 두만강의 사이에 있는 총 451개의 섬과 사주 가운데 북한이 264개, 중국이 187개를 소유하게 되었다.

<朝中邊界條約 全文>
中華人民共和國主席和朝鮮民主主義人民共和國最高人民會議常任委員會, 深信根據馬克思列寧主義和無產階級國際主義的原則, 全麵解決兩國間歷史上遺留下來的邊界問題, 符合兩國人民的根本利益, 也有助於鞏固和加強兩國間的兄弟般的友誼; 為此, 決定締結本條約, 並各派全權代表如下:

中華人民共和國主席特派中華人民共和國國務院總理周恩來

朝鮮民主主義人民共和國最高人民會議常任委員會特派朝鮮民主主義人民共和國內閣首相金日成。

雙方全權代表互相校閱全權證書，認為妥善後，議定下列各條

第 一 條
締約雙方同意，兩國的邊界確定如下

一、白頭山天池的邊界線，自白頭山上圍繞天池一周的山脊的西南段上的2520高地和2664高地間的鞍部的大體上的中心點起，向東北以直線穿過天池到對岸山脊上的2628高地和2680高地間的鞍部的大體上的中心點止，其西北部分屬於中國，東南部分屬於朝鮮。

二、天池以南的邊界線，自上述山脊上的2520高地和2664高地間的鞍部的大體上的中心點起，沿該山脊大體東南行到該山脊最南端的一點，然後離開山脊以直線向東南經2469高地到2071高地以東的鴨綠江上遊與該高地最近的一小支流上的一點，從此界線即順該小支流的水流中心線而下，到該小支流流入鴨綠江處。

三、從上述2071高地以東的鴨綠江上遊與該高地最近的一小支流流入鴨綠江處起到鴨綠江口止，以鴨綠江為界。鴨綠江口處，從朝鮮的小多獅島最南端起經薪島北端到中國大東溝以南的突出部最南端止所連成的直線，作為鴨綠江和黃海的分界線。

四、天池以東的邊界線，自上述山脊上的2628高地和2680高地間的鞍部的大體上的中心點起，向東以直線到2114高地，再以直線到1992高地，再以直線經1956高地到1562高地，再以直線到1332高地，再以直線到圖們江上遊支流紅土水和北麵一支流的彙合處（1283高地以北），從此界線即順紅土水的水流中心線而下到紅土水和弱流河彙合處。

五、從紅土水和弱流河彙合處起到中朝邊界東端終點止，以圖們江為界。

第 二 條
締約雙方同意，界河中的島嶼和沙洲按照下列規定劃分：

一、在本條約簽訂前，已由一方公民定居或耕種的島嶼和沙洲，即成為該方的領土，

不再改變；

　二、本條第一款所述以外的島嶼和沙洲，靠近中方一岸的屬於中國，靠近朝方一岸的屬於朝鮮，位於兩岸正中的由雙方協商確定其歸屬

　三、位於一方河岸和其所屬的島嶼之間的島嶼和沙洲，雖然靠近另一方的河岸或在兩岸正中，仍然歸該方所有；

　四、在本條約簽訂後，界河中新出現的島嶼和沙洲，根據本條第二款和第三款的規定確定其歸屬。

第 三 條

締約雙方同意：

　一、鴨綠江和圖們江上邊界的寬度，任何時候都以水麵的寬度為準。兩國間的界河為兩國共有，由兩國共同管理、共同使用，包括航行、漁獵和使用河水等。

　二、鴨綠江口外，中朝兩國海域的劃分，確定從江海分界線上的東經124度10分6秒的一點起大體向南直到公海為止的一線為兩國的海上分界線，以西的海域屬於中國，以東的海域屬於朝鮮。

　三、在鴨綠江口江海分界線以外，自東經123度59分至東經124度26分間的海域，兩國的一切船舶都可以自由航行，不受限製。

第 四 條

締約雙方同意：

　一、本條約簽訂後即成立兩國邊界聯合委員會，根據本條約的規定勘察邊界、樹立界樁和確定界河中島嶼和沙洲的歸屬，然後草擬一項議定書和繪製邊界地圖。

　二、本條第一款所述的議定書和邊界地圖經兩國政府代表簽字後，即成為本條約的附件，聯合委員會的任務即告終止。

第 五 條

本條約須經批準，批準書應盡速在北京互換。

本條約自互換批準書之日起生效。

本條約簽訂前的一切有關兩國邊界的文件，除1962年10月3日簽訂的中朝兩國政府代表團關於中朝邊界問題的會談紀要以外，均自本條約第四條所述的議定書生效之日起即行失效。

本條約 於1962年10月12日在平壤簽訂，共兩份，每份都用中文和朝文寫成，兩種文本具有同等效力。

　　中華人民共和國 全權代表 周恩來（簽字）
　　朝鮮民主主義人民共和國 全權代表 金日成（簽字）

III. 현대 중국의 이해

1. 중국 중심의 천하질서
2. 중국 현대사의 이해

III
현대 중국의 이해

1. 중국 중심의 천하질서

1) 중국인의 천하관

중국이라는 나라는 기원전 21세기에서 16세기경까지 하(夏)나라로부터 시작하여 은(殷)·주(周)·진(秦)·한(漢)·위진남북조·수(隋)·당(唐)·송(宋)·요(遼)·금(金)·원(元)·명(明)·청(淸)나라를 거쳐 1949년 중화인민공화국이 탄생까지 5,000여 년의 역사를 가지고 있다. '중국'이라는 명칭은 오늘날 대만에 있는 국가인 중화민국이나 대륙에 있는 국가인 중화인민공화국의 약칭으로서 사용되고 있다. 하지만 역사 속에 나타난 중국이라는 명칭은 그보다 오랜 기원을 가지고 있다. 사실 오랜 세월동안 사용돼 온 중국이라는 용어가 20세기에 이르러서야 국호에 반영된 것이다. 중국이라는 용어는 '中心國家'라는 뜻으로 중국인의 천하관과 연결되어 나타난 개념이다. 그러면 천하라는 개념은 무엇인가? 그 용어는 주(周)나라 때 나타났다. 당시의 최고신인 天의 아래 있는 지역과 사람을 포함한 모든 것을 뜻했다. 우주의 공간, 지상의 모든 지역 및 인간을 포함한 모든 것을 포괄하는 개념이다. 따라서 天下는 天의 아들인 천자(天子)가 통치하는 나라의 영역이기도 했다. 중국에서 천하사상이 확립된 것은 유가사상이 통치철학으로 채택되면서부터라 할 수 있다. 유교경전인 大學에 나오는 '수신제가치국평천하(修身齊家治國平天下)'에서 잘 나타난다.

한편 천자가 거주하는 곳은 天의 중심부였는데, 이를 '국가의 중심'이라는 뜻에서 중국(中國)이라는 용어가 나타났다. 중국에 대한 우월의식이 유가사상과 결합하면서 중화사상(中華思想)도 생겨났다. 중(中)은 '중앙'이라는 뜻이며, 화(華)는 '문화'라는 뜻으로, 중화(中華)는 자신들이 온 천하의 중심이면서 가장 발달한 문화를 가지고 있다는 우월의식을 나타낸다. 따라서 중국에 살고 있는 중국인과 그 주변지역에 있는 타인을 구별했다. 즉 자기와는 다른 양식(문화)을 가지고 있는 지역이나 나라는 모두 오랑캐라고 했다. 이런 오랑캐를 지칭하여 동이(東夷)·서융(西戎)·남만(南蠻)·북적(北狄)이라는 용어도 나타났다. 중국이라는 지리적 배경은 중국의 역사 속에서 중국문명의 탄생을 알리는 황하문명지역과 연결된다. 이처럼 중국인들이 사는 땅과 관련하여 중원(中原)이라는 용어도 생겨났다. 중원이라는 지역적 배경은 사방으로 동쪽의 태산(泰山), 서쪽의 화산(華山), 남쪽의 형산(衡山), 북쪽의 항산(恒山)의 안쪽지역을 말하기도 했다. 이러한 중국, 중원이라는 용어와 관련하여 중국인의 오방사상(五方思想)도 생겨났다. 그들이 살고 있는 중앙과 그 외곽의 동서남북인데, 이 방위관념에 색깔을 상징화시켰다. 중앙은 자신들이 살아가는 토대인 황하의 누런빛을 상징하는 황색, 동쪽은 푸른 바다가 있어 푸른색, 서쪽은 넓은 사막지대를 상징하는 흰색, 남쪽은 더운 지역을 뜻하는 붉은색, 북쪽은 추운 겨울을 상징하는 검은색으로 표현하였다. 이는 후일 동-청룡(靑龍), 서-백호(白虎), 남-주작(朱雀), 북-현무(玄武)라는 사신신앙으로 연결되었다. 이와 같은 천하에 대한 인식은 중국이 점차 그 주변지역으로 세력을 확장하는 과정에서 그 범위가 점차 확장되었다. 사실 동이(東夷)의 경우, 처음에는 중원의 동쪽인 산동 반도 일대에 흩어져 살고 있던 다른 세력을 지칭하는 용어였다. 이후 중국의 영역이 동쪽으로 점차 확대되면서 동이라는 개념도 좀 더 동쪽으로 이전하여 한반도에 사는 종족을 뜻하는 것으로 인식되었다.

2) 전통적인 중국의 대외정책

중국인의 마음속에 자리 잡은 우월의식은 중화사상으로 요약된다. 중국인에게 천하란 그들이 살고 있는 중국과 그 주변지역에서 살고 있는 타자(他者)를 포함한다. 문명지역에 살고 있는 중국을 다스리는 인물이 천자(天子)다. 천자의 구체적인 사례는 중국의 고대전설에 나타나는 삼황오제(三皇五帝)[1]로부터 시작된다. 하·은·주를 비롯하여 역사상에 나타나는 중국의 지배자를 천자라고 불렀다. 진(秦)나라 통일(B.C 221) 이후 중국의 천자는 황제(皇帝)를 정식 칭호로 삼았다. 천자는 하늘아래 모든 사람들이 질서와 평화를 누리도록 해야 한다. 따라서 오랑캐도 천자의 지배를 받아야 한다. 천자는 덕(德)으로 천하를 다스려야 한다는 왕도정치 사상도 나타났다. 왕도정치 사상에서는 중국은 물론, 그 주변지역도 '왕화(王化)'의 은혜를 입어야 한다고 이해한다. 따라서 모든 지역이 중화 문화의 세계라고 한다. '중화사상'은 통일적인 민족문화가 형성되기 시작한 춘추전국시대(春秋戰國時代)에 형성되기 시작하여 유가(儒家) 사상이 국가의 통치 철학으로 자리를 잡은 한(漢) 시대에 이르러 체계화하였다.

중국의 사방에는 주변세력이 존재하였다. 중국은 역사이래로 그 주변세력들에 대해 자신들의 중화사상에 입각한 통치이념을 따를 것을 요구했다. 중국과 주변국 간의 관계는 평등한 관계가 아니라 힘을 바탕으로 하는 불평등한 관계였다. 이는 중국의 대외정책으로 연결되었다. 하지만 주변세력이 중국에게는 천자의 교화를 받아야 할 대상이었지만, 양 세력이 실제로 정치적인 복속관계로까지 발전하기에는 무리가 따를 수밖에 없었다. 이러한 문제를 현실적인 차원에서 해결하기 위한 중국 특유의 대외정책이 책봉(冊封)과 조공

---

[1] 중국고대 전설상의 제왕을 말하는데 이들로 부터 중국역사가 시작되었다고 한다. 삼황은 일반적으로 복희씨(伏羲氏)·신농씨(神農氏)·여와씨(女媧氏)를 말한다. 복희씨는 사람들에게 물고기 잡는 법을 전수해 주었으며, 신농씨는 농사법을 전해주었고, 여와씨는 인간을 창조하였다고 한다. 오제는 일반적으로 황제 헌원(黃帝軒轅)·전욱 고양(顓頊高陽)·제곡 고신(帝嚳高辛)·제요 방훈(帝堯放勳)·제순중화(帝舜重華)를 말한다.

(朝貢)관계이다.

책봉은 중국의 황제(천자)가 주변세력의 지배자에게 특정한 관작(官爵)과 이에 상응하는 물품을 줌으로써 그의 자격과 지위를 부여하고 공인하여 신하로 복속시키는 양식이다. 즉 지배자에게 그 지역에 대한 통치를 위임함으로써 간접적으로 지배하려는 제도적 장치이다. 그 관계는 주변세력의 요청에 따라 책봉함으로써 성립된다. 주변제국이 책봉을 요청하기 위해서는 조공이 선행되어야 한다. 조공은 주변세력에 천자에게 바치는 지역의 특산물이다. 이러한 관계가 일단 성립되면 중국은 그 주변국들의 내정에 깊숙이 간여하지 않았기 때문에, 주변국들은 실질적으로 독립과 주권을 행사할 수 있었다. 이는 주변국들이 중화질서 속에서 중국을 정치적, 문화적 후견자로서 인정하고 섬긴다는 의미였다. 그러나 조공과 책봉관계가 원만치 않을 때는 무력이 사용되기도 했다. 이러한 중국의 전통적인 대외정책은 수많은 인접국을 가지고 있는 중국의 지리적 조건과 스스로 구축한 중화질서의 유지를 위한 산물이었다.

3) 세계사에 영향을 끼친 중국문화

(1) 종이

종이는 주로 문서를 작성하는데 이용된다. 종이가 발명되기 이전, 중국에서는 대나무나 나무를 얇게 잘라서 그 위에다가 문서를 작성하였다. 대나무의 경우에는 여러 개의 대나무 조각을 끈으로 연결하여 긴 문서를 작성하였다. 이를 목간, 또는 죽간이라고 한다. 끈으로 묶은 죽간 한 덩어리를 책(冊)이라고 불렀다. 중국 후한시

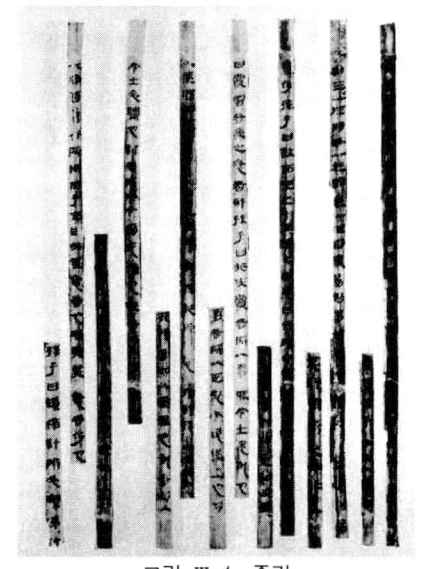

그림 Ⅲ-1 죽간

대인 기원전 105년경에 채륜(蔡倫)이라는 인물에 의해 종이가 발명되었다. 이후 각종 식물섬유를 곱게 빻은 것을 물에 풀고 접착제를 섞은 다음에 엷은 평면으로 말려서 굳히는 종이제법이 확립되면서 중국 각지에서 종이가 생산되었다.

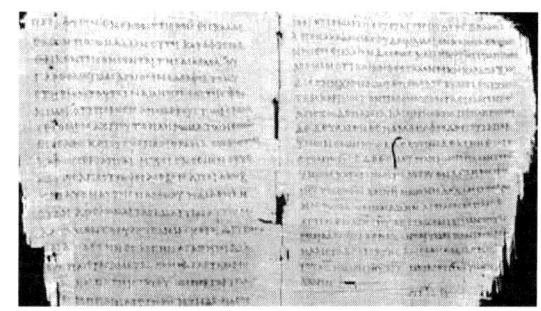

그림 Ⅲ-2 양피지

　종이가 생산되기 이전 중국이외의 지역에서는 글자를 나무껍질이나 짐승가죽에다가 기록했다. 이집트에서는 나일강가에 무성하게 자라는 파피루스의 섬유로 종이를 만들었다. 파피루스 껍질을 얇게 잘라서 가로와 세로로 포갠 것을 잘 두들긴 다음에 닦아서 표면을 매끈하게 다듬었다. 중국에서 종이가 전래되기까지 사용되었다. 또한 선사시대 서양에서는 동물가죽에다가 글씨를 쓰기도 했다. 대표적인 것이 양이나 염소가죽인데 이를 양피지라고 한다. 가죽을 석회 즙에 담가서 부드럽게 연마한 것을 팽팽하게 당겨서 건조시켜 만들었다. 양피지나 파피루스에 쓴 문서는 대개 두루마리로 해서 통에 넣어 보관했다. 서양에서는 파피루스나 동물가죽에다가 글자를 적었기 때문에 몇 가지 불편함이 있었다. 한 번에 많은 글자를 적을 수 없었으며, 또한 보관의 문제 등이 있었다.

그림 Ⅲ-3 종이의 전파경로

이런 문제는 중국에서 종이가 전래되면서 해결되었다. 종이가 서양에 전래된 계기는 8세기 중엽의 탈라스전투[2]다. 탈라스전투에서 패해 포로가 된 중국병사 중에 종이기술자가 있어 이슬람지역에 종이가 전래되었다. 793년 이라크의 바그다드에 제지공장이 생기고, 900년에는 이집트에도 기술이 전해졌다. 제지술이 발달함에 따라 이슬람 세계는 제지 기술의 발달과 대량 생산의 성공으로 새로운 문예 부흥기를 맞이하였다. 쉽게 종이를 구입할 수 있어 글을 배워 기록을 남기는 풍조가 세 대륙에 걸쳐있던 전 이슬람 세계에 널리 퍼졌다. 그러면서 학문과 문학이 크게 발전하였다. 이슬람 세계와 밀접한 관계에 있는 유럽도 12세기 중엽부터 아라비아인들로부터 제지술을 전수받았다. 유럽은 십자군 전쟁을 거치면서 제지 기술이 도입되어 종이를 생산하게 되었다. 독일과 영국에 제지술이 전파된 것은 14세기이다. 미국에는 17세기 중반에 알려졌다. 종이의 대량유통은 종래의 양피지와 파피루스를 대신하게 되었다. 중국식 제지기술이 12세기 널리 유럽에 퍼지게 되면서 유럽은 중세 암흑기에서 벗어나 문예 부흥기인 르네상스시대가 전개되었다.

(2) 화약

화약을 발명한 것은 중국이다. 화약이 전쟁에 사용된 것은 12세기 초 북송(北宋)시대 부터였다. 초기의 화약은 황·초석(질산칼륨)·목탄(숯)을 혼합해서 만든 흑색화약이었다. 서양에서도 기원전부터 황과 목탄의 연소성을 이용하여 전쟁에 활용하였다고 한다. 그러나 초석이 들어가지 않은 화약은 큰 위력이 없었다. 흑색화약이 발명된 것은 중국이다. 화약은 본래 중국에서 연금술사들이 불로장생의 신약을 개발하는 과정에서 발명된 것이라 한다. 당나라 시기인 7세기 말경 황·초석(질산칼륨)·목탄(숯)을 혼합해서 만든 화약을 실

---

2) 탈라스 전투는 751년 고선지장군(고구려 출신 당나라 장수)이 지휘하는 당나라군과 이슬람 세력이 지금의 카자흐스탄 영토인 타쉬겐트 부근 탈라스 강 유역에서 중앙아시아의 패권을 두고 싸운 전투였다. 이 전투에서 당나라 군대가 패배했다.

험한 기록도 있다. 유럽세계에 화약이 전해진 시기는 일반적으로 십자군전쟁 시기(11~14세기)로 알려져 있다. 13세기 초 몽골군이 유럽을 침공했을 때 화기를 사용했다고 한다. 유럽에서는 14세기 중엽 대포가 발명되었고, 15세기 초에 이르러는 화승총(火繩銃)이 발명되었다. 화약의 발명은 기존의 전쟁방식을 바꾸게 되었고, 아울러 기사계급의 몰락을 가져왔다.

(3) 인쇄술

인쇄술은 도서의 대량생산과 유통을 가져왔다. 이로 인해 대량으로 출판되고 쉽게 구할 수 있는 책을 통해 누구나 각종 정보를 접하게 되었다. 각종의 정보와 지식이 보전되고 활용됨으로서 사회문화 발전에 큰 기여를 하게 되었다. 인쇄술의 배경에는 활자가 있다. 활자가 개발된 것은 중국이다. 기록상 처음으로 확인되는 것은 중국 북송(北宋)시대에 필승(畢昇)이라는 사람이 아교와 진흙으로 글자를 새겨서 책을 찍었다고 한다. 원(元)대에 오면 왕정이란 사람이 나무활자를 개발하였고, 명, 청 시대에 이르러 주석, 구리, 납 등을 재료로 하는 금속활자가 사용되었다. 이러한 중국의 인쇄술은 주변 국가들과 아랍, 유럽에 전파되었다. 15세기 중반 독일의 구텐베르크가 발명한 금속활자는 유럽세계에 획기적으로 작용하였다.

(4) 나침반

나침반의 발명은 항해술의 변화를 일으켰다. 원양항해가 가능해지게 되었고, 이는 유럽세계의 식민지 확보에 큰 기여를 하게 되었다. 오늘날에는 의료, 통신, 레저산업, 음악 등 다양한 분야에서 자석이 이용되고 있다. 처음으로 나침반을 만든 것은 중국이다. 자석이 남북을 가리킨다는 사실을 먼저 발견하였는데, 처음에는 이를 점을 치는데 사용했다고 한다. 그 뒤 중국 사람들은 나무로 만든 물고기의 배에 자석을 넣고 물에 띄워 남북을 알았다고 한다. 이것을 지남어(指南魚)라고 한다. 지남침(指南針), 지남철(指南

그림 Ⅲ-4 원양항해를 가능하게 한 나침반

鐵)의 시작이다. 항해에 사용된 것은 12세기경이라고 한다. 명나라 때인 15세기 초, 정화(鄭和)3)의 대원정은 아프리카까지 미쳤는데, 그때 사용했던 항해도에는 자석을 사용해서 배의 항로를 그려 놓았다. 지남철은 아라비아 사람들에게 전해졌고, 그것이 다시 유럽에 전해져 오늘날의 나침반으로 발달된 것이다.

(5) 도자기

중국의 도자기가 대량으로 수출되기 시작한 것은 대체로 당나라 때다. 당의 월주요에서 만들어진 청자는 오늘날 한국·일본·인도·중동·이집트 등의 유적에서도 발견되고 있어, 당시 여러 나라에 수출되었음을 알 수 있다. 원(元)나라 때 징더전(景德鎭) 가마(窯)에서 백자에 유약을 입히기 전에 코발트(青料)로 그림을 그리고 투명한 유약을 입힌 청화(青華)가 만들어졌다. 또 구리로 그림을 그린 유이홍(釉裏紅)도 만들어졌다. 이는 인도·이란·터키 등의 이슬람세계에 대량으로 수출되었다고 한다. 원나라 때는 이제까지 형태의 아름다움을 주로 하던 도자기에 채식(彩飾)을 하기 시작하여 무늬를 넣어 굽는 기술이 크게 발달하였다. 명나라 때(14~17세기)는 채식기법이 더욱 발달되어 무늬를 넣어 구운 도자기 및 오채(五彩: 일명 赤繪) 외에 금채(金彩)도 시작되었고, 말기에는 오수적회(吳須赤繪)4)라고 하는 수출용 자기를 만들게 되었다. 청나라 초기에는 민요에

---

3) 1405년부터 1433년까지 영락제의 명을 받아 전후 7회에 걸쳐 대선단(大船團)을 이끌고 동남아시아에서 서남아시아를 거쳐 아프리카 케냐에 이르는 30여 국에 원정하여 수많은 외교사절이 왕래하였다. 중국에서 생산되는 비단과 도자기를 가지고 열대지방의 보석, 동물, 광물 등을 교환하여 중국으로 가져와 무역상의 실리를 얻기도 했다.

서 생산된 도자기가 동남아시아·유럽 여러 나라에까지 수출되었다. 도자기는 유럽의 제후들의 궁전 장식과 일상용품으로서 널리 이용되었다.

그림 Ⅲ-5 중국 도자기

(6) 차

차는 나무에서 딴 잎을 말려서 만든 것이다. 중국에서 처음으로 발견했다. 茶는 차라고 발음된다. 차는 원래 중국에서 생겨난 발음인데, 두 가지 발음이 있다고 한다. 'Cha'와 'Te'인데, 이 발음이 교역과정에서 각기 다르게 전파되었다. 양자강 북방과 광둥성(廣東省)지역에서 불리던 'Cha'는 중국을 비롯한 동남아 일대와 한국, 일본, 이란, 터키, 그리스, 아라비아, 소련, 폴란드 등지에서 불려진다. 푸젠성(福建省) 연해지역에서 불리던 'Te'는 유럽문화권인 영국, 미국, 스리랑카, 네덜란드, 프랑스, 독일, 이탈리아 등지에서 불려진다. 영어 티(Tea)라는 이름의 유래이기도 하다.

그림 Ⅲ-6 차

---

4) 회색 바탕 흙 위에 흰색의 유약을 씌우고 붉은색, 파란색, 녹색 등으로 문양을 그린 오채 도자기를 말한다.

중국 차(茶)는 해로와 육로를 통해 주변 국가들에 전파되기 시작하여 9세기경 이슬람지역에 전해지고, 17세기 들어 마지막으로 유럽세계에 전해졌다. 차는 네덜란드의 동인도회사를 통해 유럽으로 수출되기 시작되었다. 18세기에 이르러 영국이 네덜란드를 제치고 차 무역의 주도권을 잡으면서 그 수입량이 많아졌다. 유럽의 상류층에게 술을 대신하여 주요 기호품으로 등장하게 된 것이다. 이와 같은 중국차의 수출은 결국 아편전쟁을 일으키는 배경이 되었고, 이를 계기로 해서 청나라가 멸망하는 단서를 열기도 했다.

2. 중국 현대사의 이해

1) 중국의 몰락

　청나라는 19세기에 들어서면서 점차 쇠퇴해갔다. 서구세력과의 충돌은 청나라 멸망의 주요 배경이다. 1840년의 아편전쟁이후 중국은 깊은 수렁으로 빠져들게 된다. 전쟁의 결과 불평등조약인 난징(南京)조약이 체결되고 홍콩의 할양[5], 항구 개방 등의 대가를 지불하였다. 청 내부에서는 1851년 태평천국의 난이라는 내분에 휩싸였다. 1860년에는 베이징(北京)조약으로 러시아가 흑룡강지역의 40만km² 지역을 빼앗았다. 이때 해안가에 세워진 해군기지의 이름이 블라디보스톡인데 그 뜻은 '동방을 점령하라'라고 한다. 이와 같은 상황 속에서 양무개혁운동, 변법자강운동 등의 내적인 개혁의 시도도 있었지만 실패로 돌아갔다. 1894년에 발생한 청일전쟁의 결과 일본이 대만, 요동반도 등을 차지하였다. 청일전쟁 이후에 중국은 서로 이익을 차지하기 위한 서구열강의 각축장으로 변했다. 1900년에는 8개국 연합군이 청의 수도인 북경을 점

---

[5] 1997년 7월 1일 영국 식민지였던 홍콩이 중국에 반환되었다. 홍콩은 1842년 난징(南京)조약에 의해 영국에 할양된 지 155년 만에 그리고 1898년 조차된 지 99년 만에 반환되었다. 홍콩은 중국의 홍콩특별행정구로 그 소속이 변경되었다.

령하게 되면서 청의 운명은 더욱 악화되어 망국의 길로 접어들게 되었다. 1904년의 러일전쟁은 남만주지역의 일본 지배를 가져왔다. 1911년에 신해혁명이 발생하였다. 1912년 쑨원(孫文)이 중화민국의 임시대통령으로 취임하고 수도를 남경에 두었다. 쑨원의 양보로 위안스카이(袁世凱)가 총통으로 취임하여 청나라의 영토를 계승하였다. 그 해 청의 마지막 황제가 퇴위하면서 청나라는 건국한 지 268년 만에 멸망하게 된다. 아시아 최초의 공화제 국가인 중화민국(中華民國)은 청나라 영토의 대부분 지역을 통치하였다. 하지만 각 지역에는 군벌이 엄존해 있는 상황이었다. 쑨원(孫文)이 통치해오던 중화민국의 통치권은 1925년 이후 장제스(蔣介石)에게 넘어갔다. 그의 권력기반은 국민당(國民黨)이었다. 한편 중국 내부에는 1920년대 이후 공산주의 운동이 활발해졌다. 1930년대에는 국민당과 공산당의 내전(國共內戰)으로 확대되었다. 결국 내전에서 국민당이 패배하게 되었고, 중화민국 정부는 대륙의 영토를 상실하고 타이완 섬(대만)으로 후퇴, 철수하였다. 내전에서 승리한 공산당은 1949년 중화인민공화국을 수립하였다.

2) 중화인민공화국의 성립과 발전

국공내전에서 승리한 공산당의 주동자는 마오쩌둥(毛澤東)이다. 그는 1949년 10월 1일 중화인민공화국 정부를 베이징(北京)에 세우고 국가주석 및 혁명군사위원회 주석으로 선출되었다. 마오쩌둥은 마르크스 사상에 기초한 공산주의 건설을 추진해나갔다. 하지만 급진적이고도 무모한 정책 운용의 결과는 실패로 돌아갔다. 농촌경제는 침체에 빠졌고, 식량난이 가중되었다. 1950년부터는 사유재산제를 폐지하고 사회주의 공유제라는 공유재산제를 도입하였다. 아울러 중국정부는 소수민족 지구에 민족적인 자치구역 정책을 실행하였다. 1950년에는 티벳을 공략하여 중국영토에 포함시켰다.

중국은 경제회복을 위해 1차 5개년 계획(1953~1957)을 실시하여 계획경제 체제를 채택하였다. 1954년에는 중화인민공화국 헌법을 통과시켰다. 1956년에

그림 Ⅲ-7 중화인민공화국의 성립

는 농촌지역에서는 토지개혁, 농업합작화, 농촌인민공사 등의 방식을 통하여 소유제의 개혁을 추진함으로서 사유재산제도를 기본적으로 폐지하였다. 제1차 5개년 계획은 초기에 순조롭게 추진되었다. 공산주의로 이행하기 위한 기초조직으로서 인민공사(人民公社)가 창설되었다. 인민공사에서는 집단노동이 장려되고 수확의 분배가 이루어졌다. 그러나 효율적으로 운영되지 못했고, 결국엔 사람들의 노동의욕을 저하시켜 노동생산성을 떨어뜨렸다. 정부에서는 농·공업 분야의 침체일소와 비약적인 발전을 목표로 한 2차 5개년 계획(1958~62년)을 수립하였다. 소련의 물질적·기술적 원조를 받아 수행된 제2차 5개년계획 동안 중국은 중공업 우선정책을 취하여 한정된 자원과 인력을 중공업 건설에 투자했다. 이를 추진하기 위해 대약진운동을 전개하였다. 소련의 경험을 본보기로 농민의 재산은 모두 인민공사에 헌납하여 공동 소유로 했고 생활은 남녀합숙소에서 공동 생활했다. 그러나 이 정책은 자연재해로 인해 큰 성과를 거두지 못했다. 대약진운동은 많은 문제점들을 남기고 실패함에 따라 중국 당국은 대약진 정책을 수정하였는데, 모택동이 일시 후퇴하고, 덩샤오핑(鄧小平)이 전면에 나서서 새로운 경제정책을 추진하게 된다. 등소평을 중심으로 추진된 새로운 정책은 가시적인 효과를 거두어 농촌, 노동자들의 생산의욕이 높아졌으며, 문화, 교육이 안정되면서 새로운 분위기가 조성되었다.

　자신이 주도해 온 사회주의 노선이 변경될 것을 감지한 마오쩌둥은 반대파를 숙청하였다. 경제 재건을 놓고 벌어진 갈등이 권력투쟁으로 비화된 것이다. 1966년부터 약 10년간에 걸쳐 문화대혁명이 발생했다. 그는 홍위병에게 모든 전통적인 가치와 '부르주아적'인 것을 공격하게 했으며, 당의 관료들을 공개적으로 비판함으로써 그들의 혁명성을 점검했다. 문화대혁명 기간 동안에 "반혁명파"로 몰린 많은 사람이 탄압당하거나 학살당하여, 국내는 일시

그림 Ⅲ-8 모택동과 등소평

내란 상태가 되었다. 또 "반혁명"적인 존재로서 인식된 귀중한 전통 문화재가 파괴되기도 했다. 문화대혁명은 1976년 마오쩌둥의 죽음과 함께 종결되었고, 일단 화궈펑(華國鋒)이 마오쩌둥의 뒤를 이었다. 곧바로 덩샤오핑(鄧小平)이 중국의 실권을 잡았다. 그는 마오쩌둥과 다른 입장을 견지하고 있던 인물이었다. 덩샤오핑은 사회주의체제를 유지하는 한편 시장경제 도입으로 상징되는 개혁·개방정책을 취했다. 그의 경제정책은 '흑묘백묘론'6)으로 대변된다. 모택동의 계속혁명론을 포기하고 혁명보다는 경제 건설에 치중하는 실용주의 노선에 의한 개혁·개방정책을 추진하게 된다. 이 과정에서 경제특구7)가 지정되었다. 이후 중국은 수출주도형 경제발전 전략을 구사해 급속하게 발전하기 시작했다. 농업에서는 농업생산책임제를 도입하고 인민공사를 해체해갔다. 국민경제에 있어서는 시장조절의 보조적 기능을 인정하고 기업의 자주권을 확대했다. 중국 현대사에서 볼 때, 마오쩌둥이 국가를 성립하고 통일하는데

---

6) 1979년 미국을 방문하고 돌아온 덩샤오핑(鄧小平)은 '흑묘백묘론(黑猫白猫論)'을 주장했다. 그 의미는 쥐만 잘 잡으면 검은 고양이든 흰 고양이든 관계없다는 뜻이다. 중국 인민을 잘 살게 하기 위해서라면 그것이 자본주의든 공산주의든 관계없다는 대담한 발언이다. 정치는 기존의 공산주의 체제를 유지하고, 경제는 흑묘백묘식으로 추진하는 정경분리의 정책을 통해 덩샤오핑은 독특한 중국식 사회주의를 탄생시켰다.

7) 중국의 개혁과 개방정책에 의해 1979년부터 외국의 자본이나 기술을 도입할 것을 목적으로 설치된 특별한 지역·경제특별구역이라고도 한다. 1979년 광둥성(廣東省)의 선전(沈釧)·산터우(汕頭)·주하이(珠海)와 푸젠성(福建省)의 샤먼(厦門)에 이어 1988년에는 하이난섬(海南島)이 경제특구가 되었다. 외국의 자본이나 기술을 도입하기 위해 100% 외자 기업 인허가, 수출입 관세 면제, 기업이나 개인의 국외송금 자유, 소득세에 대한 3년 거치 등의 특혜가 있다.

위대한 업적을 남겼다면, 덩샤오핑은 중국을 부국을 향한 시장경제 사회로 개방한 인물로서 위대하다고 평가할 수 있다.

3) 중국의 소수민족

중국(중화인민공화국)은 1949년 수립되었다. 그런데 중화인민공화국은 내부적으로 복잡한 문제를 가지고 있다. 이제까지 종족·언어·역사·문화·종교가 서로 다른 세력들이 중국이란 거대한 국가 속에 포함된 것이다. 이는 중화인민공화국이란 정체성의 확립을 위해 해결되어야 할 과제였다. 현 중국을 어떻게 규정할 것이냐 하는 정체성의 문제를 내포하게된 것이다.

그림 Ⅲ-9 중국의 소수민족 분포도

중국은 1950년부터 중국 경내의 민족 식별 작업을 실시하였다. 조사결과 모두 55개의 민족이 중국의 소수민족으로 분류되었다. 중국은 한족(漢族)과 55개의 소수민족으로 이루어진 중국의 현실 속에서, 이들 민족을 모두 포용하는 개념으로서 '중화민족(中華民族)'이라는 용어를 만들어냈다. 즉 현재 중화민족의 구성원들은 중국의 국민으로서 중국역사를 유지해왔던 각 소수민족의 조상이 되며 모두가 漢族의 형제민족이라고 규정하였다. 중국에서 소수민족이 차지하는 비율은 약 8% 가량이라고 한다.

중국정부는 56개 민족이 함께 살아간다는 현실적인 특성상 이들을 아우르는 민족정책을 수립하였다. 이는 민족평등·민족자치·민족 고유의 언어와 문자 그리고 풍속의 존중·신앙의 자유 등으로 요약된다. 민족의 자치를 통하여 소수민족은 중국 정부의 사회주의적 개혁과 경제문화 사업에서 혜택을 받고, 언어·문자·풍속·습관·종교·신앙의 자유를 누린다고 하였다. 이는 중국은 중화민족이라는 대가정아래 포함된 소수민족이라는 전제가 바탕이 되어 있는 것이다. 중국은 민족정책을 추진하기 위해서 특별한 행정구역을 설정하였다. 이른바 자치구(自治區)다. 이는 소수민족이 많이 거주하는 지역을 대상으로 하였다. 중국에는 5개의 자치구[8]가 있다. 이는 중국의 행정구역 단위인 성(省)에 해당한다. 자치구의 하급행정구역으로는 자치주(自治州)가 있다. 옌벤(延邊)의 조선족 자치주가 그러한 예에 해당한다.

중국은 독특한 중화민족 관념을 바탕으로 하여 민족 정책을 구체화시켜 나갔다. 중국의 소수민족정책은 몇 가지 방향 속에서 진행되었다. 하나는 소수민족의 구역을 점차 축소해 나갔다.[9] 자치라는 행정구역에서 배제된 소수민족은 소수민족정책의 보호를 받을 수 없었다. 따라서 구역 안에 거주하는 소수민족의 행정 범위를 축소시킴으로서 점차 한족화를 추구하는 것이다. 또 다른 하나는 한족의 대량 이주이다. 중국은 소수민족 거주 지역 안에 한족을 대량으로 이주시켰다. 한족의 대량 이주는 소수민족과 한족과의 접촉을 증가시키고, 소수민족 사회의 사회, 경제 구조는 물론이고, 그들의 생활 방식을 변화시키는 것이다. 하지만 다른 문화적 전통을 가지고 살아온 소수민족 문제는 중국 정부가 추진하는 민족정책에 의해 쉽게 해결될 사안은 아니다. 그들에게는 역사적 독자성을 배경으로 한 민족주의가 고취된 소수민족이 현존하고 있다. 그러한 예로는 몽골족, 위구르족[10], 티벳족, 회족[11], 조선족의 5개

---

[8] 광시 좡족 자치구(廣西壯族自治區)·내몽골 자치구 (內蒙古自治區)·닝샤 후이족 자치구 (寧夏回族自治區)·티베트 자치구 (西藏自治區)·신장 웨이우얼 자치구 (新疆維吾爾自治區)

[9] 몽고족 거주지의 동쪽지역이 대부분 흑룡강성에 편입되었다. 티벳의 서장자치구(西藏自治區)는 당초와는 상당히 축소된 것이다. 캄과 암도는 일부는 사천성에 편입되었고, 일부는 청해성을 신설하여 행정 구역을 달리하였다. 조선족의 경우도 생활권을 무시하고 길림성, 흑룡강성으로 분리하여 축소 편입시켰다.

[10] 중앙아시아의 터어키계 민족으로 8세기경에 세워진 위구르제국의 후예들이다.

[11] 역사상의 돌궐족인데 대부분 회교(이슬람교)를 신봉하여 붙여진 이름이다.

소수민족이 있다. 회족의 경우는 특이한 집단이다. 회족은 인종보다는 종교에 의해 구분된 것이다. 이슬람화한 漢族이 대다수를 이루고 있는데 그 분포가 다양하다.

(1) 티벳족

　티베트는 중국의 서쪽지역에 해당한다. 이 지역은 거대한 산맥으로 에워싸인 높은 고원지대로 이루어져 있다. 북쪽으로 쿤룬 산맥(崑崙山脈)과 연결되고, 서쪽과 남쪽으로는 세계 최고봉 에베레스트 산을 안고 네팔과의 국경에 늘어선 히말라야 산맥이 있다. 중국의 차와 티벳의 말이 일찍부터 교환되고 있었다. 티베트의 역사는 토번(土蕃)왕조로부터 시작한다. 토번왕조는 당(唐)왕조 시대 당의 존립을 위협할 만큼 강력한 세력을 형성한 국가였다. 당은 황제의 공주를 티베트 왕가에 시집보낼 정도의 위협적인 세력이었다. 13세기인 원(元)왕조에 들어서 중국의 영역에 들어왔다. 이어 명나라와는 형식적인 조공관계를 맺고 있었다. 티벳에 대한 통치는 청나라에 들어서였다 강희제가 군대를 파견(1720년)하였고, 이어 옹정제가 주장대신(駐藏大臣)과 군대를 라싸에 파견하면서 티베트에 대한 실질적인 통치가 실시되었다. 이와 같은 청나라의 지배는 20세기에 들어서면서 점차 변화를 가져왔다. 19세기 중엽에 영국은 인도를 발판으로 하여 티벳 지역으로 진출하였다. 영국은 중국으로부터 티베트에서의 배타적 특권을 인정받았고, 중국의 티베트에 대한 주권을 인정해주었다. 1906년 청나라는 '신정(新政)'이라는 개혁운동을 추진하면서 주장대신을 새로이 파견했다. 이는 라마교의 최고지도자인 달라이 라마와 판첸 라마에게 있었던 통치권을 없애는 대신 티베트 왕(제후)의 지위를 되살리기 위한 시도였다. 하지만 티베트 지배계층의 강력한 저항을 불러 일으켜 소기의 성과를 달성하는데 실패하고 말았다. 1911년 신해혁명이 발발하자 인도에 있던 달라이 라마 13세는 인도총독의 지원 아래 1912년 6월 라싸로 귀환하여 독립을 선포했다. 1940년에는 다섯 살이었던 현재의 달라이 라마 14세가 즉위했다.

티벳은 1950년대 이전까지 외부 세계로부터 고립된 단일한 실체였다. 고유의 문화와 종교를 갖고 있던 티베트는 티베트 불교(라마교)를 신봉하고 티베트어를 사용했다. 1950년 10월 마오쩌둥은 제국주의 열강(영국)의 중국침략을 타파하고 전 중국을 해방한다는 명분아래 티베트에 군대를 파견하여 무력으로 점령했다. 그 해 11월 시짱(西藏)자치구 형태로 중국의 행정구역에 편입되었다. 약칭하여 '짱(藏)'이라고도 부르는데 그 주민의 대다수가 짱족(藏族)이다. 하지만 달라이라마가 인도로 망명하면서 망명정부를 수립하고 티벳의 독립을 위한 운동을 벌이고 있다. 이후 몇 차례의 무력충돌이 빚어지기도 했다.

그림 Ⅲ-10 티벳의 여러모습(왕궁, 라마교, 천장풍습)

현재의 티벳 문제는 어려운 상황을 맞고 있다. 급격한 한족의 도시유입과, 일부 티벳인의 한족화는 그들이 우려하는 문제이다. 그리고 시장경제의 도입 특히 티벳을 사천성과 연결시켜 개방시키려는 서부 대개발 사업의 추진은 티벳인의 한족화를 가속화시킬 전망이다.

(2) 몽골족

몽골은 중국의 북쪽지역에 해당한다. 몽골의 역사를 추적해보면 B.C 3세기경의 흉노족(匈奴族), 서기 4~10세기경에는 돌궐족의 중심지였다. 13세기경 이 지역에서 칭기즈 칸(테무친)이 몽골 부족을 통일하고 타타르족을 무찌른 뒤, 중앙아시아와 페르시아 만 연안 지역 및 카프카스 남부를 차례로 정복했다. 이 지역들은 모두 몽골 제국의 일부가 되었다. 1234년 칭기즈 칸의 후계자인 오고타이(1229~1241 재위)는 중국의 금(金)나라를 정복했다.

중국의 원제국(1279~1368)을 수립한 사람은 칭기즈 칸의 손자인 쿠빌라이 칸(1259~94 재위)이었다. 고려와 원나라는 부마국의 관계였다. 이 시기 원나라의 풍습이 고려에 유행하기도 했다. 후두부(後頭部)만 남겨놓고 주변의 머리털을 깎아 나머지 모발을 땋아서 등 뒤로 늘어뜨린 변발(辮髮)이 한때 유행하였다고 한다. 또한, 족두리를 쓰는 풍습, 얼굴에 연지 곤지바르는 풍습, 술의 일종인 소주가 원나라의 영향을 받았다고 한다. 원나라가 멸망한 이후 몽골족은 청(淸)나라의 일부가 되었다. 1911년, 중국에서 신해혁명이 발발하였고, 러시아의 지원을 받아 12월 중순 정식으로 대몽골국의 성립을 내외에 선포했다. 러시아제정이 무너지자 이후 일시 중화민국의 지배를 받기도 했지만 결국 1924년 11월 몽골 인민공화국이 정식으로 선포되었다. 두 번째 사회주의 국가이기도 하다.

한편 몽골의 남반부 즉 내몽골지역은 1930~40년대 일본군이 장악하고 있었다. 내몽골은 일본의 패전 후 모택동에 의해 1947년 5월 중국에서 첫 번째 자치구가 되었다. 한편 독립국인 몽골국(외몽골지역)은 러시아의 강한 영향력 아래 있었기 때문에 중국도 외몽골 지역에 대한 문제를 언급하지 않았다. 따라서 몽골은 외몽골(몽골공화국) 과 내몽골(중국 자치구)의 형태를 띠게 되었다. 몽골인의 민족의식은 아직도 강하게 남아있는 것으로 알려져 있다. 몽골 공화국(외몽골)은 몽골의 통일을 주장하고 있다. 하지만 내몽골은 한족의 집단이주 정책으로 인해 한족화가 심각하게 진행되고 있다.

(3) 위구르족

위구르족은 중국의 서북쪽 지역에 해당한다. 산맥과 사막으로 이루어진 매우 넓은 지역이다. 위구르족의 역사를 추적해보면 5세기 후반 초원의 부족인 철륵(鐵勒), 고차(高車)에 해당한다. 745년에는 위구르(回紇·回鶻)제국을 건설하였다가 840년경에 멸망하였다. 원나라의 지배를 받았다. 위구르족이 사는 지역은 중국과 서역의 중간지역에 해당한다. 오늘날 실크로드 지역에 해당한다.

그림 Ⅲ-11 위그루족의 여러 모습

둔황(敦煌), 투르판(吐魯蕃)이라는 지명으로 유명하다. 이 사이를 왕래하는 중앙아시아의 교역을 장악하였다. 7세기에 불교승려 현장(玄奘: 602~664)이 인도에 가서 불경을 가져온 역사적 사실에 바탕을 두고 소설로 묘사한 『서유기』에 등장하는 화염산(火焰山)이 소재하는 곳이기도 하다. 한반도에도 일찍부터 위구르인과 교섭한 흔적이 있다. 역사기록에는 이들을 색목인(色目人)이라고 기록하고 있다. 이들의 이주가 활발하여 임천 이씨, 경주 설씨의 시조가 위구르인이라고도 한다. 위구르지역에는 12세기경부터 이슬람교가 전파되었다. 청나라 시기 다시 중국의 지배를 받았다. 특히 1727년 러시아와의 카흐타 조약에 의하여 청나라에 흡수되었고, 1884년에는 새로운 영토라는 의미로 신강성(新疆省)이 건립되었다. 1955년 신장웨이우얼 자치구(新疆維吾爾自治區)가 되었다. 위구르인들은 무슬림으로 인종적으로는 터키-이란계이나, 언어적 측면에서 터키어의 일종인 위구르어를 사용하고 있다. 위구르인들은 중국에 귀속되면서도 유혈 충돌을 하였기 때문에 분리의식이 강하다. 1930년, 1940년대 한때 동투르키스탄 국가를 건설하기도 했다. 신장웨이우얼 자치구는 8개국과 국경을 접하고 있다. 1991년 쏘련의 붕괴로 인해 자치구주변의 여러 국가에서 일어난 이슬람민족주의의 영향을 받고 있다. 중국에 거주하는 위구르족은 600만명 이상이며, 이들의 대부분은 신장웨이우얼 자치구 지역에 살고 있다. 우즈베키스탄·카자흐스탄·키르기스스탄 지역에도 20만 명 정도가 살고 있다. 위구르인들의 분리 독립운동은 중앙아시아 각국에서 동시에 이루어지고 있다. 현재 위구르 망명정부는 터어키의 보호아래 있는 것으로 알려지고 있다. 이런 위구르족의 저항운동은 현재 중국 정부가 당면한 소수민족 문제 중 가장 중요한 부분이다.

Ⅳ. 일본의 역사왜곡과 식민지정책

1. 식민사관의 형성
2. 식민사관의 내용
3. 식민사관의 비판

IV. 일본의 역사왜곡과 식민지정책

 우리는 종종 '식민사관의 잔재'라는 용어를 접하며 살고 있다. 식민사관이 무엇이기에 해방된 지 반 세기가 훨씬 지난 오늘날까지도 이와 같은 용어가 반복되고 있는지. 하지만 이러한 용어가 되풀이된다는 사실은 한편으로 우리가 식민사관의 잔재에서 아직 벗어나지 못하고 있다는 반증이기도 하다. 일제강점기 때 학창시절을 보낸 현재의 노년세대는 학교수업을 통하여 우리 민족에게 패배감과 열등의식을 심어준 식민사관을 교육받았다. 반면에 해방 이후에 태어난 중년세대는 식민사관에 대한 내용이나 비판적인 교육을 받지 못하여 일본에 대한 적개심을 비이성적으로 노출하는 경우가 많이 있다. 오늘날 한·일 간의 축구경기가 열릴 때면 비상한 관심과 열광적인 응원전이 벌어지는 현상도 아마 이와 연관이 없지 않을 것이다. 또한 청소년세대는 식민사관 자체에 대하여 그다지 관심이 없어 보인다. 그렇지만 우리 의식의 깊숙한 곳에는 우리 민족에 대한 막연한 열등의식과 콤플렉스가 소리없이 전승되고 있다. 親日하였던 다수의 인물들이 해방이후 우리 사회의 기득권 층으로 성장할 수 있었던 굴곡된 역사는 오늘 날 우리의 현실이기도 하다. 잔재로 남아있는 식민사관은 21세기를 개척해나가는 우리 민족의 미래에 장애가 될 뿐이다. 이를 극복하기 위해서는 36년간의 일본에 의한 지배사실을 명확히 인식하고, 그에 대한 구체적인 분석과 이성적인 비판이 뒤따라야 할 것이다.

1. 식민사관의 형성

　식민사관(植民史觀)이란 일제의 정책당국자에 의하여 기획되고 어용학자에 의하여 서술된, 일제의 한국침략과 식민지배 사실을 정당화하려고 했던 역사관이라고 할 수가 있다. 식민사관은 일본이 우리를 지배하던 시기에 태동된 것이 아니다. 이미 오래 전부터 일본은 우리에 대하여 연구하고 있었다.

　일본인들의 한국사연구는 이미 에도(江戶)시대부터 시작되었다. 이 시기에는 두 가지 연구경향이 있었다. 하나는 주자학자(朱子學者)계층이다. 이들은 당시 사회를 주도하던 한학자(漢學者)들로서 한국 주자학에 대한 깊은 관심을 가졌다. 그 결과 이들은 한국주자학과 다양한 문화내용에 대하여 긍정적인 시각으로 이해하려는 경향을 나타내고 있었다. 또 다른 계층은 이른바 국학자(國學者)이다. 일본의 역사학자, 국문학자들은 ≪일본서기≫·≪고사기≫와 같은 古典의 연구를 통하여 일본의 정체성과 우수성을 찾고자 하였다. 이들은 역사서인 ≪일본서기≫에 고대 일본이 한국으로 건너가 한국의 남반부를 지배하였다고 하는 이른바 '임나일본부(任那日本府)'기록을 중시하였다. 이는 이후 전개되는 정치적 상황과 맞물려 일본인들에게 부정적인 한국관을 심어주는데 커다란 영향을 끼치게 되었다. 이렇게 한국에 대한 동경과 한국에 대한 우월감을 나타내는 연구경향이 에도시대 한국연구의 두 가지 흐름이었다.

　19세기 후반 정치적 변혁기인 메이지유신(明治維新)[1]을 계기로 하여 일본

---

1) 명치유신(明治維新, 메이지유신)은 일본이 기나긴 막부체제를 종식하고 부국강병과 근대화를 목표로 천황중심의 정권을 수립한 정치적·사회적 변혁이다. 이를 계기로 명치천황이 전면에 등장하였다. 1,867년 왕정복고가 이루어지고 그 이듬해에 외국에 왕정이 복고되었음을 알리는 것으로 계기로 하여 막부세력을 무력으로 진압하기 시작하였다. 권력장악 과정에서 메이지정부는 각종 개혁을 추진하였고, 부국강병의 기치하에 구미(歐美) 근대국가를 모델로 하여, 관주도(官主導)의 일방적인 자본주의 육성과 군사력 강화에 노력하여 새 시대를 열었다. 이로 인하여 일본은 경제적으로는 자본주의가 성립하였고, 정치적으로는 입헌정치가 개시되었으며, 사회·문화적으로는 근대화가 추진되었다.

은 강력한 힘을 갖게 되었고 이후 시선을 주변으로 돌리게 되었다. 이 시기 일본은 조선에 개항을 요구하여 강화도조약을 체결하는 등 한국진출에 관심을 보이고 있었다. 일본에서 한국에 대한 우월의식을 바탕으로 한 정한론(征韓論)이 나타나게 된 것도 이 시기였다. 청일

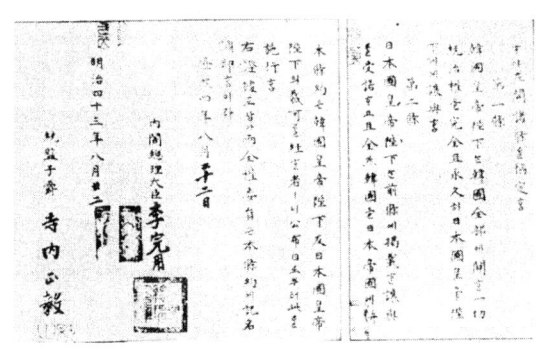

그림 Ⅳ-1 한일병합조약문서
(총리대신 이완용과 통감 데라우찌가 서명, 1910.8.22)

전쟁은 한국에 보다 적극적인 관심을 갖는 계기가 되었고, 일본의 한국에 대한 본격적인 연구는 이 시기 이후부터 나타났다. 학자들은 한국의 역사학뿐만 아니라 언어·지리 등의 여러 가지 분야에 대하여 관심을 나타냈다. 한국사연구는 19세기 말 동경제국대학에서 시작되었다. 이 대학의 교수들은 서양의 실증적·합리주의적 연구방식으로 훈련되어 있었다. 이 때에 ≪일본서기≫에 기록된 신공황후의 남선경영설, 한국역사를 만주에 종속된 것으로 보는 만선사관(滿鮮史觀), 한국경제의 낙후성을 지적하는 연구 등이 나타났다. 이러한 연구방향은 한일병합이후 타율성론(他律性論), 일선동조론(日鮮同祖論), 정체성론(停滯性論)으로 대표되는 식민사관의 토대가 되었다.

2. 식민사관의 내용

1) 타율성론

타율성론이란 일본이 한국의 지정학적인 상황을 분석해 낸 이론이다. 한국사의 전개가 자율에 의한 것이 아니라 타율, 즉 외세의 힘에 의하여 전개되었다고 하는 이론이다. 즉 한국이 자기 역사를 스스로의 주체적인 역량으로

전개시키지 못하고 주변에 있는 국가(중국, 만주, 일본)의 간섭에 의하여 결정되었다는 것이다. 다시 말하자면 한국사를 일별해 보면 스스로 정치·경제·문화 등의 역사를 발전시킨 것이 아니라 외세의 힘, 대표적으론 중국의 강력한 영향에 의하여 대세가 결정되었으므로 중국사의 이차적인 파장에 불과한 것이라고 이해하였다. 그 이유는 한국이 강대국인 중국대륙에 붙어 있는 약소국인 반도국가이기 때문이라는 것이다.

미시나 뇨우에이(三品彰英)라는 일인학자의 연구 결과를 잠깐 인용해 보면

> "아시아 대륙의 중심부에 가까이 붙어있는 이 반도는 정치적으로 문화적으로 반드시 대륙에서 일어난 변동의 여파를 받음과 동시에 또 주변 위치 때문에 항상 그 본류로 부터 벗어나 있었다. 여기에 한국사의 두드러진 특징인 부수성이 말미암은 바가 이해될 것이다."

에서 잘 나타나 있다. 한반도는 강대국인 중국대륙의 부수적인 존재일 뿐만 아니라 여러 강대국(典禮主義的이고 主知主義的인 중국, 主意主義的이고 정복주의적인 만주와 몽고, 主情主義的이고 愛護主義的인 일본)에 둘러 쌓인 다린(多隣)적인 성격도 띠고 있다고 한다. 이와 같은 한반도가 지니는 지리적 조건은 한국사의 발전방향을 결정짓는 결정적인 요인이 되었다. 이를 지리적결정론(地理的決定論)이라고 한다. 다시 말하자면 한국인들은 반도라는 땅에서 태어나 살아왔기 때문에 반도가 지니는 지리적조건에 따라서 운명적으로 역사가 결정될 수밖에 없다는 것이다. 초등학교 시절에 우리 영토를 반도국으로서 토끼 또는 호랑이에 비유하던 생각이 난다.

일본의 역사학자들은 한국사를 연구해보니 약 800여 회가 넘는 외세의 침략이 있었다고 한다. 이 외세의 침략이 한국사의 큰 방향을 결정짓는 요인으로 작용하였다는 것이다. 먼저 한국사의 시작을 한사군(漢四郡)으로 파악하였다. 따라서 선사시대에는 미개한 원시상태였다가 중국이 평양등지에 한사군을 설치하면서부터 한국사가 비로소 시작된다는 것이다. 이를 위해 당시의

역사교과서를 보면 한국사에서 구석기시대, 청동기시대가 빠져있음을 보게 된다. 또한 신라의 삼국통일도 중국의 당(唐)이란 외세의 간섭에 의한 것으로 파악하였다. 통일신라시대 중국(唐)의 영향력을 강조하였음은 물론이다. 그리고 조선시대 임진왜란, 병자호란등과 같은 외세와 연관되는 여러 가지 사건들을 비롯하여 중국과의 사대—조공관계 등이 한국사의 큰 흐름을 주도하였다고 한다.

또한 반도적성격론(半島的性格論)이란 것이 있다. 이는 지리적결정론과 불가분의 관계를 가지고 있다. 부수성, 다린성을 갖는 운명의 땅(한반도)에서 수천년간의 역사를 겪어온 한국민은 半島人이 가지는 독특한 성격이 형성되었다고 한다. 즉 민족성은 그 나라의 지정학적 환경의 지배를 받는다. 예를 들어 농경민족이 소극적·보수적 성향인데 비하여, 유목민족은 적극적·진취적·호전적인 것은 나름대로의 환경에 영향을 받은 것이라 한다. 따라서 중국의 대륙국가적 기질(여유, 느긋, 확대지향)과 일본의 도서(島嶼)국가적 기질(조급, 자기관리 철저, 축소지향)도 분명히 구분할 수가 있다고 한다. 그런데 한국은 대륙국가도, 도서국가도 아닌 중간자적인 존재이기 때문에 성격을 명확하게 규정할 수 없다고 한다. 그런데 한국사가 외세의 침략에 시달리면서 우왕좌왕 하다 보니 자연히 커다란 힘, 즉 외국의 눈치를 보는 습성이 생겨났다고 한다. 한국인들의 사대주의적 성격은 이렇게 형성되었다고 한다. 여기에 한국인의 성격 중에 의존성(依存性)이 추가된다. 이 과정에서 당파성론이라는 것도 제기되었다.

당파성론(黨派性論)은 반도 안에서 살면서 외세의 힘에 휘둘리다 보니 변증법적인 역사의 발전을 별로 경험해보지 못한 한국민이 서로 믿고 협력하지 못하여 각자의 이익에 따라 반목·갈등하였다는 것이다. 이는 조선시대의 정치권력간의 대립과 갈등을 연구하여 이론화한 것이다. 시데하라(幣原坦)라는 일인학자가 黨爭이란 용어를 사용하며 논리를 정립하였다. 한국민족의 병적인 혈연·학연·지연성과 배타성이 정치현실로 반영된 것이 당쟁이라고 한다. 따라서 당쟁을 정책적인 **主義**를 가지고 서로 대립하는 **公黨**이 아닌, 이해를 두고 서로 배격하는 **私黨**의 정쟁으로 간주하였다. 조선은 이와 같은 당쟁이 만연하여 정치·사회적인 혼란이 나타났고 이것이 심화되어 결국엔 조선왕조가 멸망하게 되었다는 것이다. 여기서 조선시대 당쟁·사화가 빈번하게 된 것은 한국민의 좋지 않은 민족성에 기인한다고 보았다. 초등학교 시절에 들었던 '일본인은 진흙과 같은 민족인데 비하여 한국인은 모래알과 같은 민족이다'라는 말이 생각난다. 한국인의 단결하지 못하는 습성을 지칭하는 말일 것이다.

결국 이렇게 다른 힘에 의하여 역사의 발전방향이 영향을 받아야하는 한국사의 타율적인 성격을 어떻게 해결할 것인지 하는 것이 식민사학자들의 주된 관심사였다. 이에 대하여 일인학자인 미시나 쇼우에이(**三品彰英**)의 연구결과를 간략히 인용해 보면

> 지금 (한국의)역사를 돌아볼 때에, 한국이 중국으로부터 지(**智**)를 배우고, 북방(만주, 몽고)으로부터 의(**意**)에 복종하고, 최후로 일본의 정(**情**)에 안기어, 여기서 비로소 반도사적인 것을 지양할 때를 얻은 것이다.

라는 표현으로 대변할 수 있다. 이렇게 하여 일본의 한국침략의 정당성을 합리화하고자 하였던 것이다. 이러한 논리는 당시의 처참한 시대를 살아가던 한국민들에게 쉽게 먹혀들어 갔다.

2) 역사왜곡과 일선동조론(日鮮同祖論)

일선동조론(**日鮮同祖論**)은 일본이 한국의 역사적인 측면을 분석해 낸 이론이다. 본래 한국과 일본은 같은 조상을 모시는 민족이었다는 것이다. 이러한 논리는 일본의 역사서인 ≪**日本書紀**≫·≪**古事記**≫의 기록에 근거를 두고 있다. 즉 ≪**古事記**≫에 옛날 **神**대에 한국과 일본을 지배하였다는 신화적 기록

과 ≪日本書紀≫에 왜가 임나일본부라는 기관을 설치하여 약 200년 간 한반도 남부지역을 지배하였다는 등의 기록을 토대로 한다. 이 이론은 에도(江戶)시대이래 국학자들의 견해를 학문적으로 구체화시킨 것이다.

일인학자들은 이러한 기록을 입증하기 위하여 상당한 노력을 기울였다. 남한에 산재해 있는 당시의 고고학적인 유적에 대한 대대적인 발굴이 진행되었다. 이 과정에서 우리의 귀중한 문화재가 상당 수 일본으로 반출되었음은 주지하는 바이다. 또한 중국의 금석학자 등에게나 알려질 정도였던 『광개토왕릉비』를 일본군참모본부의 지원 하에 집중

그림 Ⅳ-2
『광개토왕릉비』영락6년조 탁본

적으로 연구하였다. 그들은 『광개토왕릉비』 영락 6년조 기사에 나오는 내용을 "百殘新羅舊是屬民 由來朝貢 而倭以辛卯年來渡海破百殘□□新羅 以爲臣民"으로 해독해냈다. 이는 '왜가 신묘년에 바다를 건너가 백제와 □□, 신라를 격파하고는 신민으로 삼았다'는 내용이다. 그들은 위와 같은 『광개토왕릉비』의 기록에서 ≪일본서기≫에 기록된 '남선경영론(南鮮經營論)' 또는 '임나일본부설(任那日本府說)'을 확인하였다고 한다. 그들은 한국의 역사기록에서도 임나일본부를 해석해 낸 것이다. ≪일본서기≫에 기록된 '任那日本府說'은 신공황후(神功皇后)가 보낸 왜군이 369년 한반도에 건너와 7국(國)과 4읍(邑)을 점령하였고, 그 뒤 임나(任那)에 일본부가 설치되었으며, 562년 가야가 신라에 멸망당할 때까지 존속하였다고 한다. 즉 일본은 369년부터 562년까지 약 200년 간 한반도 남부를 지배했으며 그 지배기구가 '임나일본부'라는 것이다.

식민사학자들은 이와 같은 학문적인 연구결과를 토대로 하여 옛날의 한일관계에 대한 그럴듯한 해석을 제시하였다. 이 해석은 한일합방을 전후한 당

시의 상황에 부합하는 유력한 해석이었다. 즉 태고시절부터 혹은 삼국시대에 일본과 한국은 역사·문화적으로 **近親性**이 있는데 그 구체적인 내용은 일본이 한국을 지배하였다는 것이다. 즉 일본과 한국은 동일한 선조를 가졌던 역사적 근친성을 가지고 있다. 따라서 일본과 한국은 남이 아니라 넓게는 일본 속에 속한 관계였다는 것이다. 한일합방은 태고시절 혹은 임나일본부시절의 역사적 상황을 재현한 것이며 옛날의 상태로 돌아간 **復古**로서 해석하였다. 특히 기다 사다기지(**喜全貞吉**)라는 학자는 태고시절에 일본이 한국을 지배하였는데, 일본을 부강한 **本家**, 한국을 빈약한 **分家**로 간주하여 한·일 합방은 **分家**의 **本家**로의 복귀이며, 양자의 관계가 태고시절의 본래상태로 되돌아온 것이라고 주장하기도 하였다. 이러한 해석은 당시의 역사적 상황과 맞물려 커다란 영향력을 끼치게 되었다. 그것은 한국병합 후에 일본이 한국지배의 정책으로 내세운 동화정책(同化政策)에는 딱 들어맞는 사고였기 때문이었다. 조선총독부의 존재는 옛날의 임나일본부를 연상케 되었다. 이것은 역사왜곡이었다.

　이와 같은 일선동조론의 학문적인 근거를 확보한 일본은 이 사실을 바탕으로 한 여러 가지 정책을 추진해나갔다. 그러한 정책을 몇 가지만 살펴보면, 첫째로 창씨개명(創氏改名)이다. 일본과 한국은 역사적으로 같은 조상임이 확인되었는데 구태여 한국과 일본이 성씨를 달리 표기할 필요가 없다는 것이다. 따라서 당연히 일본식 성씨로 바꾸어야 한다는 논리이다. 조선총독부에서는 1940년경 이 정책을 적극적으로 추진하였다. 1940년 2월에서 8월까지로 기한을 정해 놓고 창씨개명을 강요하였는데, 그 결과 전 국민의 약 **80%** 가까이에 이르렀다. 둘째는 신사참배(神社參拜)이다. 일본은 자국민과 식민지지배를 위하여 천황을 신격화하려고 노력하였다. 그러한 과정에서 신사(神社)[2]를

---

2) 신사(神社)는 일본의 민간종교인 신도사원을 지칭한다. 신도(神道, Shinto)는 일본에서 자생적으로 시작된 자연과 조상을 숭배하는 일본특유의 범신론적 신앙이다. 따라서 신은 태양, 달, 강, 각종의 동·식물 등 대단히 많은데 이들이 사람의 마음속에 있다고 생각한다. 신도에서는 태양의 신인 아마데라스오오미까미(天照大神)가 일본인들의 조

전국적으로 건립하였다. 조선총독부가 건립한 신사는 1945년의 통계에 의하면 신궁(神宮) 2곳, 신사(神社) 77곳, 면 단위에 건립된 보다 작은 규모의 신사 1,062곳이다. 뿐만 아니라 각급 학교에는 '호안덴(奉安殿)'을 세우고, 각 가정에는 '가미다나(神棚)'라는 신단(神壇)까지 만들어 아침마다 참배하도록 하였다. 당시의 상황을 경험하지 못한 우리는 오늘 날 드라마에서 '황국신민(皇國臣民)'이라는 용어를 종종 들을 수가 있다. 말 그대로 천황의 백성이라는 것인데 여기서 '신민(臣民)'이란 말은 『광개토왕릉비』에 기록된 용어였던 것이다. 역사왜곡의 결과는 엄청났다. 또한 일제는 '황국신민서사(皇國臣民誓詞)'를 제정하여 우리 국민에게 암송을 강요하였다. 아동용과 일반인용으로 구분되었다. 그중 일반인용을 소개하면 '우리는 황국신민이며 충성으로써 군국(君國)에 보답하자. 우리 황국신민은

그림 Ⅳ-3 당시의 신사참배

서로 신애협력(信愛協力)하여 단결을 굳게 하자. 우리 황국신민은 인고단련의 힘을 키워서 황도(皇道)를 선양하자'라 하였다. 이는 한국민에게 일본인이라는 의식을 심어주기 위한 시도였다고 하겠다. 수많은 젊은이들이 2차 대전의 와중에 '천황폐하만세'를 외치며 죽어 갔는데 그들 중에는 식민지교육을 받은 한국의 청년도 다수 포함되었다고 하니 일선동조론의 영향력을 실로 짐작할 만하다.

상신으로 숭배되고, 일본천황은 태양신의 현신후손(現身後孫)으로 신격화되었다. 명치유신 이후에 일본의 국교가 되었다. 요즈음 언론에서 일본수상의 야스쿠니신사참배가 논란거리로 등장하고 있다. 야스쿠니신사는 천황을 위하여 죽은 자의 영혼을 위로해 주는 곳인데 러일전쟁이후 일본국민의 정신적 통합을 위한 대표적인 장소로서 나타났다. 러일전쟁과 제2차 세계대전에서 전사한 수만 명의 위패가 봉안되어 있는 곳이다.

그림 Ⅳ-4 대전에 있던 신사의 당시모습

그림 Ⅳ-5 현재의 야스쿠니신사

한편 일선동조론과 관련하여 다른 쪽에서 제기된 유사한 논리가 있는데 이를 만선사관(滿鮮史觀)이라고 한다. 만선사관은 일선동조론에 비판적인 견해를 가지고 있던 일본의 일부 동양사학자들에 의하여 제기되었다. 그 주된 내용은 한국사는 만주와 떼어서는 독자적으로 성립하기 어렵기 때문에 만선사(滿鮮史)라는 용어를 사용해야 한다는 것이다. 이는 한국사의 자율성을 부정하는 타율성론의 입장이기도 한데 한국사의 큰 흐름이 대륙의 영향 속에서 발전해왔기 때문이라는 것이다.

3) 정체성론(停滯性論)

정체성론(停滯性論)은 일본이 한국을 경제적인 측면에서 분석해낸 이론이다. 한국의 경제실태를 분석해보니 일본에 비하여 너무도 낙후되고 정체되었다는 이론이다. 구한말이후 한국을 여행한 수많은 일본의 지식인들은 한국사회의 후진성에 대하여 지적하였다. 생활풍습이라던가 농촌의 여러 가지 낙후된 도구, 도토리를 먹는 식생활 등…. 어떤 이는 20세기 초엽의 농촌실정이 일본에 봉건제도가 성립되기 이전의 상황 즉 800여 년 전의 일본(平安시대 혹은 藤原시대)과 유사하다고 지적하기도 하였다. 이러한 문제를 학술적인 측면에서 분석하고자 한 것이 정체성론이다. 후쿠다 도큐죠(福田德三)라는 일인 학자는 경제사학자로서 이 문제를 집중적으로 연구하였다. 그는 경제발전 단계설에 입각하여 한국경제를 분석하였다. 경제발전단계설이란 인류의 역사는 원시—고대—중세—근대로 구분되는데 경제사적인 측면으로 볼 때는 원시(공산사회)—고대(노예사회)—중세(봉건사회)—근대(자본주의)로 발전해왔다는 이론이다. 이 이론을 한국의 현실에 대입해 보면 한국에는 봉건사회적 요소가 보이지 않는다고 한다. 자본주의로 이행하기 위하여는 봉건사회를 거치는 것이 필수적인데 한국사에 봉건사회적인 요소가 보이지 않는 것으로 보아 한국경제는 고대노예제 상태일 수밖에 없다는 것이다. 고대 노예제사회는 사실 삼국시대의 경제사회적 상황을 설명하는 것이다. 그렇다면 한국의 경제는 삼국시대 이래 약 1,000여 년 동안 발전하지 못하고 노예제사회에 정체되어 있다는 결론에 도달하였다. 이를 경제사적인 측면에서 살펴보니 '▷노예사회의 산물인 노예가 조선시대 이후에도 존속되고 있었으며, ▷한국은 기본적으로 토지공유의 상태로서 토지 사유의 성장이 없고, 교통경제가 발달되지 못하였고 전국에 유통되는 화폐의 보급을 볼 수가 없으며, ▷한국은 씨족적 통제사회의 기반 속에 있는 촌락(村落)경제 중심으로서 상공업이 발달하지 못하였다'라는 것이다.

한편 시카다 히로시(四方博)라는 학자의 견해는 약간 다른데 역사의 완전한 정체란 없다고 생각한다. 그는 한국사회가 자본주의 단계로 진입하지 못하고 정체된 원인에 대하여 자본주의의 형성을 가능케 하는 제반 여건이 결여되었기 때문이라고 파악하였다. 그러한 원인으로서 조선시대 유교정신에 의한 정치·사회적 상황을 지적하였다. 개항당시 한국은 자생적인 자본의 축적이 없었다고 한다. 따라서 한국의 자본주의화는 결국 외국(일본)의 자본과 기술에 의하여 이루어질 수밖에 없다는 논리이다.

요컨대 정체성론의 궁극적인 목표는 이와 같은 한국경제의 후진적인 측면을 극복하기 위하여 선진국가인 일본이 도와주어야 한다는 것이다. 즉 일본이 더 이상 발전하지 못하고 있는 한국경제를 이끌어 선진 자본주의사회로 함께 발전하자는 논리이다. 일본은 정체성론의 이론적인 배경 하에서 여러 가지 근대화정책을 추진하는 한편, 한일합방의 당위성을 이러한 측면에서 합리화 하였다. 일본은 식민지인 한국에 철도, 전신, 항만 등을 설치하고, 근대학교와 공장 등을 세워 한국의 자본주의화에 기여하였다고 주장하고 있다. 이 이론은 식민사관중에서도 가장 정교한 이론적 바탕을 지니는 것이라 할 수 있다. 1960년대 이후 한국의 비약적인 경제성장의 이면에는 일본의 식민지배 시절에 만들어진 여러 가지 기간산업 시설을 바탕으로 하였다고 주장하기도 한다. 일본의 식민지배 결과가 한국을 근대화하는데 기여하였다고 주장하는 것이 오늘날까지도 논란이 되고 있는 식민지근대화론이다.

3. 식민사관의 비판

1) 타율성론(他律性論)

타율성론(他律性論)은 한국사의 전개과정이 외세에 의하여 결정되어 왔다는 것이다. 이는 한국의 지정학적인 조건이 한반도라는 사실에 이론적 배경을 가지고 있다. 한국은 북쪽에 강력한 대륙국가인 중국과 남쪽에 해양국가인 일본과의 사이에 존재하는 반도국가라는 것이다. 이와 같은 지정학적인 상황이 한국의 역사를 결정짓게 된 요인이었다고 하는데 이를 타율성론이라 규정할 수 있다. 여기서 지리적결정론, 반도적성격론, 당파성론 등이 나타나게 되었다.

오늘도 우리는 한반도라는 용어를 아무런 스스럼없이 사용하고 있다. 이 용어가 과연 우리 역사를 한 마디로 규정할 만한 것일까. 이에 대한 우리 학자들의 비판은 우리역사를 반도사로 이해하는 것을 전적으로 반대한다. 사실 만주지방에 역사적 배경을 두었던 고조선을 비롯하여 고구려, 부여, 발해의 존재는 적어도 우리 역사를 반도사로 규정할 수 없다는 것이다. 하지만 고려시대 이후 약 1,000년 동안의 우리 역사는 반도사라고 볼 수 있다. 그렇다면 식민사학자들의 주장처럼 고려시대 이후의 역사를 비관적으로 보아야 할 수밖에 없을 것인가. 이를 지리적결정론의 측면에서 생각해보자.

지리적결정론은 한마디로 말하여 시대적인 상황논리에 불과한 것이다. 힘이 부족하여 일본에 침략당한 시대적인 상황 속에서 태동된 논리이지 이것이 보편성을 갖는 이론이라고는 볼 수 없다. 즉 반도국가라고 하여 모두가 외세의 힘에 휘둘린 역사를 갖지는 않았다. 일례를 들어 그리이스나 로마는 어떻게 설명해야 할까. 특히 로마는 이탈리아반도를 배경으로 성장한 국가이다. 이탈리아는 유럽대륙에 붙어있는 반도국가로서 한국과 유사성을 지니고 있다. 로마는 이탈리아반도를 통일한 연후에 지중해의 패권을 차지하였고, 대륙의 유럽세계를 정복하였을 뿐만 아니라 강국인 이집트까지도 정복하였다. 이러한 이론을 우리가 힘을 가지고 있는 상황에서 적용해 본다면, 삼면이 바다로 둘러싸인 우리의 지정학적인 여건은 오히려 사방으로 팽창해 나갈 수가 있는 조건이 될 수도 있는 것이다. 요컨대 역사에 대한 해석은 땅덩어리를 통한 것이 아니라 역사를 엮어 가는 인간과 인간집단간의 흐름으로서 해석하여야 한다.

반도적성격론의 측면에서 생각해보자. 이는 지리적결정론과 불가분의 관계를 갖는 것인데, 민족성은 그 나라의 지정학적 환경의 지배를 받는다는 이론이다. 부수성, 다린성, 의존성을 갖는 반도에서 수천 년간의 역사를 겪어온 한국민은 半島人이 가지는 독특한 성격이 형성되었다고 한다. 즉 한국사가 외세의 침략에 시달리다보니 힘이 있는 강국의 눈치를 보는 습성이 생겨났다고 하여 사대주의적 성격을 민족성의 한 특징으로 들었다. 그들의 주장처럼 과연 한국사가 800회 이상 외침의 역사였을까. 사실 한국의 역사에서 외침이 많았다는 것을 인정한다. 그렇지만 그 내용들을 구체적으로 일일이 분석해 볼 필요가 있다. 일례를 들어 거란족의 침입 때 고려의 대응은 어떠했는가. 우리는 서희장군의 당당한 설득과 강감찬장군의 활약에 대하여 잘 알고 있다. 아놀드 토인비가 지적했던 것처럼 지구상에 존재했던 수많은 문명이 생·노·병·사의 과정을 거쳤건만 수천 년간 면면히 내려오는 한국의 역사가 여전히 당당하게 독립국가로서 존속되고 있는 것은 한국민족의 민족의식에 기인하는 것이다.

당파성론(黨派性論)은 반도에서 외세의 힘에 휘둘리다 보니 변증법적인 역사의 발전을 별로 경험해보지 못한 한국민이 서로 믿고 협력하지 못하여 각자의 이익에 따라 반목·갈등하였다는 것이다. 조선시대 당쟁·사화가 빈번하게된 것을 한국민의 좋지 못한 민족성에 기인한다고 보았다. 조선왕조가 당쟁 때문에 망했다고 보는 시각은 당파성론의 영향을 받은 것이다. 사실 당쟁(黨爭)이라는 용어는 식민사학자들에 의하여 나타났다. 이와 유사한 용어로 옛날부터 사용된 것은 붕당(朋黨)이다. 조선시대 500년 간 정치권력간의 대립·갈등을 어떻게 당쟁이라는 한 가지 용어로 규정할 수가 있을까. 이는 비역사학적인 발상임을 지적하지 않을 수가 없다. 조선시대 정치구조와 운영방식을 연구해보면 오히려 권력의 분립과 상호견제, 언로(言路)의 활성화 등, 같은 시기 다른 나라에서 찾아보기 힘든 민주적인 권력운영 시스템이 있었음을 알게 된다.

2) 일선동조론(日鮮同祖論)

한국과 일본의 조상이 같은 계통이라고 하는 일선동조론(日鮮同祖論)은 일본의 역사서인 ≪日本書紀≫·≪古事記≫와 『광개토왕릉비』의 기록에 이론적인 근거를 두고 있다. 따라서 일선동조론의 허구성을 주장하려면 우선 위의 사료들에 대한 문제점을 추적 논증하여야 할 것이다. 그렇지만 이러한 작업이 쉽지 않다는 점은 누구도 인정하는 바이다. 일선동조론에 대한 비판은 두 가지 측면에서 제기해 볼 수가 있다. 하나는 고고학적인 측면이다. 만일 왜(倭)가 남한지역을 200년 동안이나 군사적인 지배를 하였다면 그 지역에서 이러한 사실을 입증할 만한 일본의 문화유산이 다량 발견되어야 한다. 임나일본부의 중심지로 추정되는 경상남도 일대 특히 창원, 김해와 같은 지역에서 4~6세기경에 해당하는 통치기구와 연관되는 왜의 유물과 유적이 입증되어야만 한다. 그렇지만 해방이후 반세기가 훨씬 지난 오늘날까지도 그와 관련된 적극적인 증거가 나왔다는 소식이 알려진 바 없다. 1970년대 이후 이들 지역에 대한 고고학적인 조사가 활발히 진행되었다. 그런데 이 지역의 고고학적인 자료를 종합해보면 4세기 이전부터 존재해 온 이 지역의 독특한 유물문화가 5~6세기까지도 연속적으로 계승되는 양상이 나타난다. 다시 말하자면 통치기구로서의 임나일본부가 존재했다는 역사적 사실이 고고학적인 측면에서 확인되지 않는다. 이러한 사실은 식민사학자들에 의한 문헌사료의 해석에 문제가 있음을 시사해준다.

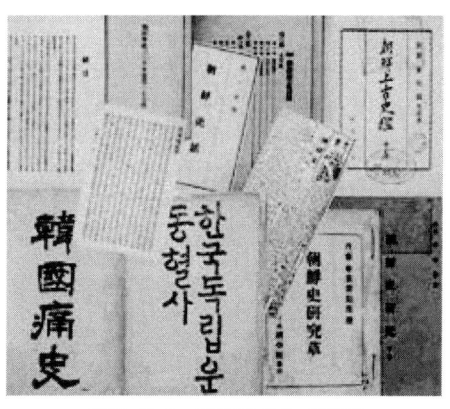

그림 Ⅵ-6 발매금지된 서적들

둘째는 문헌적인 측면이다. 일선동조론의 주요 논리는 '임나일본부설'이라고 할 수 있다. 이는 일본(당시는 倭)이 4세기 중엽에 가야지역을 정벌하여 임나일본부라는 통치기관을 설치하고, 6세기 중엽까지 약 200년 간 한반도 남부를 경영하였다는 내용으로서 ≪日本書紀≫에 기록되어 있다. 따라서 일선동조론의 무대가 되고 있는 당시의 역사적 상황을 면밀히 분석해 본다면 일선동조론의 타당성 여부를 이해할 수 있을 것이다. 사실 그 지역에는 가야라는 여러 개의 국가가 존재하였음을 잘 알고 있다. 따라서 임나일본부 문제는 가야제국과의 상호 관련성이라는 측면에서 검토해야만 한다. 쓰에마쓰(末松保和)에 의하여 학문적으로 정립된 임나일본부설은 1970년대 이후 여러 가지 활발한 연구검토를 거쳐 상당히 진전된 인식을 보이고 있다. 5세기 이전에 대한 《일본서기》의 기록을 부정한다든지, 임나일본부의 성격을 조선총독부와 유사한 군사적인 지배기구가 아닌 다른 것으로 파악하는 등의 변화된 인식을 엿볼 수 있다. 하지만 일본학자 대부분의 견해는 종전 '임나일본부설'의 큰 틀을 벗어나지 못하고 있다. 한편 우리 학자들은 임나일본부설에 대한 부정적인 견해를 표출하였다. 그러한 대표적인 견해로서는 1970년대 후반 천관우(千寬宇)氏가 임나일본부를 백제가 가야 지배를 위하여 설치한 파견군사령부로 해석한 것을 들 수 있다.

임나일본부와 관련하여 임나, 임나가야라는 명칭이 우리 사료에서 나타나고 있음을 확인하자. 임나는 오늘날의 창원지방을 가리키며, 가야는 오늘 날의 김해지방을 가리킨다고 해석하기도 한다. 또한 임나가야는 창원과 김해의 합칭인데 그 중심지는 김해였으며 후대에는 김해를 중심으로 하는 경남 해안지방의 가야연맹을 가리키는 개념으로 사용되었다고 보기도 한다. 4세기 초엽에 김해를 중심으로 하여 성립된 것으로 보여지는 가야연맹은 주변에 있는 백제, 왜(倭) 등과 교역하면서 두각을 나타냈다. 4세기 후반 가야지역으로 패주한 왜군을 추격해 온 고구려 광개토왕의 군대에 의하여 참패한 가야연맹은 그 후유증으로 해체되고 말았다.

5세기 후반에 들어 경상 내륙 산간지방에 있는 고령을 중심으로 하여 13개의 소국을 포괄하는 후기 가야연맹이 성립되었다. 6세기 전반에 김해의 금관국을 비롯한 몇 개의 나라가 신라에 병합되면서 약화되기 시작한 후기 가야연맹은 6세기 중엽에 이르러 고령의 대가야국(大加耶國)과 함안의 안라국(安羅國) 중심의 남북 二元체제로 분열되었다. 이들은 이후 백제, 신라 양측의 압력에 시달리다가, 결국 562년에 대가야국이 신라에게 병합되면서 가야는 멸망하게 되었다.

사료상에 나타나는 임나일본부에 대한 해석은 이와 같은 가야사의 발전과정 속에서 해석되어야 한다. 이제 한국 학계에서 임나일본부에 대한 해석을 군사적인 통치기관이라고 해석하는 견해는 찾을 수가 없다. 그 정체는 가야와 왜국간에 교섭을 하는 과정에서 나타난 교역기구와 유사한 것으로 해석하는 견해가 유력한 것으로 보여진다.

3) 정체성론(停滯性論)

정체성론(停滯性論)은 한국의 경제가 수백 년 전의 일본과 유사할 정도로 낙후되었는데 이는 한국경제가 시대의 흐름에 따라 발전하지 못하고 계속 정체되어 있었기 때문이라는 것이다. 그 배경을 분석해보니 한국에는 자본주의를 거치기 이전의 단계인 봉건사회적 요소가 보이지 않거나, 또는 자본주의로 이행할 만한 기본적 토대가 결여되어 있는 상태였다고 한다. 따라서 선진 자본주의 경제수준에 도달한 일본이 낙후된 한국을 도와 경제를 급격히 발전시켜줄 수 있다는 이론이다. 이 이론은 한일합방을 합리화하려는 식민사관중에서도 가장 정교한 이론으로서 오늘날까지도 논란거리(식민지근대화론)가 되고 있다.

정체성론이라는 용어는 사실 식민사학자들에 의하여 만들어진 용어는 아니었다. 그 말은 Stationary Character라는 용어를 번역한 개념이다. 산업혁명에 성공한 유럽인들이 아시아지역에 식민지를 건설하는 과정에서 그들과는 이질적인 사회라는 것을 알게 되었고 이를 분석하는 과정에서 사용된 개념이다. 즉 유럽인들이 아시아지역에 진출하고 보니 그들보다는 훨씬 낙후된 농업경제, 촌락경제 수준에 머물러 있는 상황을 파악하고 그 원인을 사회·경제적인 정체(停滯)에서 찾으려고 하였다. 실제로 인도를 식민지화 한 영국이 봄베이, 캘커타 등의 지역에 방직공장을 설립하면서 인도의 공업화를 주도하였고 이 과정에서 인도의 사회·경제적 정체성을 주장함으로서 인도 지배를 합리화하려고 하였다. 이 용어를 식민사학자들이 도입하여 이를 한국사의 상황에 적용시키려고 한 것이 정체성론이다. 1930년대의 우리 지식인들에게 '아시아적 정체성'이라는 용어가 유행처럼 번져나갔던 용어이기도 하다.

한국경제가 정체된 요인으로서 봉건주의적 요소가 보이지 않기 때문이라는 주장을 분석해보자. 경제발전 단계설에서 말하는 원시공산사회—고대노예제사회—중세봉건사회—근대자본주의사회로 발전했다는 것은 유럽경제발전의 모델로서 제기된 것이다. 그렇지만 이러한 이론이 과연 보편타당성을 갖는 이론이냐 하는 것에는 의문을 제기할 수 있다. 요컨대 이는 유럽의 경제발전 모델이지 그들과는 자연환경·지리·역사·문화 등 여러 가지 측면에서 상이한 아시아지역에 일괄적으로 적용시키기는 어렵다고 한다. 일례를 들어 오늘날 세계적인 부유국으로 등장한 중동국가들에게 이러한 이론은 맞지 않는다. 20세기 초엽만 하더라도 세계에서 가장 빈곤한 국가의 하나로 꼽히던 중동이 불과 몇 십 년 만에 부유한 국가로 급성장한 배경은 위의 이론으로는 설명되지 않는다는 것이다.

봉건제도에 대하여 알아보기로 하자. 봉건제도(封建制度, Feudalism)는 군현제도(郡縣制度)와는 상대적인 개념인데 봉토를 매개로 하여 성립되었던 지배계급 내의 지배 예속관계라고 할 수 있다. 사회·경제사적인 측면에서의 봉건제도는 영주(領主)와 농노(農奴)간의 토지를 매개로 하여 그 대가를 주고받는 과정에서 맺어진 주종(主從)관계, 또는 장인과 노동자간의 기술(Craft)을 매개로 하여 맺어진 주종관계를 말한다. 이 경우 주종관계는 노예제사회와는 다르다. 즉 노예제사회는 **主從**관계가 신분적인 예속관계임에 비하여, 봉건사회에서는 토지나 기술의 소유문제에서 오는 주종관계이지 신분적인 관계는 아니라는 점이다.

일본은 이와 같은 내용의 봉건사회가 존재하였는데 바로 막부(幕府)[3]로 알

---

3) 중세 일본의 12세기 가마쿠라(鎌倉)시대부터 19세기 중엽의 에도(江戶)시대까지 무인

려진 무가정치(武家政治)시기가 봉건사회였다는 것이다. 따라서 일본은 이러한 봉건사회를 거쳐 오늘날의 자본주의 사회로 진입했다고 보았다. 이는 결과적으로 아시아국가중에서는 유일한 경우에 해당되었고 이러한 측면에서 일본은 사회경제사적인 측면에서 '탈(脫) Asia'이고 서양과 대등한 단계였음을 주장한다. 이는 한국에 대한 일본의 상대적 우월감으로 작용하였고 오늘날까지도 '탈아(脫亞)', '脫아시아'라는 용어가 사용되는 배경이기도 하다. 그렇다면 과연 일본에 서양의 봉건주의와 동일한 제도가 존재하였는지 비교·분석해보면 의문이 제기된다. 간단한 일례로서 막부와 지방의 城主와의 관계는 봉토를 매개로 한 것이 아니라 자신의 가신(家臣)그룹을 파견한 정치적이고도 신분적인 종속관계였다는 것이다. 요컨대 일본의 봉건사회론은 서양의 그것과는 구별된다고 할 수 있다.

이러한 측면에서 한국사에서의 봉건사회 결여에 따른 정체성론에 대하여는 커다란 의미를 부여할 필요가 없다고 생각한다. 사실 조선시대는 근대사회(자본주의)의 여러 가지 요소를 발견할 수 있다. 사상과 문화면에서 실학(實學)을 들 수가 있다. 실학은 종전의 전례(典禮)문제에 집착해 온 주자학(朱子學)을 극복하고 현실적인 문제와 대안의식을 추구하였으며, 자연과 사회에 대한 합리적이고 과학적인 사고(思考)와 움직임을 불러 일으켰다. 또한 사회·경제적인 측면에서는 17·8세기 활발한 상품화폐경제의 유통과 전국에 걸친 장시(場市)의 개설, 공장의 설립 등으로 인한 자본의 축적으로 이미 자본주의의 기틀이 마련되어 있었다. 이는 17세기 후반 이앙법(移秧法)과 밭농사의 윤작체제도입과 같은 농사법의 발달로 인한 잉여농산물이 발생하였고, 빈부차이에 따른 지주의 성장, 그리고 18세기 초 잉여농산물에 따르는 전국적인 장시의 개설, 장시개설에 따른 대규모 자본유통 및 축적, 자본축적에 따른 공장설립 및 광산 등에 대한 투자 등이 반복되었다. 이에 따라 조선은 18세기 중엽

들이 등장한 무가(武家)정권을 가리킨다. 쇼군(將軍)은 역대 무가정권(武家政權)인 막부(幕府)의 수장(首長)을 가리키는 칭호이다.

이후 신분층의 분해, 대지주 발생, 임금(賃金)노동층 발생 등 근대 자본주의적 요소들이 나타났다.

정체성론은 그 이론의 합리성, 치밀성 등으로 인하여 아직 극복되지 못하고 있다. 이 문제는 식민지근대화론으로 다시 포장되어 21세기인 오늘날에도 학계의 논란거리가 되고 있다. 식민지근대화론(植民地近代化論)은 한국학계에서 일반화되다시피 한 '식민지수탈론'에 대응하는 개념이다. 이는 경도대학(京都大學) 교수인 나카무라 사토루(中村哲)에 의하여 집중적으로 연구되었다. 그의 연구에 대하여 한국의 일부 경제사학자들이 동조하면서 큰 반향을 불러일으켰다. 주된 내용은 앞서 설명하였듯이 1960년대 이후 한국경제가 급성장한 배경에는 일본의 식민지배가 있다는 것이다. 세계적으로도 경제적인 급성장을 이룬 동아시아의 국가 즉 4마리 龍(한국, 홍콩, 대만, 싱가폴)은 유사성이 보인다고 한다. 이들 국가는 모두가 같은 시기 식민지배를 경험하였는데 그 결과 후일 경제의 급성장(근대화)이 가능하였다고 한다. 즉 식민지시절에 형성된 자본주의(식민자본주의)를 바탕으로 하여 근대화가 이루어졌다고 보았다. 사실 식민지시절의 여러 가지 경제관련 수치와 통계를 보면 분명히 그러한 단서를 찾을 수 있다. 문제는 이와 같은 수치를 어떻게 해석하느냐는 것이다. 당시의 상황을 식민지수탈론의 입장에서만 파악하는 것도 문제가 있겠지만 그것이 피식민지에 대한 수탈과 지배를 목적으로 한 것이었다면 식민지근대화론은 분명 한국사에서 부정적인 입장으로 남게 될 것이다.

참고자료

1. 乙巳條約(韓日協商條約)

日本國政府及韓國政府는 兩帝國을 結合ᄒᆞ는 利害共通의 主義를 鞏固케ᄒᆞᆷ을 欲ᄒᆞ야 韓國의 富强之實을 認ᄒᆞᆯ 時에 至ᄒᆞ기지 此目的으로ᄡᅥ 左開條款을 約定ᄒᆞᆷ。

第一條, 日本國政府는 在東京外務省을 由ᄒᆞ야 今後韓國이 外國에 對ᄒᆞ는 關係及事務를 監理指揮ᄒᆞᆷ이 可ᄒᆞ고 日本國의 外交代表者及領事는 外國에 在ᄒᆞ는 韓國의 臣民及利益을 保護ᄒᆞᆷ이 可ᄒᆞᆷ。

第二條, 日本國政府는 韓國과 他國間에 現存ᄒᆞ는 條約의 實行을 完全히 ᄒᆞ는 任에 當ᄒᆞ고 韓國政府는 今後에 日本國政府의 仲介에 由치아니ᄒᆞ고 國際的性質을 有ᄒᆞ는 何等條約이나 又約束을 아니ᄒᆞᆷ을 約ᄒᆞᆷ。

第三條, 日本國政府는 其代表者로하야 韓國皇帝陛下의 闕下에 一名의 統監을 置ᄒᆞ되 統監은 專혀 外交에 關ᄒᆞ는 事項을 管理ᄒᆞᆷ을 爲ᄒᆞ야 京城에 駐在ᄒᆞ고 親히 韓國皇帝陛下에게 內謁ᄒᆞ는 權利를 有ᄒᆞᆷ。 日本國政府는 又韓國의 各開港場及其他日本國政府가 必要로 認ᄒᆞ는 地에 理事官을 置ᄒᆞ는 權利를 有ᄒᆞ되 理事官은 統監의 指揮之下에 從來在韓國日本領事에게 屬ᄒᆞ든 一切職權을 執行ᄒᆞ고 竝ᄒᆞ야 本協約의 條款을 完全히 實行ᄒᆞᆷ을 爲ᄒᆞ야 必要로ᄒᆞ는 一切事務를 掌理ᄒᆞᆷ이 可ᄒᆞᆷ。

第四條, 日本國과 韓國間에 現存ᄒᆞ는 條約及約束은 本協約條款에 抵觸ᄒᆞ는 者를 除ᄒᆞ는 外에 總히 其效力을 繼續ᄒᆞ는 者로ᄒᆞᆷ。

第五條, 日本國政府는 韓國皇室의 安寧과 尊嚴을 維持ᄒᆞᆷ을 保證ᄒᆞᆷ。 右證據로ᄒᆞ야 下名은 各本國政府에서 相當ᄒᆞᆫ 委任을 受하야 本協約에 記名調印ᄒᆞᆷ。

光武九年十一月十七日, 外部大臣朴齊純。
明治三十八年十一月十七日, 特命全權公使林權助。
    -<高宗實錄> 46권, 고종 42년(1905년) 양력11월 17日乙巳>-

2. 한일병합조약(韓日併合條約)

韓國 皇帝陛下와 日本國 皇帝陛下는 兩國間의 特殊하고 親密한 關係를 回顧하여 相互幸福을 增進하며 東洋의 平和를 永久히 確保코자 하는 바 이 目的을 達成하기 爲하여서는 韓國을 日本帝國에 併合함만 같지 못한 것을 確信하여 이에 兩國間에 併合條約을 締結하기로 決하고 日本國 皇帝陛下는 統監 子爵 寺內正毅를, 韓國 皇帝陛下는 內閣總理大臣 李完用을 各其 全權委員으로 任命함. 이 全權委員은 會同協議한 後 左의 諸條를 協定함.

第一 韓國 皇帝陛下는 韓國全部에 關한 一切의 統治權을 完全하고도 永久히 日本國 皇帝陛下에게 讓與함.

第二 日本國 皇帝陛下는 前條에 揭載한 讓與를 受諾하고 또 全然 韓國을 日本國에 併合함을 承諾함.

第三 日本國 皇帝陛下는 韓國 皇帝陛下·太皇帝陛下·皇太子陛下와 그 后妃 및 後裔로 하여금 各其 地位에 應하여 相當한 尊稱·威嚴 그리고 名譽를 享有케 하며 또 이를 保持하기에 充分한 歲費를 供給할 것을 約함.

第四 日本國 皇帝陛下는 前條 以外의 韓國皇族과 其 後裔에 對하여 各其 相當한 名譽와 待遇를 享有케 하며 또 이를 維持하기에 必要한 資金을 供與할 것을 約함.

第五 日本國 皇帝 陛下는 勳功 있는 韓人으로서 特히 表彰을 行함이 適當하다고 認定되는 者에 對하여 榮爵을 授與하고 또 恩金을 與할 것.

第六 日本國 政府는 前記 併合의 結果로서 全然 韓國의 施政을 擔任하고 同地에 施行하는 法規를 遵守하는 韓人의 身體와 財産에 對하여 充分한 保護를 하며 또 其 福利의 增進을 圖謀할 것.

第七 日本國 政府는 誠意와 忠實로 新制度를 尊重하는 韓人으로서 相當한 資格이 있는 者를 事情이 許하는 限에서 韓國에 있는 帝國官吏로 登用할 것.

第八 本條約은 日本國 皇帝陛下와 韓國皇帝陛下의 裁可를 經한 것으로 公布日로부터 施行함. 右證據로 兩全權委員은 本條約에 記名 調印하는 것이다.

隆熙 4年 8月 22日 內閣總理大臣 李完用 印
明治 43年 8月 22日 統監 子爵 寺內正毅 印

V. 단군신화

1. 단군릉
2. 단군신화의 해석

단군신화

 우리는 단군(檀君)이란 존재를 어떻게 이해하고 있는가. 선생님에게 단군을 배우면서 누구나 한번쯤은 그 이야기가 신화에 불과할까 아니면 정말 역사적인 이야기일까 하는 것을 고민해봤을 것이다. 사실 1960~70년대만 하더라도 '우리는 모두 단군의 후손으로서 단일민족이요, 백의민족이다'라는 사회적 분위기가 강조되었고, 또한 우리들 대부분이 그것이 진실일거라 믿고 살았다. 그런데 요즈음 젊은이들과 대화하다 보면 상당수가 단군이야기에 대한 무관심과 혼란된 인식이 있음을 발견하게 되고, 그 사실에 격세지감을 느끼곤 한다.

 개천절은 국경일이다. 국가의 경사스런 날이라는 의미다. 그 유래는 대한민국임시정부에서 음력 10월 3일을 개천절로 정한데서 유래한다. 대한민국 정부수립 후에도 공휴일로 정하였는데 1946년부터는 양력 10월 3일로 정해졌다. 이 날이 만들어진 근거는 《삼국유사》에 기록된 아주 중요한 내용 즉 '하늘의 아들인 환웅이 인간세계로 내려와 웅녀와의 사이에서 단군을 낳았다…(중략)…단군왕검이 평양성에 도읍하고 조선이라고 하였다'라는 부분과 관련이 있음은 학교교육을 통해 대체로 알고 있는 바다. 그런데 이 국경일의 의미가 급변하는 우리 사회의 변화 속에 점차 퇴색하고 있는 듯하다. 오늘을 살아가면서 개천절의 의미를 돌이켜보는 사람은 많지 않을 것이다. 그것이 우리에게 어떤 의미가 있는지? 더욱이 단군이 종교적인 문제(일례로 단군상의 훼손문제 등)와도 얽히다 보니까 바쁘게 살아가는 우리들의 머릿속을 복잡하게만 만들어 버린다.

우리가 가지고 있는 단군신화에 대한 이중적이고도 혼란된 인식은 젊은이들의 역사인식은 물론, 사회문제로까지도 비화될 수도 있다고 우려된다. 이에 비하여 북한측의 단군신화에 대한 인식은 근래에 이르러 단호하고도 명확한 입장을 가지게 되었다. 즉 단군을 역사적인 인물로서 해석하고 있다. 이와 같은 남북간에 존재하는 단군신화에 대한 엇갈린 입장은 우리의 역사해석에 대한 차이로 나타나 장차 다가올 민족의 통일문제에도 부정적인 영향을 끼칠 수도 있다고 생각한다.

1. 단군릉

1) 단군릉(檀君陵)조사

지난 1993년 북한에서 단군릉이 발굴된 사실과 그 내용이 발표되면서 우리는 큰 충격을 받은 바 있다. 단군릉은 평양특별시 강동구에 소재한 대박산(大朴山)의 동남쪽 경사면에 자리잡고 있다. 이 무덤을 단군릉이라고 처음으로 기록한 문헌은 조선시대 초기 중종(中宗)연간에 간행된 ≪신증동국여지승람(新增東國輿地勝覽)≫이다. 이 책에 따르면 '강동현의 서쪽 3里되는 지점에 둘레가 410자(尺)에 달하는 커다란 무덤이 있는데 민간에서 단군릉(檀君陵)이라고 부른다'고 기록하고 있다. 또한 ≪조선왕조실록≫에는 이곳에 단군릉이 있다는 사실과 단군릉에 대한 관리와 제사에 대한 기록이 여러 차례 나타나고 있다. 조선왕조에서는 단군을 우리 민족의 건국시조로 인정하고 단군릉을 국가적인 관심 속에서 보존관리하고 있었던 것이다. 북한에서는 지난 1993년 이 단군릉을 발굴 조사하였다. 조사결과를 간략히 소개하면 다음과 같다.

단군릉은 내부에 석실이 있고 그 위를 흙으로 덮어 봉분을 조성한 이른바 석실봉토분(石室封土墳)이다. 석실은 땅을 약 1m가량 파서 만든 반지하식인데 무덤으로 들어가는 길인 연도와 단간의 무덤방(현실)으로 구성되어 있다. 무덤방은 남향을 하고 있는데 약간 서쪽으로 치우쳐져 있다. 무덤방의 크기는 동서 273cm, 남북 276cm로 거의 정방형의 모습을 띠고 있다. 바닥에서 높이 160cm가량부터 천정부를 이루고 있는데 3단의 삼각고임으로 구성되었고 그 위에 뚜껑 돌을 덮었다. 벽면은 막돌 또는 약간 다듬은 돌로 쌓아올렸는데 석회를 두텁게 발랐다. 발굴당시에는 석회가 대부분 바닥에 떨어져 있었는데 본래 벽화가 그려져 있었다고 한다. 바닥은 돌을 깔고 그 위에 흙과 석회를 덮었다. 바닥에는 3개의 관대(棺臺)를 남북방향으로 나란히 배치하였다. 이 무덤은 발굴당시 이미 도굴된 상태였는데 일제강점기에 도굴된 적이 있었다고 한다.

무덤 안에서는 특기할 만한 유물이 발견되었다. 첫째는 두 사람분의 뼈가 발견되었다. 모두 86개의 뼈가 나왔는데 42개는 남자 뼈이고 12개는 여자 뼈이며 나머지 32개는 알 수가 없는 상태였다고 한다. 남자 뼈는 골반을 비롯하여 팔과 다리뼈 등이 양호한 상태로 남아 있었다. 뼈를 통한 분석결과 남자는 신장이 약 170cm가량이고 연령이 약 70세 전후로, 당시로서는 키가 크고 체격이 우람한 사람이었던 것으로 나타났다. 여자는 뼈의 상태가 좋지 않아 잘 알 수는 없지만 젊은 여성의 특징을 띠고 있다고 한다.

둘째는 청동판에 금도금을 입힌 장식품을 비롯하여 관못과 토기편들이 발견되었다. 즉 금동관의 세움장식으로 보여지는 하트모양의 장식

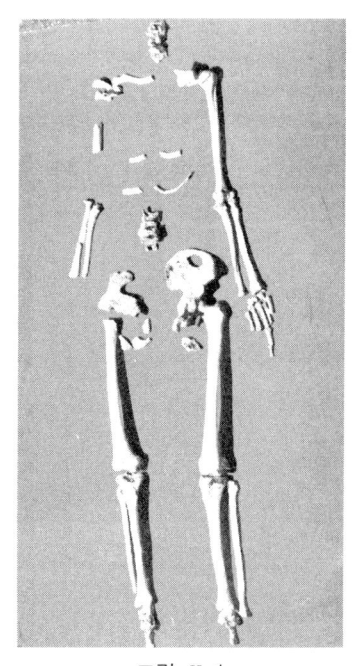

그림 V-1
단군릉출토 남자의 인골(단군?)

품과 긴 장방형의 장식품, 그리고 허리띠 장식으로 보여지는 장식품인데 모두가 청동판에 금으로 도금하였다. 그리고 관못과 토기편이 나왔다고 하는데 토기편에 대한 자세한 내용은 알 수가 없다.

북한학자들은 현대 물리학의 첨단기술을 도입하여 남자뼈에 대한 연대측정을 실시하였다. 즉 최첨단 연대측정 방법으로 알려진 전자상자성공명법(電子常磁性共鳴法, Electron Spin Resonance Dating)을 사용하여 뼈를 수 십 차례에 걸쳐 연대 측정한 결과, 1993년을 기점으로 하여 5011±267년이라는 결과를 얻어냈다. 이는 남자 뼈가 1993년으로부터 5011년전의 것이라는 깜짝 놀랄만한 결론이었다. 그렇다면 이 뼈는 누구의 것인가. 북한학자들은 단군릉에서 나온 남자 뼈가 단군의 뼈라는 결론에 도달하였다. 이제 단군은 신화상의 인물이 아니라 실제로 존재했던 역사상의 인물이 된 것이다.

그림 V-2 단군릉 전경

단군릉에 대한 조사결과와 함께 발표된 연대문제는 큰 반향을 불러 일으켰다. 1993년 10월 북한의 노동신문과 평양방송을 비롯한 각종의 언론에서는 이 사실을 장기간에 걸쳐 크게 보도하였고, 남한에서도 이 사실이 크게 보도되기에 이르렀다. 북한에서는 김일성 주석의 지시로 단군릉에 대한 복원사업이 1994년 시작되어 그 해 10월에 준공되었다.1)

북한에서는 이제 단군이 역사적인 인물이라는 데에 이견이 없어 보인다. 단군릉조사를 계기로 하여 북한학자들은 대동강을 중심으로 한 고조선유적에 대한 논의와 조사를 계속하였다. 그 결과 고조선의 중심지는 평양, 우리 민족의 발상지도 평양이고, 나아가 세계 4대 문명에 평양의 대동강문명을 더하여 5대 문명으로 명명하여야 한다는 주장을 전개하고 있다.

그림 Ⅴ-3 단군릉

이와 같은 북한학계의 놀랄만한 주장에 대하여 우리는 어떻게 받아들여야 할 것인지 혼란스럽기까지 하다. 결론을 미리 말하자면 북한학계의 주장은 학술적으로 신빙하기엔 아직 문제가 있다는 것이다. 먼저 연대측정 방법으로 시도된 전자상자성공명법은 아직 개발초기 단계인 관계로 이론적인 제약과 기술적 한계를 내포하고 있어서 주로 10만년 전 이전의 구석기시대 자료에 대하여 응용되고 있다. 이와 유사한 자료에 대한 일반적인 연대측정은 방사

---

1) 단군릉은 9개 층으로 구성되었고 각 층이 3개의 단으로 만들어져 있다. 규모는 모두 289단의 계단을 올라가야 하는데 그 높이가 고층건물 18층 높이에 해당된다고 한다.

성 동위원소에 의한 탄소(C^{14})연대측정을 통한 방법이 보편적으로 시행되고 있다. 따라서 그 연대를 과학적으로 신빙하기엔 아직 기술적인 문제점이 있다는 것이다.

또한 북한학계의 결론은 당시의 고고학적인 상황과는 일치하지 않는다. 즉 무덤 안에서 발견된 금동관의 파편이 지금으로부터 5,011±267년 전의 것이라는 사실은 문제가 있다. 이는 기원전 3,000년 경 평양지역에 청동기가 제작 사용되었을 뿐만 아니라 도금술까지도 있었다는 것을 의미한다. 이는 중국문명의 탄생지로 알려진 황하문명보다도 1,000년 이전에 이미 도금술을 포함하는 고도의 청동기문화가 존재하였음을 의미한다. 평양지역의 고고학적상황을 검토해 볼 때 그러한 가능성은 적어 보인다. 이 유물은 오히려 삼국시대의 금동관과 양식적으로 유사하다는 것이다. 단군릉의 학술적 가치를 인정하지 않는 학자 중에는 북한에서 이와 같은 주장이 나오게 된 배경에 대하여 주체사상과 연관시켜 해석하고자 하는 견해도 있다.

2. 단군신화의 해석

단군신화를 처음으로 소개한 것은 고려시대 말엽인 13세기에 편찬된 ≪삼국유사≫[2]라는 역사서이다. 이 책에는 ≪위서≫와 ≪고기≫라는 문헌기록을 인용하여 다음과 같이 기록되어 있다.

- 위서(魏書)에 이르기를 지금으로부터 약 2,000년 전에 단군왕검이 있었다. 그는 아사달에 도읍을 정하고 새로 나라를 세워 조선이라 하였는데, 이는 요(堯)임금과 같은 시대이다.

---

[2] ≪삼국유사≫의 구체적인 편찬연대는 일연(1206~1289)이 만년에 저술하였다는 사실을 감안할 때 1280년대일 것으로 추정된다.

- 고기(古記)에 이르기를 옛날 환인의 서자인 환웅이 천하에 뜻이 있어 인간 세상을 동경하였다. 아버지가 이러한 아들의 뜻을 알고 아래 삼위태백 땅을 내려다보니 널리 인간들에게 큰 이익을 줄 것 같았다. 이에 천부인 3개를 주어 다스리게 하였다. 환웅이 무리 3,000을 이끌고 태백산 정상의 신단수 아래로 내려와 그 곳을 신시(神市)라 하였으니 그 이가 바로 환웅천왕이다. 그는 풍백, 우사, 운사를 거느리고 곡식, 생명, 질병, 형벌, 선악과 인간의 360여 가지 일을 주관하여 세상에 교화를 베풀었다.
  그런데 이곳에 살고 있던 곰과 호랑이가 환웅에게 찾아와 사람 되기를 기도하였다. 이때 환웅께서 신령스러운 쑥 한줌과 마늘 20개를 주면서 말하기를 "너희가 이것을 먹고 100일 동안 햇빛을 보지 않으면 마침내 인간이 될 것이다."라 하였다. 곰과 호랑이는 쑥과 마늘을 받아들고 이것을 먹었다. 곰은 21일(삼칠일)만에 여자의 몸이 되었는데 호랑이는 삼가하지 못하여 인간이 되지 못하였다. 여자가 된 곰은 혼인할 상대가 없어 늘 신단수 아래에 가서 아기 갖기를 기도하였다. 환웅이 잠시 변하여 혼인하였더니 곧 임신하여 아들을 낳았는데 단군왕검(檀君王儉)이라 하였다. 그는 요임금이 즉위한 50년 경인년에 평양성에 도읍하고 비로소 조선이라 불렀다.

이와 같은 단군신화에 대하여 이제까지 많은 연구가 있어왔다. 日人학자들은 위의 내용을 단순한 신화로서 인정하여 사료적 가치를 무시하였으며, 나아가 충렬왕 때 원나라의 지배를 받던 시대적 상황 속에서 일연이 민족의식을 고취시키기 위하여 조작하였다는 연구결과를 주장하기에 이르렀다. 그렇지만 위의 인용문을 살펴보면 두 가지로 구분되어 있다. 하나는 일연이 ≪위서≫의 기록을 인용한 것이고, 다른 하나는 ≪고기≫의 기록을 인용한 것이다. 이들 역사서의 존재가 오늘날 확인되지 않기 때문에 단군신화의 허구성을 지적하는 연구도 또한 과거 일제강점기부터 존재하였다. 그러나 이들 역사서에 대한 이후의 연구결과는 다양한 측면에서 존재가능성이 제기되고 있다. 사실 일연이 단군신화를 조작하려 했다면 그대로 '옛날 하늘에 환인이라는 하느님이 있어…'라는 식으로 서술했을 것이지 구태여 '≪위서≫나 ≪고기≫와 같은 책을 보니 ~이런 내용의 기록이 보이더라'는 식으로 기술하지

그림 V-4
각저총의 곰과 호랑이

는 않았을 것이다.

이 단군신화에 대한 역사적인 의미를 찾고자 하는 우리 학자들의 연구는 다양한 측면에서 진행되었다. 기왕의 견해를 간략히 알아보면 다음과 같다. 첫째로 고고학적인 측면에서 단군신화의 잔재를 추적할 수가 있다는 것이다. 사실 단군신화가 고려 말의 역사서에 처음으로 소개되었다는 사실 때문에 그 사료적 가치를 의심받아 왔다. 그런데 중국의 산동반도에서 발견된 **後漢**시대인 2세기경에 제작되었다고 하는 무씨사당(**武氏祠堂**)의 화상석에서 단군신화의 내용과 비슷한 그림을 발견할 수가 있다고 한다. 그렇다면 단군신화와 유사한 이야기가 중국의 **漢**나라 때도 전승되고 있었다고 볼 수가 있다. 또한 고구려 고분벽화인 장천 1호분이나 각저총에는 단군신화와의 관련성을 상정할 수 있는 곰, 호랑이, 동굴, 신단수와 같은 요소들이 나타난다고 한다. 이는 ≪삼국유사≫에 고구려의 시조인 주몽에 대하여 단군의 아들이라고 기록한 사실과의 연관성을 나타내는 것일 수도 있다.

둘째로 문헌과 인류학의 성과를 도입한 견해도 있다. 단군신화를 태양신화와 토테미즘이라는 두 가지 계통의 신화가 결합된 것이라 한다. 즉 하느님의 계통(환인-환웅-단군)인 천손(**天孫**)으로 이어지는 태양신화와 호랑이, 곰(웅녀), 단군으로 이어지는 토테미즘이 결합되었다고 본다. 이는 신화적 계통을 달리하는 두 집단이 정치·사회적으로 통합되었던 사실을 신화적으로 표현한 것이라고 한다. 고대로 갈수록 역사적 사실을 신화처럼 꾸며 전하는 예가 많다고 한다. 이와 유사하게 단국신화는 천신족인 환웅집단과 지신족(**地神族**)인 웅녀집단이 통합된 것을 표현한 것이라 한다. 통합의 산물인 단군왕검에 대하여는 단군이 무당을 의미하는 만주어 '탱그리'에서 온 용어로서 무당 즉 제사장을 의미하며, 왕검은 후대 임금과 유사한 용어로서 정치적 지배자를 의미한다고 한다. 따라서 단군왕검은 제정일치의 시대상을 나타낸 것으로 본다.

또한 한민족(韓民族)의 형성과정을 나타낸 것으로 보는 견해도 있다. 즉 이 땅에 살고 있던 곰, 호랑이를 토템으로 하던 선주민인 古Asia族과 이주민이자 농경민집단이기도 한 집단간의 접촉과정으로 보는 견해도 있다. 우연인지는 몰라도 뛰쳐나갔다는 호랑이족에 대하여는 후일 《삼국지》에 오늘날 함남지방에 살던 동예인들이 호랑이신을 숭배한다는 기록과의 연관성을 생각케 한다. 따라서 이를 한민족의 원형으로 알려져 있는 한(韓), 예(濊), 맥(貊)이 형성되는 과정과도 연결시키기도 한다. 그리고 단군신화에 나타나는 용어인 풍백(風伯), 우사(雨師), 운사(雲師)를 농경문화의 소산으로 보기도 하며, 신시(神市)를 시장의 형성과 관계된 것으로 보아 이주민인 환웅집단의 성격을 추정해 보기도 한다.

한편 단군신화에 기록된 일부 내용에 대하여는 후대 일연에 의한 윤색으로 보는 견해도 있다. 즉 하느님의 이름으로 표현된 환인은 불경인 《법화경(法華經)》에 나오는 인물로서 석제환인다라(釋帝桓因陀羅) 즉 제석천(帝釋天)을 가리킨다고 한다. 하느님의 존재를 불교국가이던 당시인들이 이해하기 쉬운 용어(제석천)로서 대신한 것이다. 또한 건국연대로 기록된 기원전 2333년에 대하여는[3] 이를 신화적인 것으로 파악하고 있다. 즉 단군신화에 표현된 용어에서 추정되는 농경 및 시장, 선민사상 등의 여러 가지 요소들을 청동기시대의 산물로서 파악하였다. 따라서 이러한 요소들과 우리나라의 청동기 개시연대(기원전 10세기 전후)와 일치하지 않는 점을 근거로 하여 믿을 수가 없다고 한다.

그렇다면 단군은 언제부터 우리 민족의 시조로서 등장하였을까 하는 점이

---

[3] 고조선의 건국연대에 대하여 《삼국유사》를 비롯한 《제왕운기》, 《동국통감(東國通鑑)》과 같은 사서들은 대체로 기원전 2,300년이라는 유사한 연대관을 제시하고 있다.

다. 이규보가 ≪삼국사기≫ 이전에 편찬된 ≪구삼국사(舊三國史)≫를 보고서 기록한 ≪동국이상국집(東國李相國集)≫의 동명왕편을 보면 '비류국왕 송양이 자신을 선인(仙人)의 후손이라고 하였다.' 여기서 선인은 단군을 의미한다고 생각된다. 이러한 기록은 1145년에 편찬된 ≪삼국사기≫에 "평양은 선인왕검(仙人王儉)의 宅이다"라는 기록과 상통하는 것이다. 또한 ≪삼국유사≫에는 고구려의 시조인 주몽이 단군의 아들로 기록되어 있다. 이러한 기록들은 고구려와 고조선의 연관성을 의식한 것으로 파악된다. 특히 1287년에 편찬된 ≪제왕운기≫4)에서는 '고구려, 신라, 남·북옥저, 동·북부여, 예, 맥이 모두가 단군의 자손이다'라고 하여 단군이 우리 민족의 시조로서 구체적으로 기록되었다. 이러한 기록들을 감안할 때 고려시대인 12~13세기경을 전후하여 단군을 정점으로 하는 민족의식이 형성되었던 것으로 이해할 수가 있다.

단군신화는 ≪삼국유사≫ 기이편 고조선조에 기록된 것이다. 아마도 저자인 일연스님 조차도 그 내용을 언뜻 이해하기 어려웠던지 기이(奇異)편에 소개하고 있는 것이다. 여기서 일연은 고조선(古朝鮮)이라는 명칭5)을 사용하였

---

4) ≪제왕운기, 帝王韻紀≫는 ≪삼국유사≫가 ≪고기≫의 기록을 인용한데 비하여 ≪본기≫의 기록을 인용하여 단군신화의 내용을 기술하였다. 두 기록은 대체로 비슷한데 세부적인 면에서 약간의 차이를 보이고 있다. ≪삼국유사≫에서는 웅녀가 환웅과 결혼하여 단군을 낳은 것으로 기록한데 비하여, ≪제왕운기≫에서는 환웅이 손녀에게 약을 먹여 인간으로 변하게 한 뒤 단수신(檀樹神)과 결혼시켜 단군을 낳은 것으로 기록하였다. 이는 비합리적인 것을 인정하지 않으려는 유학자의 관념에 의하여 윤색되었을 가능성이 있다. 또한 ≪삼국유사≫에서는 '檀君'이라고 표기한데 비하여 ≪제왕운기≫에서는 '壇君'이라고 하였다. 이는 무당을 의미하는 '텡그리'라는 몽고어를 한자로 표기하는 과정에서 나타난 차이라고 해석하는 것이 타당할 것이다.

5) 고조선(古朝鮮)이라는 명칭은 ≪삼국유사≫를 쓴 일연(一然)이 처음으로 사용하였다. 그런데 중국의 역사기록을 보면 조선(朝鮮)이라는 명칭을 사용하고 있다. 고조선이 처음 역사서에 등장한 시기는 기원전 7세기 초이다. 이 무렵에 저술된 ≪관자(管子)≫에 '조선(朝鮮)'이 제(齊)나라와 교역한 사실이 기록되어 있다. 또 ≪산해경(山海經)≫에는 조선이 발해만(渤海灣) 북쪽에 있던 것으로 나타난다. 이후 ≪사기(史記)≫, ≪삼국지(三國志)≫ 등의 사서에는 조선(朝鮮)이라는 기록이 다수 보이고 있다.

조선(朝鮮)이라는 명칭의 유래에 대하여는 여러 가지 견해가 있다. 첫째로, 중국의 사서에는 조선이 지리적인 개념에서 나타난 것으로 기록하였다. 즉 ≪사기집해(史記集

다. 즉 일연은 단군조선에 대한 기록과 이후 계속되는 기자조선에 대한 기록을 묶어서 고조선이라 하였던 것이다. 그런데 일연은 위만조선을 별도로 소개하여 고조선속에서 제외시키고 있는 듯한 역사관을 보이고 있다. 이와 관련하여 이승휴는 ≪삼국유사≫보다 몇 년 후에 편찬된 ≪제왕운기≫에서 前朝鮮(단군조선), 後朝鮮(기자조선), 衛滿朝鮮으로 이해하고 이를 삼조선(三朝鮮)으로서 구분하여 파악하고 있다. 현재는 고조선6)에 대하여 단군조선(기원

解)≫는 조선이라는 명칭을 그 땅에 있던 강(江)의 이름에서 유래하였다고 하였다. ≪산해경(山海經)≫을 주석한 4세기대의 인물인 곽박(郭璞)은 '조선은 낙랑과 동의어'라고 하였다. 둘째로 우리나라의 기록들은 조선이라는 명칭을 지리적, 종족적 개념에서 비롯된 것으로 기록하였다. ≪신증동국여지승람(新增東國輿地勝覽)≫은 '동쪽 끝에 해가 뜨는 나라가 있어 조선(朝鮮)이라고 불렀다'라고 하였으며, ≪동사강목(東史綱目)≫은 '선비(鮮卑)의 동쪽에 있으므로 조선(朝鮮)이라 칭하였다'고 하였다.

6) 고조선의 실체에 대하여는 다음과 같은 중국기록을 통하여 짐작할 수가 있다. ① 기원전 7세기 경에 편찬된 ≪관자(管子)≫에 '발(發)조선(朝鮮)이 연(燕)과 접하여 있다'라는 기록. ② 기원전 4~3세기 경에 편찬된 ≪산해경(山海經)≫에 '조선은 열양(列陽)의 동쪽에 있는데 바다의 북쪽이며 산의 남쪽이다. 열양은 연(燕)나라에 속한다'. ③ ≪전국책(戰國策)≫에 '연문후(燕文侯, 기원전 361~333년)에게 말하기를 연의 동쪽에 조선과 요동이 있다'라는 기록 등을 종합해보면 당시의 고조선은 춘추전국시대 지금의 북경부근에 자리잡고 있던 연(燕)나라의 동쪽지역에 인접하고 있던 세력임을 추정할 수 있다.

문제는 고조선의 중심지와 연관된 구체적인 위치라 할 수 있다. 이는 학계에 다양한 견해가 제기되어 있다. 첫째는, 대동강 중심설이다. 이는 고조선이 대동강의 평양에 중심을 두고 있었다는 것이다. 이는 ≪수경(水經)≫을 주석한 역도원(酈道元, 469~527년)이 제창한 이래 이후의 중국사서에 기록되어 있다. 이는 일제강점기 시절 일본학자 및 일부의 우리 학자들에 의하여 체계화되었다. 중요한 근거로서 평양부근에서 발견되는 중국계유물과 유적을 들고 있다. 북한학계에서는 최근에 단군릉의 발굴이후 공식견해로 자리잡았다.

둘째는 요동중심설이다. 이는 권람(權擥)이 지은 ≪응제시주(應製詩註)≫ 이래 실학자(이익, 박지원, 이규경), 민족주의사학자(신채호, 정인보), 북한학계(~1993년 단군릉 발굴이전까지)의 견해이다. 즉 현재의 요하서쪽에 있는 대릉하(大凌河)를 고조선의 국경선인 패수(浿水)로 해석하여 그 중심지를 오늘날의 요녕성 개평지역으로 파악하고 있다. 이곳에는 왕검성으로 알려진 성곽유적이 남아있다고 한다.

셋째는 중심지이동설이다. 이는 앞의 두 가지 견해를 절충한 것으로서, 전기 고조선의 중심지역은 요동지역이었으나, 후기에는 그 중심지를 한반도지역으로 이동하였다

전 2333년~기원전 11세기), 기자조선(기원전 11세기~기원전 194년), 위만조선(기원전 194~108년)을 포함하는 것으로, 이들을 계승관계로서 이해하고 있다.

문제는 단군조선의 뒤를 이었다고 하는 기자조선(箕子朝鮮)의 존재이다. 은(殷)나라 말기에 기자가 조선으로 도망가자 주(周)나라 武王이 기자를 조선왕(朝鮮王)으로 봉하였다는 것인데 중국의 역사기록 ≪상서대전(尙書大傳)≫·≪사기(史記)≫·≪한서(漢書)≫에 근거를 두고 있다. 또한 ≪삼국지≫에 인용된 ≪위략(魏略)≫에서는 위만에게 왕위를 빼앗긴 준왕(準王)을 기자의 후예로 기술하였다. 고려·조선시대에는 이와 같은 기자동래설(箕子東來說)을 인정하여 기자묘(箕子墓)를 세우고 국가 차원에서 숭배해왔다. 그렇지만 기자조선에 대한 연구결과 이를 부정하는 견해가 지배적이다. 우선 고고학적으로 기자가 이주해왔다고 하는 고고학적 증거가 보이지 않는다. 즉 만주와 한반도지역의 청동기문화는 지석묘와 비파형동검으로 대변할 수 있는데 이는 중국 내륙의 황하유역의 것과는 계통상으로 차이를 보이기 때문이다. 또한 문헌상으로도 기자동래설을 입증하기가 어렵다. 기자는 기원전 1100년 전후의 인물인데, 기원전 3세기 이전에 쓰여진 ≪논어(論語)≫, ≪죽서기년(竹書紀年)≫ 등에는 기자가 조선으로 갔다는 기록은 없고 기자의 존재 자체만 언급하고 있다. 기자동래설이 사실이라면 이들 기록에 그에 관한 언급이 있을 법한데 그렇지 않다. 그런데 기자의 동래 사실을 전하는 사서들은 한결같이 모두 기원전 3세기 이후에 쓰여진 것들이다. 결국 기자동래설은 기원전 3~2세기 무렵에 중국인들이 중화사상에 입각하여 조작해낸 것으로 추정되고 있다.

는 것이다. 천관우씨에 의해 주장된 이래 우리학계의 대체적인 견해를 차지하고 있다. 이는 세부적인 측면에서 학자간의 견해차가 존재하고 있다. 한편 이를 요동·요서지역의 고고학적인 상황과 연관시켜 고조선의 변천을 이해하려는 견해도 있다. 즉 당시 비파형동검문화를 담당한 집단을 고조선으로 이해하였다. 따라서 기원전 7세기경 대릉하 중·상류지역까지 발달하던 비파형동검문화가, 기원전 3세기경에는 요하이동지역으로 옮겨졌다고 한다. 그 원인은 중국 연(燕)나라의 세력 확대와 밀접한 관련이 있다는 것이다.

Ⅵ. 넓은 땅 고구려

1. 고구려의 영역은 어디까지였나
2. 전성기 고구려의 대외관계
3. 고구려와 수의 전쟁

VI
넓은 땅 고구려

　오늘날 우리가 高句麗라는 나라를 생각할 때 연상되는 것은 廣開土王과 만주벌판을 영토로 한 광활한 국가였다는 정도일 것이다. 사실 우리 역사에서 고구려만큼 광활한 영토와 자주적 기상을 떨친 나라가 어디에 있었을까. 하지만 오늘날 우리에겐 고구려가 1,300여 년 전에 멸망해버린 잊혀져 가는 역사에 불과한 것으로 인식되고 있다. 우리가 고구려로부터 얻을 수 있는 교훈은 무엇일까. 고구려의 멸망은 우리민족에게 커다란 상처를 안겨주었다. 중국과 동아시아의 패권을 놓고 다투던 힘찬 기상이 사라지고 중국문명의 아류로서 부수적인 존재로 만족해야 했으며 그 결과 대국콤플렉스인 사대주의 사상에 젖었고 그 사실에 익숙해졌다. 또한 우리 역사에서 한반도와 만주지방을 아우르던 힘이 점차 축소되어 오늘날 분단국가에 이르기까지 된 것도 고구려의 멸망이후에 나타난 상처라 할 수 있을 것이다. 후일 日帝가 이 사실을 가지고 식민사관을 만들어내 우리에게 복종을 강요했던 또 다른 역사도 알려진 바이다. 이후 오늘에 이르기까지…

　21세기를 살고 있는 우리는 고구려사가 전하고 있는 몇 가지 message를 이해하고 이를 우리 민족의 미래역사를 위해 적극적으로 활용해야 할 것이다. 그러기 위해서는 우선 당시의 고구려사에 대한 전반적이고도 정확한 인식을 요구한다. 다양한 민족과 문화를 하나의 문화 속에 융합시킨 고구려는 그 문화를 바탕으로 당시 강력한 힘을 발휘할 수가 있었다. 이는 고구려인 들이

그림 Ⅵ-1 고구려의 중장기병

천손(天孫)민족이라는 자기정체성을 바탕으로 한 자신감의 표현이었고, 이를 토대로 문화개방과 보편정신을 실현한 결과였던 것이다. 우리가 고구려를 알아야하는 이유는 먼저 우리 주변에서 찾아볼 수 있다. 우리의 현실, 특히 통일을 최우선 과제로 삼아야하는 남북관계를 놓고 볼 때 민족의 동질성을 실증적으로 확인할 수 있는 것이 북한 땅에 산재해있는 고구려 유적은 아닐까. 우리의 고구려사에 대한 관심도는 북한 동포들에 대한 친밀감의 표시로도 작용할 수가 있다는 생각이다. 또한 만주 땅에 흩어져 살고 있는 수많은 우리의 동포 역시 고구려라는 인연으로 공통의 인식을 향유할 수 있는 것이다. 민족최대의 전성기를 구가하고 있는 오늘 날 우리 역사를 돌이켜 볼 때, 고구려가 당시 영토를 사방으로 확장했다는 사실은 우리에게 영광의 역사임에는 틀림없다. 그러나 그 구체적인 실상에 대하여는 아직 밝혀진 것이 많지 않다.

1. 고구려의 영역은 어디까지였나

고구려의 남쪽 끝은 어디까지이고, 북쪽 끝은 어디까지였을까? 우리는 학창시절 고구려가 강력한 국가였고 또한 중국의 만주지방까지도 우리 역사에 포함되었다고 공부하였다. 따라서 우리 역사에서 영토를 가장 많이 넓혔던 것으로 알려진 고구려의 경계선을 확인하고 싶어 하는 것은 자연스러운 지적 호기

심이다. 하지만 이 문제를 정확히 알기는 어렵다. 고구려사를 기록한 것으로 알려진 ≪삼국사기≫나 ≪삼국유사≫를 비롯한 어떠한 역사책에서도 우리가 필요한 답을 얻어 낼 수 없기 때문이다. 따라서 이 문제를 해명하기 위해서는 역사책에 기록된 당시의 상황을 구체적으로 분석하여 추정해내야 한다.

그림 Ⅵ-2 고구려의 영역확장을 기록한 광개토왕릉비와 충주고구려비

고구려는 왜 영역을 사방으로 확장하여야 했을까? 그것은 고구려인이 직면하고 있던 환경적으로 불리한 조건들을 극복해내는 과정에서 나타난 것이다. 한 가지 예를 들자면 ≪삼국지≫에서도 지적하듯이 '고구려지역은 농사를 지을 만한 평야지대가 별로 없었다.' 따라서 고구려 사람들은 늘 배가 고팠고 이러한 상황을 극복하여야만 하였다. 요즈음이야 부족한 식량을 외국에서 수입하면 되겠지만, 고구려시대의 해결방식은 주변의 평야지대로 진출하여 식량을 확보하는 것이었다. 이 과정에서 고구려인들의 관심을 끌기에 충분한 지역은 요동반도(중국), 대동강유역(낙랑·대방군), 한강유역(백제), 함경도의

해안지대(옥저, 동부여)에 발달된 곡창지대였을 것임은 짐작하기 어렵지 않다. 고구려의 영역확장은 이처럼 주변의 평야지대부터 시작되었다. 고구려가 장악한 지역은 함흥평야가 있는 옥저지역이다. 고구려가 진출하기 가장 용이한 곳이기 때문이다.

고구려가 영역을 가장 넓게 확장시켰던 때는 5~6세기 무렵에 이르러서 이다. 그것은 고구려가 사방으로 확장할 수 있는 국력이 축적되었기 때문이다. 그 배경을 간단히 알아보자. 그것은 고구려가 국가성립 이후 당면해왔던 대내외적인 상황이 달라졌다. 대내적으로는 왕권이 강화되어 왕권중심의 집권력이 급성장하였다. 특히 4세기 중엽 소수림왕 대 시행된 일련의 시책들(불교공인, 태학설립, 율령반포)은 고구려가 중앙집권적 지배체제 정비를 뒷받침하는 획기적인 계기가 되었다. 대외적으로는 국제정세가 급격히 변화하였다. 국제정세는 중국 측의 세력변동과 깊은 연관을 맺고 있다. 중국에서 진(晋) 왕실은 내부적인 혼란으로 인하여 국력이 약화되면서 급격히 쇠퇴하였다. 이를 틈타 주변의 여러 이민족이 봉기하게 되었고, 이에 따라 진은 변방을 통치할 힘마저도 상실하게 되었다. 고구려는 이러한 정세변화를 능동적으로 주도해 나갔다.

이와 같은 변화상을 적극적으로 활용하고 난관을 극복해나간 고구려인들은 5세기를 전후하여 대내외적으로 자신감을 표출하게 되었다. <광개토왕릉비>와 <모두루묘지>에는 당시 고구려인들의 자부심에 대하여 다음과 같이 기록하고 있다.

> "(광개토왕의) 무훈은 四海에 떨쳤다. (나쁜 무리를)쓸어 없애니 국가는 부강하고 백성이 편안히 살게 되었다. 오곡이 풍성하게 잘 익었다."<광개토왕릉비>
> "이 나라 이 고을이 가장 성스러움을 천하 사방이 알고 있다."<모두루묘지>

고구려인들은 이러한 자기정체성을 바탕으로 하여 다양한 민족과 문화를 하나의 문화 속에 융합시켰다. 고구려는 광개토왕·장수왕대에 이르러 그동안 축적된 강력한 힘을 바탕으로 하여 영역을 확장해나갔다. 그러면 고구려가 어떻게 영역을 확장하였는지 구체적으로 알아보기로 하자.

1) 요동지역

고구려의 서쪽방면에 대한 영토 확장은 주로 요동지방을 대상으로 하여 전개되었다. 요동지방은 중국의 여러 왕조가 지배해오던 지역이다. 4세기에 접어들면서 진(晉)왕조는 내부적인 혼란에 빠지게 되면서 급격히 쇠퇴하였다. 이러한 상황은 요동지방에도 영향을 끼쳤다. 요동지방에 대한 진의 통제력이 약화되면서, 주변에 있던 이민족이 봉기하였다. 바로 북방에서 유목생활을 해오던 선비족의 일파인 모용씨라고 하는 집단이다. 모용씨는 요서지방과 요동지방을 장악해 나갔다. 한편 요동지방에서의 변화상을 알아 낸 고구려는 서서히 요동지방을 향하여 영역을 확장해 나갔다. 이 과정에서 서로 간의 충돌은 불가피하였다. 양국의 충돌로 한때 고구려 왕성이 함락되는 등의 피해를 입기도 하였다.

그림Ⅵ-3 선비족의 국가인 전·후연의 왕성이 있었던 지역(遼寧省 朝陽市)

요동지방을 장악한 모용씨는 전연이라는 국가를 세우고 점차 영역을 넓혀나가 중국지역을 장악하기에 이르렀다. 그러나 급변하는 국제정세로 인하여 전연은 얼마 가지 못하여 멸망하고, 중국의 서쪽지역에서 일어난 전진이라는 국가가 요동지방을 장악하게 되었다. 전진과 고구려는 서로의 필요에 따라서 우호적인 관계를 유지하였다. 이러한 상황 속에서 고구려에 불교가 전파되기도 하였다. 얼마 후엔 전진이 급속히 쇠퇴하였고, 후연이라는 세력이 등장하게 되었다. 후연은 일찍이 미천왕릉을 도굴하는 등의 만행을 저질렀던 전연의 후예가 건립한 국가이다. 요동지방에서 전진과 후연의 세력교체라는 어수선한 상황이 벌어지게 되었고, 이 상황을 면밀하게 지켜보던 고구려는 군대를 파견하여 요동지방을 장악하였다. 알다시피 요하라는 강을 경계로 하여 그 서쪽은 요서지방, 동쪽은 요동지방이라고 한다. 고구려가 요동지방을 장악하려한 이유 중에 하나는 요동지방의 경제력이나 선진문화 이외에도 이 지역에서 생산되는 양질의 철이었다. 철은 당시 국가가 발전하는데 없어서는 않될 중요한 자원이다. 고구려는 요동지방을 놓고서 요서지방을 장악한 후연과 피나는 투쟁을 벌여야 하였다. 하지만 고구려의 요동지역 지배는 지켜졌다. 후연이 멸망하고 북연이 들어서 고구려와 국경을 접하게 되었다. 하지만 북연은 고구려의 요동지방 지배를 인정하였다. 따라서 양국은 우호적인 관계를 유지하였다.

그림 Ⅵ-4 중국과의 국경을 이루던 요하와 대릉하의 모습

 한편 북연은 서쪽에 인접한 북위의 공격을 받았다. 평소 친하게 지내오던 북연왕의 망명의사를 접한 고구려는 군대를 멀리 요서지방 깊숙이 파견하여 왕과 그 일행을 호송해오기도 하였다. 중국의 북쪽지방을 통일한 북위가 요

서지방에 등장하면서, 고구려와 북위는 요하를 국경선으로 대치하였다. 고구려의 요동지역 확보는 고구려의 멸망 시까지 지속되었다.

2) 백제지역

고구려가 백제방면으로 영토을 넓히기 시작한 시기는 4세기 후반인 고국원왕대에 이르러서이다. 고국원왕은 낙랑·대방군 지역에 대한 지배체제를 어느 정도 마무리한 연후에 백제지역을 공략하기 시작하였다. 하지만 백제의 힘이 더욱 강하여 오히려 고국원왕이 목숨을 잃고 말았다. 왕의 전사는 고구려가 내부적인 역량을 축적하는 자극제가 되었다. 이후 고구려는 백제와 피나는 싸움을 전개하였다. 양국은 예성강-대동강 일대를 경계로 하여 일진일퇴의 공방전을 되풀이 하였다. 하지만 광개토왕 대에 이르러는 고구려가 우세한 상황으로 바뀌게 되었다. 점점 강해지고 있는 고구려의 군사력에 위협을 느낀 백제는 바다건너 왜와의 연합을 추진하였다. 고구려는 왜와 연결된 백제를 적극적으로 공략하였다. <광개토왕릉비>를 보면 광개토왕의 군대가 한강이북지역을 점령하고 나아가 백제의 왕성마저도 함락시키고 돌아간 것으로 기록되어 있다.

한편 백제 개로왕은 중국의 북위에 편지를 보내 고구려 공격을 제의하였다. 이 사실을 알아챈 장수왕은 475년 백제를 공격하여 수도인 한성을 점령하였다. 이 전쟁에서 백제 개로왕은 비극적인 죽음을 맞이하였다. 고구려는 한강유역을 공략한데 그치지 않고 이 지역을 영토로 삼으려고 하였기 때문에 백제는 수도를 남쪽인 공주로 옮기지 않을 수 없었다. 고구려는 한강유역을 확보하고 이를 기반으로 하여 남양만에서 충청도 북부지역에까지 영토를 넓히게 되었다. 이때 고구려는 한강 및 임진강을 비롯한 경기도 일부지역에 성을 축조하여 공격 및 방어에 활용하였다. 특히 조그만 산성(보루성)을 여러 개 쌓아 방어망을 형성하기도 하였다. 이와 관련하여 충북 청원군의 남성골 산성에서 발견된 고구려유물들은 이 시기 고구려세력의 남하와 관련하여 해석하기도 한다. 경기도지역에서도 당시 고구려의 남하와 관련된 고분들이 새로 발견되었다.

그림 Ⅵ-5 고구려의 백제지역 진출(한강유역의 고구려보루성, 남성골산성)

≪삼국사기≫ 지리지를 보면 고구려가 백제지역으로 영역을 확장하였던 사실을 구체적으로 기록하고 있다. 즉 한강 이남의 경기도 여주, 안성 및 화성군 일대와 충청북도 진천, 음성, 괴산, 충주 그리고 충청남도 직산 등의 지역이 고구려 영토였다고 한다. 이들 지역에 대한 고구려의 지배는 6세기 초반까지 지속되었다.

3) 신라지역

고구려는 신라와 우호관계를 유지하였다. 고구려는 대 백제전략의 일환으로서 신라가 필요하였고, 신라 또한 고구려와의 우호적인 관계를 통하여 국가적 안정을 이룰 수 있었다. 이와 같은 관계 속에서 광개토왕은 신라에 침입한 왜군을 격퇴하기 위하여 대규모의 군대를 파병해 주었다. <광개토왕릉비>에 따르면 왜·가야 연합군이 신라에 침입하자 신라는 고구려에 구원을 요청하였다. 이에 광개토왕은 5만의 병력을 파견하여 낙동강유역에까지 진출해 신라에 침범한 왜·가야 연합군을 격파하였을 뿐만 아니라 임나가야까지

추격하여 이들을 공략하였던 것으로 기록되어 있다. 고구려는 이 전쟁을 계기로 하여 죽령 동남쪽의 일부 지역을 세력권내에 포함시켰을 뿐만 아니라 신라에 정치적인 영향력을 확대시켜 나갔다. 이때 고구려는 신라 땅에 일부의 고구려군대를 주둔시켰다. 신라에 주둔한 고구려군의 존재에 대하여는 <충주고구려비>에 '신라토내당주(新羅土內幢主)'라는 용어에서 확인할 수 있다. 5세기 이후 상당기간 동안 양국은 고구려의 일방적 우위하에서 우호적인 관계를 유지하였다. 경상도 지역에는 이 시기 고구려군이 남긴 것으로 보여지는 고고학적인 유물들이 종종 발견되고 있다.

그림 Ⅵ-6 고구려의 신라지역 진출(함안 마갑총, 호우총청동합)

고구려가 신라방면으로의 진출에 본격적인 관심을 가지게 된 것은 평양으로 천도한 이후부터이다. 내륙교통의 요충지인 충주에 국원성을 설치함으로써 신라에 대한 진출 의도를 드러낸 것도 이때를 전후한 시기의 일이다. 이에 위협을 느낀 신라는 「나제동맹」을 통하여 고구려의 압박에서 벗어나고자 하였다. 이 당시 고구려는 소백산맥 일대의 영월 - 단양 - 중원으로 이어지는 지역까지 진출하고 있었다. 신라는 신라영토 안에 있던 고구려군을 공격하는 등의 공세를 취하였다. 이때 고구려는 백제와의 소모전으로 인하여 신라공략에 소홀하였다. 백제의 수도인 한성을 함락시켜 공주로 천도하게 하는 등의 전과를 거둔 고구려는 이후 신라에 대한 본격적인 공략에 나서게 되었다. 이 사건을 ≪삼국사기≫에서는 다음과 같이 서술하고 있다.

> 고구려가 말갈과 함께 북변을 공격하여 호명(청송)등 7성을 탈취하고 다시 미질부(흥해)로 진군하여…

장수왕은 481년 신라를 대대적으로 공략하여 경주부근 지역까지 진출하였다. 이러한 사실은 ≪삼국사기≫ 지리지에 기록되어 있으니, 즉 소백산맥의 죽령 이남에서 영일만에 이르는 지역인 경상북도 울진, 영덕, 진보, 임하, 청송 등의 지역이 고구려의 영토로 기록되어 있다. 이는 광개토왕대 이후 장수왕 대에 이르는 기간 어느 시기에 고구려가 이들 지역에 까지 영토를 넓혔음을 시사하고 있는 것이다. 이어 고구려는 「나제동맹」에도 불구하고 이들 양국의 북부 교통로를 차단키 위하여 충청북도 중부 내륙지방까지 장악하였는데 이러한 상황은 5세기 말 6세기 초까지 지속되었다. 재미있는 것은 ≪고려사≫ 지리지를 보면 현재 경남 남해군의 해안가에 있는 창선도라는 섬이 고구려의 부곡이었다고 하는 기록을 발견할 수 있다. 과연 사실일까? 그렇다면 그 때는 언제이고 어떻게 지배하였을까 궁금해진다.

4) 낙랑·대방군 지역

우리는 고구려가 313년 낙랑군, 314년 대방군을 멸망시키고 이 지역(평안·황해도지역)을 직접 통치하였던 것으로 이해하고 있다. 문제는 이 사실을 증명해주는 관련기록이 없다는 점이다. 그것은 4세기경의 고구려사에 대한 문헌기록이 별로 남아있지 않기 때문이기도 하다. 따라서 이 문제를 해결하기 위해서는 이 지역에 남아있는 고고학 자료를 분석해내는 방법이 유력하다고 한다. 눈길을 끄는 것은 이 지역에 중국인 또는 그와 연관된 사람들이 남긴 유적이 상당 수 남겨져 있다는 점이다. 한 가지 예를 들자면 수천 개에 달하는 벽돌무덤이 발견되고 있다. 알다시피 이 시기 고구려인은 돌 속에 묻혔는데 비하여, 중국인들은 벽돌 속에 묻혔다는 매장풍습의 차이가 있다. 이를 분석해보면 평안도와 황해도의 일부지역에는 중국인의 문화적 전통이 4세기 후반 이후까지도 남아있는 것을 볼 수 있다. 뜻밖에도 이 지역에는 중국인들이 많이 살고 있었다는 증거라 하겠다.

그림 Ⅵ-7 안악3호분

 이러한 문제를 이해하는데 중요한 고고학 자료는 안악 3호분이다. 이 무덤은 한반도에서 발견된 벽화고분 중에서 가장 규모가 크고, 다양하고도 화려한 벽화이다. 문제는 이 무덤의 주인공을 중국인 동수로 파악하느냐 아니면 고구려왕(미천왕 혹은 고국원왕)으로 이해하느냐의 선택에 따라 4세기 대 고구려사에 대한 이해가 완전히 달라진다는 점이다. 학계의 다양한 해석이 제기되어 있는 상태인데, 중국인으로 이해하는 견해가 다수를 이루고 있다. 그렇다면 이 시기 고구려의 통치방식을 추정할 수 있다. 즉 고구려는 사방으로 영역을 확장해 나가는 과정에서 기층문화의 배경이 다른 종족들에 대하여는 직접적으로 통치하지 않았다. 먼저 그 대표자를 내세워 통치하게 하는 간접 지배방식을 취하였다. 하지만 고구려는 천손(天孫)민족이라는 독자적 정체성을 가지고 점차 다양한 종족과 문화를 하나의 틀 속에 포함시켜 나갔다. 고구려가 이 지역을 직접적으로 통치하게 된 시기는 4세기 후엽부터인 것으로 생각된다. 고구려는 이 지역을 확보한 이후에 백제방면으로의 진출을 본격적으로 시도하였다.

그림 Ⅵ-8 안악3호분의 주인공 부부

5) 부여지역

고구려는 북쪽 및 동쪽으로 접하고 있던 부여방면으로 진출하였다. 부여는 오늘날 중국의 길림성, 흑룡강성, 그리고 북한의 일부지역을 포함하는 넓은 지역에 걸쳐 세력을 가지고 있었다. 고구려는 부여를 압박하여 그 주요근거지인 오늘 날의 길림지역을 장악하였다. 고구려는 장악한 부여에 대하여 관리를 파견하여 지배하였던 것으로 나타난다. 이는 모두루 무덤에 쓰여진 묘지문 중에 고구려의 부여지배를 상징해주는 '북부여수사(北夫餘守事)'라는 관직 명칭에서 잘 나타난다. 북부여수사인 모두루는 광개토왕의 신하로 활약하였다. 또한 4세기 후반 이후 부여지역이 고구려의 영역화 되었음은 장수왕 23년(435) 평양을 다녀간 북위 사신 이오(李傲)가 '고구려의 영토가 북으로는 옛날의 부여에 이르고 있다.'고 한 사실에서 확인할 수 있다. 한편 서북쪽으로 떨어진 농안방면으로 옮겨간 부여는 이후 세력이 크게 약화되어, 점차 고구려에 종속되었다. 결국 문자명왕대인 494년 부여왕이 고구려에 항복해 옴으로써, 고구려는 북방의 부여지역까지 완전히 영토화하기에 이르렀다.

한편 고구려의 동쪽에는 일찌기 부여에서 갈려져 나와 나라를 세웠던 또 다른 부여가 있었으니 <광개토왕릉비>에는 이를 동부여라고 기록하고 있다. 광개토왕은 조공을 받치지 않고 있던 고구려 동쪽의 부여마저도 복속시켰다.

6) 기타지역

고구려는 서북쪽으로도 세력을 확장하여 요하상류 및 시라무렌하 유역(내몽골자치구)에 세력을 가지고 있던 거란을 공략하였다. 뿐만 아니라 흥안령산맥 동쪽지역에서 세력을 형성하고 있던 실위에 철을 공급해주는 등 내몽고 동북부지역에까지도 영향력을 행사하였다. 모란강 동쪽, 연해주 일대에 있었던 것으로 추정되는 숙신도 광개토왕대 고구려에 복속되었.

거란족 및 숙신족의 일부를 토벌하여 이 지역을 세력화한 고구려는 5세기 후반에 이르러 서북방으로의 진출을 기도하였다. 이때 서북방에서는 물길이 세력을 확대해오고 있었고, 이 과정에서 고구려와의 충돌이 있었다. 고구려는 물길이 북위와 연결되는 것을 막기 위하여 장수왕 67년(479) 외몽골 지방에 있던 유연과 연합하여 그 사이에 끼어 있는 세력인 지두우종족의 분할 점령을 시도하였다. 이는 당시 고구려의 영향력이 흥안령산맥 부근까지 미치고 있었음을 짐작케 한다.

이로써 고구려는 5세기 중반에서 후반에 이르기 까지 동·북으로는 북부여 및 동부여지역을 정복하고 거란 및 숙신지역에 영향력을 행사하였으며, 서쪽으로는 요동지역을 차지하였고, 남으로는 백제와 신라를 공격하여 한강유역 및 충청도 북부지역과 소백산맥 이남의 영일만에 이르는 지역까지 이르는 넓은 영토를 차지하기에 이르렀다.

2. 전성기 고구려의 대외관계

고구려는 영역확장 정책을 의욕적으로 추진해 나가는 한편 국제정세의 변화에도 민감하게 대처해 나갔다. 5세기 전반 북위(北魏)가 북중국을 통일한 것을 계기로 하여 고구려와 중국의 북조(北朝), 남조(南朝), 그리고 북방의 유연(柔然)을 중심으로 한 이른바 4강체제가 형성되었다. 고구려는 동아시아의 강국으로서 그 지위를 대내외적으로 인정받고 있었다. 고구려는 중국과의 군사적 대결을 지양하고 각국의 세력관계 변화에 따라 신축적으로 대응하는 다중적인 외교정책을 추진함으로서 200여 년에 걸친 장기적인 평화관계를 지속시켜 나갔다. 고구려가 남진정책을 보다 적극적으로 추진해 나갈 수 있었던 배경도 이와 같은 중국과의 외교관계 추진과 맞물려 있다.

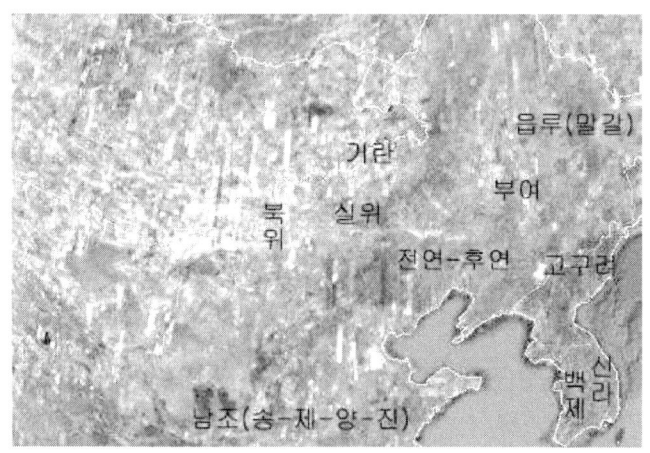

그림 Ⅵ-9 고구려의 대외관계

한편 5세기를 전후한 고구려와 백제·신라와의 관계는 고구려가 남진정책을 추진하자 백제와 신라는 내외적인 세력관계의 변동에 따라 서로 연합·대립하는 양상을 보이고 있다. 즉 4세기 말에서 5세기 중엽까지는 신라를 예속화 한 고구려와 백제의 대결시기이고, 5세기 중엽에서 6세기 중엽까지는 고구려가 남진을 적극화함에 따라 백제와 신라가 연합하여 고구려와 대결하는 상황으로 전개되었다.

1) 중국의 남북조와의 관계

새로운 북방의 강자로서 북위(北魏)가 등장함으로서 중국은 오랫동안 지속되던 5호16국 시대라는 극심한 혼란기가 끝나고 새로이 남북조(南北朝)시대가 열리게 되었다. 즉 남조의 송과 북조의 북위가 서로 중국의 통일을 지향하며 대립하게 되었던 것이다. 이러한 국제정세의 변화와 함께 그 주변에 있는 국가들은 새로운 환경에서의 존립방식을 모색하지 않을 수 없었다. 이와 같은 세력관계에 의하여 당시 동아시아 국제질서의 성격이 규정되었다. 또한 광개토왕 대에 급속한 국력의 신장을 이룬 고구려도 새로운 국제질서 환경에 능동적으로 참여하면서 동아질서의 한 축으로서 군림하게 되었다. 한반도내 삼국의 대외관계도 이러한 동아시아의 국제질서 속에서 일면 규정을 받고서 전개되고 있었던 것이다.

그림 Ⅵ-10 전연 귀족의 무덤벽화(요서지방)

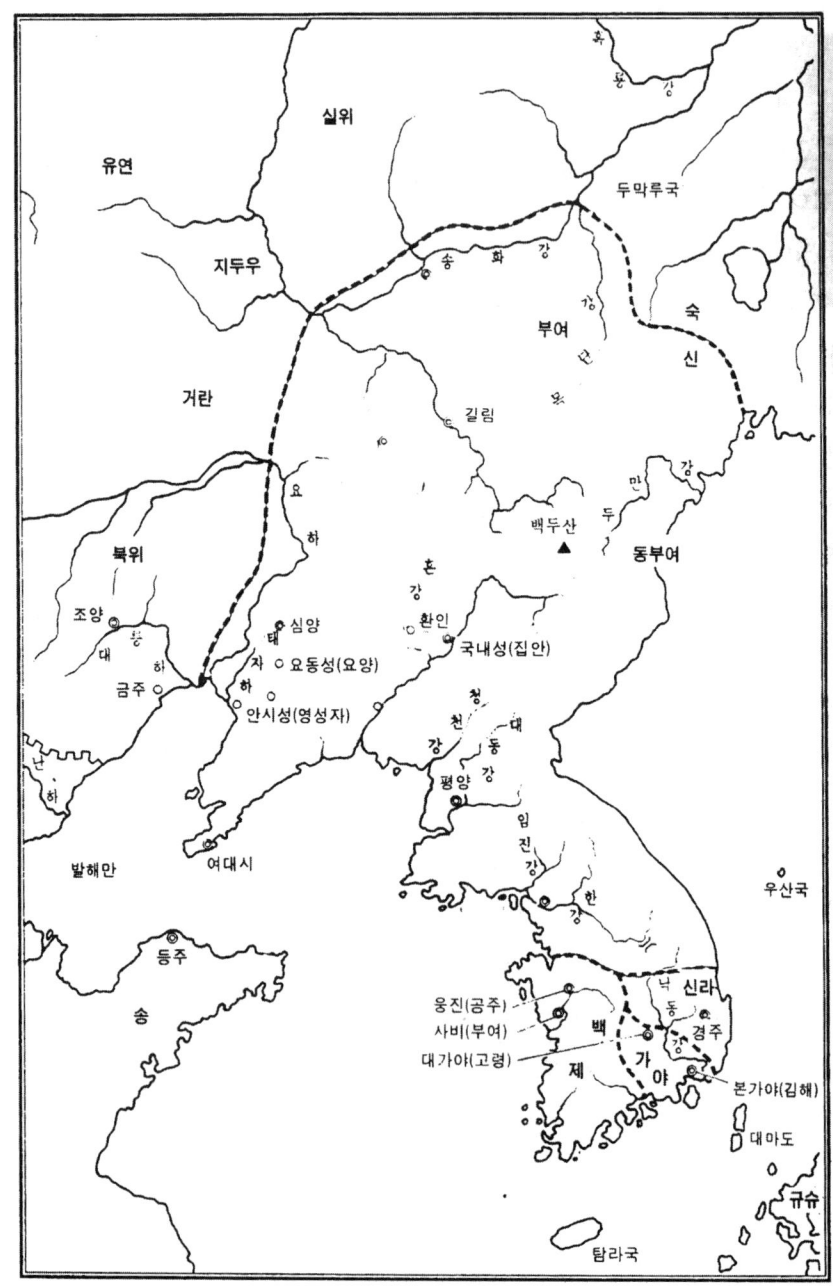

그림 Ⅵ-11 고구려의 영역(5~6세기)

후연(後燕)과의 치열한 투쟁 끝에 요동지방을 확보한 고구려는 북연을 사이에 두고 북위와 대립하였다. 436년 북연왕(北燕王) 풍홍(馮弘)의 고구려 망명사건은 새로이 국경을 접하게 된 고구려와 북위간의 갈등을 초래하였다. 고구려는 북위와의 직접적인 충돌을 회피하기 위하여 풍홍을 살해하였지만 이는 또 다른 갈등관계를 야기시켰다. 북위를 견제하기 위해 기회를 엿보고 있던 남조의 송(宋)이 개입하였고 고구려와 송·북위 간에는 긴장관계가 조성되었다. 이처럼 동북아의 국제문제로 까지 비화된 풍홍 문제는 고구려의 북위 및 송에 대한 다중적인 외교정책으로 일단락되었다.

한편 북위는 계속 세력을 확대해 나갔다. 439년 북량(北凉)을 멸망시켰고 446년에는 서방의 토곡혼(吐谷渾)을 공략하였다. 이러한 북위의 팽창은 인접해있는 고구려에게 커다란 위협이 되었을 것이다. 427년 평양천도 이후 남진정책을 본격적으로 추진해나가던 고구려로서는 무엇보다도 서변의 안정이 시급한 문제로 나타났다. 이에 고구려는 북위 주변에 있는 국가들과의 외교교섭을 통하여 북위를 견제하고자 하였다. 고구려는 북방에서 북위와 강력히 대립하고 있었던 유연(柔然)과의 교섭을 통하여 북위를 견제하고자 했을 뿐만 아니라 남조인 송(宋)과도 연결되어 있었다. 이는 당시 유연 및 송도 또한 북위를 적대국가로서 인식하였던 상황에 바탕을 두고 있다. 고구려가 풍홍사건 이후 약 20여 년 간이나 북위에 사절을 파견하지 않았던 사실에서 당시 고구려의 대 북위관을 짐작해 볼 수 있다.

그림 Ⅵ-12 북연의 귀족묘(풍소불묘)출토유물

고구려는 462년 북위에 사절을 파견함으로서 일시 단절되었던 양국관계를 개선하고자 하였다. 당시 고구려가 북위와의 관계개선을 서둘렀던 배경 중에는 남쪽에서 백제—신라의 연합이 가시화되어 고구려를 위협하는 상황에까지 이른데 있었을 것으로 짐작된다. 이에 대한 북위의 입장으로서도 당시 심각하게 대립하고 있던 송·유연 등과의 관계를 고려해볼 때 고구려와의 불편한 관계를 유지하는 것을 원치 않았을 것이다. 이제 양국관계는 급속히 개선되었고 고구려는 매년 사신을 파견하다시피 하며 북위와의 관계유지에 노력을 기울였다. 당시의 양국 관계는 조공과 책봉관계로 이해할 수가 있다. 양국관계를 시사해주는 몇 가지 사례를 들어보면 북위는 그 주변국 가운데 고구려 왕의 지위를 높게 책봉하였으며 또한 외국사절에 대한 연회에서의 입장순서와 외교사절에게 배정한 숙소에서 고구려 사신을 남조사신에 이어 제 2위로 대우하였다. 뿐만 아니라 북위에서 고구려에 파견한 사절의 횟수만 하더라도 북위의 대외 사신 파견국 가운데 남조에 이어 두 번째로 많은 숫자를 기록하고 있다. 이는 북위가 고구려를 얼마나 중요한 상대자로 여기고 있었나 하는 대 고구려관을 추정케 한다.

그러나 양국의 관계가 시종 우호적인 것만은 아니었다. 466년에는 북위의 청혼을 고구려가 거절함으로서 양국관계가 냉각되었으며 이어 북위에 왔던 백제사절의 고구려 영토 통과문제와 고구려—남제의 외교문제를 놓고서도 갈등이 빚어졌다.

한편으로 북방에서 세력을 확대하며 고구려와 마찰을 일으켰던 물길(勿吉)이 북위에 접근해가자 고구려는 민감한 반응을 보였다. 고구려

그림 Ⅵ-13 덕흥리벽화고분
(북한학계는 광개토왕 때 북경부근까지 영역을 넓혔다고 한다)

는 물길이 북위와 연결되는 것을 차단하기 위하여 유연과 합세하여 지두우를 분할 점령하려고 시도하였다. 이렇듯 양국관계는 표면적으론 조공·책봉관계를 유지하며 밀접히 연결되어 있었지만 서로를 잠재적인 적대세력으로 여기고서 경계와 견제를 계속하였던 것이다.

고구려는 북위와의 관계개선 이후에도 남조 및 유연과의 우호관계를 지속시켜 나갔다. 백제가 북위에 국서(國書)를 보내어 고구려의 이와 같은 다중외교를 비난하고 청병의 구실로 삼고자했던 사실에서 당시 고구려 외교의 복합성을 짐작할 수가 있다.

이와 같이 고구려는 중국 각 국과의 다중외교를 통하여 서변(西邊)에서의 안정을 확보하였을 뿐만 아니라 당시 동북아 질서의 한 축으로서 독자적인 세력권을 확립할 수 있었다. 당시 고구려는 북위 및 몽고고원 세력의 영향력을 배제하면서 그 직할영역의 외곽에 일부 거란족과 말갈족의 부족들을 예속시켰고, 실위(室韋)에 철(鐵)을 공급해주는 등 내몽고 동북부 지역에까지 세력을 뻗치고 있었다. 또한 부여를 지배하고 신라의 내정에 깊숙이 간여하고 백제를 압박하는 등 동북아의 한 축을 형성하고 있었다. 고구려는 서변의 안정을 바탕으로 하여 남진정책을 적극적으로 추진할 수가 있었으니 그 결과 백제의 수도인 한성의 함락과 중부 내륙지방으로의 진출, 그리고 신라지역으로 소백산맥을 넘어 영일만까지 진출할 수 있었던 것이다.

중국의 정세는 6세기에 접어들면서 서서히 변화해 갔다. 북위에 내분이 일어났고 그 결과 북위는 동위(東魏, 534년)와 서위(西魏, 535년)로 분열되었다. 다시 동위에 이어 북제(北齊, 550년) 서위에 이어 북주(北周, 557년)로 교체된 이들은 황하(黃河)를 경계로 하여 동서로 나뉘어 대립하였다. 한편 남조에서도 양(梁)이 망하고 진(陳)왕조가 들어섰다(557년). 뿐만 아니라 몽고고원에서도 세력교체가 있어 550년에 신흥 돌궐(突厥)이 유연을 격파하고 북방의 새로운 강자로 등장하였다.

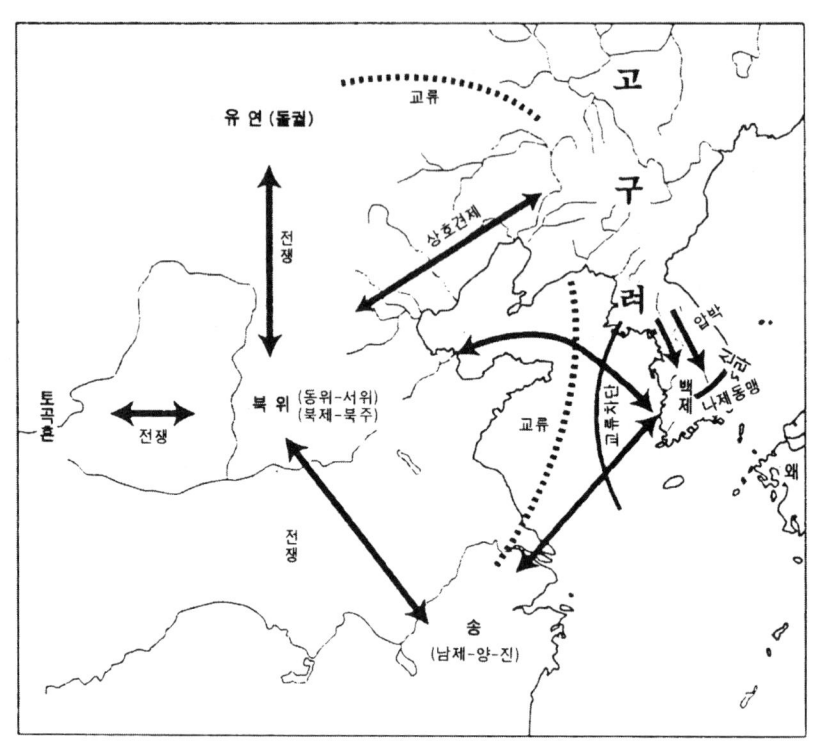

그림 Ⅵ-14 고구려의 대외관계(5~6세기)

고구려는 이와 같은 국제정세의 변화에 대하여 적극적으로 대처하지 못하였다. 그것은 고구려 조정에서도 귀족간의 내분이 심화되는 등의 정정불안이 계속되었기 때문이었을 것이다. 즉 531년에 일어난 안장왕(安藏王)의 피살도 이와 연관된 것이다. 또한 544년 왕위계승권을 둘러싸고 귀족간의 분쟁이 일어나 록군(鹿軍)측이 세군(細軍)측 2,000여명을 살해하였다는 《일본서기》의 기록을 참조해 본다면 당시 고구려의 내분이 심각한 상태였음을 짐작할 수 있다. 더욱이 고구려는 남쪽에서 내분을 알아챈 나제연합군이 공격해와 한강유역을 상실하는 등 수세에 몰려있었다. 이러한 배경 속에서 중국의 정세변화에 소극적으로 대처하던 고구려에게 그 파장이 밀려왔다. 552년 북제(北齊)의 문선제(文宣帝)가 친히 요서지방에 행차하여 고구려를 위협해서 북위 말

고구려로 도망해왔던 유민 5,000여 호를 인솔해갔다. 이와 같은 위협에 직면한 고구려는 남조(陳)와의 외교 교섭을 통하여 북제를 견제하였다. 북제의 군사적인 위협에도 불구하고 북제(北齊), 북주(北周), 진(陳)의 세력균형이라는 국제정세와 맞물려 고구려—북제 사이에는 평온이 유지될 수 있었다.

그림 Ⅵ-15 북제의 귀족무덤

한편 돌궐이 흥안령 산맥을 넘어 거란족과 말갈족에 세력을 뻗혀 왔고 나아가 고구려의 국경을 침범케 되었다. 이에 고구려는 거란·말갈족에 대한 지배권을 보다 강화하며 돌궐의 진출을 적극 저지하였다. 이 과정에서 돌궐과의 충돌이 치열하게 전개되었다. 이제까지 평화를 유지해왔던 몽고 고원과의 평화가 깨어진 것이다. 한편 남쪽에서는 백제·신라가 급속히 성장하면서 고구려를 견제하고 압박해왔다. 고구려는 6세기 중반이후 남북 양쪽에서 밀려오는 압박에 의해 5세기 이후 구축해 놓았던 동북아의 한 축으로서의 중심적 역할과 거대한 세력권이 점차 위협받게 되었다. 6세기 후반 중국이 수(隋)제국으로 통일되면서 고구려는 새로운 선택과 도전에 직면하게 되었다.

2) 백제·신라와의 관계

고구려는 중국방면으로의 영역확장 정책이 전연(前燕)에 의해 저지당하게 되자 4세기 중엽 이후 대외진출의 주된 방향을 남쪽으로 전환하였다. 5세기 대를 전후한 고구려와 백제·신라와의 관계를 개괄해 본다면, 고구려가 남진하면서 백제·신라는 내외적인 세력관계의 변동에 따라 서로 연합·대립하는 양상을 보이고 있다. 즉 4세기 말에서 5세기 중엽까지는 신라를 예속화 한 고구려 대 백제의 대결시기이고, 5세기 중엽에서 6세기 중엽까지는 고구려가 남진을 적극화함에 따라 백제, 신라가 연합하여 고구려와 대결하는 상황으로 전개되었다고 할 수 있다.

고구려는 남진과정에서 고국원왕이 백제 근초고왕에게 패사(敗死)하였는데 이 사건은 이후 5세기 대의 양국관계를 결정짓는 주요한 요인으로서 작용케 되었다. 원수지간이 된 고구려는 소수림왕·고국양왕 대에 걸쳐 백제를 적극적으로 공략하였다. 그러나 백제의 반격으로 양국은 약 20여 년 간 일진일퇴의 공방전을 전개하고 있었다. 이러한 과정에서 고구려는 백제견제책의 일환으로서 신라를 끌어들였다. 백제 독산성주의 신라망명 문제를 놓고 백제·신라의 기존 우호관계에 금이 간 것을 틈타 고구려가 신라에 접근하였던 것으로 추정된다. 당시의 양국관계를 추정해 볼 수 있는 것으로는 377년과 381년 신라사신이 전진(前秦)에 파견하였던 기록을 통해서 이다. 신라 사신이 전진에 갈 수 있었던 배경에는 고구려의 도움이 있었던 것으로 추정된다는 것을 감안해 볼 때 당시의 양국관계가 상당히 진전되어 있었음을 알 수가 있다. 이렇게 본다면 신라 외교정책은 고구려와의 연결을 도모하는 방향으로 이미 전환되었음을 의미한다.

이와 같은 양국의 관계 속에서 고구려는 392년 신라에 수호사(修好使)를 파견하게 된다. 이에 신라는 고구려의 강성함을 인정하고 실성(實聖)을 인질로서 고구려에 파견하였다. 이렇게 하여 양국 사이에 인질외교가 시작되었다. 고구려로서는 신라와의 우호관계를 통하여 백제—신라 사이를 견제할 수가 있어 대 백제공략에 유리한 위치를 차지할 수 있었다. 신라의 입장으로서도 어렵게 즉위한 내물왕(奈勿王)의 정치적인 안정을 위해서 고구려의 후광이 필요하였던 국내의 사정이 있었다. 이렇게 양국의 이해가 일치된 가운데 성립된 우호관계는 계속 유지되어 갔다. 이러한 분위기 속에서 백제와 왜·가야 연합군이 신라에 침범하자 신라왕은 고구려에 구원을 요청하였고, 이에 광개토왕은 400년 낙동강 유역까지 진출하여 신라를 구원해 주었다.

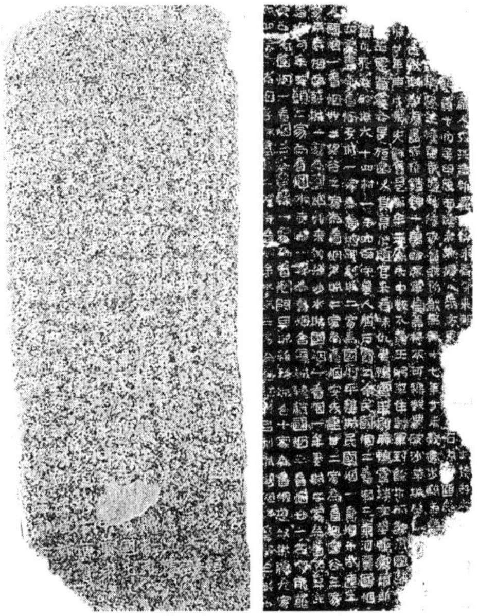

그림 Ⅵ-16 중부지방으로의 진출을 기록한 충주고구려비와 광개토왕릉비 탁본

고구려는 신라 구원 및 수호를 명분으로 삼아 신라영토 안에 자국 군대를 주둔시켰던 것으로 보여진다. 「충주고구려비」에 보이는 '신라토내당주(新羅土內幢主)'는 그 실상을 기록한 것이다. 고구려는 이 주둔군을 기반으로 신라의 내정에까지 간섭하는 등 고구려의 영향력을 확대시켜 나갔다. 그러한 예로서 신라 눌지왕의 즉위에 고구려가 개입되었음은 잘 알려진 사실이다.

이 당시 양국관계는 신라가 정치적 안정을 위하여 고구려에 인질을 보내는 인질외교였던 반면, 고구려는 신라를 '속민(屬民)'으로서 '조공(朝貢)'을 바치는 나라로서 인식하고 있었던 것이다. 당시 고구려에는 국력의 급성장을 배경으로 화이론적(華夷論的) 천하관에 의한 왕자관념(王者觀念)이 형성되어 주변 세력들에게 차등적인 복속관계를 설정하고 있었다. 고구려는 신라에 대하여도 자국의 우월 및 자존의식을 바탕으로 한 그들 나름대로의 천하관에 따라 조공관계를 요구하였던 것이다. 실제로 『광개토왕릉비』에는 신라 내물왕이 직접 고구려에까지 와서 조공하였음을 시사해주는 기록이 있다. 왕릉급 고분으로 추정되는 경주 호우총에서 광개토왕을 기념하기 위한 것으로 보여지는 '을묘년국강상광개토지호태왕호우십(乙卯年國岡上廣開土地好太王壺杅十)'이란 명문이 새겨진 유물이 출토된 것은 당시의 양국관계를 나타내주는 고고학적인 자료로 파악되고 있다. 또한「충주고구려비」에는 고구려가 신라를 동이(東夷)라 하고 신라왕을 동이매금(東夷寐錦)으로 지칭하고 의복을 하사하는 등의 기록이 보이고 있어 고구려인의 신라에 대한 우월의식을 엿볼 수 있다.

그림 Ⅵ-17 경기도 연천의 고구려성(호로고루)

한편 고구려는 신라와의 우호관계를 통하여 백제를 견제할 수 있었다. 더욱이 당시 백제에서는 침류왕(枕流王)의 단명(385년)에 따른 정변이 일어나는 등 내부적으로 왕권의 동요가 일어났다. 정변에 의하여 변칙적으로 즉위한 진사왕(辰斯王)은 왕권의 신장을 위해 토목공사를 실시하는 등의 조치를 취하였으나 그 역시 정변에 의해 희생된 것으로 보여진다. 이처럼 백제 지배세력 간의 갈등에 따른 정정불안은 고구려의 대 백제공략에 유리하게 작용하였다. 광개토왕은 즉위년부터 백제 공략에 나섰다. 이에 대해 ≪삼국사기≫에는 고구려왕 담덕(광개토왕)이 4만 명의 병력을 이끌고 북변을 공격해 와 石峴 등 10여 성을 함락시켰다.(아신)왕은 담덕이 용병에 능하다는 말을 듣고 감히 나가 맞서 싸우지를 못하니 漢水(한강)이북의 여러 성이 함락되었다(백제본기 3, 진사왕 8년).

라 하여, 고구려군의 공세를 기록하고 있다. 이는 고국원왕의 전사 이후 양국이 일진일퇴의 공방전을 벌이던 종래의 상황과는 달라졌음을 의미하는 것이다. 고구려는 계속 백제를 공격하여 마침내는 백제 수도 한성에 쳐들어가 아신왕의 항복을 받고 돌아오는 대전과를 거두게 되었다. 이때 백제는 한때나마 고구려왕에 대한 '노객(奴客)'으로서 '귀왕(歸王)'의 형태로 고구려 세력권에 예속되지 않을 수 없었던 것으로 보여진다. 백제는 점차 압박해오는 고구려에 대항하기 위하여 왜·가야와의 연합을 시도하였던 것으로 나타나고 있다. 이에 대하여『광개토왕릉비』의 기록을 참조해본다면, 백제는 왜·가야로 하여금 고구려의 부용세력화 한 신라를 공격케 하였다. 다급해진 신라는 고구려에 도움을 요청할 수밖에 없었고 이에 따라 광개토왕의 경자년 출병이 있었던 것이다.

당시 고구려는 백제공략에 온 힘을 기울이고 있었다. 이때 고구려가 백제를 얼마나 증오하고 있었는지는『광개토왕릉비』에 실감나게 기록되어 있으며,『광개토왕릉비』에 기록된 훈적내용 중에 가장 많은 부분을 차지하고 있는 것도 백제공략이었던 것이다. 한편 고구려는 중국방면에서의 상황이 변하면서 북연을 사이에 두고 북위와 대립하게 되었고, 이후 북위 및 송과의 복잡한 외교관계 때문에 대 백제관계에 소홀하게 되었던 것으로 생각된다. 백제는 이 상황을 틈타 실지만회를 위해 고구려를 수차례 공격했으나 실패하고 말았다.

중국방면에서의 정치적 안정으로 인하여 서진으로의 진출에 한계를 느낀 고구려는 427년 평양천도를 통하여 남진정책을 본격화하였다. 이에 위기감을 느낀 백제—신라는 433년 우호관계를 맺어 고구려에 대항하고자 하였다. 백제는 신라와의 교섭을 통하여 고구려를 견제할 수가 있었고 신라는 백제와의 연합을 통하여 고구려의 간섭에서부터 벗어날 수 있다는 양국의 이해관계가 일치되었던 것이다. 백제 측의 적극적인 노력에 의해 양국의 우호관계가 성립되었다. 이를 배경으로 백제는 고구려와 약 30여 년에 걸친 치열한 소모전을 전개할 수가 있었던 것이다.

한편으로 백제는 왜 및 송과의 외교관계를 지속시켰을 뿐만 아니라 물길 및 북위와의 연결을 도모하는 등 고구려를 견제하기 위한 외교적인 노력을 전개하였다. 특히 백제 개로왕은 고구려와 북위간의 불편한 관계를 틈타 북위와의 연합을 시도했지만 당시 고구려의 강성함을 인정하고 있던 북위 측의 거절로 무산되고 말았다.

고구려—신라관계는 나제동맹을 계기로 하여 약간씩 변화해 갔던 것으로 보여진다. 그것은 『광개토왕릉비』에는 속민(屬民)으로서 조공하는 관계로 표현되어 있던 양국관계가 5세기 장수왕 대에 건립된 것으로 추정되는 「충주고구려비」에는 형제관계(兄弟關係)로 기록되어 있어 상당한 차이를 발견할 수가 있다. 이러한 조짐 속에서 450년 신라에 의한 고구려 장수의 피살사건이 일어났고 이에 대한 고구려의 침공이 있었다. 이 사건을 계기로 하여 양국의 우호관계는 깨져버리고 말았다. 고구려는 신라 측의 사과로 만족하고 이 사건을 마무리하려 하였다. 그러나 백제와의 연합을 발판으로 한 신라 측의 반고구려적 분위기는 점차 거세어갔던 것으로 추정된다. 마침내 신라는 광개토왕대 이래 자국 영토 안에 주둔하고 있던 고구려군을 제거해버린 것이다. 이 사건을 계기로 양국관계는 극도로 냉각되었다. 고구려는 신라에 대한 보복조치로서 신라 북방의 요충인 실직원(삼척지방)을 공격하였다. 당시 고구려가 신라의 중심부까지 공격하지 않았던 배경에 대하여 백제와의 심각한 대치관계 때문으로 해석하는 견해도 있다. 신라는 고구려의 본격적인 침공에 대비하기 위하여 국경지역에 성곽을 축조하고 수리하였을 뿐만 아니라 왕경인 경주에 대한 방비조치를 취하였다.

그림 Ⅵ-18 신라의 왕성(반월성)

　5세기 후반 고구려는 백제─신라의 우호적인 관계가 구체화됨에 따라 양국을 번갈아 가며 공격하는 등 남진정책을 적극적으로 추진해 나갔다. 5세기 말까지의 전투양상을 ≪삼국사기≫에서 추출해보면 대 백제전이 4회 대 신라전이 8회로 나타나고 있다. 이는 신라의 이탈을 경계한 고구려가 신라를 주요 공격 대상으로 삼았음을 짐작케 한다. 이에 자극된 백제─신라는 점차 상호 군사적인 협력을 통하여 대처하려 하였다. 455년 고구려가 백제를 침범하자 신라 눌지왕이 백제에 구원병을 파견하면서 시작된 양국의 군사동맹은 이후 475년 장수왕의 백제 공격 시에 신라가 1만 명의 구원병을 파견해주었고, 또한 481년 고구려의 신라 침입 시에도 백제가 가야와 연합군을 편성하여 파견하는 등의 구체적인 행동으로 나타났다. 백제─신라의 군사적인 연합에도 불구하고 고구려 장수왕은 475년 백제 수도 한성을 함락시키고 개로왕을 살해하였을 뿐만 아니라 481년에는 신라를 침범하여 미질부(彌秩夫, 오늘날의 경북 포항시 지역)까지 진출하는 등 백제·신라에 군사적 압박을 추진해 나갔다.

　고구려 장수왕에 의해 큰 타격을 입은 백제─신라는 군사적인 협력을 더욱 강화해 나가지 않을 수 없었다. 이후 고구려의 남진정책은 충청북도 중북부의 내륙지방을 중심으로 전개되었다. 이 당시 고구려군의 전선은 진천(鎭川)-청천(靑川)-조령(鳥嶺)선이었는데 백제─신라 측의 강력한 반발로 인하여 큰 성과를 거두지 못하는 것으로 나타나고 있다. 교착상태를 보이던 고구려의 전선은 이후 6세기에 접어들면서 혼인동맹으로까지 발전하게 된 백제—신라 측의 협공과 신라의 강력한 부상에 따라 점차 위축되어 갔다.

3. 고구려와 수의 전쟁{을지문덕(乙支文德)과 살수대첩(薩水大捷)}

1) 전쟁의 배경

우리 민족의 대외항쟁사에서 기억나는 것을 뽑으라면 많은 사람들이 고구려와 수(隋)나라 간의 전쟁을 떠올릴 것이다. 고구려 을지문덕 장군의 살수대첩이 그것이다. 사실 살수대첩은 한국사에서 큰 의미를 갖는다. 살수대첩을 객관적으로 이해하기 위해서는 수나라를 이해할 필요가 있다. 수나라는 비록 38년간이라는 짧은 역사에 불과했지만 수나라의 탄생과 행해진 정책들은 중국사에서도 커다란 의미를 부여할 수 있다. 한(漢)나라가 멸망한 이후 다시 중국은 분열되었다. 위(魏)·촉(蜀)·오(吳)의 삼국시대(三國時代), 오호십육국시대(五胡十六國時代), 남북조시대(南北朝時代)를 거치는 동안 중국은 이민족 간의 싸움 등 분열과 혼란을 거듭하였다. 이와 같은 상황 속에서 581년에 북주(北周)의 외척이었던 양견(楊堅)이 왕위를 찬탈하고 수나라를 세웠다. 양견은 589년에 진(晋)을 멸망시키게 되면서 중국을 통일하게 되었으니 그가 수나라의 문제(文帝)이다. 수나라가 중국대륙을 통일하게 된 것은 한나라가 멸망한 이후 실로 370년만의 일이었다. 수문제는 장안(長安)에 도읍을 정하고는 한나라의 번영을 되찾으려 노력하였다. 내치(內治)에 힘을 기울인 문제는 법과 제도를 정비하는 한편 개혁을 단행하였다. 도량형을 통일하고 농업과 수공업을 발전시켰다. 또한 장안에 운하를 건설하였다. 수문제는 대외관계에도 힘을 기울여 북방의 강자인 돌궐을 이간정책으로 서돌궐과 동돌궐로 분리시킨 후 동돌궐을 복속시켰다. 하지만 문제는 아들인 양광에게 살해당했다. 뒤를 이어 즉위한 양광이 바로 수양제(隋煬帝)다. 양제는 문제에 이어 여러 가지 개혁적인 정책을 실시했다. 대표적인 정책이 강북에 위치한 장안과 낙양으로의 물자의 공급을 원활하게 하기 위한 필요성을 갖고 남(南)과 북(北)을 연결하는 대운하를 건설한 것이다. 610년에 완성된 대운하를 통해 사람과 물자의 활발한 교역이 가능해지게 되었다. 이는 후일 중국이 하나가 되는데 큰 역할을 하였던 것이다. 양제는 대운하의 완공으로 경제가 발전되고 보급로가 정비되자 마침내 고구려원정을 단행했다.

한편 고구려 평원왕은 중원에서 진(陳)나라의 멸망소식을 듣고 크게 놀라 수의 침략을 대비할 방책을 강구하기에 바빴다. 수나라는 만리장성 이북에서 세력을 형성하고 있던 돌궐과 고구려에 압력을 가하기 시작했다. 이렇게 조성된 양국의 긴장관계는 고구려가 요서 지방을 선제공격하면서 갈등관계로 들어서게 되었다. 598년 고구려의 영양왕은 말갈병 1만 명을 동원하여 요서 지역을 선제공격했다. 이에 수나라 문제는 넷째 아들인 한왕 양양(楊諒)과 왕세적을 원수로 임명하고 30만 명을 이끌고 고구려를 치도록 명령하였다. 그 해 6월 한왕이 이끄는 육군은 임유관을 나와 고구려로 진격했으나, 때마침 시작된 홍수와 군량의 부족, 질병창궐 등의 문제로 도중에서 어려움을 겪고 있었다. 또한 주라후가 이끄는 수군은 평양성으로 진격하던 도중에 폭풍을 만나 대부분의 병력을 잃었다. 이런 악조건에 직면한 수나라 군대는 9월에 이르러 군대를 철수하게 된다. 604년 문제의 둘째 아들 양광이 수(隋) 양제로 등극하였다. 돌궐로부터 충성을 약속받은 수나라 양제는 장문의 조서를 발표하면서 고구려 정벌을 결정하였다.

2) 전쟁의 경과

612년(영양왕 23) 수나라는 양제의 총지휘 아래 대규모의 군단을 편성하여 고구려침공을 감행했다. 1월, 원정군이 탁군(현재의 북경지역)을 출발하였는데, 그 수가 무려 113만 3800명이었다. 또한 말 10만 필과 수송병을 합하면 그 수가 정규군의 2배나 되었다. 수군(水軍) 또한 10만 명이었다. 2월에 수양제가 이끄는 대군이 요하에 이르게 되었다. 치열한 공방전 끝에 고구려의 요하방어선을 돌파한 수나라 군대는 요동성을 포위하였다. 하지만 고구려의 강력한 저항으로 인하여 6개월이 지나도록 요동성을 위시한 고구려의 여러 성들을 함락시키지 못했다. 전선이 교착 상태에 빠지게 되자 양제는 또 다른 전략을 세웠다. 일단 요동을 포기하는 것이었다. 우중문(于仲文)·우문술(宇文述) 등을 지휘부로 구성하고는 30만 5,000명의 별동부대를 거느리고 왕성인 평양성을 공격하도록 지시했다. 한편 래호아(來護牙)가 이끄는 수군은 바다를 건너 패수(浿水: 오늘날의 대동강)로 들어가 평양성 부근에 이르러 평양성을 공격하기 시작하였지만 성공하지 못하고 퇴각하여 바닷가에 주둔하고 있었다.

평양성을 목표로 한 수나라의 육군은 고구려의 여러 교통로를 따라서 진군해왔다. 이들은 9軍으로 편성되어 있었다. 수나라 군대는 압록강 가에서 서로 만나게 되었다. 그런데 수나라 병사들은 전장에 나올 때 개인적으로 백일 분의 양식을 받았다. 양식과 군수물자를 가지고 먼 길을 행군하다보니 너무도 무겁고 힘이 들었다. 지친 군사들은 구덩이를 파고 양식을 묻어 버리는 일이 비일비재하였다. 그러다 보니 여기까지 오는데 벌써 식량이 떨어져가는 상황이었다.

 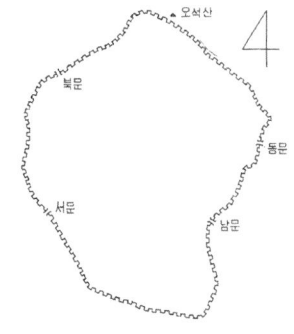

그림 Ⅵ-19 황룡산성(평안남도 남포시(대동강 하구의 북쪽)에 위치한 고구려산성)

한편 고구려는 수나라의 침입사실을 알고 상황에 대비하였다. 고구려 영양왕은 을지문덕장군7)에게 수나라군대의 상황을 파악하기 위해서 염탐하고 돌아오도록 지시했다. 을지문덕은 항복을 구실로 삼아 수나라 진영으로 들어갔다. 수군의 상황을 파악하기 위함이었다. 군대의 형편을 알게 된 을지문덕이 돌아가려고 하자 우중문이 그를 사로잡으려 하였다. 일찍이 양제는 우중문에게 고구려왕이나 을지문덕이 진중에 들어올 경우가 있다면, 무조건 생포할 것을 지시한 바 있었다. 하지만 유사룡이 무례한 행동이라고 하여 이를 반대했다. 우중문은 을지문덕을 보내주었다. 하지만 곧 후회하고는 사람을 보내 다시 불러 오도록 하였다. 하지만 을지문덕은 돌아가지 않았다. 을지문덕을 놓친 우중문과 우문술은 마음이 편치 못했다. 먼 길을 떠나온 수나라 군사들은 굶주리고 피곤해 있었던 것이다. 수나라 진영에서는 퇴각을 주장하는 우문술과 계속 진군해야 한다는 우중문 사이에 충돌이 있었다. 하지만 군의 지휘권을 가지고 잇던 우중문의 의견에 따라 수나라 군은 압록강을 건너와 고구려 군을 공격하기 시작했다.

한편 수나라의 사정을 파악한 을지문덕은 압록강을 건너온 수나라 군대를 피곤하게 만드는 전략을 세웠다. 소규모의 군대를 보내 공격케 하고는 거짓으로 패하여 달아나도록 하였다. 그러다 보니 이 사실을 모르는 수나라 군대는 연일 승리했다. 하루에 일곱 번 싸워 모두 승리하기도 하였다. 고구려군은 철수하면서 모든 식량자원을 없애 버렸다. 이른바 청야전술이었다. 승리에 도취한 수나라 군대는 점점 고구려 영토 안으로 깊숙이 들어오고 있었다. 을지문덕의 유인술에 현혹되어 진격을 계속했지만, 수나라 병사들은 이미 피곤에 지치고 굶주림에 떨고 있었다. 살수를 건너온 우중문의 군대는 어느덧 평양성에서 30리가량 떨어진 곳에 머물러 주둔하게 되었다.

---

7) 을지문덕의 생몰년과 출생내력에 대한 기록이 없다. 단지 『자치통감』에는 위지문덕(尉支文德)이라고도 표기하였다. 18세기에 발간된 『해동명장전(海東名將傳)』에는 "을지문덕은 평양 석다산(石多山)사람이다"고도 하였다.

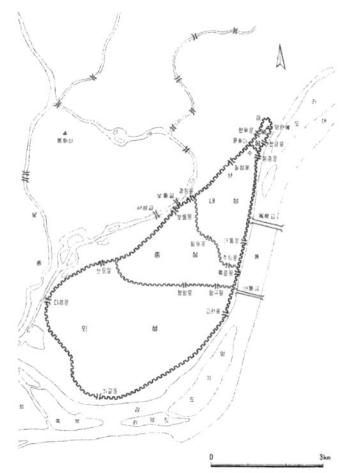

그림 Ⅵ-20 평양도성(북성·내성·중성·외성 구조)

    승리에 도취한 수나라 군대는 살수(오늘날의 청천강)를 건너 평양성 30리 밖까지 진격하였다. 이때 을지문덕은 수나라 장수 우중문에게 회군을 종용하는 희롱조의 시를 한 편 보냈는데, 그 유명한 "여수장우중문시"(與隋將于仲文詩)[8]이다. 시문에 능한 을지문덕의 역량을 짐작케 하는 이 시는 ≪수서≫ 우중문전에 처음으로 등장한다. 우중문은 이 시를 받고 화답하였다. 한편으로 을지문덕은 우문술에게 사자를 보내 "군대를 돌이키면 왕을 모시고 가서 항복하겠다"는 거짓항복 의사를 전달하였다. 이와 같은 거짓 항복을 믿은 수나라 군대는 철군을 결정하였다. 우문술은 평양성의 견고한 방어력, 굶주림에 지친 병사들 등의 제반사정을 감안하여 우중문을 설득하여 퇴각하기로 했다.

    을지문덕은 방진(方陣)을 치고 퇴각하는 수나라군대를 사방에서 공격했다. 계속 달아나던 수나라 군대는 살수에 이르렀다. 군사의 절반가량이 살수를

---

8) 神策究天文 (귀신같은 (그대의)책략은 하늘의 원리에 통달하였고)
   妙算窮地理 (신묘한 계산은 땅의 이치를 꿰뚫었도다)
   戰勝功旣高 (전쟁에서 승리한 공이 이렇게도 뛰어나니)
   知足願云止 (만족함을 알고서 (이 전쟁을) 그만 두는 것이 어떠하리)

건너갔을 때 고구려군의 맹공격이 시작되었다. 이 공격에 장수 신세웅이 죽었고, 수나라 군대는 완전히 붕괴되었다. 처음 요동에 들어온 수나라 군대가 30만 5천명이었는데, 살수전투에서 대패하고 살아서 요동까지 돌아간 수나라 병사는 2,700명에 불과했다고 한다. 이 살수대첩은 수나라군의 총퇴각과 고구려의 승리를 가져다준 결정적인 계기가 되었다.

3) 전쟁의 결과

요동에 머물면서 전세를 관망하고 있던 수양제는 엄청난 패전내용을 알고 분개했다. 패전의 책임을 물어 유사룡을 사형시키고, 우중문과 우문술을 가두었다. 7월에 이르러 수나라 군대는 모두 철수하였다. 수양제는 그 이듬해도 대군을 이끌고 고구려를 침략했으나 고구려의 강력한 저항에 어려움을 느끼던 중 본국에서 반란이 일어났다는 급보를 받고 서둘러 철수하였다.

한편 을지문덕은 고구려가 멸망한 이후에도 나라를 지킨 명장으로서의 추앙을 받았다. 고려시대 김부식은 ≪삼국사기≫에서 '수나라의 군대를 물리친 것은 을지문덕 한 사람의 힘 이었다'라고 평했다. 조선시대 세조 때 양성지는 국가에서 제사를 지내며 모셔야 할 역사적 인물 중에 을지문덕을 천거했다. 숙종대에는 을지문덕의 사당에 현판을 만들고 제사를 지내도록 하였다. 1920년대 만주에서 활약하던 의병들의 대표적인 군가인 '용진가'에도 을지문덕의 이름이 거론된다. 신채호는 『을지문덕전』을 지어 그의 공적을 칭송하였다.

참고자료

○ 세계문화유산 고구려

북한과 중국에 산재해있는 고구려시대의 문화유산이 2004년 7월 1일 나란히 세계문화유산에 등재되었다. 중국 江蘇省 蘇州에서 열린 제28차 유네스코 세계유산위원회

(WHC)는 북한과 중국이 신청한 고구려 문화유산에 대한 심사를 열고 양국의 유산을 개별적으로 등재하기로 결정하였다.

북한은 2002년 1월 고구려고분군에 대한 세계문화유산 등재신청서를 제출하였다. 북한이 신청한 공식명칭은 "Complex of the Koguryo Tombs"(고구려고분군)이다. 북한이 신청한 것은 평양특별시, 남포시, 평안남도, 황해남도 등에 산재한 고구려고분 63기이다. 신청된 목록은 다음과 같다.

  1) 평양특별시: 동명왕릉, 진파리고분 1호, 진파리고분 4호를 포함한 주변 고분 15기
      호남리 사신총을 포함한 주변고분 34기
  2) 남포시 : 강서대묘, 강서중묘, 강서소묘, 덕흥리 벽화무덤, 약수리 벽화고분, 수산
      리 벽화고분, 용강대묘, 쌍영총
  3) 평안남도 : 덕화리고분 1호, 덕화리고분 2호, 덕화리고분 3호.
  4) 황해남도 : 안악고분 1호, 안악고분 2호, 안악고분 3호.

중국은 2003년 중국 경내의 고구려문화유산에 대한 세계문화유산 등재신청서를 제출하였다. 북한이 신청한 공식명칭은 'Capital Cities and Tombs of the Ancient Koguryo Kingdom(고구려의 수도와 왕릉, 그리고 귀족의 무덤)이다. 신청된 목록은 다음과 같다.

1. 수도성
 1) 오녀산성 - 요녕성 환인현에 소재한 고구려 초기의 산성
 2) 환도산성 - 길림성 집안시에 소재하는 고구려 전기의 산성
 3) 국내성 - 길림성 집안시에 소재하는 고구려 전기의 평지성

2. 고분
 1) 왕묘 - 장수왕의 묘로 추정되는 장군총 등 14기
    마선무덤군 626호, 천추묘, 서대묘, 마선무덤군 2100호, 마선무덤군 2378호, 칠성산무덤군 211호, 칠성산무덤군 871호, 광개토호태왕릉. 광개토호태왕릉비, 임강묘, 우산무덤군 2100호, 우산무덤군 992호, 장군총 및 배총
 2) 귀족묘 - 26기
    씨름무덤, 춤무덤, 마조총, 왕자묘, 환문총, 염모묘, 산연화총, 장천4호묘, 장천2호묘, 장천 1호묘, 우산하무덤군 3319호, 오회묘 1호묘, 오회묘 2호묘, 오회묘 3호묘, 오회묘 4호묘, 오회묘 5호묘, 사신총, 사회분 1호묘, 사회분 2호묘, 사회분 3호묘, 사회분 4호묘, 우산하 무덤군 2112호, 절천정무덤, 형총, 제총, 귀갑총

Ⅶ. 불교문화

1. 석가모니의 일생
2. 탑과 가람
3. 불 상
4. 불교공예품
5. 불 화
6. 부도와 탑비
7. 석등과 당간지주

Ⅶ 불교문화

1. 석가모니의 일생

1) 탄생(誕生)

우리가 불교의 창시자로 숭앙하고 있는 석가모니란 용어는 성명이 아니라 하나의 호칭이다. 즉 석가모니는 석가(釋迦)족의 족장으로서 왕이 된 아버지 슛도다나-이를 번역하여 정반왕(淨飯王)-와 어머니인 마야(摩耶)부인의 사이에서 출생하였다. 따라서 그 부족의 이름을 상징하는 석가와 성자(聖子)라고 하는 의미인 모니(牟尼)를 합쳐서 이름한 것이다. 석가족은 오늘날 인도 북부에 위치한 네팔 남부와 인도의 국경부근인 히말라야산 기슭에 해당한다. 마야부인은 흰 코끼리가 몸 안으로 들어오는 태몽을 꾸고 임신하였다고 한다. 산달이 가까워오자 친정으로 돌아가는 도중, 길가에 있는 조그마한 동산인 룸비니-음역하여 람비니(藍毘尼)-에서 석가모니를 출산하였다. 룸비니[1]는 네팔 남부 테라이 지방의 시골마을인데 석가족의 도성인 카필라바스투(카필라성,

---

1) 룸비니는 석가모니의 탄생지로서 불교 4대 성지중의 하나로 꼽히고 있다. 이 마을에서 아소카왕이 건립한 석주(石柱)가 발굴되었는데 그 석주에는 '이곳에서 석가모니가 탄생하였으므로 룸비니 마을은 세금을 면하고, 또 생산세를 1/6에서 1/8로 줄여서 납입한다'라는 취지의 명문이 새겨진 것이 확인되었다. 이 지역에는 마야부인당과 함께 그 남쪽에는 마야부인이 석가모니를 출산한 연후에 목욕하였다고 하는 방형의 연못이 있다. 그리고 이 지역에는 사원터로 추정되는 다수의 유적이 발굴되었다.

그림 Ⅶ-1 룸비니동산
(석가모니를 출산한 마야부인당과 출산직전 목욕한 목욕탕이 보인다)

迦毘羅城)에서 동쪽으로 약16km 떨어진 지점이다. 마야부인은 룸비니 동산에 이르러 산기를 느꼈는데 무우수(無憂樹)에 오른팔을 뻗어 나뭇가지를 잡는 순간, 석가모니가 오른쪽 옆구리를 뚫고 탄생하였다고 한다. 석가모니가 탄생한 연대는 분명치 않다. 탄생연대에 대하여는 여러 가지 설2)이 있는데 우리나라에서는 기원전 565년 4월 8일에 탄생하였다는 설을 따르고 있다.

석가모니는 태어나자마자 동·서·남·북 방향으로 일곱 발짝씩을 걸었다고 한다. 그리고 한 손은 땅을 가리키고, 다른 한 손은 하늘을 가리키며 '천상천하유아독존(天上天下唯我獨尊)'이라고 외쳤다는 전승이 있다. 오늘날 TV 뉴스에서 사월초파일 행사를 방영할 때 반드시 한 손은 땅을 가리키고, 다른 한 손은 하늘을 가리키고 있는 작은 불상을 볼 수 있다. 이를 탄생불이라고 한다. 바로 석가모니가 탄생하는 순간을 형상화한 것이다. 석가모니가 어렸을 시절의 이름은 고타마시탈타이다. 고타마시탈타(이하는 시탈타)는 태어난 지 7일 만에 어머니인 마야부인을 잃게 된다. 이후 이모인 마하프라자파티에 의

---

2) 남방불교 국가들(인도, 스리랑카, 미얀마, 타이, 라오스, 캄보디아)은 남방불교의 전승에 따라서 기원전 624년으로 보고 있다. 또한 중국의 ≪역대삼보기(歷代三寶紀)≫에 전하는 중성점기(衆聖點記: 즉 불멸(不滅) 후 최초의 율장(律藏)을 전한 비구들이 해마다 모여 수행하였는데 그 기간이 끝날 때마다 하나씩 점을 새겨서 햇수를 표시했다고 하는데 제1점을 치기 시작하여 매년 1점씩 쳐서, 제(齊)나라의 영명(永明) 7년(A.D 490)까지 975점에 이르렀다)의 내용을 근거로 하여 이를 환산해보면 돌아가신 해가 B.C 485년이 된다. 여기서 석가모니가 80세를 일기로 입적하였다는 것을 참고로 다시 환산해보면 기원전 565년이 된다고 한다. 이외에도 기원전 463년설 등이 있는데, 우리나라에서는 기원전 565년설을 채용하고 있다.

하여 양육되었다. 시탈타의 어린 시절은 왕자 즉 태자의 신분으로서 카필라바스투의 도성 안에 살면서 풍요로운 나날을 보냈다. 그렇지만 점차 성장하면서 깊은 사색에 잠기는 일이 많았다고 한다.3) 16세에 이르러는 동쪽에 있던 부족인 콜랴족의 여인인 아쇼다라라는 여인과 결혼하여 라후라는 아들을 두었다. 29세에 이르러 시탈타는 출가를 결심하고 마침내 성을 빠져나오게 된다.

2) 출가(出家)

시탈타가 가출하게된 배경에 대하여 오늘날까지 널리 알려지고 있는 것이 이른바 '사문유관(四門遊觀)'이다. 이를 간략히 소개해보자

> "태자의 신분으로서 세상의 어려움을 모르고 자라던 시탈타는 어느 날 카필라바스투의 동쪽성문 밖에서 아주 늙고 추한 모습의 어느 늙은이를 만나게 되었는데 이를 통해 인간의 늙음을 깨닫게 되었다. 또 어느 날 남쪽성문을 나서는 병든 환자를 보고 인간의 고통을 깨닫게 되었다. 또 어느 날 서쪽 성문 밖에서 죽은 사람의 모습을 보고서는 인간의 죽음을 알게 되었다. 석가모니는 인간의 늙음과 병, 죽음을 깨닫고 깊은 시름에 잠기게 되었는데 어느 날 북쪽 성문에서 이러한 괴로움을 떠난 수행자의 모습을 보고 커다란 감명을 받았다. 이에 석가모니는 생·노·병·사에 고통 받는 인생의 덧없음을 깨닫게 되었고 자신도 집을 떠날 결심을 굳혔다."

이와 같은 아들의 고민을 알고 있는 슛도다나왕(정반왕)은 아들의 출가를 막으려고 노력하였지만 끝내 시탈타는 출가의 길로 나섰다. 노비와 함께 흰말을 타고 성을 나온 시탈타는 도성 외곽부의 아노마강에 이르러 노비(찬타카)와 백마(칸타카)를 돌려보내고 우연히 만난 사람과 서로 옷을 바꿔 입은

---

3) 오늘날 불상 중에 미륵보살이 많이 취하고 있는 자세인 반가사유상은 바로 석가모니가 태자시절 고민하는 모습을 형상화한 것이라고도 한다.

그림 Ⅶ-2 석가모니의 고행상
(간다라지방출토, 3세기경)

연후에 숲 속에서 홀로 며칠을 지냈다. 이때 시탈타는 풍성한 칠흑빛 머리칼과 수염을 깎았던 것 같다. 시탈타는 다시 남쪽으로 향하여 간다키강변에 있던 상업도시인 바이샬리로 갔다. 거기서 한 수도자를 만나 '스스로에게 속하는 것은 없다'라고 하는 이른바 '무소유처(無所有處)' 가르침을 받았지만 만족하지 못하였다. 다시 남쪽으로 가서 라자그리하에 이르렀다. 이곳은 당시 강력한 도시국가인 마가다국의 수도였다. 그곳에서 선인을 발견한 시탈타는 표상이 있는 것도 아니고 없는 것도 아닌 삼매의 경지를 말하는 이른바 '비상비비상처(非想非非想處)'의 가르침을 배우게 된다.

시탈타는 계속 남쪽으로 내려가 마가다국의 종교도시인 가야의 한 교외마을로 들어간다. 가야4)는 본래 힌두교의 성지였다. 앞서 선인들로부터 자신이 생각하고 있던 문제에 대한 해답을 얻지 못한 시탈타는 산림에 은거하며 고행의 길로 들어선다. 6~7년간에 이르는 고행생활에 대하여는 경전에 상세한 기술이 있다. 몸에는 옷을 걸치지 않고 호흡을 일정시간 정지하여 정신을 맑게 하거나, 또는 하루에 한 끼니씩 먹는데 술과 고기를 금하였다. 또한 여러 가지 고행을 하였으니 가시돗친 자리에 눕거나, 앉지 않는 부좌의 고행, 늘 똑바로 서거나 항상 웅크리는 행동을 포함한 여러 가지의 고행을 홀로 수행하였다. 당시 시탈타의 상황에 대하여는 간다라불상에 적절하게 표현되어 있다.

---

4) 가야는 인도 비하르주(州)에 있는 도시인데 힌두교의 성지로서도 유명한 곳이다. 힌두교 순례의 최종점이기도 하다.

3) 성도(成道)

시탈타의 출가와 고행 그리고 성도에 이르기까지에 대하여는 여러 가지 이야기가 전하여지고 있다. 그중 하나는 시탈타가 성도하기 전에 악마의 유혹을 이겨냈다는 이야기일 것이다. 한 가지 이야기를 소개해 보자면, 시탈타가 수행 중에 있을 때 파피만-음역하여 파순(波旬)-이라고 하는 악마가 나타나 시탈타를 위협하였다. 큰 코끼리나 큰 뱀으로 변하여 위협하였지만 시탈타는 이를 피하였다. 시탈타는 마왕의 방해를 받게 되자, 앉아서 수행하고 있는 자세에서 한 손을 무릎에 내려 손가락을 땅바닥에 대었는데, 땅이 갈라지면서 지신(地神)이 나타나 마왕을 잡아갔다고 한다. 이로서 시탈타는 성도를 하게 되었다. 오늘날 석가모니불상이 취하고 있는 수인(手印)중에 항마촉지인(降魔觸地印)은 이러한 상황을 표현한 것이라고 한다. 또 다른 이야기는 시탈타가 수행 중에 있는데 악마 파피만의 세 딸들이 어린 소녀, 젊은 처녀, 남의 아내, 노파 등으로 모습을 바꾸어 가면서 시탈타를 유혹했지만 이를 거들떠보지도 않았다고 한다.

시탈타는 악마의 위협과 유혹에도 불구하고 강기슭에 위치한 아쉬밧타수라는 나무 아래에서 풀을 깔고 앉아 인간의 생·노·병·사에 대한 깊은 생각에 몰두하였다. 마침내 2월 8일 새벽에 인간의 근본적인 문제에 대한 깨달음을 얻게 되었다. 이를 시탈타의 성도라고 한다. 이를 계기로 하여 시탈타는 석가모니라는 호칭을 얻게 되었다. 시탈타의 깨달음을 보리(Bodhi) 또는 정각(正覺)이라고 한다. 시탈타가 성도할 때 옆에 서있던 나무인 아쉬밧타수를 보리수(菩提樹)라 하고 깔고 앉았던 자리를 금강보좌라고 이름한다. 시탈타가 깨달은 내용은 무궁무진하여 모두 설명하기는 어려우나 이를 단적으로 표현해보자면 다음과 같다.

  제행무상(諸行無常): 현상계(現象界)의 모든 것은 전변(轉變)하며 영구히 존속
     하는 것은 없다. 즉 온갖 물(物)·심(心)의 현상은 모두

생멸변화(生滅變化)하는 것인데도 사람들은 이것을 불변·상존하는 것처럼 생각하므로, 이 그릇된 견해를 없애주기 위하여 모든 것의 무상을 강조하는 것이다.

제법무아(諸法無我): 세상의 모든 것이 나 또는 나의 것이 아니다. 즉 만유의 모든 법은 인연으로 생긴 것이어서 실로 자아인 실체가 없는 것인데도 사람들은 아(我)에 집착하는 그릇된 생각을 갖게 된다.

일체개고(一體皆苦): 인간의 감각기관과 의식기관5)에서 받아들이는 모든 정보는 모두가 번뇌와 고통의 원인이 된다.

석가모니는 인간의 번뇌와 고통이 생기는 원인을 이해하고는 이를 극복하는 방법을 깨달은 것이다. 이러한 석가모니의 깨달음은 이후 불교의 교리로서 구체화하게 된다. 우선 사제(四諦)설을 소개하면 다음과 같다. 사제(四諦)는 고제(苦諦)·집제(集諦)·멸제(滅諦)·도제(道諦)의 네 가지 진리를 말한다. 제(諦: satya)는 진리·진실의 의미이며, 미혹의 세계와 깨달음의 세계의 인(因)·과(果)를 설명하는 불교의 기본적인 교리 조직이다.

▷ 고제(苦諦): 인간의 생존은 그 자체가 고통과 괴로움이라는 진리이다. 인간은 생·노·병·사의 피할 수 없는 고통을 체험할 뿐만이 아니라 사랑하는 사람과 이별하는 고통(愛別離苦)과 미워하는 사람과 만나는 고통(怨憎會苦), 원하는 일이 이루어지지 않는 괴로움(所求不得苦), 그리고 나를 구성하고 있는 색(色)·수(受)·상(想)·행(行)·식(識)의 다섯 가지 요소에서 생기는 고통인 오온성고(五蘊盛苦)등 모두 8가지의 고통(八苦)을 겪는다. 이는 인간에게는 피할 수 없는 것이며 자기존재의 기반이라는 것이다.

▷ 집제(集諦): 인간에게 생기는 괴로움의 원인은 채워지지 않는 욕망이 있기 때문이라는 것이다. 이러한 욕망은 감각적 욕망인 욕애(慾愛), 생존의 영속

---

5) 불교에서는 이를 6근(六根)이라고 한다. 6근이란 ① 안근(眼根: 시각기관과 시각능력), ② 이근(耳根: 청각기관과 청각능력), ③ 비근(鼻根: 후각기관과 후각능력), ④ 설근(舌根: 미각기관과 미각능력), ⑤ 신근(身根: 촉각기관과 촉각능력), ⑥ 의근(意根: 사유기관과 사유능력) 등을 말한다.

을 바라는 욕망인 유애(有愛), 생존의 단절을 바라는 욕망인 무유애(無有愛)의 세 가지가 있다고 한다. 이 세 가지 내부에서 생기는 욕망이 인간의 번뇌와 괴로움을 일으키는 원인이다.
▷ 멸제(滅諦): 인간에게 괴로움의 원인이 되는 채워지지 않는 욕망(집제)이 없어진 상태를 말한다. 이를 열반(涅槃) 또는 해탈(解脫)이라고 한다. 욕망의 마음에서 벗어나 행동하는 마음이 자유로워진 상태를 일컫는다.
▷ 도제(道諦): 인간의 번뇌와 고통의 원인이 되는 고(苦)와 집(集)의 멸(滅)을 실현하는 길을 도제라고 한다.

이 수행방법은 팔정도(八正道) 또는 팔성도(八聖道)로 표시된다. 팔정도란, 중생이 고통의 원인인 탐(貪)·진(瞋)·치(痴)를 없애고 해탈(解脫)하여 깨달음의 경지인 열반의 세계로 나아가기 위해서 실천·수행해야 하는 8가지 길 또는 그 방법을 말한다. ① 정견(正見): 올바로 보는 것. ② 정사(正思): 올바로 생각하는 것. ③ 정어(正語): 올바로 말하는 것. ④ 정업(正業): 올바로 행동하는 것. ⑤ 정명(正命): 올바로 목숨을 유지하는 것. ⑥ 정근(正勤, 正精進): 올바로 부지런히 노력하는 것. ⑦ 정념(正念): 올바로 기억하고 생각하는 것. ⑧ 정정(正定): 올바로 마음을 안정하는 것이다. 팔정도는 서로 유기적인 관련성을 가지고 있다. 올바른 선정에서 올바른 지혜가 생기니, 정견은 올바른 지혜를 얻기 위한 수단으로 생각되기 때문이다. 그러므로 팔정도는 점진적인 수행 단계를 설명하는 것이 아니라 전체를 유기적으로 수행하는 길이다.

4) 전법(傳法)

성도를 이룬 석가모니는 자신의 깨달음을 전도할 것을 결심하고는 길을 떠난다. 먼 길을 걸어 바라나시에 도착하였다. 바라나시는 갠지스강으로 흘러드는 바라나강과 아시강으로 둘러싸인 거대한 도시이다. 석가모니는 바라나시 교외의 리쉬파타나에 있는 녹야원[6]에서 처음으로 설법을 하였다. 석가모니가

---
[6] 녹야원은 바라나시북동쪽의 약 7km 떨어진 지점에 위치하는데 현재 사르나트라고 부

첫 번째 행한 설법을 초전법륜(初轉法輪)이라고 한다. 그 모습은 불상에 잘 표현되어 있다. 양손가락을 서로 끼고 있는 설법인의 형상이다. 이후 석가모니는 각 지역을 다니며 전도하였다. 이 과정에서 다수의 제자와 설법에 감복한 수많은 신도가 모이게 되었다.

석가모니의 제자 중에서 가장 수행과 지혜가 뛰어난 제자를 10대제자라고 한다. 10대제자는 사리불(舍利弗, 사리푸트라)·목련(目連, 목갈라나)·가섭(迦葉, 마하카샤피)·아나율(阿那律, 아니루타라)·수보리(須菩提, 수부티)·부루나(富樓那, 푸르나)·가전연(迦旃延, 카타야나)·우바리(優婆離, 우팔리)·라후라(羅睺羅)·아난다(阿難陀)의 10명을 이르는 말이다. 사리불은 지혜가 가장 뛰어났다고 한다. 원래 바라문족 출신으로 바라문교를 믿었으나 목련과 함께 불교에 귀의하였다. 목련은 신통력이 가장 뛰어났다고 한다. 인도의 카스트제도에서 가장 높은 계급에 해당하는 바라문(Brahman) 출신으로 죽림정사에서 석가모니를 만나 제자가 되었다. 가섭은 번뇌를 없애고 불도 수행에 성의를 다하는 두타(頭陀)의 일인자이다. 석가모니의 심인(心印)을 전수받았으며, 석가모니 입멸 후 교단을 통솔해 500명의 장로를 모아 1차 결집을 주도하였다. 선종(禪宗)의 제1祖이다. 아나율은 원근·전후·상하·주야를 마음대로 볼 수 있는 눈, 곧 천안(天眼)을 지녔다. 석가의 사촌동생인 아난다와 함께 출가하였다. 석가모니가 설법할 때 졸다가 꾸중을 들은 뒤 밤잠을 자지 않고 정진하여 도를 얻었다. 무리한 수행으로 눈이 멀었으나 모든 것에 통하지 않는 것이 없었다. 수보리는 사위국 바라문족 출신으로 지혜가 총명하였다. 공(空)의 이치를 분별하는 데에는 으뜸이었다고 한다. 부루나는 바라문족 출신으로 설

르고 있다. 이곳에는 아소카왕의 석주를 비롯하여 기원전 3세기경부터 약 1,500여년간에 걸쳐 조성된 탑과 사원의 흔적이 남아있다. 아소카왕석주는 아소카왕(재위: B.C 272?~B.C 232?)이 인도 북부지방의 불교 성지(聖地)에 세운 기념 석주(石柱)이다. 모두 사암(砂岩)을 둥근 기둥 모양으로 잘라내 표면을 다듬은 것으로, 높이가 10m를 넘는 것도 있다. 주두(柱頭)에는 사자·소등을 조각하였고, 그 밑에는 조수초화(鳥獸草花)의 문양이 부조되어 있는데 왕의 조칙이 새겨져 있다. 현재 10여기가 남아 있다고 한다.

법을 잘하는 제자였다. 당시 포악한 수로나국에 가서 500명을 설법으로 교화시키고 500개의 사원을 세웠다고 한다. 가전연은 논의(論議)를 잘하였다고 한다. 서인도의 아반티국 찰제리족 출신으로 왕명을 받들어 석가모니를 영접하러 왔다가 출가하였다. 잘잘못을 가려 논박을 잘하는 제자였다. 우바리는 계율을 가장 잘 지켰다. 수다라족 출신으로 본래는 석가족 왕가의 이발사였다. 석가족의 남자를 따라 출가하려 할 때 천민 출신이라는 이유로 다른 사람들이 꺼렸으나 석가모니가 허락하였다. 라후라는 석가모니의 아들로서 밀행(密行)을 가장 잘하였다. 밀행의 본뜻은 비밀히 다니는 것을 말한다. 비밀스럽게 다니는 것처럼 남모르게 수행을 열심히 하였다. 아난다(阿難陀)는 석가모니의 법문을 가장 많이 들은 제자라고 한다. 석가모니의 사촌동생으로 석가모니를 가까이 모시며 설법을 들었다. 가섭이 제 1차 결집을 했을 때 석가모니에게 들은 것을 정리하여 경전을 결집하는 데 큰공을 세웠다. 오늘날 사찰에는 이들 10대 제자를 봉안하는 건물을 볼 수가 있는데 이 건물의 명칭을 나한전(羅漢殿)이라고 한다.

그림 Ⅶ-3 기원정사유적

그림 Ⅶ-4 녹야원유적

석가모니는 성도한 이후 45년동안 각지를 돌아다니며 전법하였다. 그가 전법한 지역은 갠지스강의 중류지역에 해당하는데 당시엔 마가다국과 코살라국이 있었다. 그중 몇 지역을 알아보면 라자그리하는 마가다국의 수도이다. 이

그림 Ⅶ-5
현재의 열반당과 사라쌍수모습

곳에는 영취산7)과 죽림정사8)가 있다. 쉬라바스티는 코샬라국의 수도이다. 이곳에는 기원정사9)가 있다.

5) 열반(涅槃)

전법을 시작한지 45년이 된 석가모니는 80세가 되었다. 그는 라자그리하를 떠나 갠지스 강을 건너 바이샬리를 거쳐 쿠시나가라10)에 이르는 긴 여행길에 들어섰다. 도중에 깊은 병이 든 석가모니는 쿠시나가라의 우파밧타나

---

7) 영취산(靈鷲山)은 석가모니께서 오래 머무르면서 설법했던 장소로 유명하다. 법현(法顯)의 ≪불국기(佛國記)≫, 현장(玄奘)의 ≪대당서역기(大唐西域記)≫ 등에 의하면, 산 꼭대기에 벽돌로 지은 설법당 흔적이 있었던 것 같다.

8) 죽림정사(竹林精舍)는 마가다국에 있던 최초의 불교사원으로 알려진 곳이다. 가란타(迦蘭陀) 장자(長者)가 자기 소유의 죽림을 헌상하고, 마가다 국왕 빔비사라가 건립하여 불교 교단에 기증했다고도 전해지고 있다. 가장 많이 이용된 사찰로서 석가의 교단이 기반을 구축한 곳으로 유명하다.

9) 기원정사(祇園精舍)는 중인도 코샬라국(國)의 수도 사위성(舍衛城:슈라바스티) 남쪽 1.6km 지점에 있던 기타태자(祇陀太子) 소유의 동산에 지은 사찰이다. 석가모니가 45년의 교화기간 중 가장 오랜 기간 머문 곳이 이 곳이다. 석가와 출가한 승려들이 설법하고 수도할 수 있도록 수달이 건립하여 기증하였다. 7층의 대가람으로 자못 웅장하였다고 하는데, 당(唐)나라 현장(玄奘)이 그 곳을 순례하던 때는 이미 황폐되어 있었다고 전한다. 죽림정사(竹林精舍)와 함께 2대 정사로 일컬어졌다. 1,100여년간에 걸쳐 조성된 수많은 사원 터가 발굴 조사되었다.

10) 쿠시나가라(拘尸那揭羅)는 인도 힌두스탄 평야에 있는 지금의 카시아(Kasia)이다. 불타의 생애와 관련되는 4대 성지의 하나이다. 불타의 시대에는 말라족(族)이 살았으며, 사라쌍수(沙羅雙樹) 사이에 머리를 북쪽으로 두고 열반에 들어간 불타를 화장(火葬)한 곳이다. 현재 5세기경의 것이라고 하는 길이 6m가 넘는 거대한 열반상을 안치한 열반당(涅槃堂)이 있다. 열반당부근에는 석가모니가 최후로 목욕했다고 전하는 히라냐바티 강이 있다. 열반당의 약 1.5km지점에는 석가모니를 화장한 터로 알려진 라마바르총(塚)이 있다.

에 있는 사라나무 숲에 들어가 자리를 깔고 오른 쪽 옆구리를 아래로 향하고 두 발을 가지런히 포갠 자세로 누었다. 석가모니는 제자들에게 '제행무상(諸行無常)이니 열심히 정진하라'는 내용의 말씀을 남기고 열반하였다. 오늘날 옆으로 누운 불상을 볼 수가 있는데 바로 석가모니의 열반모습을 형상화한 것이다.

그림 Ⅶ-6 석가모니 열반상

그림 Ⅶ-7 석가모니 장례도(돈황석굴)

 석가모니의 열반소식은 곧 사방에 전해졌다. 사라나무 아래에 모셔진 석가모니는 6일 동안 꽃과 향의 공양을 받았다. 7일 만에 석가모니의 유해는 쿠시나가라성을 통과하여 천관사(天官寺)에 옮겨져 안치되었다. 이곳에서 마하가섭의 주도하에 향목(香木)을 태워 석가모니의 다비식이 거행되었다. 석가모니는 상당수의 사리를 남긴 것으로 알려져 있다. 석가모니의 열반소식을 접한 주변 국가들은 석가모니의 사리를 분배할 것을 요구하였다. 결국 사리는 주변 국가에 8등분되어 분배되었다. 이러한 사리를 모시기 위한 건물을 탑이라고 하는데 처음 8개의 사리탑이 건립되었다.

2. 탑과 가람

1) 탑(塔)

(1) 탑의 발생

 탑(塔)은 탑파(塔婆) 또는 솔도파(窣堵婆)라고도 한다. 솔도파는 고대인도어의 산스크리트어 'stupa'를 한자로 음역(音譯)한 말이며, 탑파는 인도 중부지방의 고대언어인 Pali어 'thupa'를 한자로 음역한 것으로 모두 방분(方墳), 고현처(高顯處)로 의역된다. 그러나 스투파의 원래 뜻은 '신골(身骨)을 담고 흙과 돌을 쌓아 올려 조성한 무덤'이라고 한다. 따라서 불교이외의 탑(Pagoda, Tawer)과는 구별하여야 한다.

 탑은 인도에서 시작되었는데 B.C 5세기 초에 석가모니가 입적하자 그를 모시기 위한 분묘(墳墓)로 축조되었으며, 따라서 그 형식이 후세에까지 불탑으로서의 기준을 이루어 왔다. 즉 석가모니가 사라쌍수(沙羅雙樹) 밑에서 입멸(入滅)하자 그의 제자들은 유해를 다비(茶毘) 즉 화장(火葬)하였다. 그때 석가모니의 몸에서는 상당히 많은 분량의 사리가 나왔다. 그러자 당시 분립해있던 인도의 여덟 나라는 그의 사리(舍利)를 차지하기 위하여 무력으로 해결할 상태에까지 이르게 되었는데, 이때 석가모니의 제자인 도로나(徒盧那)의 의견을 따라 석가모니의 사리를 똑같이 여덟 나라에 나누어주었다. 이를 분사리(分舍利) 또는 사리팔분(舍利八分)이라고 한다. 각 국에서는 이 사리를 봉안하기 위하여 건축물을 조성하였으니 그것이 바로 탑이다. 사리를 모시는 사리신앙은 이때부터 시작되었고 또한 이것이 탑 건립의 시작이 되었다. 탑의 내부에는 사리를 보관하기 위한 시설물이 만들어지는 것이 보통이다. 다시 말하자면 탑은 석가모니의 유골을 안치하기 위한 무덤이라고 할 수가 있으며, 또한 석가모니 사후의 유적으로서 신앙의 대상이 된다는 것이다.

그림 Ⅶ-8 사리팔분(돈황석굴)

그림 Ⅶ-9 산치대탑

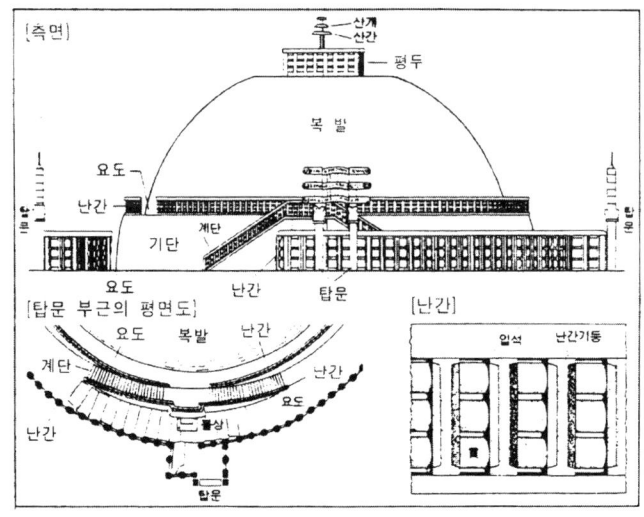
그림 Ⅶ-10 산치대탑

　석가모니가 입멸한 지 약 200여 년이 지나 인도를 통일한 마우리아 왕조의 아소카왕(阿育王)은 부처의 사리를 안치했던 8탑을 발굴하여 부처님의 사리를 다시 8만 4,000으로 나누어 전국에 널리 사리탑을 세웠다고 한다.11) 인도의 불교는 아소카왕대(B.C 273~232)에 이르러 인도 전역에 파급되었고 주변국

---

11) 이를 통하여 석가모니의 몸에서 나온 사리가 상당히 많았음을 알 수가 있고 그 분량을 대략 짐작해 볼 수가 있다.

가에 까지 확산되었음을 짐작할 수 있다. 이 당시 인도에서 건립되었던 탑의 형태는 석재를 벽돌처럼 다듬어서 건립한 모전석탑(模塼石塔)이었다. 현재 인도에서 가장 오래된 탑은 산치(Sanchi)대탑이다. 이 탑은 주변에서 생산되는 붉은 색의 사암(砂巖)을 벽돌과 같이 다듬어서 반구형(半球形)으로 축조하였다. 그 모습은 기단부, 탑신부, 상륜부로 구분된다. 기단부(基壇部)에는 화려한 조각과 함께 문(門)이 만들어졌으며 이 문을 지나 탑신(塔身)으로 오를 수 있는 계단이 있다. 탑신의 주변에는 한바퀴 돌아볼 수 있는 길을 따라 난간이 돌려져 있다. 탑신의 상부에는 평두(平頭)와 산개(傘蓋)로 이루어진 상륜부(相輪部)가 있다.

불교가 중국에 전해지게 된 것은 한대인 B.C 154년경이라 한다. 중국에 불교의 상징물로서 유입된 탑은 인도의 것과 그 형태가 다르다. 모전석탑이 주류를 이루고 있던 인도와는 달리 목탑(木塔)이 성행하였다. 아마도 당시 인도와 중국의 건축양식의 차이에서 비롯된 것으로 생각해 볼 수가 있을 것이다. 당시의 포교승들은 사찰이 없어 빈객을 접대하는 관청이었던 홍로시(鴻臚寺)에 머물게 되었는데 이 관청을 사찰로 전용하고 고층건물을 불교의 상징물인 탑으로서 사용하였던 것이 바로 목탑이었다. 오늘날 우리가 흔히 부르는 寺라는 명칭은 이 홍로시에서 유래된 것이다. 이러한 사정으로 중국에서는 불교전래 초기부터 목탑이 성행하였다. 이러한 중국의 상황은 한국과 일본에 전해졌다.

그림 Ⅶ-11 중국최초의 사원인 白馬寺

오늘날 우리가 중국, 한국, 일본의 문화적 특징을 한마디로 설명하라고 할 때 중국은 벽돌의 문화, 한국은 돌의 문화, 일본은 나무의 문화라고도 이야기하곤 한다. 정말 중국의 만리장성, 한국의 석굴암, 일본의 국보 1호라고 하는 광륭사 목조반가사유상을 생각할 때 그럴듯하다는 생각이 든다. 이 점은 탑과의 경우를 생각해 볼 때도 중국은 벽돌탑, 한국은 석탑, 일본은 목탑의 나라라고 할 수가 있다는 것이다. 이는 삼국의 독특한 역사와 문화적인 특징을 대변하고 있다. 삼국에서 불교 도입 초기부터 건립되었던 목탑은 화재, 노후화 등의 취약점이 있어 내구성이 떨어진다는 문제점이 제기된다. 이민족과의 전쟁이 별로 없이 국가를 성장시켰던 일본에서는 초기부터 계속 목탑이 조성되었고, 오늘날까지도 그 유적들이 다수 남아있는 것을 볼 수가 있다. 이에 비하여 이민족과의 전쟁을 비롯한 역사적인 변혁이 심했던 중국과 한국에서는 내구성의 문제 등으로 목탑이 계속 성행하지 못하였고, 보다 영구성을 보장하는 다른 재료를 선택하지 않으면 안되었다. 우리나라에서는 지질적인 여건상 주변에서 흔히 구할 수가 있는 돌(石材)을 가지고 탑을 만들었는데 비하여, 중국에서는 벽돌(塼)로 대치되어 갔다. 중국의 경우 모두 없어져 버렸고, 현존하는 가장 오래된 탑은 북위(北魏)시대인 520년경에 건립된 숭악사탑(崇岳寺塔)인데 벽돌탑이다. 우리나라의 경우도 마찬가지이며 현존하는 가장 오래된 탑으로는 부여 정림사지오층석탑과 익산 미륵사지석탑인데 모두가 석탑이다. 인도나 중국에서도 유사한 상황이지만 우리나라의 탑에서는 사리장치(舍利藏置)12)를 봉안한다.

---

12) 사리장치(舍利藏置)는 사리구(舍利具)를 보관하기 위한 시설이다. 사리구(舍利具)는 사리용기·공양소탑·탑지(塔誌)의 3가지로 나뉘는데, 사리용기는 불사리를, 공양소탑은 법사리를 봉안하며, 탑지(塔誌)는 탑을 세운 이유와 행적 등을 기록한 것이다. 목탑(木塔)에서는 지하의 심초석(心礎石)에, 석탑(石塔)에서는 탑신부(塔身部)에 두는데 그 층(層)은 일정하지가 않다. 우리나라에서는 사리가 귀하기 때문에 유리나 수정 등의 구슬류로서 사리를 대신하기도 하였다. 이러한 사리는 병이나 그릇 속에 담겨지며 이를 다시 여러 겹의 합(盒)과 같은 외호시설(外護施設)로 포장한다. 이러한 사리장치는 당대 최고의 기술과 재료로 제작되므로 그 시대와 지역의 공예 수준을 보여준다. 또 명문(銘文)이 있으면 연대 고증에 중요한 자료가 된다. 사리구와 이를 탑 속에 봉안하는 사리장치를 통틀어 사리장엄구(舍利莊嚴具)라 한다. 경주 감은사지석탑에서 발견된 사리장치는 통일신라초기의 높은 공예수준을 나타내주는 것으로 유명하다. 또한 황룡사9층목탑(黃龍寺九層木塔)의 심초석에서 발견된 사리장치에는 신라 경문왕 12년(872)에 황룡사를 중수하면서 조성한 여러 가지 사실들이 기록되어 있다. 황룡사의 창간연기와 탑의 규모 등을 구체적으로 기록하여 연구에 결정적인 자료를 제공하였다.

그림 Ⅶ-12 인도탑에서 중국탑으로

    한편 우리나라의 탑을 보면 그 층수가 3층, 5층, 7층, 9층과 같이 홀수로 만든 것이 대부분이다. 이처럼 탑을 홀수 층으로 만든 이유는 분명치 않지만 당시 우리나라에서 성행하였던 음양오행사상과 관련이 있는 것으로 보여진다. 즉 짝수가 음(陰)을 나타내는 숫자임에 비하여 홀수는 양(陽)을 뜻하는 숫자이다.13) 우리나라에서는 양(陽)을 선호하는 사상이 있어 홀수 층의 탑을 주로 건립하였던 것으로 생각된다.

---

13) 3 은 철학의 기본 원리가 되는 천지인(天地人)의 3 재(三才)를 나타내고, 5 는 금수목화토(金水木火土)의 오행(五行)에 해당한다. 7 은 천지인에다가 춘하추동(春夏秋冬) 혹은 동서남북(東西南北)을 표상한다. 9 는 양수(陽數)의 완성이라고 한다.

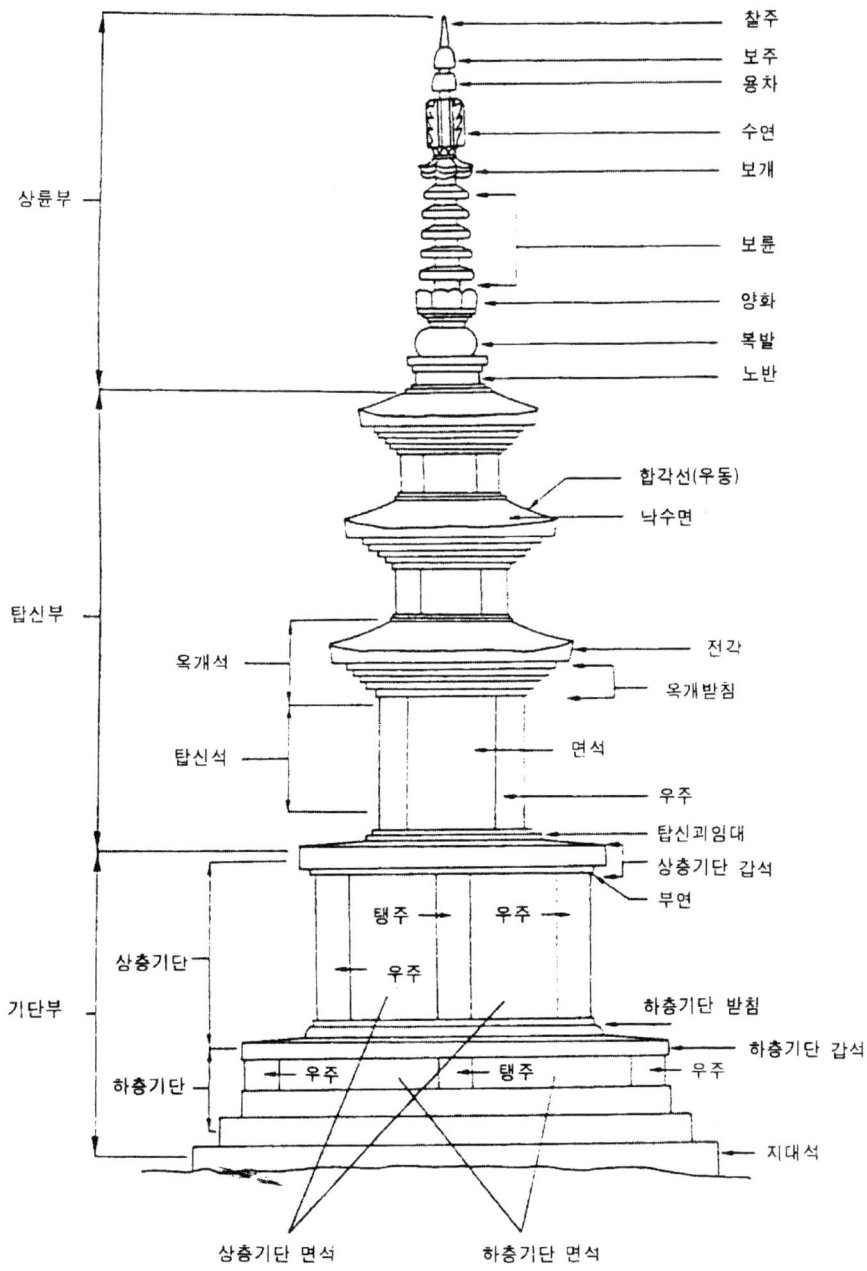

그림 Ⅶ-13 석탑의 세부명칭

석탑의 용어해설

〈기단부(基壇部)〉

- 기단(基壇): 석탑의 가장 아랫부분으로서 지면으로부터 높게 만든 단(壇). 보통 건물의 기초부분과 유사한 의미를 가지고 있다.
- 이층기단(二層基壇): 기단이 상하 2개로 나뉘어져 있는 단(壇). 대체로 통일신라 탑에서 많이 사용되었다. 이에 비하여 한 층의 단으로 이루어진 기단을 단층기단(單層基壇)이라고 하는데 삼국시대 석탑에서 시작되어 고려시대와 조선시대 석탑에서 많이 사용되었다.
- 지대석(地臺石): 기단과 지면이 닿는 부분에 사용된 석재인데 보통 여러 개의 판석을 사용하여 지면을 덮고 있다.
- 갑석(甲石): 기단의 윗부분에 덮여지는 석재인데 보통 여러 개의 판석으로 덮는다.
- 기단받침: 기단의 갑석위에 올려진 석재이다. 기단받침은 석재를 가공하였는데 직각을 이루는 각형(角形)과 둥근 곡선을 이루는 호형(弧形)의 두 가지 종류가 있다.
- 우주(隅柱): 상층 및 하층기단의 면석과 탑신석의 가장자리에 조식(彫飾)되는 기둥. 각 면마다 2개의 우주가 있다.
- 탱주(撐柱): 상층 및 하층기단의 면석과 탑신석의 우주 안쪽에 조식(彫飾)되는 기둥. 삼국시대에는 탱주(撐柱)나 우주(隅柱)를 별도의 석재로 만들었는데 통일신라시대 이후에는 면석(面石)을 깎아내어 부조(浮彫)처럼 조식하였다. 통일신라시대 초기에는 우주와 탱주의 숫자가 5개였는데 시대가 내려갈수록 그 숫자가 줄어들어 3개까지 남게 되었다. 통일신라시대 석탑의 축조시기를 추정하는 특징 중의 하나이다.
- 면석(面石): 기단을 구성하는 4면의 석재. 초기의 석탑에서는 여러 개의 판석으로 구성하였지만 대체로 4매의 판석으로 조립하였다. 일반적으로 면석내부에 우주(隅柱)와 탱주(撐柱)가 조식(彫飾)된다.

〈탑신부(塔身部)〉

- 탑신(塔身): 탑의 몸체부분으로 보통 건물의 생활공간과 유사한 의미를 가지고 있다.
- 탑신석(塔身石): 탑신을 구성하는 석재. 주로 한 개의 석재로 만드는데 가장자리에 기둥을 상징하는 우주(隅柱)를 조식(彫飾)하였다.
- 옥개석(屋蓋石): 탑신석의 상면에서 탑신석을 덮는 석재인데 보통 건물의 지붕과 같은 의미를 가지고 있다.
- 옥개석받침: 옥개석의 아래 부분에 각형으로 조출(造出)된 부분인데 보통 건물의 공포와 같은 의미를 가지고 있다. 전탑(塼塔)의 영향으로 파악하기도 한다. 옥개석받침은 시대마다 다른 양상을 띠고 있다. 옥개석받침에는 여러 개의 각형조식(角形彫飾)이 층차적

(層次的)으로 표현되었는데 5개에서 3개가 일반적이다. 대체로 숫자가 많을수록 古式에 속한다.
- 낙수면(落水面): 옥개석에 형성된 지붕의 4면. 석탑의 규모에 따라 달리 표현되는데 대형석탑일 경우는 길이가 길고 경사가 완만하나 소형일수록 길이가 짧고 경사가 급해진다. 전자의 형식이 고식(古式)이다.
- 전각(轉角): 옥개석의 4귀퉁이인 처마가 서로 마주치는 부분. 마치 목조건물의 처마귀퉁이가 살짝 들려있어 날씬하고 경쾌한 느낌을 주는 것처럼 약간의 반전(反轉)을 이루고 있다.

〈상륜부(相輪部)〉

- 상륜(相輪): 석탑의 상층부에 놓여지는 여러 개의 석재.
- 찰주(刹柱): 상륜부를 구성하기 위하여 석탑 마지막 층의 옥개석부분에 세워진 가늘고 긴모양의 기둥. 철로 만든다. 목조건축의 고주(高柱)를 나타낸다고 한다. 찰주에는 노반(露盤)부터 보주(寶珠)에 이르기까지의 상륜부 구성물들이 차례로 끼워진다.
- 노반(露盤): 마지막 옥개석의 윗부분에 올려진 방형의 석재. 상륜부의 시작이다. 말 뜻 그대로 이슬을 받는 부분이라는 의미에서 건물의 최상층부임을 나타낸다. 로반(露盤)은 본래 목조건축물의 지붕 위에 설치하는 방형의 누대를 의미하였는데, 점차 상륜부의 최하단에 방형 석재로 표현되다가 철이나 동으로 주조되기 시작하였다. 기록(《일본서기》)에 따르면 백제 위덕왕(威德王)이 588년 일본에 노반박사(露盤博士)를 파견하였다고 한다.
- 복발(覆鉢): 노반위에 올려진 반구형(半球形)의 석재. 중앙부에 띠를 두르고 꽃무늬를 장식하는 경우도 있다.
- 앙화(仰花): 연꽃잎이 하늘을 향하여 활짝 편 형태 무늬로 장식된 형태의 석재. 복발위에 올려진다.
- 보륜(寶輪): 불탑의 꼭대기에 붙어 있는 쇠나 구리로 된 쇠장식. 공륜(空輪) 또는 구륜(九輪) 이라고도 한다. 곧 노반(露盤) 위의 앙화(仰花)와 보개(寶蓋) 사이에 9개의 테로 되어있는 주상(柱狀) 부분을 가리키며 아래서부터 1륜, 2륜 등으로 헤아려 최상층의 것이 9륜이다. 이것은 원래 인도의 귀인의 표지인 산개(傘蓋)에서 유래하였고 그 수가 불어나서 9륜이 되었다고 한다. 전륜성왕을 상징하며 불법을 전파한다는 의미를 내포하고 있다.
- 보개(寶蓋): 탑의 보륜(寶輪)과 수연(水煙) 사이에 놓여지는 지붕모양으로 생긴 부분. 보산개(寶傘蓋)라고도 한다.
- 수연(水煙): 보개위에 올려지는 불꽃 모양의 장식물. 불법이 사바세계(우리가 살고 있는 세계)에 두루 미친다는 의미가 있다.
- 용차(龍車): 보개위에 있는 원구형(圓球形)의 장식
- 보주(寶珠): 용차위에 있는 장식으로 원구형(圓球形) 이다.

(2) 탑의 종류

① 석탑(石塔)

우리나라는 어디에서나 양질의 석재를 구할 수가 있는데 특히 화강암을 가지고 다양한 형태의 석탑을 축조하였다. 우리나라에 남아있는 약 1,000여 기의 탑 가운데 대부분이 석탑이다. 석탑은 기존에 내려오던 목탑의 전통을 석재에다가 충실하게 표현하였다. 목조건축의 세밀한 부분까지도 석탑에 재현하였기 때문에 어느 나라에서도 보기 어려울 정도의 아름다운 석탑이 만들어졌다.

석탑은 기단부, 탑신부, 상륜부로 구성되어 있다. 기단부(基壇部)는 건물을 건립하기 위하여 지면에 흙이나 돌을 쌓고 다져서 단단하게 만들어 놓은 부분에 해당한다. 탑신부(塔身部)는 건물의 몸체부분에 해당한다. 그리고 상륜부(相輪部)는 불탑(佛塔)의 맨 꼭대기에 있는 기둥 모양의 장식 부분이다. 삼국시대의 석탑이 오늘날까지 남아 전하는데 백제의 부여 정림사지오층석탑(定林寺址五層石塔, 국보 9호)과 익산 미륵사지석탑(彌勒寺址石塔, 국보 11호)이 있고 신라의 경주 분황사석탑(芬皇寺石塔, 국보 30호), 경북 의성의 탑리오층석탑(塔里五層石塔, 국보77호)이 있다. 그 외에 유명한 것으로는 통일신라시대에 조성된 다보탑(多寶塔, 국보 20호)과 석가탑(釋迦塔)으로 알려진 불국사삼층석탑(佛國寺三層石塔, 국보 21호)이 있다.

그림 Ⅶ-14 태국의 석탑

② 목탑(木塔)

목탑(木塔)은 나무로 만든 탑이다. 우리나라의 초기 탑은 목탑으로 부터 시작되었다. 삼국시대의 목탑에 대하여는 실물이 남아 있지 않아 구체적인 내용을 알기가 어렵다. 단지 그 모양이 방형(方形) 또는 다각형(多角形)으로서 다층(多層)의 누각형(樓閣形)이었을 것이라고 추정된다. 흔적으로 남아있는 삼국시대 목탑의 존재는 고구려(평양의 청암리사지(靑岩里寺址)와 정릉사지(定陵寺址), 평남 대동군의 상오리사지(上五里寺址)), 백제(부여의 군수리사지(軍守里寺址)와 금강사지(金剛寺址), 익산의 제석사지(帝釋寺址)), 신라(경주의 황룡사지(黃龍寺址), 사천왕사지(四天王寺址), 망덕사지(望德寺址), 보문사지(普門寺址))지역에서 확인할 수 있다. 우리 나라 목탑의 대표적인 예는 황룡사구층탑이다. 기록에 따르면 선덕여왕 대 자장율사의 건의에 따라서 황룡사에 9층의 목탑을 축조하였는데 이후 통일신라시대, 고려시대까지 지속되다가 고려 말 몽고의 침입 시에 불타서 없어졌다고 전한다. 이 탑은 그 높이가 80여m 가량 즉 30층의 아파트 높이에 해당되었다고 하니, 오늘날의 건축술로도 상상하기 어려울 정도라 하겠다. 조선시대 후기인 17세기 초반에 세워진 보은 법주사의 팔상전은 우리나라에 현존하는 유일한 목탑이다. 팔상전(捌相殿, 국보 55호)은 그 높이가 22.7m에 달하는 5층목탑으로서, 1624년(인조 2년) 벽암선사(碧岩禪師)에 의해 중건되었다. 옛날의 목탑양식을 현재까지 전하고 있다. 그 외에도 1984년 소실되었다가 1986년도에 복원된 전남 화순의 쌍봉사(雙峯寺) 대웅전이 목조3층탑이다. 현존하는 세계에서 가장 큰 목탑은 중국의 산서성 응현(應縣)에 소재한 응현목탑이다. 이는 요(遼)나라 1056년에 건립한 것으로서 그 높이가 67.3m 가량

그림 Ⅶ-15 한국의 목탑(팔상전)

이라고 한다. 일본은 목탑이 다수 남아있어 일본문화의 특징가운데 하나로 꼽히고 있다. 일본에서 가장 높은 탑은 교토에 위치한 동사(東寺)의 5층목탑인데 그 높이가 **54.8m**라 한다.

그림 Ⅶ-16 중국의 목탑(응현목탑)

그림 Ⅶ-17 일본의 목탑(동사탑)

③ 전탑(塼塔)

그림 Ⅶ-18
전탑(중국)-요나라 중경성탑

전탑(**塼塔**)은 벽돌로 쌓은 탑이다. 중국에서는 벽돌탑이 크게 유행하였는데 비하여, 우리나라에서는 벽돌을 구하기가 쉽지 않았으므로 그렇게 유행하지 못하였다. 통일신라시대 벽돌 탑의 예로서는 경북 안동신세동칠층전탑(**安東新世洞七層塼塔**, 국보 16호, 8세기), 안동조탑동오층전탑(**安東造塔洞五層塼塔**, 보물 57호, 9세기), 칠곡의 송림사오층전탑(**松林寺五層塼塔**, 보물 189호, 9세기)을 들 수 있다. 발해시대의 벽돌탑으로는 중국 길림성 장백현에 소재하고 있는 영광탑(榮光塔)이 있다. 또한 고려시대에 전탑이 축조되었다는 기록이 남아 있으며 그러한 예로서는 경기도 여주의 신륵사다층전탑(神勒寺多層塼塔, 보물 226호, 11세기)등이 있다. 한편 우리나라에서는 전탑이 만들기가 어렵자 석재로서 전탑을 모방하여 만든 탑이 나타나기도 하였다. 이를 모전석탑(模塼石塔)이라고 한다. 그 예로는 경주의 芬皇寺石塔(국보 30호, 선덕여왕 3년(634)), 제천의 장락리칠층모전석탑(보물 459호, 고려시대) 등이 있다.

그림 Ⅶ-19 전탑(한국)
정암사수마노탑(고려시대)

이외에도 기록에는 흙으로 만든 토탑(土塔)이 있었음을 전하고 있다. 즉 고구려 광개토왕이 요동성(遼東城)을 순시하는 도중에 아육왕(阿育王: 인도의 아소카왕)탑이라고 불리는 가마솥을 덮은 모양의 3층 토탑(土塔)이 있는 것을 보았다는 내용이 ≪삼국유사≫에 전하고 있다.

④ 계단(戒壇)

계단(戒壇, Mandala)이란 석가모니의 가르침을 받는 자가 지켜야 할 계율에 대한 서약을 하는 장소를 말한다. 이는 석가모니 생전에, 비구(比丘)들이 수계(受戒)를 청하자, 석가모니가 기원정사(祇園精舍) 남동쪽에 단을 쌓아 올리게 하였는데, 이것이 계단의 시작이 되었다. 우리나라에서는 7세기 신라 선덕여왕 대에 자장율사가 당나라에서 부처님의 진신사리를 모시고 와 양산통도사에 금강계단(金剛戒壇)을 만들고 사리를 봉안한 것이 시초이다. 따라서 우리나라에서는 계단이 탑과 유사한 성격을 띄고 있다.

우리나라의 계단은 방형으로 된 2중의 석단(石壇)위에 석종형부도를 안치한 형태를 띄고 있다. 통도사금강계단(국보 290호, 신라 선덕여왕 대)은 금강과 같이 단단하고 보배로운 규범이란 뜻이다. 2층의 방형기단 위에 석종형부도

그림 Ⅶ-20 통도사 금강계단

그림 Ⅶ-21 용연사계단

와 같은 모습의 석조물을 안치하고 그 안에 사리를 봉안하였다. 1층 기단 안쪽 면에는 천인(天人)상을 조각하고 바깥쪽 면은 불법을 지키는 수호신인 제석천의 모습을 조각하였다. 금강계단의 전면에는 대웅전 건물이 있는데 건물 내부에 불상을 봉안하지 않은 독특한 모습을 보이고 있다. 이는 금강계단에 안치된 석가모니의 진신사리가 불상의 역할을 대신하기 때문이다. 이 건물에는 서쪽에 대방광전, 동쪽에 대웅전, 북쪽에 적멸보궁, 남쪽에 금강계단이라는 편액이 각기 걸려 있다.

2) 가람(伽藍)

(1) 가람배치

가람(伽藍)이란 고대의 인도어(梵語)인 sangharama의 음역인 승가라마(僧伽藍摩)의 준말이다. 이는 승려가 수도하고 생활하는 장소를 뜻하는 것으로 사찰(寺刹)을 뜻한다. 사찰이란 사원(寺院)이라고도 부르는데 원(院)이란 회랑(回廊)이나 담장으로 두른 집을 의미한다. 사찰에서의 寺라는 용어는 본래 고대 중국에서 관청을 뜻하는 이름에 붙은 ~시(~寺)에서 유래된 것이다. 불교가 중국에 처음 유입되었을 당시에는 승려들을 손님접대를 담당하는 관청인 홍로시(鴻盧寺)에 머물게 하였다. 그런데 점차 이곳에 머무는 승려들의 숫자가 많아지고 그에 따른 건축물이 생겨나게 되었다. 이에 관청인 홍로시와 승려들의 집단거주지를 구분하기 위하여 사(寺)라고 고쳐서 부르게 되었던 것이다.

　가람안에는 승려들이 거주, 수도하는 공간이나 탑 등 여러 가지 시설물들이 포함된다. 이러한 시설물들의 위치·규모·거리·부지와의 관계 등을 형식화한 것을 가람배치라고 한다.

　고대 인도나 중국에서는 예배의 대상인 불사리(佛舍利)[14]를 안치한 탑(塔)이 있는 탑원(塔院)과 승려의 거주공간인 승원(僧院)을 서로 구별하여 배치하였다. 이후 불교의 상징물이 점차 불상으로 대치되는 과정에서 불상을 봉안한 금당(金堂)[15]이 중시되기 시작하면서 이를 중심으로 여러 가지 크고 작은 건축물들이 배치되었다. 중국의 위진남북조시대에 가람의 배치형식이 일정한 형태로 자리를 잡아 우리나라에 전해지게 되었다.

　가람의 기본적인 배치형식은 남북자오선(南北子午線)상에 남쪽으로부터 중문(中門), 탑(塔), 금당(金堂), 강당(講堂)[16]의 순으로 배치하고 중문과 강당을 서로 연결하는 회랑(回廊)을 조성하여 탑과 금당을 중심으로 하나의 불역(佛域)이 이루어졌다. 다시 그 주변에는 승려들이 거주하는 승방(僧房)을 비롯한 부속건물들이 배치되었다. 이와 같은 가람배치의 양식은 시대에 따라 변천하

---

14) 사리(舍利)는 산스크리트어 **Sarira**를 음역한 것인데 영롱하게 빛나는 돌이란 의미라 한다. 불교에서는 참된 불도 수행의 결과로 생긴다는 구슬 모양의 유골을 의미한다. 석가모니를 다비(茶毘: 火葬)하기 전의 전신사리(全身舍利)와 다비 후의 쇄신사리(碎身舍利)로 분류하였는데, 보통은 후자를 가리킨다. 이를 보통 생신사리(生身舍利)라고 한다. 생신사리는 귀하여 쉽게 얻을 수가 없기 때문에 보통 사찰에서는 금, 은, 유리, 수정, 마노 등으로 만들어 대치하고 있다. 우리나라에서는 양산 통도사(通度寺), 오대산 상원사(上院寺) 등에 생신사리(生身舍利)가 봉안되어 있는 것으로 전해진다. 후에는 고승(高僧)의 시신(屍身)에서 나온 유물을 사리라고 부르게 되었다. 이에 비하여 법신사리가 있다. 법신사리(法身舍利)는 석가모니의 가르침을 기록한 일체의 경전(經典)을 가리킨다.

15) 금당(金堂)은 본존불을 안치하는 가람(伽籃)의 중심 건물을 의미한다. 금당(金堂)이라는 명칭은 전당 안을 금색으로 칠한 데서 유래했다는 설과, 금색의 본존불을 내부에 안치한 데서 유래했다는 설이 있다. 사찰의 모든 건물은 금당을 기준으로 하여 배치된다. 금당은 보통 회랑(回廊)으로 둘러 쌓여 있으며 회랑 안에는 탑이나 범종이 있는 범종각(梵鐘閣), 불경을 봉안한 경각(經閣)등이 배치된다.

16) 강당(講堂)은 사찰에서 경전(經典)을 강(講)하거나 법을 설(說)하는 장소를 뜻한다.

여 그 기능과 규모 등을 짐작해볼 수가 있다. 우리나라에 불교가 전래되었던 삼국시대이후 가람배치는 시대적인 변화상을 보이고 있다. 이는 불교의 상징물인 탑과 불상의 상호관계와 깊은 연관이 있다.

가람배치 방식은 크게 몇 가지로 구분할 수가 있다.

① 일탑일금당식가람(一塔一金堂式伽藍)

일탑일금당식가람(一塔一金堂式伽藍)은 중문(中門), 탑(塔), 금당(金堂), 강당(講堂)이 사찰의 중심축 선상에 배치되고 중문에서 좌우로 돌려진 회랑(回廊)이 강당에 연결되는 방식이다. 이는 백제 및 신라시대의 사찰에서 일반적으로 채용한 형식이다.

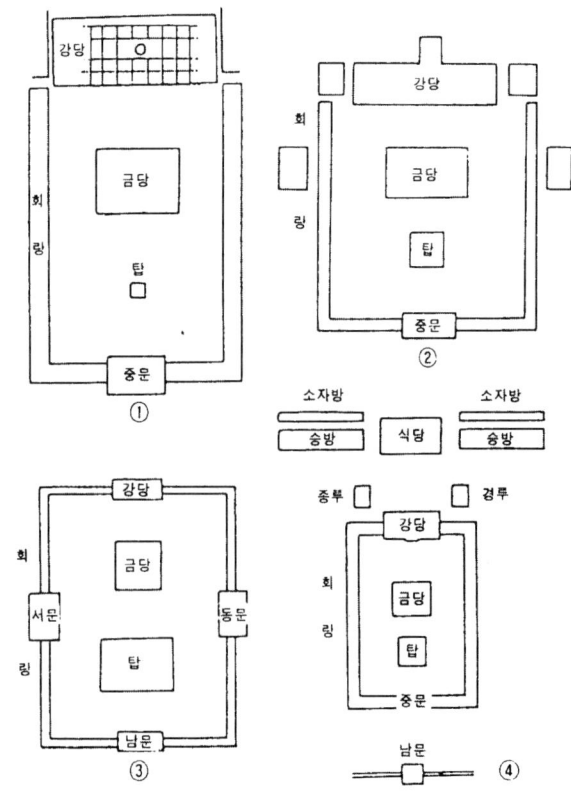

① 부여 정림사지 ② 부여 군수리사지 ③ 중국 영녕사(永寧寺) ④ 일본 사천왕사(四天王寺)
그림 Ⅶ-22 일탑일금당식가람

② 일탑삼금당식가람(一塔三金堂式伽藍)

일탑삼금당식가람(一塔三金堂式伽藍)은 탑의 동·서·북쪽의 삼면에 금당을 배치하는 형식이다. 이는 고구려시대의 유적에서 많이 확인되고 있는 형식이다.

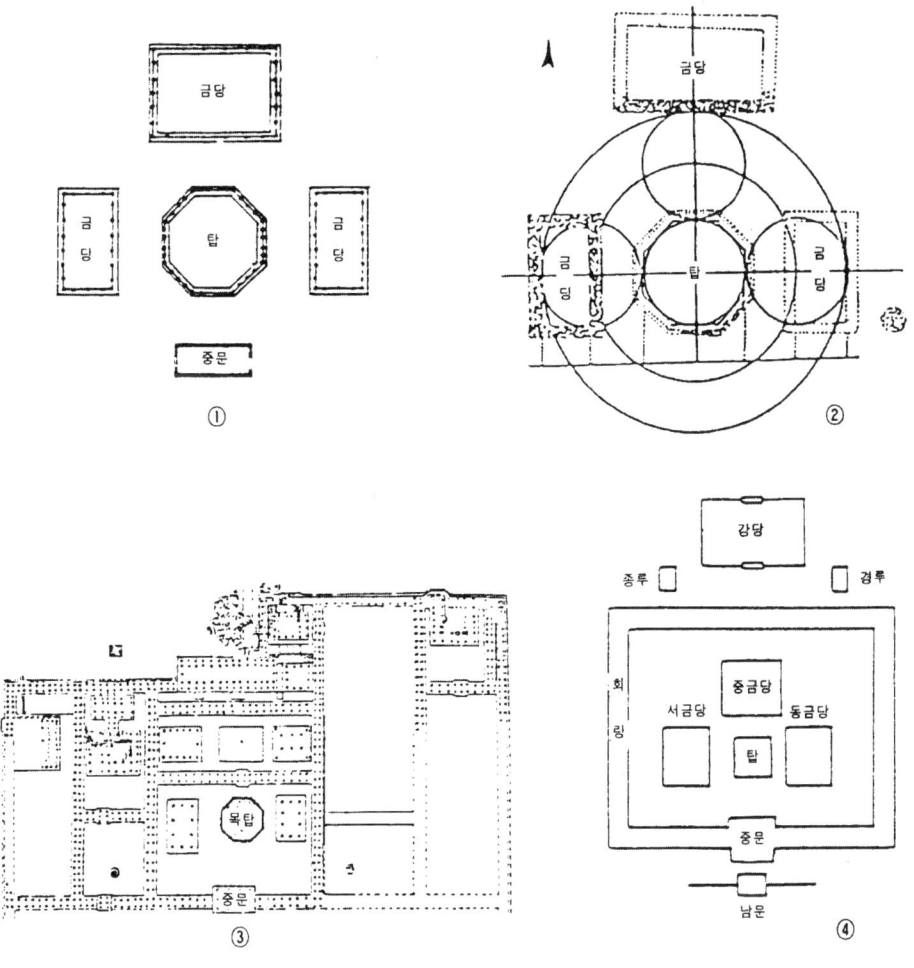

① 평양 청암리사지 ② 황해도 봉산군 토성리사지 ③ 평양 정릉사지 ④ 일본 비조사지(飛鳥寺址)
그림 Ⅶ-23 일탑삼금당식가람

Ⅶ. 불교문화 177

③ 이탑일금당식가람(二塔一金堂式伽藍)

이탑일금당식가람(二塔一金堂式伽藍)은 일탑일금당식가람 배치방식과 유사한데 단지 금당의 전면 좌우 대칭되는 위치에 각기 하나씩의 탑을 배치한다는 차이점이 있다. 경주 불국사의 대웅전 앞의 좌우에 석가탑과 다보탑을 배치한 것이 대표적인 예이다. 이는 신라의 삼국통일 이후에 나타난 형식으로 알려져 있다.

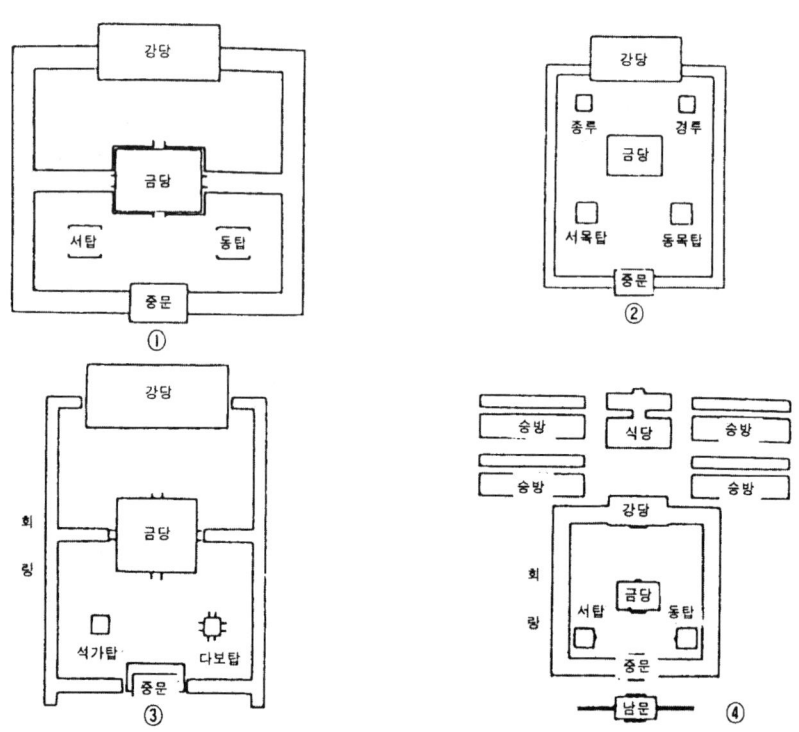

① 경주 감은사지 ② 경주 사천왕사지 ③ 경주 불국사 ④ 일본 약사사(藥師寺)
그림 Ⅶ-24 이탑일금당식가람

④ 산지가람(山地伽藍)

산지가람(山地伽藍)은 사찰의 위치가 심산유곡의 산중으로 이전하게 되면서 나타난 가람배치 방식이다. 경사가 심한 산지에는 넓은 평지가 드물기 때문에 중문, 탑, 금당, 강당 등을 일정한 배치방식에 따라 건립할 수가 없다. 따라서 평지가람과는 달리 가람을 일직선으로 배치하거나 좌우대칭으로 배치하는 등의 방식을 적용하지 않고 그 지형에 적합하도록 적당히 배치하는 방식이다. 이는 통일신라시대 중엽이후 밀교(密敎)가 유입되고 선종이 성행하게 되면서 사찰이 산지로 이전하면서 나타난 방식으로서 알려져 있다.

이와 같은 가람배치 방식을 기초로 하여 우리나라 가람배치의 변천사를 알아보기로 하자. 우리나라에 불교가 처음으로 전래된 고구려의 가람배치에 대하여 자세한 상황을 알기는 어렵다. ≪삼국사기≫ 등의 사료에는 평양의 9사(平壤九寺)를 비롯한 사찰에 대한 다수의 기록이 있지만 고고학적으로 조사된 예는 드물기 때문이다. 단지 조사된 유적중에 평양 청암리사지(靑岩里寺址)나 정릉사지(定陵寺址), 평남 대동군 상오리사지(上五里寺址), 토성리사지(土城里寺址, 황해북도 봉산군)의 경우를 보면 고구려의 가람배치는 탑의 주변에 3개의 금당을 배치한 형식(一塔三金堂型式)이었다고 추정된다. 이러한 가람배치 양식은 일본의 비조사지(飛鳥寺址)에서도 찾아 볼 수 있다.

백제의 가람배치는 하나의 탑에 하나의 금당을 배치한 일탑일금당(一塔一金堂)형식이었던 것으로 보여진다. 이는 남북 자오선(子午線)상에 중문—탑—금당—강당을 일직선상으로 배치하는 것이다. 그 대표적인 유적은 부여의 정림사지(定林寺址)이다. 정림사지는 일제강점기, 그리고 1980년대 수 차례에 걸친 발굴조사 결과 구체적인 가람배치 방식이 드러났다. 사찰 입구에 동서 2개의 연못을 배치하고 그 연못을 지나면 중문(中門)이 나타난다. 중문 앞에는 거대한 5층석탑이 자리 잡고 있다. 석탑을 지나면 이중기단(二重基壇)[17]으로 축조한 금당이 있으며 금당 뒤편에는 강당이 배치되었다. 중문에서 시작된

---

17) 기단(基壇)은 건물 또는 석탑을 비롯한 건축물의 바닥면에 지면으로부터 높게 만든 단(壇)이다. 보통 석재로 만드는 것이 보통인데 단층기단과 이층으로 만든 이중기단의 두 종류가 있다. 삼국시대에는 기와를 쌓아 기단을 만든 와적기단(瓦積基壇)의 예도 있다.

회랑은 강당과 연결되어 있다. 이보다 규모가 작은 부여 군수리사지(軍守里寺址)의 경우는 정림사지와 유사한데 단지 연못자리가 보이지 않는다. 이와 같이 중문—탑—금당—강당을 일직선상으로 배치하는 가람배치형식은 중국의 영녕사지(永寧寺址)나 일본의 사천왕사지(四天王寺址)에서도 발견할 수 있다. 특수한 경우로는 전북 익산 미륵사지(彌勒寺址)의 가람배치형식이 있다. 이곳은 이른바 삼탑삼금당(三塔三金堂)형식이다. 동서로 나란히 3개의 탑을 배치하고 그 뒤에 각기 금당을 하나씩 배치하는 형식인데 탑과 금당을 한 조씩으로 구획하여 회랑을 배치하여 셋으로 독립시켰다. 동서탑은 석탑(石塔)인데 비하여 중앙탑은 목탑(木塔)이었던 것으로 알려지고 있다.

신라의 가람배치는 고구려나 백제에 비하여 다양한 형태로 나타나고 있다. 경주 흥륜사지(興輪寺址)나 경북 의성군의 탑리사지(塔里寺址)의 경우는 백제와 유사한 일탑일금당(一塔一金堂) 양식을 보이고 있다. 흥륜사지는 신라 최초로 건립된 공식사찰인데 이차돈(李次頓)의 순교와 연관되어 있다. 신라 최대의 사찰인 황룡사지(黃龍寺址)는 중문, 좌우의 경루(經樓)와 종루(鍾樓), 목탑(木塔) 그리고 금당과 좌우의 건물, 강당을 나란히 배치하고 회랑은 중문과 강당을 연결하는 가람배치 양식을 보이고 있다. 고구려 양식인 一塔三金堂의 영향을 받았음을 짐작할 수가 있다.

통일신라시대의 가람배치는 이탑일금당(二塔一金堂)형식이 대표적이다. 금당앞에 배치된 탑이 동서 2개의 탑으로 분리되어 배치되는 것이다. 이러한 양식은 통일신라 초기부터 나타나 9세기경까지 유행을 보이고 있다. 대표적인 예가 석가탑(釋迦塔)과 다보탑(多寶塔)으로 유명한 불국사(佛國寺)이다. 불국사는 중문—석가탑과 다보탑—금당—강당이 일직선상으로 배치되어 있으며 중문에서 시작된 회랑이 금당과 강당으로 각기 연결되는 가람배치양식을 띠고 있다. 문무왕의 수중릉(水中陵)과 관련된 경주 감은사지(感恩寺址)의 경우도 불국사와 유사한 배치방식을 보이고 있다. 이와 같은 가람배치양식은 일본의 약사사지(藥師寺址)에서도 발견할 수 있다. 한편으로는 종래의 일탑일금당식의 가람배치양식이 여전히 지속되고 있는데 경주의 나원리사지(羅原里寺址)나 692년에 조성된 황복사지(黃福寺址)등이 있다. 이러한 양식은 이후 고려, 조선시대까지도 계속 이어지고 있다. 이외에도 경주 고선사지(高仙寺址)의 경우는 탑과 금당을 분리한 특수한 가람배치 양식을 보이고 있다. 중문—금당—강당의 순으로 배치되어 회랑으로 둘러쌓았는데 탑은 금당과 중문사이에 해당하는 서쪽의 회랑 밖에 독립된 회랑을 가지고 배치된 특수한 형태이다. 이와 같은 형태는 일본의 국분사지(國分寺址)에서도 볼 수 있다.

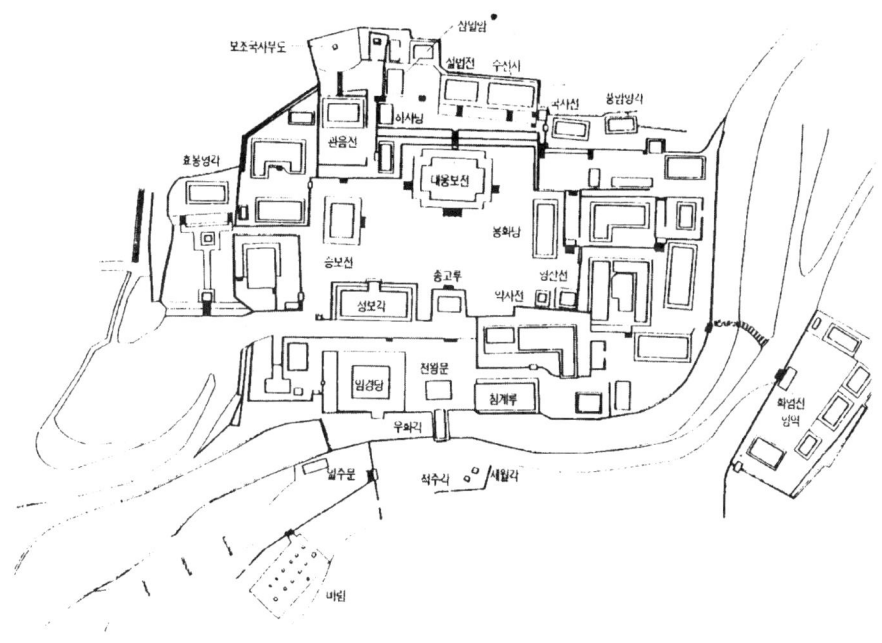

그림 Ⅶ-25 송광사가람배치도

한편 9세기 이후 선종(禪宗)이 유행하면서 종래 평지에 위치해있던 사찰이 산중으로 옮겨가게 된다. 山地의 작은 계곡이나 평지를 이용하여 축대를 쌓아 사찰을 만들게 되면서 종래의 가람배치방식이 크게 변화된 양상을 띠게 된다. 산지에 널따란 평지를 확보하기가 어려운 지형적인 여건상 종래 일직

그림 Ⅶ-26 누각(부석사 안양루)

선으로 건물이 배열되던 배치방식의 정형성이 없어지고 사찰의 형편에 따라 건물이 건립되고 있다. 산지가람(山地伽藍)에서는 회랑이 없어지는 사례가 대표적이며 또한 경우에 따라서는 금당 앞에 조영되던 탑이 건물사이의 적당한 지점에 배치되기도 하였다.

고려시대는 평지가람이든 산지가람이든 대체로 일탑식의 가람배치 양상을 보이고 있다. 그러한 예는 충남공주시 소재 마곡사(麻谷寺)나 부여군 외산면 소재 무량사(無量寺)가 있다. 조선시대에는 사찰이 대부분 山中에 위치한 산지가람인데 대체로 일탑식 가람배치 양식을 보이고 있다. 한편 조선시대에 들어와서는 불교의 상징물이 불상으로 대치되면서 탑은 사원의 한 장식품으로 전락하게 되었고 경우에 따라서는 탑을 만들지 않는 경우가 많아지게 되었다. 조선후기의 가람배치는 금당 앞의 좌우에는 승방(僧房)이 배치되고 금당 앞으로는 누각(樓閣), 천왕문(天王門), 금강문(金剛門), 일주문(一柱門)이 순서대로 배치되었다.18) 오늘날 큰 사찰에 갔을 때 누각 밑을 통과하여 부처님이 모셔진 금당에 이르게 되어있는 것은19) 모두 이 시기의 가람배치 방식인 것이다. 이때 회랑(回廊)은 모두 없어져 사역(寺域)의 구별이 없어지게 되었고 단지 일주문이 사찰의 영역을 알리는 표시로서 나타나게 되었다.

---

18) 규모가 큰 사찰은 대체로 삼문을 갖추고 있다. 삼문(三門)은 사찰의 입구에 배치된 일주문(一柱門), 사찰의 중간쯤되는 곳에 배치된 사천왕문(四天王門), 주(主)불전에 들어가기 직전에 배치된 불이문(不二門)을 말한다.

19) 그러한 누각의 예로서 대표적인 것은 보제루이다. 보제루란 두루 모든 중생을 제도한다는 뜻으로 만세루(萬歲樓)·구광루(九光樓)라고도 부른다. 이 건물은 법회 때 승려나 신도들의 집회 강당으로 지어진 2층의 누각 건물로서 주불전(主佛殿) 앞에 자리잡고 있다. 그 이외에도 여러 가지 예가 있지만 그 중의 하나로는 부석사무량수전 앞에 배치된 안양루(安養樓)가 있다.

(2) 전각(殿閣)

사찰에는 가람배치에 따라 배열되는 여러 가지의 건축물이 있다. 일반적으로 불상이 모셔진 건물을 불전(佛殿)이라 하고 승려가 수도하거나 설법(說法)을 하는 건물을 법당(法堂)이라고 부른다. 불교가 흥성할 때는 불전보다는 법당의 기능이 두드러졌고, 불교가 쇠퇴기에는 불전의 기능이 강조되었다고 한다. 이때 불전에서 의례뿐 아니라 설법도 겸하게 되면서부터 그 명칭도 법당이라고 불려지게 되었다고 추정된다. 불상을 모신 건물은 사찰에서 중심을 이루게 된다. 우리는 사찰에 갔을 때 부처님이 봉안된 중심건물을 보고 흔히 대웅전이라고 부르는데 이는 잘못된 것이다. 이를 금당(金堂)이라고 불러야 하는 것이다. 불상을 봉안한 건물은 각기 안에 모셔진 불상과 연관하여 고유의 이름이 붙여져 있다. 이들을 간략히 알아보기로 하자.

① 대웅전(大雄殿)

대웅전(大雄殿)은 용어 그대로 큰 영웅이 계시는 집이라는 뜻이다. 대웅(大雄)은 고대의 인도어인 'Mahabira'를 한역(漢譯)한 말이다. 법화경(法華經)에서 석가모니를 위대한 영웅, 즉 대웅(大雄)이라 일컬은 데서 유래하였다. 즉 대웅전은 석가모니불(釋迦牟尼佛)를 모시는 건물이다. 본존불(本尊佛)인 석가모니불에는 좌우에 협시불(脇侍佛)을 세우는데, 문수보살과 보현보살을 세우기도 하고, 아미타불과 약사여래를 세우기도 한다. 이 중 후자의 경우에는 그 격을 높여 대웅보전(大雄寶殿)이라고 한다.

대웅전에는 또 삼세불(三世佛)이나 삼신불(三身佛)을 모시는 경우도 있다. 삼세를 통하여 불법으로 교화하는 삼세불로는, 현세의 석가모니불을 중심으로 과거불인 연등불(燃燈佛) 또는 가라보살(迦羅菩薩), 그리고 미래불인 미륵불(彌勒佛)이 좌우에서 협시한다. 또한 각 협시불의 좌우에 석가모니의 10대 제자 중 가섭과 아난존자를 협시로 세우기도 한다. 이 때 가섭은 선법(禪法)을, 아난은 교법(敎法)을 상징한다. 경상북도 포항의 보경사(寶鏡寺)와 범어사대웅전(梵魚寺大雄殿, 부산시 동래구, 보물 434호)에는 가라보살과 미륵보살이 석가여래를 협시하고 있다. 삼신불은 법신(法身)·보신(報身)·화신(化身)으로 구별하며, 일반적으로 법신은 비로자나불, 보신은 아미타불과 약사여래, 화신은 석가모니불을 가리킨다. 그러나 한국의 대웅전에는 선종의 삼신설에 따라 비로자나불·노사나불(盧舍那佛)·석가모니불을 모신다. 법주사대웅전(法住寺大雄殿, 충북 보은군, 보물 915호)에는 삼신불이 모셔져 있다. 마곡사대웅보전(麻谷寺大雄寶殿, 충남 공주시, 보물 801호)에는 극락왕생과 내세의 행복을 주도하는 아미타불과, 고통받는 환자와 가난한 사람을 구원하는 약사여래를 석가모니불과 같이 모시고 있다. 대웅전 건물로서 대표적인 예를 들자면 수덕사대웅전(충남 예산군, 국보 49호, 충렬왕 34년(1,308))이 있다.

그림 Ⅶ-27 통도사대웅전

그림 Ⅶ-28 월정사적멸보궁

한편 석가모니불을 모시는 전각은 대웅전이 대표적이지만 그 외에도 여러 가지 명칭이 있다. 첫째는 적멸보궁(寂滅寶宮)이다. 이는 석가모니의 진신사리를 봉안한 건물을 말한다. 본래 적멸보궁은 석가모니가 적멸도량회(寂滅道場會)를 열었던 중인도 마가다국 가야성의 남쪽 보리수 아래 금강좌(金剛座)에서 비롯된다. 적멸보궁 안에는 별도로 불상을 안치하지 않는 대신에 불단을 마련하여 진신사리를 봉안한다. 또는 적멸보궁 밖에 사리탑을 세우거나 계단(戒壇)을 만들어 불사리를 봉안한다. 우리나라의 대표적인 적멸보궁을 5대 적멸보궁이라고 하는데 양산 통도사(通度寺), 평창 오대산 중대(中臺), 인제 설악산 봉정암(鳳頂庵), 정선 태백산 정암사(淨巖寺), 영월 사자산 법흥사(法興寺)등의 적멸보궁을 말한다. 그 중에 정선의 정암사 적멸보궁을 제외하고는 신라시대 자장율사가 당에서 가져온 석가모니의 진신사리를 모시고 있다고 한다. 특히 통도사는 금강계단에 진신사리를 봉안해 불보종찰(佛寶宗刹)이 되었다.

둘째는 영산전(靈山殿)이다. 이는 석가모니가 영취산에서 묘법연화경을 설법하는 장면을 묘사한 영산회상도를 봉안하기 위하여 건립한 건물이다. 그러한 예로는 마곡사영산전(보물 800호)을 들 수 있다. 셋째는 팔상전(八相殿)이다. 이는 석가모니의 일대기를 여덟가지 장면으로 압축하여 표현한 팔상도를 봉안하기 위하여 건립한 건물이다. 그러한 예로는 법주사팔상전(국보 55호)이 유명하다.

② 극락전(極樂殿)

극락전(極樂殿)은 아미타불(阿彌陀佛)을 봉안한 건물이다. 아미타불은 고대의 인도어인 Amitayus 혹은 Amitabha를 음역한 것이다. 이 부처는 서방 극락세계에 있으며 그의 광명과 자비는 무한한 세계에 미치고 있어 이 광명을 받은 자는 일체의 고통에서 벗어날 수 있다고 한다. 극락전이란 명칭은 아미타불의 정토를 극락이라고 한데서 유래한다. 정토란 우리가 사는 이 세계에서 10만억 불국토를 지나가면 극락세계라고 하는 이상적인 세계 즉 정토가 있다는 것이다. 극락전은 달리 극락보전(極樂寶殿)이라고도 한다. 또한 아미타불은 무한한 수명을 가지고 있다고 하여 무량수불(無量壽佛)이라고 부르기도 한다. 이 무량수불이 계시는 곳이라 하여 무량수전(無量壽殿)이라고도 한다. 영주의 부석사 무량수전이 바로 그것이다. 또한 아미타불이 계시는 곳이라 하여 아미타전(阿彌陀殿)이라고도 부른다. 또한 아미타불의 광명은 끝이 없어 백천억 불국토를 비춘다고(無量光)하여 보광명전(寶光明殿)이라고도 한다. 대중들은 이 건물에서 장수(長壽)와 극락세계로의 왕생을 기원한다.

아미타불의 좌우 협시로는 중생을 극락으로 인도하는 관세음보살과 대세지보살, 또는 관세음보살과 지장보살을 둔다. 여기서 관세음보살은 아미타불의 자비를 상징하는 지혜로써 중생을 번뇌의 고통에서 벗어나게 하고, 지혜를 상징하는 대세지보살은 지혜의 광명으로 모든 중생을 널리 비추어 삼도의 고(三道苦)를 없애고 끝없는 힘을 얻게 한다. 지장보살은 중생을 구제하여 극락으로 인도하는데, 한국에서는 고려 및 조선시대에 극락왕생 신앙이 성행하면서 아미타불의 협시로 등장하였다. 대웅전·대적광전과 함께 3대 불전으로 꼽힐 만큼 중요하며, 대표적인 건물로는, 부석사무량수전(浮石寺無量壽殿, 경북 영주시, 국보 18호, 12세기)과 봉정사극락전(鳳停寺極樂殿, 경북 안동시, 국보 15호, 12세기)을 들 수 있다. 전각 안의 아미타불상은 동쪽을 향하고 있으므로 불상 앞에서 기원하는 사람은 극락이 있는 서쪽을 향하게 된다. 무량사극락전(無量寺極樂殿, 충남 부여군, 보물 356호, 16세기)이나 강진의 무위사극락전(無爲寺極樂殿, 전남 강진군, 국보 13호, 15세기) 등도 같은 경우이다.

그림 Ⅶ-29 부석사무량수전

그림 Ⅶ-30 무위사극락전

③ 대적광전(大寂光殿)

대적광전(大寂光殿)은 비로사나불(毘盧舍那佛)을 봉안한 건물이다. 비로사나불은 고대의 인도어인 Mahavairocana를 마하비로사나여래(摩訶毘盧舍那如來)라고 음역한데서 유래한다. 밀교(密敎)에서는 그 격을 높여서 대일여래(大日如來)라고 부른다. 대일(大日)은 위대한 광휘(大遍照)를 뜻한다. 비로사나불(毘

盧舍那佛)은 우주만상의 진리와 법칙을 불격화하여 나타낸 법신불(法身佛)이다. 이는 전 우주 어디서나 빛을 발하는 참된 부처인데 석가여래는 그 분신으로 태어났다고 한다. 주로 화엄종 사찰에서 본존으로 모시고 있다. 이와 관련하여 화엄전(華嚴殿)이라고도 한다. 화엄전이라는 이름은 ≪화엄경≫에 근거한다는 뜻에서 붙여졌다. 비로사나불이 계신 연화장(蓮華藏) 세계는 장엄하고 진리의 빛이 가득한 대적정의 세계라 하여 전각 이름을 대적광전(大寂光殿)이라고 한다. 이를 대광보전(大光寶殿) 또는 대광명전(大光明殿)이라고도 한다. 대적광전의 대표적인 예로는 전북 김제의 귀신사대적광전(보물 826호)이 있다. 대광보전의 대표적인 예로는 충남 공주의 마곡사대광보전(보물 802호)이 있다. 화엄종의 사찰에서는 주불전이 아닐 경우에는 비로전(毘盧殿)이라 한다. 비로전의 예를 들자면 경북 김천의 직지사비로전이 있다. 또한 비로사나불을 교주로 하는 화엄종(華嚴宗)의 주요경전인 화엄경변상도를 봉안하기 위하여 건립한 건물을 화엄전(華嚴殿)이라고 한다.

　대적광전에는 법신(法身)인 비로사나불을 본존으로 하여 좌우에 보신(報身) 아미타불과 화신(化身) 석가모니불을 삼존불로 모셔 이들 세 부처가 삼위일체를 이룬 조화의 세계, 즉 연화장 세계를 재현한다. 법신은 진리 그 자체를 말하고, 보신은 육바라밀(六婆羅密)의 수행을 통해 무궁무진한 공덕이 갖추어진 이상적 부처이며, 화신은 특정한 시대와 장소에 따라 특정한 중생을 구제하기 위해 나타나는 부처이다. 선종사찰에서는 대개 삼신불(三身佛) 사상에 따라 청정법신(淸淨法身) 비로사나불, 원만보신(圓滿報身) 노사나불(盧舍那佛)[20], 천백억화신(千百億

그림 Ⅶ-31 대광보전(마곡사)

---

[20] 노사나불은 삼신불의 하나로서 오랜 수행으로 무궁무진한 공덕을 쌓고 나타난 부처이다. 삼신불은 영원불변의 진리를 몸으로 삼고 있는 법신불(法身佛), 수행에 의해 부처가 된 보신불(報身佛), 중생을 교화하기 위해 여러 가지 형상으로 변하는 화신불(化身

化身) 석가모니불을 삼존불로 모신다.

본존인 비로사나불의 수인은 오른손으로 왼손의 검지를 감싸쥔 지권인(智拳印)이며, 이것은 이(理)와 지(智), 중생(衆生)과 부처(佛), 어리석음(迷)와 깨달음(悟)이 본래 하나라는 것을 상징한다. 비로사나불의 좌우에는 지혜의 상징인 문수보살과 덕행의 상징인 보현보살을 협시불로 모시는데, 경우에 따라서는 삼존불 좌우에 아미타불과 약사여래를 두어 모두 5불을 모시기도 한다. 금산사대적광전(金山寺大寂光殿, 전북 김제군)에는 비로사나불을 중심으로 오른쪽에 석가여래와 아미타불, 왼쪽에 노사나불과 약사여래의 5불이 모셔져 있다.

④ 약사전(藥師殿)

그림 Ⅶ-32 전등사약사전

약사전(藥師殿)은 약사여래(藥師如來)를 봉안하는 건물이다. 약사여래(藥師如來)는 중생의 병을 치료해주고 수명을 연장하며 재화를 소멸하고, 의복, 음식 등을 만족케 해주는 등 중생의 질병이나 고난을 구제하려는 부처이다. 병을 치료해준다는 뜻에서 대의광불(大醫光佛)이라고 한다. 약사여래는 좌우에 일광보살(日光菩薩)과 월광보살(月光菩薩)을 협시(脇侍)불로 봉안하는데 보통 동향(東向)으로 안치되어 있다. 그리고 12신장(神將)으로 옹위하며, 주위는 탱화로 장식한다. 관룡사약사전(觀龍寺藥師殿, 경남 창녕군, 보물 146호, 15세기), 전등사약사전(傳燈寺藥師殿, 경기도 강화군, 보

佛)을 이르는 말인데, 노사나불은 이 중 보신불이다. 보통 원만보신보사나불이라는 이름으로 불린다. 부처 생존시에는 없던 사상으로 대승불교에서, 특히 화엄을 중시하는 계통에서 삼신불의 하나로 자리 잡았다. 전각이나 탱화에 삼신불이 표현될 때는 가운데에 석가모니불, 왼쪽에 비로사나불이 위치하고 노사나불은 오른쪽에 자리 잡는다.

물 179호, 18세기), 송광사약사전(松廣寺藥師殿, 전남 순천시, 보물 302호, 17세기)등이 대표적이다.

⑤ 미륵전(彌勒殿)

미륵전(彌勒殿)은 미륵불을 봉안한 건물이다. 미륵불(彌勒佛)은 고대의 인도어인 Maitreya를 한역(漢譯)한 것이다. 현재 도솔천(兜率天)이라는 하늘나라에 보살로 있으면서 석가모니불이 입멸한 뒤 56억 7천만년이 되는 때에 다시 사바세계에 출현하여 화림원(華林園) 용화수(龍華樹) 아래에서 성불하고, 3회의 설법으로 모든 중

그림 VII-33 금산사미륵전

생을 교화한다고 한다. 이 법회를 '용화삼회'라고 하는데, 용화수 아래에서 성불하기 이전까지는 미륵보살이라 하고 성불한 이후는 미륵불이라 한다. 미륵전은 미륵불이 용화수 아래서 성불한다고 하여 용화전(龍華殿)이라고도 한다. 금산사미륵전(金山寺彌勒殿, 전북 김제군, 국보 62호, 18세기)과 법주사용화보전(法主寺 龍華寶殿, 충북 보은군)이 대표적이다.

⑥ 관음전(觀音殿)

관음전(觀音殿)은 관세음보살을 봉안한 건물이다. 관세음보살(觀世音菩薩)은 부처의 자비심을 상징하는 보살 중 대표적인 보살이다. 이 세상의 모든 것을 자재롭게 관조(觀照)하여 보살핀다는 보살이다. 관세음보살은 다른 부처나 보살과 달리 현세적인 이익을 주는 보살로, 모습이 다양하고 중생이 원하면 어느 곳에나 나타난다고 한다. 사찰의 주불전(主佛殿)일 때에는 관음전이라 하지 않고 원통전(圓通殿)이라고 한다. 관음전에는 관세음보살을 주로 봉안하는데 경우에 따라서는 아미타삼존불(阿彌陀三尊佛: 중앙의 아미타불과 좌우의 관세음보살·대세지보살)을 모시는 경우도 있다. 원통전으로 유명한 건물로는

그림 Ⅶ-34 법주사원통보전(보물 916호)

그림 Ⅶ-35 통도사관음전

개목사원통전(開目寺圓通殿, 경북 안동시, 보물 242호, 17세기 초엽), 법주사원통보전(보물 916호, 조선시대 중엽)을 들 수 있다.

⑦ 나한전(羅漢殿)

그림 Ⅶ-36 성혈사나한전

나한전(羅漢殿)은 나한을 봉안한 건물이다. 나한(羅漢)은 아라한(阿羅漢)의 약칭으로 고대의 인도어인 Arhan을 음역한 것이다. 이는 소승불교(小乘佛敎)의 수행자 중에서 가장 높은 지위에 있는 사람들을 뜻한다. 이들은 석가모니가 열반 후 미륵불이 나타날 때까지 불법을 수호하도록 위임받은 분들이다. 이 건물을 응진전(應眞殿)이라고도 한다. 이 건물 안에는 수행자의 모습으로 봉안되어 있다. 나한전 건물로서 유명한 것은 성혈사나한전(聖穴寺羅漢殿, 경북 영풍군, 보물 832호, 인조 12년(1,634))을 들 수 있다. 응진전 건물로서 유명한 것은 불영사응진전(佛影寺應眞殿, 경북 울진군, 보물 730호)을 들 수 있다.

⑧ 팔상전(八相殿)

팔상전(八相殿)은 석가모니의 일생을 여덟 장면으로 나누어 그린 팔상도(八相圖)를 모신 건물이다. 천태종(天台宗)에서는 本尊으로 삼고 있다. 석가모니의 여덟 가지 일생은 도솔래의상(兜率來儀相), 비람강생상(毘藍降生相), 사문유관상(四門遊觀相), 유성출가상(踰城出家相), 설산수도상(雪山修道相), 수하항마상(樹下降魔相), 녹야전법상(鹿野轉法相), 쌍림열반상(雙林涅槃相)의 여덟 가지이다. 충북 보은의 속리산 법주사 팔상전이 대표적이다.

한편 팔상전과 유사한 성격을 갖는 전각이 있는데 영산전이다. 영산전(靈山殿)은 석가모니가 영취산에서 묘법연화경을 설법하는 장면을 그린 영산회상도(靈山會想圖)를 봉안하기 위하여 지은 건물이다. 유명한 영산전 건물로는 은해사거조암영산전(銀海寺居祖庵靈山殿, 경북 영천시, 국보 14호, 15세기)을 들 수 있다.

⑨ 명부전(冥府殿)

명부전(冥府殿)은 지장보살을 봉안한 건물이다. 명부(冥府)란 염라대왕(閻羅大王)이 다스리는 유명계 또는 명토(冥土)를 통틀어 이르는 말이고, 명부전은 지장보살을 모시고 죽은 이의 넋을 인도하여 극락왕생하도록 기원하는 기능을 하는 전각이다. 지장보살(地藏菩薩)은 석가모니부처가 입멸(入滅)한 후 미륵불이 출현할 때까지 천상에서 지옥까지의 일체중생을 교화해준다는 보살이다. 지장보살이 봉안된 건물이라 하여 지장전(地藏殿)이라고도 한다. 또한 지장보살과 함께 판결의 권한을 가진 10명의 판관인 十王을 모시는 곳이라서 十王殿이라고도 한다. 또한 저승과 이승을 연결하는 전각이므로 쌍세전(雙世殿)이라고도 한다. 명부전은 대개 불전의 오른쪽 뒤에 있는데, 사찰내의 다른 전각들에 비해 격이 떨어지므로 건물의 크기나 양식에서 차이가 난다. 전각 내의 불단은 대개 「ㄷ」자형이며 가운데에 지장보살을 모시고 협시로 지옥을 출입한 승려 도명존자(道明尊子)와 전생부터 지장보살과 인연을 맺었다는 무독귀왕(無毒鬼王)을 두며, 그 좌우에 명부시왕을 둔다.

⑩ 천왕문(天王門)

천왕문(天王門)은 사천왕을 봉안한 건물이다. 사천왕(四天王)은 세계의 중심에 위치하고 있다고 생각되는 수미산(須彌山)의 중턱에 있는 사왕천(四王天)의 주신(主神)이다. 수미산 정상의 중앙부에 있는 제석천(帝釋天)을 섬기며, 불법(佛法)뿐 아니라, 불법에 귀의하는 사람들을 수호하는 호법신이다.

그림 Ⅶ-37 법주사천왕문

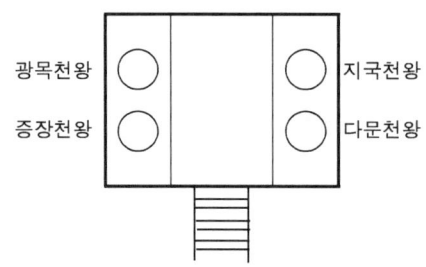

그림 Ⅶ-38 사천왕문의 사천왕 배치도

⑪ 불이문(不二門)

그림 Ⅶ-39 도갑사해탈문

불이문(不二門)은 사찰의 중심건물인 본당에 들어서는 마지막 문이다. 진리는 둘이 아니라는 뜻에서 유래한다. 부처와 중생이 다르지 않고, 생과 사, 만남과 이별 역시 그 근원은 모두 하나이다. 이 같은 불이(不二)의 뜻을 알게 되면 해탈할 수 있으므로 해탈문(解脫門)이라고도 한다. 해탈문으로서 유명한 것은 도갑사(道岬寺) 해탈문(전남 영암군, 국보 50호, 성종 4년(1,473))이다

⑫ 금강문(金剛門)

금강문(金剛門)은 금강역사를 봉안한 건물이다. 사찰의 입구에 세운다. 즉 일주문을 지나면 금강문이 나타나는데 사찰의 대문역할을 한다. 이를 인왕문(仁王門)이라고도 부른다. 금강역사는 원래 인도에서 문을 지키는 신이었는데 이를 불교에서 받아들여 부처와 불법을 수호하는 신으로 변화되었다.

⑬ 일주문(一柱門)

일주문(一柱門)은 사찰에 들어서는 산문(山門) 중 첫 번째 문이다. 기둥이 한 줄로 되어 있는 데서 유래된 말이다. 항상 한마음을 가지고 수도하라는 의미라고도 하다. 일주문에는 다른 건물과 같이 그 건물의 명칭을 기록한 편액을 걸지 않고 무슨 산의 무슨 절이라는 식으로 사찰의 명칭을 기록하는 것이 보통이다. 일주문의 예로는 범어사일주문(梵魚寺一柱門, 부산시 동래구, 17세기)이 있다. 문 위에는 금정산범어사(金井山梵魚寺)라는 제목의 편액이 붙어 있다.

그림 Ⅶ-40 범어사일주문

⑭ 삼성각(三聖閣)

삼성각(三聖閣)은 산신(山神)·칠성(七星)·독성(獨聖)을 함께 모시는 건물이다. 삼성신앙은 불교가 한국 사회에 토착화하면서 고유의 토속신앙이 불교와 합쳐져 생긴 신앙 형태이다. 전각은 보통 사찰 뒤쪽에 자리하며, 각 신앙의 존상(尊像)과 탱화를 모신다. 삼성을 따로 모실 경우에는 산신각(山神閣)·독성각(獨聖閣)·칠성각(七星閣) 등의 건물명칭을 붙인다. 산신(山神)은 한국의 토속신인 산신령에 해당하는데 호랑이와 노인상으로 그려진 탱화를 봉안한다. 독성(獨聖)은 스승없이 혼자 깨우친 성자로서 천태산(天泰山)에서 홀로 선정을 닦아 독성(獨聖)·독수성(獨修聖)이라 불린 나반존자(那畔尊子)를 일컫는다. 독성의 형상은 천태산과 소나무·구름 등을 배경으로 희고 긴 눈썹을 드리운 비구가 오른손에는 석장(錫杖), 왼손에는 염주 또는 불로초를 들고 반석 위에 정좌한 모습으로 나타난다. 칠성(七星)은 불교와 관계가 없는 토착신으로서 수명장수신(壽命長壽神)으로 일컬어지는 북두칠성을 뜻한다. 본래 중국의 도교사상과 불교가 융합되어 생긴 신앙이다. 대개는 손에 금륜(金輪)을 든 치성광여래(熾盛光如來)를 주존으로 하여 일광보살과 월광보살을 좌우에 협시로 둔다.

⑮ 천불전(千佛殿)

그림 Ⅶ-41 대흥사천불전

천불전(千佛殿)은 말 그대로 1,000개의 불상을 모신 전각을 말한다. 대승불교의 특징인 다불(多佛)사상의 영향으로 조성되기 시작하였다. 본래 천불에는 과거천불·현재천불·미래천불이 있다. 이를 각각 과거 장엄겁천불, 현재 현겁천불, 미래 성수겁천불이라 하며 천불전에는 이 중 대개 현겁천불을 모신다. 현겁(賢劫)은 불교에서 시간의 개념으로, 세상이 개벽하여 다시 개벽할 때까지의 기간을 이른다. 불경에 따르면 현겁에 구류손불·구나함모니불·가섭불·석가모니불 등 1,000명의 부처가 나타나 중생을 제도한다고 한다.

천불전의 예로는 직지사 천불전(경북 김천시)과 대흥사 천불전(전남 해남군)이 있다. 직지사 천불전은 비로자나불을 중앙에 모시고 그 뒤로 천불상을 배치하였다. 대흥사 천불전은 1,813년 완호가 경주의 옥석(玉石)으로 천불을 조성하여 모신 전각이다.

⑯ 범종각(梵鐘閣)

범종각(梵鐘閣)은 종을 걸어놓은 건물을 말한다. 종각(鐘閣)이라고도 한다.

사찰에 있는 종을 보통 범종(梵鐘)이라고 하는데 이는 범(梵, Braham)이 맑고 깨끗한 소리라는 뜻에서 유래한 것으로 맑은 소리를 내는 종이란 뜻이다. 범종각 안에는 범종 이외에도 북, 운판(雲版), 목어(木魚)등 이른바 사물(四物)을 함께 봉안하고 있다. 이 사물은 경내의 사람들이 들을 수 있도록 맑은 소리를 내는 도구들이다. 아침, 저녁 예불을 올릴 때에 사용한다.

⑰ **조사당(祖師堂)**

조사당(祖師堂)은 그 절의 유명했던 고승(高僧)의 영정을 봉안한 건물이다. 선종계열의 사찰에서는 조사에 대한 신앙이 강하기 때문에 조사의 사리탑인 부도를 세우고 조사당을 지어 역대 조사들의 영정을 봉안해두는 경우가 많다. 여기서 조사(祖師)는 불교에서 일종일파의 창시자나 그 정통을 전하는 고승을 의미한다.

그림 Ⅶ-42 송광사 국사전 내부

유명한 조사당의 예는 부석사조사당(浮石寺祖師堂, 경북 영주시, 국보 19호, 우왕 3년(1,377) 건립, 성종 21년(1,490) 중수), 신륵사조사당(神勒寺祖師堂, 경기도 여주군, 보물 180호, 17세기) 등이 있다.

그 외에도 설법을 하는 전당인 설법전(說法殿) 등이 있다. 또한 승려들이 거처하는 집을 요사(寮舍)라고 하는데 이중에서도 특히 불당을 관리하는 사람이 거처하는 집을 향노전(香爐殿)이라고 한다. 사찰안의 큰스님이 거처하는 집을 염화실(捻華室)이라 하고, 식당·목욕탕·변소 등에서는 말을 하지 말라는 의미에서 이들을 포괄하여 삼묵당(三默堂)이라고 한다.

3. 불상

불상이라는 용어는 불교에서 숭배의 대상으로 만들어진 모든 불교조각을 통칭하는 말이다. 엄밀한 의미로 불(佛)이란 여래(如來)를 가리키는 것이므로 불상이라 하면 여래의 상(像)을 의미한다. 그렇지만 불교에서 숭배대상으로, 그 格에 따라서 만들어진 불(佛), 보살(菩薩), 명왕(明王), 천(天), 나한(羅漢) 등을 모두 포함하는 뜻으로서 사용되고 있다.

1) 불상의 발생

그림 Ⅶ-43 불전도와 초기불상(3세기)
(우측은 발을 닦아주는 모습인데 발은 부처의 표현이다)

불상은 불교초기부터 있었던 것은 아니다. 불상은 석가모니 입멸(入滅) 후 약 500년이 지난 이후부터 만들어진 것으로 추정되고 있다. 이렇게 불교의 예배대상으로서 불상이 조성되지 않던 시기를 무불상(無佛像)시대라고 한다. 이 시기에 불교의 예배대상은 주로 석가모니의 사리를 봉안한 장소였던 탑(塔)이었다. 또한 석가모니께서 성도(成道)할 때 앉았던 자리인 금강보좌(金剛寶座)와 그 옆에서 해를 가리고 비를 막아 성도를 도왔던 나무인 보리수(菩提樹)등이 예배의 대상이 되기도 하였다. 사람들은 석가모니와 인연이 깊은 유물을 예배함으로서 그를 대하는 것과 같은 감정을 느꼈기 때문에 그 이외의 예배대상이 필요치 않았을 것이다. 나아가 신성한 석가모니를 세인(世人)의 모습으로 표현하는 것이 부처에 대한 모독이라고 생각했을 것이다. 석가모니의 존재는 초월적이고도 신비적인 대상으로서 인식되었다. 이 시기에 석가모니의 삶을 그림이나 조각으로 표현한 본생도(本生圖)[21])에는 정작 석가모니가 나타나지 않는다. 또한 석가모니의 탄생에서 열반에 이르기까지의 이야기를 표현한 불전도(佛傳圖)22)에도 석가모니의 형상은 보이지 않고 그 대신에 연꽃, 보리수, 법륜, 불탑과 같은 것으로서 석가모니를 대신하였다. 이 시기에 나타난 석가모니의 형상은 신비적이어서 발이나 발자국(足蹟), 또는 그가 앉았던 의자 등으로 표현되기도 하였다.

그림 Ⅶ-44 본생도(2세기)와 초기불상(우측에 부처로 표현된 발바닥)

그런데 오랜 세월이 흐르면서 점차 사람들의 의식이 변하였다. 그 배경에는 기원전 4세기경 알렉산더 대왕의 인도원정 이후 인도는 점차 그리이스 문화의 영향을 받게 되었던 것이다. 사람들은 그리이스 사람들이 신상(神像)을 만드는 사실을 알게 되었고 그것이 신성모독이 아니라는 것을 깨닫게 되었

---

21) 본생도(本生圖)는 석가모니의 전생이야기를 그림으로 나타낸 것이다. 석가모니는 인간 세계에 태어나기 전에 500번 생을 거듭하면서 6바라밀을 수행하였는데 이렇게 500번 거듭 태어난 삶을 본생(本生)이라 한다. 이 동안에 있었던 전설을 본생담(本生談)이라 하고 이를 그림이나 조각으로 표현한 것을 본생도(本生圖)라고 한다.

22) 불전도(佛傳圖)는 석가모니가 탄생에서 열반에 이르기까지의 여러 가지 이야기를 그림이나 조각으로 남긴 것을 말한다. 불전 중에 중요한 사건 여덟 가지를 석가팔상(釋迦八相)이라고 한다. 석가모니 대신에 다른 상징물 즉 연꽃, 보리수, 법륜, 불탑 등을 표현하였다. 연꽃은 석가모니 탄생 시에 동서남북으로 각기 7 발짝을 걸었을 때 발밑에서 연꽃이 피어올랐다는 전설에 따른 것이다. 보리수(菩提樹)는 석가모니가 보리수 아래서 성도한데서 유래한 것이다. 법륜(法輪)은 석가모니의 가르침이 수레바퀴처럼 일체중생 사이에서 회전하며 미혹을 깨뜨린다 한데서 유래한다. 불탑(佛塔)은 석가모니의 사리를 봉안한데서 유래하였다.

그림 Ⅶ-45 초기불상
(좌측 간다라양식 불상, 우측 마투라양식 불상)

다. 인도사람들은 종래 탑을 불교의 대상으로 삼던 관념에서 벗어나 이제는 염불의 대상으로서 석가모니의 형상을 만들게 되었던 것이다. 석가모니의 형상인 불상이 오랜 기간 그리이스의 지배를 받았던 간다라지방에서 처음으로 제작되기 시작된 것은 이와 같은 역사적인 배경에서였다.

인체상으로서 표현된 본격적인 불상이 조성되기 시작하는 것은 1세기경인 인도의 쿠샨왕조 시대부터이다. 고대 인도의 초기 불상 양식은 2가지가 있다. 하나는 북부 인도의 간다라지방에서 나타난 간다라양식이다. 이는 검푸른색 계통의 암석(각섬편암)을 가지고 만들었는데 그리이스 헬레니즘(Hellenism)문화의 영향을 강하게 받았다. 장식이 없는 두터운 옷을 걸쳤으며 인체의 표현양식이 서양인(그리이스인)을 모델로 하였다. 또 다른 하나는 중부 인도의 마투라지방에서 나타난 마투라양식이다. 이는 간다라양식보다 조금 늦은 시기에 성립되었다. 반점이 있는 분홍색 계통의 암석(砂巖)으로 만들었는데 인도양식이라고 할 수가 있다. 약간의 장식이 있는 얇은 옷을 걸쳤으며 인체의 표현양식이 낮은 코에 두꺼운 입술의 인도인을 모델로 하였다. 이후 굽타시대(320년~550년)에 이르러 이상적인 형태의 불상조각으로 나타났다.

일찍이 초월자인 석가모니는 그가 인간의 모습으로 태어나기 이전에 각기 다른 모습으로 500번이나 나고 죽으면서 닦은 공덕으로 6바라밀(六波羅密)[23]

---

23) 6바라밀(六波羅密)은 여섯 가지의 바라밀이다. 바라밀(波羅密)은 산스크리트어 파라미

을 겪었다. 석가모니가 마지막으로 인간상으로 태어남에 따라 그의 모습에는 존엄성을 갖는 초월적인 독특한 형상이 나타나야 한다고 생각하였다. 따라서 불상을 만들 때는 이러한 독특한 특징들을 표현하여야 한다. 이러한 특징들을 각기 규정한 것이 32길상(吉相), 80종호(種好), 63상(相) 등이다.

2) 불상의 종류

(1) 불(佛)

불(佛)이란 고대 인도어인 Buddha(佛陀)의 약칭이다. 여래(如來)라고도 하는데 진리를 깨달은 사람, 진리에 도달한 사람이라는 의미로서 覺者의 뜻이다. 불(佛)은 초기불교에서는 일반적으로 석가모니를 의미하였다. 석가모니 입멸 후 약 500년이 지난 이후 인도에서 대승불교가 나타나게 되면서 석가모니불 이외에 여러 명의 불과 보살 등을 표현하여 숭배의 대상으로 삼게 되었다. 소승불교에서는 석가모니를 숭배의 대상으로 삼았지만, 대승불교가 들어서면서 석가모니불 이외의 부처인 아미타불, 비로사나불, 약사여래, 미륵불 등을 조성하여 숭배의 대상으로 삼게 되었다. 인간으로 태어났던 석가모니불을 응신불(應身佛)이라고 하는데 비하여 인간의 모습으로 태어나지 않은 이들 나머지 부처를 법신불(法身佛)이라고 한다. 불(佛)의 일반적인 모습은 나발(螺髮)이나 소발(素髮)의 머리에 가사를 걸치고 나타나는 것이 보통이다.

타(Paramita)를 음역한 것이다. 이 말은 최고를 뜻하는 파라마에서 파생한 말인데 피안에 이른다는 말로 완성을 뜻하는 불교용어이다. 이를 달리 도피안(到彼岸)이라고도 한다. 도피안은 깨달음의 세계에 도달한 것을 말한다. 여섯 가지의 바라밀이란 자비심으로 조건없이 남에게 베풀어주는 ①보시(布施)바라밀, 부처가 정한 계율을 지키는 ②지계(持戒)바라밀, 인간세계에서 일어나는 모든 일들을 참고 자제하는 ③인욕(忍辱)바라밀, 게으름없이 정진하는 ④정진(精進)바라밀, 마음을 닦아 삼매경에 이르는 ⑤선정(禪定)바라밀, 여러 불법에 통달하여 그 참뜻을 깨닫는 ⑥지혜(智慧) 바라밀을 말한다.

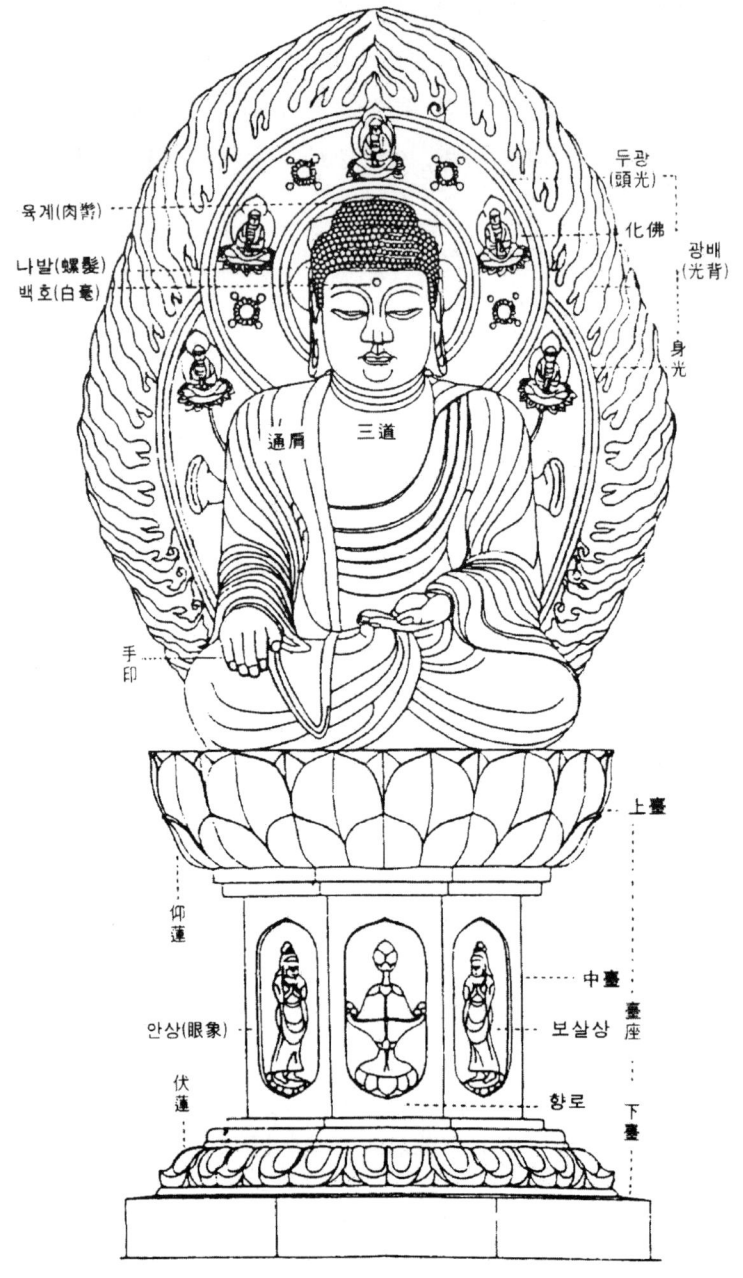

그림 Ⅶ-46 여래상의 세부명칭

① 석가모니불(釋迦牟尼佛)

　석가모니불(釋迦牟尼佛)은 불교의 창시자인 석가모니를 형상화한 것이다. 석가모니(釋迦牟尼)란 말은 고대의 인도어인 Sakyamuni의 음역으로서 석가부족 출신의 성자(聖者)라는 호칭이다. 그 분의 본래 이름은 고타마시탈타(Gautama-siddhartha)이다. 고타마시탈타는 고대 중인도(오늘날의 인도북부 네팔국에 해당) 마가타(摩訶陀國)국의 왕인 정반왕(淨飯王)과 마야(摩耶)부인과의 사이에서 기원전 565년 4월 8일에 탄생하였다. 우리나라에서는 석가모니의 탄신을 기념하여 기념일로 정하고 있다(부처님 오신날). 고타마시탈타는 어머니가 출산을 위해 친정으로 가는 도중에 룸비니(藍毘尼)동산에서 쉴 때 출생하였다. 그는 생후 7일 만에 어머니 마야부인과 사별하였다. 그 후 이모(마하크라자파디)에 의하여 양육되었다. 16세에 야쇼다라(耶輸陀羅)와 결혼하여 라훌라(羅睺羅)라는 아들을 두었다. 그러던 중에 고타마시탈타는 인생의 밑바닥에 잠겨 있는 괴로움의 문제와 직면하게 되었다.

　시탈타는 고민 끝에 29세 되던 해에 고(苦)의 본질추구와 해탈(解脫)을 구하고자, 처자식과 왕자의 지위 등 모든 것을 버리고 출가하였다. 남쪽으로 내려가 2명의 선인(仙人)을 차례로 찾아 선정(禪定)을 배웠다. 그것은 일종의 정신통일에 의하여 하늘에 태어나 보려는 것이었는데, 석가모니는 그들의 방법으로써는 생사의 괴로움을 해탈할 수 없다고 깨닫자, 그들로부터 떠나 부다가야 부근의 산림으로 들어갔다. 그는 6년간의 고행 끝에 고행을 중단하고, 다시 보리수(菩提樹: Bodhi-tree) 아래에 자리 잡고, 깊은 사색에 정진하여 마침내 깨달음을 얻어 석가모니가 되었다. 석가모니는 성도 후 약 45년의 긴 세월에 걸쳐 설법 교화를 계속하다가 80세에 이르러 "제행(諸行)은 필히 멸하여 없어지는 무상법(無常法)이니라"라는 유명한 말을 남기고 눈을 감았다.

　이와 같은 석가모니의 형상을 만들어 예배의 대상으로 삼은 것이 석가모니불(釋迦牟尼佛)이다. 석가모니불은 석가여래(釋迦如來)라고도 한다. 또한 인간으로 태어나 부처가 된 분이므로 응신불(應身佛)이라고도 한다. 석가모니불은 석가모니 입멸 후 약 500여 년이 지난 후에 대승불교가 성립하게 되는 시기에 예배의 대상인 불상으로서 나타나게 되었다. 입상(立像)인 경우에는 시무외인(施無畏印)과 여원인(與願印)의 이른바 통인(通印)의 手印을 한 형상이 주로 만들어졌고, 좌상(坐像)일 경우에는 항마촉지인(降魔觸地印)과 선정인(禪定印), 또는 전법륜인(轉法輪印)과 같은 수인을 한 형상이 만들어졌다. 이외에도 석가모니의 출생을 형상화한 탄생불(誕生佛), 죽음을 형상화한 열반상(涅槃像) 등이 조성되었다.

그림 Ⅶ-47 석가모니불상(좌측 한국, 중앙 태국, 우측 중국)

석가모니불을 봉안한 건물의 명칭을 보통 대웅전(大雄殿), 대웅보전(大雄寶殿)이라고 한다. 이 건물 안에는 석가모니불이 주존(主尊)으로 모셔져 있고 그 옆에는 석가모니불을 모시는 협시보살(挾侍菩薩)이 각기 좌우에 서있다. 석가모니불의 협시보살로는 문수보살(文殊菩薩)과 보현보살(普賢菩薩)이 보편적이지만 경우에 따라서는 관세음보살(觀世音菩薩)과 허공장보살(虛空藏菩薩) 또는 관세음보살과 미륵보살(彌勒菩薩)이 배치되는 경우도 있다.

② 아미타불(阿彌陀佛)

아미타불(阿彌陀佛)은 모든 중생을 구제하여 서방 극락정토로 왕생케 하는 부처이다. 무한한 광명을 비추는 부처님이라는 뜻에서 무량광불(無量光佛), 무한한 수명을 비추는 부처님이란 뜻에서 무량수불(無量壽佛)이라고 부르기도 한다. 아미타란 이름은 고대 인도어인 아미타유스(Amitayus: 무한한 수명을 가진 것) 또는 아미타브하(Amitabha: 무한한 광명을 가진 것)라는 말에서 온 것으로 한문으로 아미타(阿彌陀)라고 음역하였고, 무량수(無量壽)·무량광(無量光) 등이라 의역하였다. 지금도 서방 극락정토에 있다고 하는 아미타불은 그의 자비와 광명이 시간과 공간을 초월하여 무한한 세계에까지 이르고 있으며, 이 광명을 받은 자

그림 Ⅶ-48 불국사아미타불

는 일체의 고통에서 벗어날 수가 있다고 한다. 사람들이 '나무아미타불(南無阿彌陀佛)'24)을 열심히 외우면 그 광명을 받아 극락정토에 왕생할 수 있다고 한다.

아미타불은 삼국시대와 통일신라시대의 불상에서는 석가모니불과 구별하기가 어렵다. 즉 단독의 입상일 경우에는 시무외인과 여원인의 수인을 취하는 경우가 많으며, 좌상일 경우에는 설법인의 수인을 취하는 경우가 많기 때문이다. 하지만 3명의 불상이 나란히 조성된 삼존불(三尊佛)로 표현될 경우

그림 Ⅶ-49 아미타삼존불(무의사 극락전)

에는 그 협시보살로서 관세음보살(觀世音菩薩)과 대세지보살(大勢至菩薩)을

---

24) 나무아미타불(南無阿彌陀佛)이란 아미타불에 귀의한다는 의미인데 이를 6자명호(六字名號)라 한다.

배치하기 때문에 구별하기가 쉽다. 아미타불이 좌우의 협시불과 함께 나타난 형상을 아미타삼존불이라고 한다. 고려시대 이후부터는 미타정인(彌陀定印)과 아미타구품인(阿彌陀九品印)의 수인을 취하는 경우가 일반적이다.

아미타불을 봉안한 건물을 극락전(極樂殿), 무량수전(無量壽殿)이라고 부르며 또한 아미타전(阿彌陀殿), 무량광전(無量光殿)이라고 부르기도 한다.

③ 비로사나불(毘盧舍那佛)

비로사나불(毘盧舍那佛)은 전 우주 어디에나 빛을 비추는 부처로서 석가여래는 그 분신으로서 태어났다고 한다. 고대의 인도어인 Mahavairocana(커다란 태양)를 음역한 것인데 사나불(舍那佛)이라고도 한다. 이는 부처가 설법한 진리가 태양의 빛처럼 우주에 가득 비추는 것을 형상화한 것으로 불교의 진리자체를 상징하는 법신불(法身佛)이다. 불지(佛智)의 광대무변함을 상징한다. 밀교(密敎)25)에서는 최고

그림 Ⅶ-50 비로사나불상(좌측 불국사, 우측 도피안사)

25) 밀교(密敎)는 기존의 불교(顯敎)에 대응하여 성립된 불교로서 비밀불교(秘密佛敎) 또는 밀의(密儀)불교의 약칭이다. 인도불교의 마지막 영향을 받아 티베트에서 성립되었다. 밀교사상은 주술적인 종교의례를 수반하는 실천과 상징적인 세계관을 내용으로 한 교리를 특색으로 한다. 밀교는 7세기에 대승불교의 화엄(華嚴)사상·중관파(中觀派)·유가행파(瑜伽行派)사상 등을 기축으로 하여 인도교의 영향을 받아 성립하였다. 인도에서는 바지라야나(金剛乘)이라 부르는데 실재(實在)와 현상(現象)을 자기의 한 몸에 융합하는 즉신성불(卽身性佛)을 목표로 한다. 이는 후기 대승불교를 대표한다. 7세기 후반에 차례로 성립된 것으로 여겨지는 ≪대일경(大日經)≫과 ≪금강정경(金剛頂經)≫이 기본경전이다. 밀교의 특징은 첫째로, 대일여래를 정점으로 하여 여러 불상의 숫자가 크게 늘어났다. 밀교에서 창안한 대표적인 것은 대일여래, 명왕(明王)등을 들 수가 있다. 둘째로, 밀교에서 불상의 표현은 분노형으로서 공포심을 느낄 정도로 강렬하게 표현된다. 당나라에서 한때 크게 유행된 바 있으며 우리나라에는 통일신라시대이후에 전

로 절대적인 부처님인데 그 격을 높여서 대일여래(大日如來)라고 부른다.

비로사나불은 지권인(智拳印)의 수인을 취하고 있는 것이 특징적이다. 간혹 보관(寶冠), 팔찌, 천의(天衣)를 입은 보살형으로 나타나는 경우도 있다. 통일신라시대부터 고려시대 초기에 걸쳐 크게 유행하였다. 대체로 단독상으로 조성되었는데 삼존상으로 조성될 경우에는 문수보살과 보현보살이 협시보살이 된다. 화엄종(華嚴宗)에서는 사찰의 본존불로 모시고 있다.

비로사나불을 봉안한 건물을 대적광전(大寂光殿), 대광보전(大光寶殿)이라고 부르며 혹은 비로전(毘盧殿)이라고 부르기도 한다.

④ 약사불(藥師佛)

약사불(藥師佛)은 중생들의 질병을 치료하고 수명을 연장해 주며 재화를 소멸하고 의복, 음식 등을 만족하게 하는 등의 12대원을 세운 부처이다. 동방(東方)유리광세계(琉璃光世界)의 교주로서 대의왕불(大醫王佛)이라고도 부른다. 약사여래는 중생들의 병을 고쳐주기 위하여 항상 손에 약합(藥盒)을 들고서 나타난다. 약사여래는 좌우에 일광보살(日光菩薩)과 월광보살(月光菩薩)을 협시(脇侍)불로 봉안하는데 보통 동향(東向)이다. 또한 그 주변에 신장(神將)을 거느리고 나타나는 경우가 많다. 이 12신장26)의 머리 위

그림 Ⅶ-51 약사여래불상(장곡사)

에는 12支像을 조각한 경우를 석탑이나 석등에서 흔히 볼 수가 있는데 이는 약사여래 12신장과의 관계에서 연유한 것으로 보여진다.

해진 것으로 알려져 있는데 토착신앙과 결합된 요소가 많다.

26) 12신장(十二神將)은 각각의 무기를 쥐고 분노하는 무인의 모습으로 표현된다. 불교에서는 약사여래의 친족인 12명의 약차가 각각 700명의 친족을 거느리고 약사여래를 도왔다고 한다. 머리위에 12지(支)를 표현한 것은 주야(晝夜) 12시를 각기 수호한다는 것을 나타낸다고 한다.

약사여래를 봉안한 건물을 약사전(藥師殿)이라고 한다. 보통 동쪽을 향하고 있다.

⑤ 미륵불(彌勒佛)

미륵불(彌勒佛)은 미래의 부처를 상징한다. 과거불인 연등불과 현세불인 석가모니불과 함께 삼세불(三世佛)로 일컬어지고 있다. 미륵불은 석가모니불의 교화를 받으며 수도하였고, 미래에 성불하리라는 수기(授記)를 받은 뒤 도솔천에 올라가 현재 천인(天人)들을 위해 설법하고 있다고 한다. 미륵불은 현재 도솔천(兜率天)27)에서 보살로서 머물고 있다가 석가모니불이 입멸한 뒤 56억 7천만년이 되는 때에 인간세계에 출현하여 화림원(華林園) 용화수(龍華樹) 아래에서 성불하고, 3회의 설법으로 구제되지 못한 모든 중생을 교화한다고 한다. 이 법회를 '용화삼회'라고 하는데, 용화수 아래에서 성불하기 이전까지는 미륵보살이라 하고 성불한 이후는 미륵불이라 한다.

미륵불은 현재보다는 미래불로서의 속성이 있다. 따라서 이상적인 복지사회를 제시하는 미래불로서의 미륵을 믿는 미륵신앙이 일반 대중에서 유행하였다. 미륵신앙은 미륵보살이 주재하는 도솔천에 태어나기를 원하는 도솔천 상생신앙과, 말세적인 세상을 구제하러 미륵이 하생하기를 바라는 미륵하생 신앙의 2가지 종류가 있다. 특히 민간에는 미륵하생 신앙이 뿌리깊게 유행하였다. 후삼국의 궁예가 스스로 미륵불로 자처하면서 이상적인 국가건설을 주장하자 사회적인 모순과 빈곤에 허덕이는 수많은 대중의 호응을 얻었던 역사적인 사실이 있다. 또한 민간에서 바위에 사람의 형태를 새겨놓고 미륵불이라 칭하면서 매일 정한수를 떠놓고 자손의 미래를 기원하였던 것도 근래까지 지속되었던 풍습이다.

미륵불은 우리나라에선 보살의 모습으로 형상화된 것이 많다. 미륵보살은

---

27) 도솔천(兜率天)은 불교의 6욕천(六欲天) 중의 4번째 하늘을 말한다. 석가모니가 도솔천에서 흰코끼리로 태어났다가 마지막으로 마야부인의 몸을 빌려 인간의 모습으로 탄생하였다고 한다.

반가상(半跏像)을 하고 있는 경우가 많다. 삼국시대부터 통일신라시대 초기에 걸쳐서 크게 유행한 반가상은 미륵보살로 간주되고 있다. 우리나라의 미륵보살상으로서 유명한 예를 몇 가지만 들어보면 다음과 같다. 금동미륵보살반가상(金銅彌勒菩薩半跏像, 국립중앙박물관, 국보 78호, 국보 83호, 삼국시대). 관심을 끄는 것은 국보 83호 미륵보살반가상이 일본 국보 1호로 널리 알

그림 VII-52 미륵보살
(좌측 한국 국보 83호, 우측 일본 국보 1호 광륭사)

려진 광륭사 소장의 목조미륵보살반가상과 너무도 흡사하다는 점이다. 이를 어떻게 해석하여야 할까?

　미륵불을 봉안한 건물을 미륵전(彌勒殿)이라고 하고 미륵불이 용화수 아래서 성불한다고 하여 용화전(龍華殿)이라고도 한다. 대표적인 예를 들자면 전북 김제의 금산사미륵전(金山寺彌勒殿, 국보 62호, 조선시대 중엽)이 있다.

(2) 보살(菩薩)

　보살(菩薩)은 고대의 인도어 Bodhi-sattva를 음역한 보리살타(菩提薩唾)의 약칭이다. 보살이란 인간으로서 성불(成佛)하기 위하여 수행에 힘쓰는 이의 총칭으로서 부처님의 깨달음을 구하는 동시에 중생을 구제하고자 노력하는 이상적인 수행자 상이라고 할 수가 있다. 보다 구체적으론 불도에 들어와서 6바라밀을 수행하며, 위로는 부처를 모시고 아래로는 중생을 계도하는 성인을 말한다. 열심히 중생을 구제하면 언젠가는 부처가 될 수가 있다는 보살은 누

구나 성불(成佛)할 수가 있다는 대승불교(大乘佛敎)의 사상에서 나타난 것이다. 따라서 보살은 수행이나 중생구제의 정도에 따라서 단계가 있다고 한다. 마지막 단계의 보살은 다음 생에서는 부처(佛)로 태어난다고 하는데 이러한 단계의 보살을 일생보처(一生補處)보살이라고 한다. 관세음보살과 대세지보살은 아미타불의 보처보살이고, 일광보살과 월광보살은 약사불의 보처보살이며, 미륵불은 석가모니불의 보처보살이다.

따라서 많은 중생을 구제하는 속성을 지닌 보살은 중생들이 부담을 느끼지 않고 좋아할 수 있는 형상으로 나타나고 있다. 즉 멋진 패션과 장식물로 치장한 아름다운 여성의 형상으로 나타나는 것이 일반적이다. 이는 오늘날 우리가 여래와 보살을 구분하는 방법으로 사용되고 있다. 보살은 여래(如來)와는 달리 머리에 멋진 모자(寶冠)28)를 착용하고 있다. 또한 몸에는 하늘을 날아다닐 수 있다는 천의(天衣)29)를 입었으며, 가슴엔 화려한 장식물인 영락(瓔珞)30)을 걸쳤고 귀걸이, 팔찌 등의 장신구와 함께 손에는 연꽃, 정병(淨甁), 법륜(法輪)31) 등의 지물(持物)을 들고 있다. 우리에게 익히 알려진 보살들을 좀 더 구체적으로 알아보기로 하자.

---

28) 보관(寶冠)은 불상이 착용하는 모자를 말한다. 주로 보살이 머리에 착용하는 것으로 불과 보살을 구별할 수가 있는 특징 중의 하나이다.

29) 천의(天衣)는 원래 바늘이나 실로 꿰매 만드는 것이 아니고 처음부터 그대로 만들어져 있다는 전설적인 옷으로 무봉의(無縫衣)라고도 한다. 보살(菩薩)이나 천(天)이 입는 옷으로서 새털처럼 가볍다고 한다. 보통 쇼울(shawl)같은 것으로 어깨에서 걸쳐 몸에 두른 옷이다. 우리나라의 경우 삼국시대에는 천의가 복부 앞에서 「X」자형으로 교차되어 나타난다. 8세기 초엽에는 두 어깨에서 감겨 내려와 밑으로 늘어진 것이 많다. 8세기 중엽부터는 왼쪽어깨에서 오른쪽 팔목에 또는 오른쪽 어깨에서 왼쪽팔목에 걸쳐 늘어지는데 한 자락은 가슴 아래로, 다른 한 자락은 복부아래에서 이중으로 곡선을 그리며 배치되는 경향이 있다.

30) 영락(瓔珞)은 구슬이나 금속 등을 꿰어 만든 장식품이다. 주로 보살의 목이나 가슴부분을 장식한다.

31) 법륜(法輪)은 수레바퀴 모양을 띠고 있는데 석가모니의 가르침을 의미한다. 석가모니께서 설법하는 것을 전법륜(轉法輪: 바퀴를 돌린다)이라고 한다.

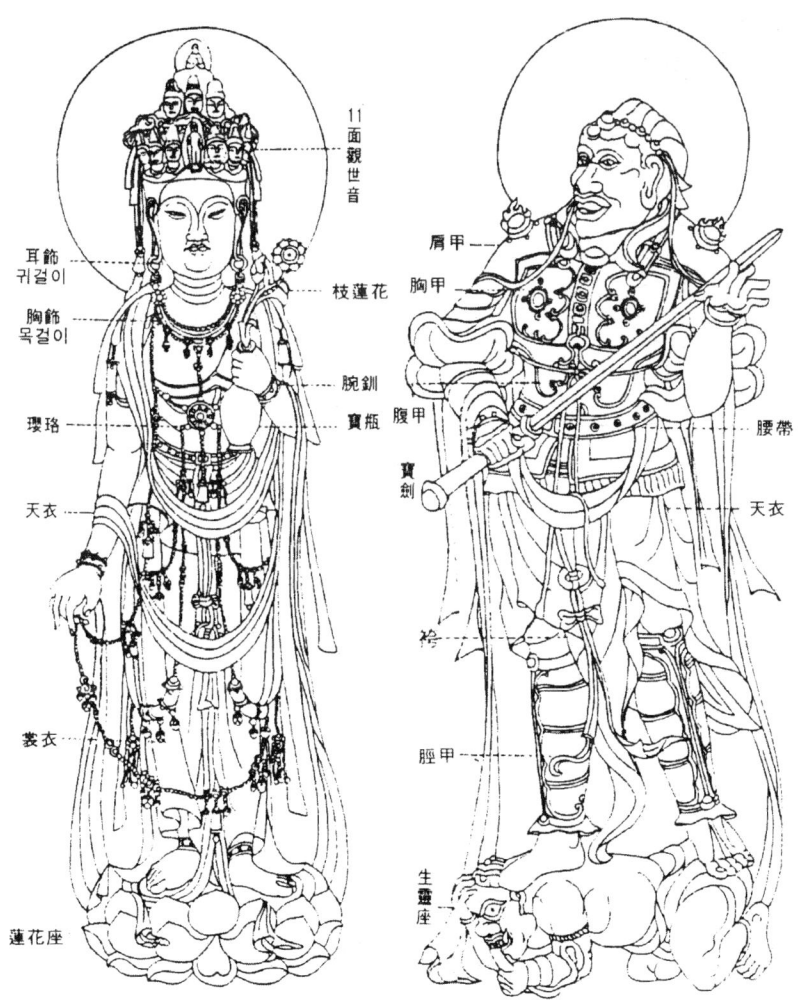

그림 Ⅶ-53 보살상과 사천왕상의 세부명칭

① 관세음보살(觀世音菩薩)과 대세지보살(大勢至菩薩)

　관세음보살(觀世音菩薩)과 대세지보살(大勢至菩薩)은 아미타불의 보처보살이다. 관세음보살은 아미타불의 좌측에서 협시하는 보살로서 자비심을 상징하는 보살이다. 세상의 모든 소리를 살펴본다는 뜻에서 관세음(觀世音)보살이

그림 Ⅶ-54 관세음보살(좌측 삼국시대, 우측 조선시대)

그림 Ⅶ-55 관세음보살(좌측 인도, 우측 중국)

라 하였고 또한 이 세상의 모든 것을 자재롭게 관조(觀照)하여 보살핀다는 뜻에서 관자재(觀自在)보살이라고도 부른다.

관세음보살은 대자대비(大慈大悲)의 마음으로 중생을 구제하고 제도하는 보살이다. 중생들이 어려움에 처했을 때 '관세음보살'을 열심히 암송하면 그 소리를 듣고서 다양한 형태로 나타나 구제하여 준다고 한다. 관세음보살은 다른 부처나 보살과 달리 현세적인 이익을 주는 보살로, 모습이 다양하고 중생이 원하면 어느 곳에나 나타난다. 관세음보살의 특징은 머리에 착용한 보관의 앞부분에 화불(化佛)이 새겨져 있으며 손에는 정병(淨甁)32)이나 연꽃을 들고 있는 경우가 많다. 관세음보살은 천수천안(千手千眼)을 가지고

---

32) 정병(淨甁)은 깨끗한 물이나 감로수를 담은 병을 말한다. 부처님에게 바치는 공양구의 하나이다. 주로 청동으로 제작하는데 고려시대에 많이 만들어졌다. 우리나라의 정병은 가늘고 긴 목에 테두리가 둘려져 있고 넓은 어깨부분에는 뚜껑이 있는 주둥이가 나와 있는 독특한 형태라고 고려시대 서긍이 쓴 《高麗圖經》에 기록되어 있다. 관세음보살의 지물(持物)로서 알려져 있다.

중생들의 온갖 어려움을 보살펴준다는 속성으로 민간에서 크게 유행하였다. 실제로 밀교의 영향을 받은 관세음보살상에서는 여러 개의 눈과 여러 개의 손을 가지고 있는 신체적 특징을 흔히 발견하게 된다. 따라서 관세음보살은 대중들의 많은 관심과 함께 단독상으로 조성되는 경우가 많고 경우에 따라서는 사찰의 중심역할을 하기도 한다. 관세음보살의 예를 하나만 들자면 충남 공주출토의 백제시대 금동관음보살입상(金銅觀音菩薩立像, 호암미술관, 국보 128호)이 있다.

관세음보살을 봉안하는 건물이 사찰에 부속된 건물중의 하나일 때는 관음전(觀音殿) 또는 관음보전(觀音寶殿)이라고 한다. 그런데 사찰의 주불전(主佛殿)일 경우에는 관음전이라 하지 않고 원통전(圓通殿) 또는 원통보전(圓通寶殿)이라고 한다. 대표적인 예로는, 충북 보은의 법주사원통보전(法住寺圓通寶殿, 보물 916호), 개목사원통전(開目寺圓通殿, 경북 안동시, 보물 242호, 조선초기)등이 있다.

대세지보살(大勢至菩薩)은 아미타불의 우측에서 협시하는 보살로서 지혜을 상징하는 보살이다. 세지(勢志)보살 또는 득대세지(得大勢志)보살이라고도 부른다. 서방 극락세계에서 지혜 및 광명이 으뜸인 보살로서 지혜의 빛으로 널리 중생을 비추어 깨달음에 이르게 하고, 발을 디디면 삼천세계(三千世界: 우주전체를 가리키는 인도인의 세계관에서 나온 용어)와 마군(魔軍)을 항복시키는 큰 위세가 있다고 하였다. 대세지보살의 특징은 보관의 앞부분에 보병(寶瓶)을 표현하였다.

② 지장보살(地藏菩薩)

지장보살(地藏菩薩)은 도리천에 살면서 석가모니가 입멸한 뒤부터 미륵불이 출현할 때까지 천상에서 지옥에 이르는 모든 중생을 교화한다는 보살이다. 특히 지옥세계의 중생을 구원하는 지옥세계의 부처님으로 널리 알려져 있다. 지장보살은 보관을 착용하는 일반적인 보살상의 특징과는 달리 머리에 두건을 쓴 모습이며 손에는 석장(錫杖)[33]과 보주(寶珠)[34]를 들고 있는 형상이다.

지장보살의 예로서는 선운사지장보살좌상(禪雲寺地藏菩薩坐像, 전북 고창군, 보물 280호, 고려시대)이 유명하다.

지장보살을 봉안한 건물을 지장전(地藏殿)이라고 한다. 또한 명부(冥府: 지옥)의 중생을 교화한다는 뜻에서 명부전(冥府殿)이라고도 부른다. 또한 지장보살과 함께 10명의 심판관인 十王을 모시는 곳이라서 시왕전(十王殿)이라고도 한다. 시왕(十王)[35]은 불교의 지옥[36]사상(地獄思想)이 중국에 들어가 도교의 명계사상(冥界思想)과 결합하여 당(唐)나라 때에 성립된 독특한 개념이다. 시왕은 128개 지옥을 나누어 다스리는 명계의 왕인데 그 중에서 우리에게 잘

---

33) 석장(錫杖)은 오늘날의 지팡이이다. 성장(聲杖)・지장(智杖) 또는 육환장(六環杖)이라고도 한다. 보살이 두타행(頭陀行)을 닦을 때, 또는 길을 갈 때 독사・독충 따위를 쫓거나, 민가를 돌며 탁발(托鉢)을 할 때 소리를 내어 그 뜻을 전하는 등에 사용하였다. 석장의 머리부분은 청동(靑銅)이나 주석(朱錫), 아래부분은 나무나 철로 만들었다. 손잡이 끝부분에는 둥근 고리를 여러개 달아 소리가 나도록 하였다.

34) 보주(寶珠)는 모든 소원을 들어줄 수가 있는 구슬로서 여의주(如意珠) 또는 여의보주(如意寶珠)라고도 한다. 그 유래에 대하여는 마갈어(摩竭魚: 바다에 살며, 두 눈은 해와 같고, 입을 벌리면 어두운 골짜기와 같아서 배도 삼키고 물을 뿜어내는 것이 조수와 같다는 상상의 고기)의 머릿속에서 나왔다고도 하며, 제석천(帝釋天)이 가지고 있는 물건이 부서지면서 떨어진 것, 석가의 사리(舍利)가 변한 것이라는 등 여러 설이 있다.

35) 시왕(十王)은 명계(冥界: 지옥)에서 죽은 자가 전생에 지은 죄의 경중(輕重)을 다루는 10명의 왕을 말한다. 시왕은 ① 진광왕(秦廣王), ② 초강왕(初江王), ③ 송제왕(宋帝王), ④ 오관왕(五官王), ⑤ 염마왕(閻魔王), ⑥ 변성왕(變成王), ⑦ 태산왕(泰山王), ⑧ 평등왕(平等王), ⑨ 도시왕(都市王), ⑩ 전륜왕(轉輪王)이다. 사람이 죽으면 그 날로부터 1・7일에서 7・7일이 되는 49일 되는 날과 10일, 1년(소상), 3년(대상)까지 모두 10번을 차례로 시왕 앞에 나아가 생전에 지은 죄업(罪業)의 경중과 선행・악행을 심판 받는다고 한다. 불가에서 49재(四十九齋)를 지내는 까닭도 여기서 연유한다.

36) 지옥(地獄)은 이승에서 죄를 범한 자들이 죽은 후에 심한 형벌을 받는 곳으로서 땅속 깊은 곳에 존재한다는 세상을 말한다. 고대 인도어 Narak을 나락(奈落)으로 음역하기도 한다. 불교에서는 8열(八熱)과 8한(八寒)지옥이 있다고 하는데 보통 8열지옥을 말한다. 8열지옥(八熱地獄)은 지옥의 지하에 존재하는데 이를 8대지옥이라고도 한다. 첫 번째 등활(等活)지옥에서 여덟 번째 무간(無間)지옥까지를 말하는데 이중에 마지막 무간지옥을 우리는 아비규환(阿鼻叫喚)이라고 부르고 있다. 각 지옥의 네 벽면에는 각기 하나씩의 문이 있고 각 문마다 4개의 부(副)지옥이 있다고 한다. 그렇다면 부지옥은 모두 128개가 된다.

알려진 것이 다섯 번째 대왕인 염라대왕이다. 염라대왕37)은 죄인의 혀를 집게로 뽑는 발설(拔舌)지옥을 관장한다. 또한 저승과 이승을 연결하는 전각이므로 쌍세전(雙世殿)이라고도 한다. 관음신앙과 더불어 중요한 민간신

그림 Ⅶ-56 지장보살상(좌측 한국, 우측 중국)

앙이 되었다. 전각내의 불단은 대개 「ㄇ」자형이며 가운데에 지장보살을 모시고 협시로 지옥을 출입한 승려인 도명존자(道明尊者)와 전생부터 지장보살과 인연을 맺었다는 무독귀왕(無毒鬼王)을 두며, 그 좌우에 명부시왕(冥府十王)을 배치한다.

③ 문수보살(文殊菩薩)과 보현보살(普賢菩薩)

문수보살(文殊菩薩)과 보현보살(普賢菩薩)은 석가모니불의 협시불이다. 문수보살(文殊菩薩)과 보현보살(普賢菩薩)은 간혹 비로사나불의 협시불로서 등장

---

37) 염라대왕은 고대의 인도어 Ymaraja를 음역하여 염마왕(閻魔王), 염라왕이라고도 한다. 인도 브라만교(敎)의 경전(經典)인 ≪리그베다≫에는 인간으로서 죽음을 경험하고 그곳의 신이 된 야마천이었는데 그 후 불교에 받아들여져 지옥의 왕이 되었다고 한다, 고대 인도의 바라타족의 전쟁을 읊은 대서사시인 ≪마하바라타≫에 따르면 피처럼 붉은 옷을 입고 왕관을 썼으며 물소를 타고 한손으로는 곤봉을, 다른 손으로는 올가미를 잡고 있다. 올가미는 죽은 이의 영혼을 묶는 포승줄이고, 곤봉은 정의로운 판정과 악을 섬멸하는 무기이다. 병(病)이라는 마차를 탄 모습으로도 그려지는데, 마차는 네개의 눈이 달린 두 마리의 개가 끈다고 한다. 저승사자를 시켜 죽은 이의 영혼을 데려온다고 한다. 중국으로 유입되어 도교의 다른 명부신과 합쳐져 지옥사상이 나타났다. 남북조시대에는 염마를 천자로 하여 그 밑에 5관과 5신이 있어 지옥을 지배한다는 사상이 나타났다. 또한 당(唐)대 이후에는 명부의 왕으로서 염마왕을 포함한 시왕(十王)사상이 성립되었다고 한다.

그림 Ⅶ-57 보현보살상(한국)과 문수보살상(중국)

하기도 한다. 문수보살(文殊菩薩)은 석가모니불의 왼쪽 협시보살인데 반야(般若: 지혜)의 가르침을 선양하는 지혜의 상징이다. 사자를 탄 형상으로 나타난다. 전설적으로 이 보살은 중국의 산서성(山西省) 오대산(五臺山)에서 1만 보살과 함께 있다고도 하는데, 한국에서는 강원도 오대산에 있다고 하여 지금도 그 곳의 상원사(上院寺)는 문수를 주존(主尊)으로 모시고 있다.

보현보살(普賢菩薩)은 석가모니불의 오른쪽 협시보살로서 문수보살과 함께 모든 보살의 으뜸이다. 석가모니불이 중생을 제도하는 일을 돕고, 또 중생들의 목숨을 길게 하는 덕을 지녔으므로 보현연명보살, 또는 줄여서 연명보살(延命菩薩)이라고도 한다. 오른손에 여의(如意)를 들고 있으며 코끼리를 탄 형상과 연화대에 앉은 형상의 두 종류가 있다. 석가모니불을 협시하는 경우에는 오른손에 여의(如意)를 들고, 왼손은 여원인(與願印)의 모습을 띠고 있다.

④ 일광보살(日光菩薩)과 월광보살(月光菩薩)

일광보살(日光菩薩)과 월광보살(月光菩薩)은 약사불의 보처보살이다. 일광보살(日光菩薩)은 약사불의 왼쪽 협시보살이다. 그 형상은 왼쪽의 손바닥에 해를 올려놓고, 오른손으로는 천상에서 핀다고 하는 넝쿨로 된 만주적화(蔓朱赤花)를 잡고 있다. 흔히 보관이나 이마에 붉은 색의 태양이 표현되어 있다.

월광보살(月光菩薩)은 약사불의 오른쪽 협시보살이다. 그 형상은 왼쪽의 손바닥에 달(月)을 올려놓고, 오른손으로는 홍백색의 연꽃을 잡고 있다. 흔히 보관이나 이마에 달의 모습이 표현되어 있다. 일광보살과 월광보살의 대표적인 예는 통일신라시대에 제작된 방어산마애불(防禦山磨崖佛, 경남 함안군, 보물 159호, 애장왕 2년(801))이 있다. 이는 절벽에 새겨진 마애약사삼존불입상으로 그 좌우에 일광보살과 월광보살이 표현되어 있다.

(3) 명왕(明王)

명왕(明王)은 교화하거나 구제하기 어려운 중생을 깨우치기 위해 여래나 보살이 무서운 형상으로 변신하여 나타난 화신이다. '명(明)'은 명주(明呪)란 뜻이고 진언(眞言)의 별칭이기도 하다. 명왕은 교화하기 어려운 무리를 구제하기 위하여 비로사나불의 명령을 받아 이들을 힘으로 조복시키는 것이 그 임무이다. 따라서 명왕은 분노의 상으로 표현된다. 눈을 부릅뜨고 보살의 영락이나 팔찌 대신 칼과 밧줄을 들고 있다. 광배는 맹렬한 화염으로 표현되고, 험한 인상을 하고 반석 위에 앉아 있다. 밀교에서 나타난 불상이다.

명왕은 다섯 가지 종류가 있다. ① 부동명왕(不動明王: 대일여래가 분노한 형상으로 나타난 것이다. 불꽃 위에 앉아 있는데 왼손에 줄을 잡고 있다. 중앙에 배치된다). ② 항삼세명왕(降三世明王: 네 개의 얼굴과 여덟 개의 어깨를 가진 분노의 형상인데 동쪽에 배치되어 있다). ③ 군다리명왕(軍茶利明王: 손과 발에 많은 뱀을 감고 있는 형상으로 남쪽에 배치된다). ④ 대위덕명왕(大威德明王: 아미타여래의 화신이다. 얼굴과 다리가 여섯 개로서 물소를 타고 있는 형상인데 서방에 배치된다). ⑤ 금강야차명왕(金剛夜叉明王: 다섯 개의 눈을 가지고 있으며 화염에 휩싸여져 있는 형상인데 북방에 배치된다).

명왕은 인도의 토착신을 불교에서 받아들인 것으로, 7세기 이후의 경전에 많이 나온다. 불상은 경전과 시대에 따라 다르며 인도나 중국·일본 등지에서는 많은 형태로 조성되었지만 밀교의 직접적인 영향을 크게 받지 않은 우리나라에서는 그러한 예를 찾아보기 어렵다.

(4) 천(天)

천(天, Deva)은 본래 고대 인도의 토착신이었는데 호법신(護法神)으로서 불교에 흡수되었다. 수미산위의 여러 산에 거주하는 신들로서 불법을 수호하는 역할을 맡았다. 천에는 여러 종류가 있는데 범천(梵天), 제석천(帝釋天), 사천왕(四天王), 팔부중(八部衆), 인왕(仁王), 가릉빈가(迦陵頻伽) 등이 있다.

① 범천(梵天)과 제석천(帝釋天)

범천(梵天)과 제석천(帝釋天)은 무불상시대부터 존재하였던 불교의 호법신이다. 석가모니불의 협시상으로 표현되기도 한다. 범천과 제석천상의 대표적인 예로는 진주청곡사목조제석천·대범천의상(晋州靑谷寺木造帝釋天大梵天倚像, 국립진주박물관, 보물 1,232호)이 있다.

범천(梵天)은 본래 힌두교의 창조신이었는데 불교의 호법신으로서 수용되었다. 범천은 석가모니가 세상에 나올 때마다 가장 먼저 와서 설법을 듣는다고 한다. 우리나라에서는 제작된 예가 드물다. 대표적인 예를 들자면 석굴암의 범천상이 있다.

제석천(帝釋天)은 고대 인도의 神인 인드라(Indra)를 불교에서 수용한 것이다. 석제환인다라(釋帝桓因陀羅)라고 하는데 이를 줄여서 석제환인이라고도 한다. 단군신화에 나타나는 환인(桓因)은 바로 제석천을 말하는 것이다. 제석천은 3천으로 대표되는 여러 천(天)을 대표하는데 샤크라(Sakra)라고 부른다. 도리천(忉利天)의 주인이며, 수미산(須彌山) 위의 선견성(善見城)에 살면서 중턱에 있는 사천왕을 거느리고 불법과 불제자를 보호한다. 그는 항상 부처님의 설법 자리에 나타나 법회를 수호하고 사바세계 인간의 번뇌와 죄를 다스리는 역할을 담당한다. 그는 인다라망(因陀羅網)이라고 하는 그물을 무기로 사용하고 있다. 제석천은 오른손에 불자(拂子: 중생의 번뇌를 털어 내는 도구), 왼손에 금강저(金剛杵: 인간의 탐욕과 죄악을 씻어주는 지혜를 상징)를 쥐고 있는 형상이다. 우리나라에서는 제작된 예가 드물다. 대표적인 예로는 경주 석굴암의 범천상, 제석천상이 있다.

② 사천왕(四天王)과 팔부중(八部衆)

사천왕(四天王)은 위로 제석천을 받들고 아래로는 팔부중을 거느리며 수미산(須彌山)밑의 사방을 수호하는 신이다. 세계의 중심에 위치하고 있다고 생각되는 수미산(須彌山)의 중턱에 있는 사왕천(四王天)의 주신(主神)이다. 사대천왕(四大天王)이라고도 한다. 고대 인도의 토착신이었는데 후일 불교의 호법신으로 수용되었다. 인도에서는 귀인(貴人)의 모습으로 표현되었으나 중국에서 점차 분노한 무인상의 모습으로 바뀌었다. 일반적으로 갑옷을 입고 눈을 부릅뜬 무인의 형상으로 표현된다. 사천왕은 동방을 수호하는 지국천(持國天), 남방을 수호하는 증장천(增長天), 서방을 수호하는 광목천(廣目天), 북방을 수호하는 다문천(多聞天) 등 네 명의 왕을 뜻한다. 사천왕은 독특한 형상을 띠고 있다. 그 구체적인 형상은 일정치 않으나 북방의 다문천은 탑을 들고 있는 것이 공통적인 특징이라 하겠다. 그렇지만 대체로, 지국천(東方)은 보통 칼을, 증장천(西方)은 오늘날의 기타와 유사한 모습의 비파를, 광목천(南方) 붓이나 용(龍)을 잡고 있으며, 다문천(北方)은 한 손에 탑을 들고 있다. 이러한 사천왕상은 암좌(巖座)를 하거나 잡귀를 깔고 있거나 한다. 보통 사찰의 입구에 천왕문을 만들고 사천왕상을 봉안한다. 또한 석탑이나 부도(浮圖), 석등(石燈)등에 사천왕상을 조각하기도 한다. 석굴암의 사천왕상이 대표적이다.

그림 Ⅶ-58 사천왕상(불국사)

팔부중(八部衆)은 고대 인도의 토착신이었는데 후일 불교의 호법신으로 수용되었다. 팔부신중(八部神衆)이라고도 한다. 위로는 사천왕의 명령을 받는 호법신인데 그 격이 낮다. 팔부중으로는 천(天), 용(龍: 신체의 일부에 뱀의 모습이 표현되어 있다), 야차(夜次), 건달파(乾闥婆: 악기의 신으로 사자관(獅子冠)을 쓰고 손에는 삼차극(三叉戟)을 들고 있다) 아수라(阿修羅: 투쟁을 좋아하는 신으로 얼굴이 셋이고 팔이 여섯인데 손에 칼을 든 형상), 가루라(迦樓羅: 용을 잡아먹고 산다는 커다란 새), 긴나라(緊那羅), 마후라가(摩睺羅伽: 뱀을 머리에 쓰고 노래하는 형상)등이 있다. 이중에 우리에게 낯 익은 이름이 있다. 일하지 않고 놀고먹는 사람을 건달이라고 부르는데 이 건달파에서 유래한 것이다. 또한 통제할 수 없을 정도로 엉망이 된 모양을 아수라장 됐다고 하는데 역시 아수라에서 유래된 것이다. 통일신라시대부터 고려시대의 석탑기단부에 표현된 경우를 볼 수 있다. 석굴암의 팔부중상이 대표적이다.

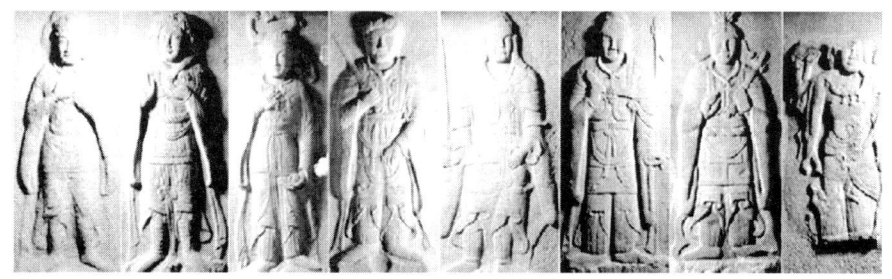

그림 Ⅶ-59 팔부중상(석굴암)

③ 인왕(仁王)과 가릉빈가(迦陵頻伽)

인왕(仁王)은 이왕(二王) 또는 금강역사(金剛力士)라고 한다. 불탑이나 사찰의 문 입구 양쪽에서 지키는 수문장의 역할을 한다. 원래는 인도에서 문을 지키는 신이었는데 이를 불교에서 받아들였다. 부처와 불법을 지키는 신으로 변화되었다. 금강저를 손에 들고서 불법을 수호한다고 하여 금강야차(金剛夜叉)라고도 한다. 인왕(仁王)을 봉안한 건물을 인왕문(仁王門) 또는 금강문(金

剛門)이라고 한다. 인왕상은 상체를 벗은 모습으로 표현된다. 금강문의 왼쪽에는 밀적금강(密蹟金剛), 오른쪽에는 나라연금강(那羅延金剛)이 서있게 된다. 나라연금강은 힘의 세기가 코끼리의 100만 배나 된다고 한다. 입을 크게 벌리고「가」하는 소리를 내고서 공격하는 자세를 취하고 있어 가금강역사(呵金剛力士)라고도 부르기도 한다. 밀적금강은 항상 금강저(金剛杵)38)를 손에 들고 부처를 호위하는 호법신인데 입을「우」하고 다물고 방어자세를 취하고 있어 우금강역사(吽金剛力士)라고도 부르기도 한다. 우리나라에서는 선덕여왕대(634년)에 만들어진 분황사석탑에 처음으로 나타난다. 석굴암 인왕상이 대표적이다. 9세기 대 이후부터는 사천왕상으로 대치되는 경향을 보이고 있다.

그림 Ⅶ-60 금강역사상(좌측 석굴암, 우측 장항리 5층 석탑)

가릉빈가(迦陵頻伽)는 극락조라고 하는 새의 일종이다. 극락정토의 설산(雪山)에 살며, 머리와 상반신은 사람의 모양이고, 하반신은 새의 모습을 하고 있는데 악기를 연주한다. 아름다운 목소리로 울며, 춤을 잘 춘다고 하여 호성

---

38) 금강저(金剛杵)는 승려들이 불도를 닦을 때에 쓰는 도구인 방망이를 말한다. 저(杵)는 본래 인도의 무기였다. 형태는 손잡이 양끝부분에 뾰족한 창과 같은 것이 붙어 있다. 그 창의 수에 따라 독고저(1개), 3고저, 5고저, 9고저 등이 있다고 한다. 금강저는 불교에 수용되면서 그 단단함으로 장애물과 인간 번뇌를 부숴버리는 상징이 되었다. 따라서 벽사의 의미로서 장시되기도 하였는데 이를 지니지 않으면 불도수행을 완수하기 어렵다고 믿었다.

조(好聲鳥)라고 부르기도 한다. 통일신라시대의 와당에 표현되기도 하였으며, 고려시대에는 석조부도에 조각하기도 하였다. 대표적인 예로는 연곡사동부도(전남 구례군, 국보 53호, 통일신라시대)와 연곡사북부도(국보 54호, 고려 초기)의 안상(眼象) 안에 각기 새겨져 있다.

(5) 나한(羅漢)

그림 Ⅶ-61 십대제자상(석굴암)

나한(羅漢)은 소승불교(小乘佛敎)의 수행자들 가운데 최고의 경지에 오른 성자를 말한다. 아라한(阿羅漢)이라고도 한다. 아라한은 온갖 번뇌를 끊고 고(苦)·집(集)·멸(滅)·도(道)의 사제(四諦)의 이치를 깨우친 더 이상 배울 것이 없는 성자를 말한다. 나한은 머리를 삭발하고 가사를 걸친 승려의 상으로 표현되는데 그 종류로는 16나한, 500나한, 10대 제자39) 등이 있다.

---

39) 10대제자 (十大弟子)는 석가모니의 제자중에서 출중한 10인을 말한다. 후세에는 석가십성(釋迦十聖)으로도 일컬어졌다. 두타(頭陀)제일·수행(修行)제일로 칭송되는 마하가섭(摩訶迦葉), 다문(多聞)제일의 아난타(阿難陀), 지혜가 제일인 사리불(舍利弗), 신통력(神通力)에 제일인 목련(目連), 심안(心眼)을 떴다고 하여 천안(天眼)제일로 칭송된 아나율(阿那律), 공(空)사상 이해에 밝은 해공(解空)제일의 수보리(須菩提), 설법(說法)에 뛰어나 설법제일인 부루나(富樓那), 토론을 잘하여 논의(論議)제일인 가전연(迦旃延), 계를 잘 지켰다는 지계(持戒) 제일인 우바리(優婆離), 석가모니의 아들로서 남몰래 행(行)을 잘하여 밀행(密行)제일이라는 칭송을 들은 라후라(羅睺羅)이다.

4. 불교공예품

불교공예품(工藝品)은 크게 의식용과 예불용으로 구분할 수가 있다. 의식용은 불교의식을 거행할 때 사용되는 물건이고 예불용은 숭배의 대상이 되는 물건을 의미한다. 예불용은 탑 안에 안치하는 사리장엄구를 말한다. 의식용은 다시 세분하여 의식법구와 공양구로 구분할 수가 있다. 의식법구는 불전에서 공양의식을 행할 때 사용되는 법구이다. 의식법구로는 범종, 반자, 운판, 법고, 목어, 금강저, 금강령 등이 있다. 공양이란 불전에 올리는 공물이다. 불·법·승 삼보(三寶)[40]를 공경하는 의미에서 올리는 공물인데 향, 꽃, 차, 등, 과일 등의 다섯 가지 물건이 여기에 해당된다. 공양구는 공양물을 담는 그릇을 말하는 것으로 향로와 꽃병·다기·등·물병·밥그릇 등이 포함된다.

1) 사리장치(舍利裝置)

사리(舍利)는 고대의 인도어 Sarira를 음역한 것인데 영롱하게 빛나는 돌이란 의미라 한다. 이를 음역하여 사리라(舍利羅)라고 하였다가 줄여서 사리라고 부르게 되었다. 불교에서는 참된 불도 수행의 결과로 생긴다는 구슬 모양의 유골을 의미한다. 사리에 대한 궁금증은 혹시 이것이 사람의 몸에 생기는 결석의 일종이 아닐까 생각되기도 하였다. 그런데 사리에 대한 성분분석 결과 뼈 성분과 비슷한데 방사성 원소인 프로악티늄(Pa), 핵융합원료로 쓰이는 리튬(Li), 티타늄 등의 12가지 성분이 첨가되었던 것으로 나타났다고 한다. 또한 결석의 주성분(칼슘, 철, 망간, 인)과는 다른 것으로 나타났으며, 경도(硬

---

[40] 삼보(三寶)는 불교도의 세 가지 근본 귀의처가 되는 불보(佛寶)·법보(法寶)·승보(僧寶)를 말하는데 이는 깨달은 사람과 그의 가르침, 그 가르침을 따르는 집단 등을 뜻한다. 따라서 불보는 석가모니를 비롯한 불상을, 법보는 불교의 가르침을 전하는 불교경전을, 승보는 불법을 따르고 대중을 교화하는 불제자를 의미한다. 우리나라의 삼보사찰은 석가모니의 진신사리가 모셔져 있다는 통도사(불보사찰), 팔만대장경이 있는 해인사(법보사찰), 16명의 국사를 배출한 바 있는 송광사(승보사찰)를 말한다.

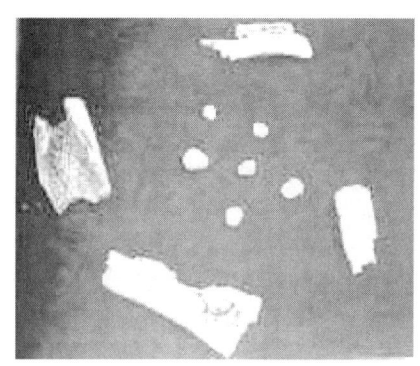

그림 Ⅶ-62 사리와 유골

度)가 강철보다도 훨씬 단단한 것으로 나타났다. 따라서 사리의 생성원인 등에 대한 구체적인 정보는 아직 베일에 쌓여있다고 할 수 있다.

사리를 숭배하게 된 내력은 다음과 같다. 석가모니께서 열반하자 그 제자인 마하가섭의 주도하에 석가모니를 다비(茶毘)⁴¹⁾하였다. 그 결과 상당수의 사리가 나왔는데 이를 금병(金甁)에 담아 쿠시나가라로 모셔다가 안치하였다. 석가모니의 열반소식을 들은 이웃의 8國에서는 석가모니의 사리를 나눌 것을 요청하였고, 이에 따른 전쟁직전의 분쟁까지 나타나게 되었다. 이에 도로나라고 부르는 한 바라문의 중재에 따라서 8국이 사리를 공평하게 분배하였다. 이를 '사리팔분(舍利八分)'이라고 한다. 각 국은 사리를 모셔다가 이를 봉안한 탑을 하나씩 만들어 8탑을 조성하였다. 여기에다가 도로나가 사리를 나누던 병을 봉안하여 만든 병탑(甁塔), 남은 재

---

41) 다비(茶毘)란 육체를 먼저 매장하지 않고 태워서 그 유골을 매장하는 장법(葬法)으로서 오늘날의 화장(火葬)과 같은 개념이다. 다비라는 말은 고대 인도어인 쟈피타(Jhapita)의 음사(音寫)로서 '태운다'는 뜻이라 한다. 이는 불교가 성립되기 이전부터 인도에서 행해오던 매장방식이다. 석가모니가 열반에 들자 내려오던 전통적인 방식에 의하여 그 유체를 화장하였다. 이후 다비는 불교도(佛敎徒) 사이에 널리 행해져 중국·한국·일본 등에서 널리 사용되기에 이르렀다. ≪장아함경(長阿含經)≫의 유행경(遊行經)을 보면 다비의 법식이 상세하게 서술되어 있다. 즉 10대제자중의 하나인 아난(阿難)은 석가모니가 세상을 떠난 뒤에 그 장법을 어떻게 해야 할 것인가를 3번이나 거듭하여 물었는데, 석가모니는 그 방법을 상세히 가르쳐 주었다고 한다. 그 내용은 '우선 향탕(香湯)으로 몸을 깨끗이 씻고, 새 무명천으로 몸을 두루 감되 500겹으로 차례대로 감고, 몸을 금관에 넣은 후 거기에 삼씨에서 짠 기름을 붓는다. 다음에는 금관을 들어 제2의 쇠곽에 넣고 전단향나무 곽에 다시 넣은 뒤 온갖 향을 쌓아 그 위를 두툼하게 덮은 뒤 태운다. 다비를 마치면 사리(舍利)를 수습한다. 이는 네거리에 탑묘를 세우고 탑 표면에 비단을 걸어 나라의 사람이 법왕(法王)의 탑을 보고 바른 교화를 사모해 이익을 얻게 하기 위한 것이다.'라고 한다.

를 봉안한 회탑(灰塔)등 모두 10개의 탑을 만들어 석가모니의 위대함을 숭배하였다고 한다. 이후 인도를 통일한 마우리아 왕조의 전성기를 구가한 아소카왕대(기원전 272~232년)에 이르러 8탑 중의 7탑을 헐어 그 안에 있는 사리를 다시 나누어 전국에 분배하여 8만4천 개의 탑을 만들게 하였다고 한다.

우리나라에 부처님의 사리가 언제 유입되었는지는 분명치 않다. 최초의 기록은 신라 진흥왕 10년(549)에 중국의 양(梁)나라에서 사신을 통하여 불사리(佛舍利)를 보내오자 왕이 백관과 함께 이를 흥륜사(興輪寺)42)에서 맞이하였다는 내용이 ≪삼국유사≫에 전하고 있다.

석가모니의 사리는 일반적으로 다비(茶毘: 火葬)하기 전의 전신사리(全身舍利)와 다비 후의 쇄신사리(碎身舍利)로 분류하는데, 보통은 후자를 가리킨다. 이를 보통 생신사리(生身舍利)라고 한다. 생신사리는 귀하여 쉽게 얻을 수가 없기 때문에 보통 사찰에서는 금, 은. 유리, 수정, 마노 등으로 만들어 대치하고 있다. 우리나라에서는 양산 통도사(通度寺), 오대산 상원사(上院寺) 등에 생신사리(生身舍利)가 봉안되어 있는 것으로 전해진다. 후에는 고승(高僧)의 시신(屍身)을 다비한 후에 나온 정골을 사리라고 부르게 되었다. 고승에게서 나온 사리를 보관하기 위하여 만든 건축물을 부도(浮圖)라고 한다. 근래 해인사에서 입적한 성철스님에게서 200과가 넘는, 작은 것까지 합하면 수효를 헤아리기 어려울 정도로 많은 사리가 나왔다고 하여 화제가 된 적이 있었다. 불교에서는 사리의 숫자에 따라서 수행의 척도로 삼을 정도로 사리에 대한 공경심을 가지고 있다. 한편 법신사리라는 것이 있다. 법신사리(法身舍利)는 석가모니의 가르침을 기록한 일체의 경전(經典)을 가리킨다. 따라서 탑이나 불상 안에서 불교경전이 발견되는 것은 이 때문이라고 하겠다.

이와 같은 사리를 보관하기 위한 장치를 사리장치라고 한다. 즉 탑속에 사리를 봉안할 때는 사리만 넣는 것이 아니다. 사리는 석가모니의 유체이자 믿

---

42) 흥륜사(興輪寺)는 신라에서 가장 먼저 건립된(진흥왕 5년(544)) 사찰로 알려져 있다. 현재는 흥륜사로 추정되는 절터의 흔적으로만 남아 있다. 그 터는 경북 경주시 사정동에 위치하는데 사적 15호로 지정되었다.

음의 상징이므로 다른 여러 가지의 공양물과 함께 용기(用器)에다가 정성스럽게 봉안한다. 이렇게 사리를 봉안하기 위한 용기와 사리를 일컬어 사리구(舍利具)라 한다. 이러한 사리구를 탑 속에 봉안하는 시설을 포괄하여 사리장치(舍利裝置)라고 한다. 다시 말하자면 사리장치(舍利藏置)는 사리구(舍利具)를 보관하기 위한 시설이다.

2) 범종(梵鐘)

범종(梵鐘)은 절에서 대중을 모으거나 시각을 알리기 위하여 치는 불구(佛具)인데 경종(鯨鐘)·당종(撞鐘) 또는 조종(釣鐘)이라고도 한다. 그 규모가 큰 것을 인경이라고 한다. 지금도 아침, 저녁에 치고 있는데 가늘고 길게 퍼지는 청아한 소리는 듣는 이로 하여금 편안한 마음을 갖게 한다. 종소리를 통하여 지옥의 중생들도 구제할 수 있다는 대승불교의 교리를 내포하고 있다. 범종의 신앙적인 의미는 종소리를 듣는 순간만이라도 번뇌로부터 벗어날 수 있다고 믿는 데 있다. 따라서 종소리를 듣고 법문(法門)을 듣는 자는 오래도록 생사의 고해를 넘어 불과(佛果)를 얻을 수 있다고 한다. 범종은 구리(銅)에다가 주석을 혼합하여 주조하는데 주석의 비율이 약 15% 내외라고 한다.

우리나라의 범종은 세계적으로 독특한 특징을 가지고 있다. 우선 동양의 종과 서양의 종은 그 모양과 종을 치는 방식이 다르다. 동양의 종은 항아리를 거꾸로 엎어놓은 듯한 형상인데 비하여 서양의 종은 나팔꽃을 거꾸로 놓은 듯한 형상이다. 타종하는 방법도 다르다. 서양의 종은 안에서 타종하는데 비하여 동양의 종

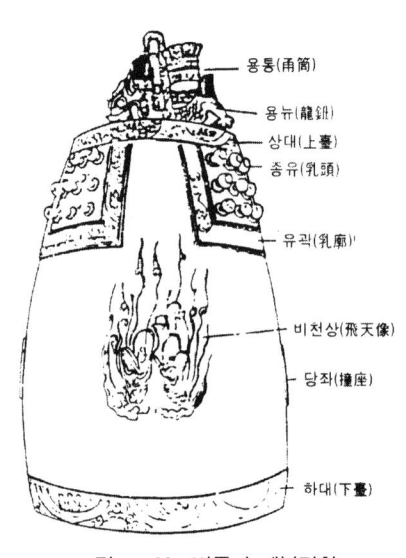

그림 Ⅶ-63 범종의 세부명칭

은 밖에서 타종하도록 만들어 음의 질이나 양에서 현격한 차이를 보이고 있다. 또한 동양종 가운데서도 우리나라의 종은 그 구성면에서 중국이나 일본 종과 차이를 보이고 있다. 즉 우리나라 종은 정상부에 길다란 원통을 만들었다는 독특한 차이점을 보이고 있는데 이를 용통(甬筒)이라고 한다. 용통은 음통(音筒)또는 음관(音管)의 역할을 한다. 우리나라의 범종은 다른 나라의 범종에 비하여 소리가 끊어질 듯 하다가 다시 살아나는 맥놀이 현상과 은은한 여운이 오래 남는 것이 하나의 특징이라고 할 수 있다.

우리나라에서 범종이 사용된 시기는 잘 알 수는 없지만 불교의 전래와 함께 들어온 것이 아닐까 한다. 하지만 삼국시대의 범종은 확인되지 않고 있다. 우리나라의 범종은 통일신라시대에 절정을 이루고 있는데, 그 시기의 공통적인 양식적 특징을 알아보면 다음과 같다.

① 종의 상부에 길다란 원통형의 관이 있다. 이 관은 종의 내부와 관통하는데 음관(音管) 또는 음통(音筒)으로 불려진다. 종소리를 조절하는 기능을 가진 것으로 보여진다.
② 종을 매달 수 있도록 종의 끝에다 용을 주조하였는데 이를 용뉴라고 한다. 용뉴(龍鈕)는 한 마리의 용으로 되어 있고[43] 좌우에 2개의 앞발을 가지고 있다.
③ 종신(鐘身)의 상단부와 하단부에는 문양대를 각기 돌렸다. 상단부의 문양대 바로 하단에는 4개의 방형으로 된 유곽이 배치된다. 유곽(乳廓)의 내부에는 9개의 유가 배치된다. 유곽의 하단과 하단부의 문양대 사이에는 종을 치는 자리인 당좌를 앞뒤로 대칭하여 배치한다. 당좌사이에는 비천상이나 명문이 배치된다.

통일신라시대 범종의 대표적인 예로는 상원사동종과 성덕대왕신종이 있다. 강원도 오대산에 있는 상원사동종(上院寺銅鐘, 국보 36호)은 본래 경북 안동

---

[43] 용뉴(龍鈕)는 종을 매달기 위한 고리의 역할을 한다. 우리나라의 용이 한 마리인데 비하여 중국이나 일본의 범종은 2마리인 쌍두룡(雙頭龍)의 양식적 특징을 보이고 있다. 하지만 조선시대에 이르러는 2마리로 변하고 있다.

에 있던 것을 조선시대 초기에 옮겨다 놓은 것이라 한다. 성덕왕 25년(725)에 주조된 것으로 현재 우리나라에서 가장 오래된 종으로 알려져 있다. 또한 경주박물관에다 옮겨진 성덕대왕신종(聖德大王神鐘, 국보 29호)은 높이가 364cm에 달하는 대종이다. 경덕왕이 부왕인 성덕왕을 위하여 제작한 것으로 혜공왕 7년에 이르러 완공되었다.

그림 Ⅶ-64 통일신라동종
(성덕대왕신종)

고려시대의 범종은 통일신라시대의 전통적인 양식이 계승되지만 약간의 부분적인 변화상을 발견할 수가 있다. 전체적으로 종의 장식적인 면이 강조되는데 전 시기보다도 문양이 가득 채워져 답답한 인상을 받게 된다. 종의 어깨부에는 연꽃문양을 세워서 주조한 형상이 나타난다. 용뉴는 몸통이 구부러지고 빈약해지며, 음통에는 구슬과 같은 것이 생기게 된다. 또한 상단부와 하단부에 새겨진 문양대에 새겨진 문양에 변화가 나타난다. 즉 당초문(唐草文)이나 보상화문(寶相華文)대신에 뇌문(雷文)이나 국화문(菊花文)이 나타난다. 또한 유곽부나 하단부에 범자문(梵字文)이 나타난다. 종의 몸통부에는 당좌가 4개로 늘어나 배치되기도 하며 비천상 대신에 불이나 보살상이 배치되기도 한다. 또한 명문을 주조하기보다는 종을 완성한 연후에 음각으로 새겨 넣는 경우가 많다. 고려시대 범종의 대표적인 예를 몇 가지만 들어보면 다음과 같다. 천흥사동종(天興寺銅鐘, 국보

그림 Ⅶ-65 고려시대동종
(천흥사동종)

280호, 국립중앙박물관소장, 현종 원년(1010))과 내소사동종(來蘇寺銅鐘, 보물 277호, 전북 부안군, 고종 9년(1222)) 등이 있다.

　조선시대의 범종은 이전 시기에 비하여 상당한 변화상을 보이게 된다. 즉 중국 원나라양식을 받아들여 새로운 형태의 양식이 나타난다. 가장 큰 변화는 음관(音管)이 없어지고 용뉴가 한 마리의 용에서 쌍용(雙龍)으로 변한다. 또한 상단부의 문양대 아랫부분에 범자문(梵字文)이 첨가되어 별도의 문양대가 만들어진다. 당좌가 아예 없어지거나 있다하여도 종을 치는 자리로서가 아니라 하나의 문양으로 전락한다. 종의 중앙부에는 중국의 종에서 볼 수가 있는 횡대(橫帶)라 불리는 두 세 줄의 융기선 장식이 첨가된다. 종신에는 부처님상이나 비천상대신에 합장한 모습의 보살상이 새겨진다. 또한 종의 여백부에는 종의 건립상황을 기록한 명문이 빽빽하게 기록되기도 한다.

3) 금고(金鼓)

　금고(金鼓)는 사찰의 의식법구로서 범종과 유사한 용도로 사용되었다. 단지 범종이 아침, 저녁의 예불 때나 의식법회 때에 사용되었던데 비하여, 금고는 공양시간을 알린다거나 대중을 집합시키는 등의 보다 단순한 용도에 사용되었다. 금고는 쇠로 만든 북이라는 의미로서[44] 금구(金口) 등으로 불리기도 한다. 또한 공양시간을 알린다는 의미로서 반자(飯子)라는 용어로 사용되기도 한다. 사찰의 전각 안밖에 매달 수 있는 간단한 시설을 만든 후에 걸어 놓고 나무망치 등으로 쳐서 소리를 내도록 하였다. 금고는 청동으로 만든 것이 대부분이며 그 모양은 원형으로서 꽹과리처럼 뒷면이 비어있는 형태가 일반적이다.[45] 측면에는 2~3개의 고리를 달아 매달 수 있도록 하였다. 우리나라 금

---

44) 금고(金鼓)라는 명칭은 본래 중국에서 징과 북을 나타내는 용어였으나 불교의 도입과 함께 佛具로서 사용된 것이다.
45) 반자는 크게 두 가지 형태가 있다. 하나는 마치 꽹과리처럼 뒷면의 상당부분이 비어있는 형태이다. 이와 같은 형태의 반자에는 대체로 飯子, 半子, 盤子, 鈑子 등의 명칭

고의 일반적인 모습은 3개 내외의 동심원 돌기대(突起帶)를 적절히 배치한 것인데 그 사이에 당초문이나 연화문 등의 문양을 배치하기도 한다.

우리나라에 금고가 언제부터 사용되었는지는 잘 알 수가 없다. 단지 현재 남아있는 자료는 통일신라시대이다.

그림 Ⅶ-66 금고(논산 개태사지, 고려시대)

4) 운판(雲版)

운판(雲版)은 불교의 선종계열에서 사용하는 독특한 의식용 불구이다. 운판이 나타나게 된 것은 대체로 중국의 宋대이후로 생각된다. 본래는 참선할 시각을 알리는데 사용되었다가 후일 다양한 용도로 사용되었다. 청동이나 철로서 만드는데 전체적인 형태가 구름모습 같다고 하여 운판이라는 이름이 붙여졌다. 운판은 앞이나 뒷부분에 간략한 문양을 새겨놓기도 한다. 또한 간단한 명문을 새기기도 하는데 그 명문은 대체로 '옴마니반메훔'46)이라고 한다. 끈

이 붙여진 예가 많다고 한다. 또 다른 형태는 뒷면까지도 아주 막혀 측면에 공명구(共鳴口)를 만들었거나 뒷부분의 상당부가 막혀 있어 중앙부에 조그만 공명구를 만든 형태가 있다. 이와 같은 형태의 반자에는 대체로 金鼓나, 禁口, 禁鼓등의 명칭이 사용되는 경향을 보이고 있다.

46) 「옴마니반메훔」은 밀교의 용어로서 관세음보살의 여섯 가지 진언(주문 혹은 다라니)

에 꿰어 매달 수 있도록 꼭대기의 중앙부에 구멍을 뚫어져 있다. 우리나라에서는 대중에게 끼니를 알리기 위하여 울리기도 한다. 죽이나 밥을 끓일 때 세 번 치는데 이를 화판(火板)이라고 하고, 끼니 때 길게 치므로 이를 장판(長板)이라고도 한다. 보통 날아다니는 짐승들이 그 소리를 듣고 해탈하라는 뜻에서 울린다고 한다.

우리나라에서는 운판이 그다지 만들어지지 않았다. 현존하는 자료는 대부분 조선시대 이후의 것이다. 대체로 범종이 걸려있는 건물(범종루, 범종각)에 함께 매달려 있다.

그림 Ⅶ-67 운판

그림 Ⅶ-68 법고(흥국사)

그림 Ⅶ-69 목어(통도사)

5) 법고(法鼓)

법고(法鼓)는 사찰에서 사용하는 북을 의미한다. 우리나라에서는 아침, 저녁의 예불 때와 법식을 거행할 때 치는 불구(佛具)이다. 주지의 상당(上堂: 설법을 하기 위하여 법당에 오르는 것), 소참(小參: 설법에 참여하는 것), 보설(普

을 뜻한다. 이를 육자진언(六字眞言)이라고도 한다. 이를 열심히 암송하면 지혜와 복덕이 생긴다고 한다.

說: 선종계열의 설법으로서 널리 정법(正法)을 설하여 중생에게 개시(開示)함) 등을 비롯한 법요의식에 사용된다. 법고는 짐승의 가죽으로 만들었기 때문에 땅을 기어다니는 모든 짐승들이 소리를 듣고 해탈하라는 의미에서 울린다고 한다. 조선시대에는 종을 달아 놓는 종루(鐘樓)와 별도로 북을 매다는 고루(鼓樓)를 건립하기도 하였다.

6) 목어(木魚)

목어(木魚)는 운판과 함께 선종계열의 사찰에서 사용하는 의식용 불구이다. 나무를 깎아서 물고기의 형상을 만들었는데 대가리가 크고 몸통이 길다란 형태로 하였다. 몸통의 내부를 파내어 그 빈 내부를 두드려 소리가 나게 하였다. 본래 중국에서는 사찰에서 식사시간을 알릴 때 치던 것이라 한다. 우리나라에서는 불전에서 염불할 때나 독경할 때, 또는 공양할 때 친다고 한다. 물고기가 항상 눈을 뜨고 있는 것처럼 승려들이 수행을 게으르지 말며 또한 물 속에 사는 고기들이 그 소리를 듣고 해탈하라는 의미에서 울린다고 한다. 대부분 조선시대이후에 제작되었다. 대체로 범종이 걸려있는 건물(범종루, 범종각)에 함께 매달려 있다.

7) 향로(香爐)

향(香)은 몸에서 나는 나쁜 냄새와 해충을 쫓기 위하여 사용되었다. 향은 몸에 바르는 도향과 연기를 내어 냄새를 맞는 훈향의 두 가지가 있다. 오늘날 우리가 보편적으로 사용하는 향수는 도향(塗香)에 해당된다. 훈향(燻香)은 흔히 장례식장에서 볼 수 있는 것인데 사찰에서 불전에 공양할 때 사용되기도 한다. 훈향의 경우에는 향을 담아 냄새를 피울 수 있는 용기가 필요한데 이를 향로라고 한다.

그림 Ⅶ-70 청동은입사향완
(통도사, 고려시대, 보물 334호)

그림 Ⅶ-71 현향로
(청주사뇌사지, 고려시대)

8) 정병(淨甁)과 화병(花甁)

정병(淨甁)은 물을 담은 물병으로서 불전에 깨끗한 물을 바치는 공양구이다. 고대 인도어 **Kundika**를 번역한 것인데 목 부분이 긴 물병을 말한다. 본래는 정병과 촉병의 2가지 종류가 있었다고 한다. 정병(淨甁)으로는 깨끗한 손을 씻고, 촉병(觸甁)으로는 더러운 손을 씻는다고 한다. 정병은 흙이나 도자기로 만든 물병을 뜻하고, 촉병은 금속으로 만든 물병을 뜻한다고 한다. 정병에는 감로수47)가 들어 있다고 하여 감로병이라고도 한다. 중생들의 갈증을 풀어주고 고통을 해소해주는 의미로서 관세음보살의 지물로서도 나타난다. 정병

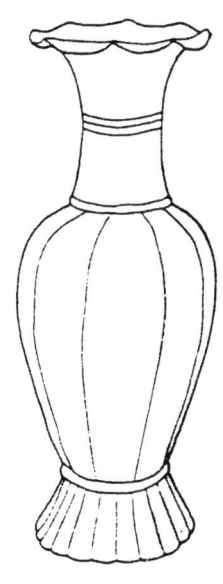

그림 Ⅶ-72 꽃병

---

47) 감로(甘露)는 불멸과 불사를 의미하는 고대 인도어 **Amrita**를 번역한 것이다. 감미로운 불사(不死)의 약이라 하여 불교가 중생을 구제하는데 다시없는 교법(敎法)임을 나타낸다. 고대 중국에서는 하늘이 성왕(聖王)의 인덕(仁德)에 감응하여 내리게 하고, 불교에서는 제천(諸天)이 불덕(佛德)을 찬미하여 내리게 한다고 한다.

의 대표적인 예로는 청동은입사포류수금문정병(青銅銀入絲蒲柳水禽紋淨瓶, 국보 92호, 국립중앙박물관)이 있다.

　화병(花瓶)은 불전에 꽃을 올리는 꽃병을 말한다. 이는 향과 함께 없어서는 안 되는 공양구에 속한다. 꽃병에는 여러 가지 형태가 있겠지만 대표적인 것은 매병이다. 매병(梅瓶)은 고려청자에서 많이 볼 수 있는 기종에 속한다. 매병의 대표적인 예로는 간송미술관 소장의 청자상감운학문매병(青瓷象嵌雲鶴文梅瓶, 국보 68호, 고려시대)이 있다.

9) 금강저(金剛杵)와 금강령(金剛鈴)

　금강저(金剛杵)와 금강령(金剛鈴)은 밀교(密教)의 의식용 법구로서 고려시대 후기에 만들어졌다. 원나라에서 유입된 라마교의 영향으로 13~14세기에 주로 사용되었다. 금강저는 항상 몸에 지녀 금강과 같은 지혜로 마음속에 깃든 번뇌를 없애는 보리심을 상징하는 의식구로 금강지저 또는 견혜저(堅慧杵)라고도 부른다. 저(杵)는 본래 인도의 고대 무기중의 하나인데 제석천이 코끼리를 타고 아수라와 싸울 때 사용하던 것이라 한다. 무기이기 때문에 처음에는 끝부분이 예리하고 날카로웠으나 차츰 불교의식구로 사용되면서 불꽃이나 탑 모양으로 변화되었다. 스님들이 번뇌를 벗어나고자 하는 의미에서 지닌다. 금강저의 양쪽 끝 부분은 창처럼 예리하게 만들었다. 이를 고(鈷)라고 한다. 고(鈷)의 숫자에 따라서 독고저(獨鈷杵), 삼고저(三鈷杵), 오고저(五鈷杵)등으로 구분한다. 손잡이부분은 중앙부를 볼록하게 만들었는데 연꽃문양을 새겼다. 우리나라에서는 통일신라시대의 석탑에 새겨진 사천왕이나 팔부중, 인왕상 등에서 찾아볼 수가 있다. 고려시대에 이르러는 금강령(金剛鈴), 금강반(金剛盤)등과 함께 짝을 이루어 나타나는 밀교의식 법구이다.

그림 Ⅶ-73 금강저   그림 Ⅶ-74 금강령
                        (청주사뇌사지, 고려시대)

　금강령(金剛鈴)은 승려들이 가지고 다녔던 방울에서 유래한 것으로 법회나 강론등의 의식을 행할 때 흔들어 소리를 냄으로서 중생을 집중시키는데 사용하였다. 손잡이의 모습이 금강저와 비슷하여 붙여진 이름이다. 금강령의 외면에는 사천왕, 명왕 등을 고부조로 조각하기도 하였다. 손잡이 상부의 뾰족한 부분을 고(鈷)라고 한다. 이 고의 숫자에 따라서 독고령(獨鈷鈴), 삼고령(三鈷鈴), 오고령(五鈷鈴)등으로 부른다. 조선시대에 이르러는 금강령의 형태가 사라지고 손잡이 끝 부분을 귀면(鬼面)으로 장식하거나 아예 몸체에 아무런 장식이 없는 단순한 형태로 바뀌었다.

10) 경자(磬子)

　경자(磬子)는 본래 중국의 악기이다. 만든 재료는 옥, 구리, 쇠등 다양하며 용도에 따라서 송경(頌磬), 가경(歌磬)등으로 불리었다. 또한 줄에 매달아 공

중에 떠 있는 부경(浮磬)과 손잡이가 있는 작은 종 모양으로 의식을 행하거나 대중을 모을 때 사용하는 인경(引磬)등이 있다. 일본에서는 금자(金子) 또는 농자(籠子)라고도 불리는데 향 공양을 올릴 때나 경전을 읽을 때 사용한다. 주로 불전 앞에 매달아 놓거나 책상 위에 올려놓고 나무망치로 친다.

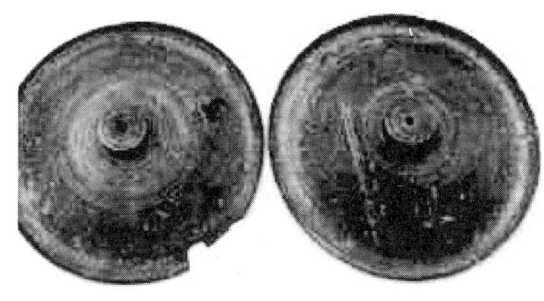

그림 VII-75 경자(청주시뇌사지, 고려시대)   그림 VII-76 발자(태안사소장, 조선시대)

11) 바라

바라는 서양의 악기인 심벌즈(cymbals)처럼 2구 일조로 되어 서로 맞 부딪혀 소리를 내는 악기이다. 이를 발자(鈸子), 동반(銅盤), 요발(鐃鈸) 등으로 부르기도 한다. 사찰에서는 여러 가지의 의식을 행할 때에 사용되는데 불전에 향을 올린다든지, 찬불가를 부를 때 또는 죽은 자를 위한 염불 등의 의식에 사용되기도 한다. 우리나라에 발자가 언제부터 사용되었는지는 분명치 않으나 현재로서는 고려시대의 것이 남아 있다. 고려시대 발자의 예는 경북 상주 서곡동에서 출토된 청동발자가 유일하다. 조선시대 발자의 대표적인 예는 태안사(泰安寺) 대바라(보물 956호)가 있다. 이는 지름이 92cm나 되는 대형품인데 세종 29년(1447년) 효령대군이 세종과 왕비, 왕세자의 복을 빌기 위하여 만들었다는 내용의 명문이 새겨져 있다.

5. 불화

　불화(佛畵)란 불교의 종교적인 이념을 그림으로 표현한 것을 말한다. 일반적으로 사찰에 그려진 그림은 모두 불화라고 보면 된다. 주로 사찰건물의 내외벽면에 벽화의 양식으로 그려지거나, 천이나 종이에 불화를 그려 불전의 안팎에 걸어두는 탱화의 형태로 나타난다. 불화는 처음에는 불전이나 탑과 같은 건조물을 장엄하기 위하여 시작되었다. 이후 어려운 불교교리를 대중에게 쉽게 전달하기 위하여 시각화하여 표현하였다.

　불교에서 언제부터, 혹은 어떻게 불화를 그리기 시작하였는지 명확히 알 수는 없다. 단지 인도의 초기 사찰에 벽화가 그려져 있었다는 사실은 여러 불경에 표현되어 있다. 특히 최초의 불교 사찰로 알려진 기원정사(祇園精舍)에는 건물의 명칭이나 용도에 따라서 각기 다른 내용의 불화가 그려져 있었다고 한다. 현존하는 불화 중에 가장 오래된 것은 기원전 2세기경의 아잔타 석굴벽화이다. 초기의 불화는 장식적인 내용이나 불전도, 본생도 등의 주제였을 것으로 추정되고 있다.

　오늘날 우리가 흔히 볼 수가 있는 불화는 대체로 불상을 보조하는 역할을 한다. 본존불(本尊佛)을 모신 금당(金堂)의 정면이나 좌우벽면에 그려지고 있다. 중요한 주제는 불전(佛傳)과 본생담(本生譚)이며, 그밖에 각종의 불상(佛像: 보살, 천, 나한)과 무속신앙이나 도교와 연관되는 신선도(神仙圖)등이 표현되었다. 특히 불교와 무관한 것으로 보여지는 신선도가 불화에 나타나고 있는 사실은 우리나라 불화의 특징이라고 할 수 있을 것이다. 이는 불교가 우리나라에 유입되어 민중들에 널리 퍼져 있던 토착종교와 결합하여 수용되는 과정을 나타낸 것이다.

1) 불화(佛畵)의 양식적 변천

　우리나라에 불화가 나타난 시기는 삼국시대 불교의 전래와 함께였던 것으로 추정되나 자세한 내용은 알 수 없다. 단지 부여부소산절터와 미륵사지에서 벽화파편이 출토된 바가 있어 백제시대 불화의 단편을 짐작케 한다. 또한 신라에서는 홍륜사(興輪寺)의 금당에 벽화가 있었다는 기록(≪삼국유사≫ 권 5)이 전하며, 고구려의 승려인 담징(曇徵)이 일본으로 건너가 법륭사(法隆寺) 금당(金堂)의 벽화를 그렸다는 기록과 함께 그 그림이 오늘날까지 전하고 있는 사실에서 당시의 사정을 짐작할 수 있는 정도이다.

통일신라시대에는 채전(彩典)이라는 국가기관을 두어 그림관련 일을 관장하였다. 불화도 역시 이 채전과의 관련을 생각지 않을 수가 없다. 이 시기의 벽화와 관련이 깊은 인물은 솔거(率居)를 들 수 있다. 그는 분황사의 관음보살과 단속사(斷俗寺)의 유마상(維摩像)을 그렸으며, 황룡사(皇龍寺) 벽에 노송(老松)을 그렸다는 기록 등이 남아 있다. 또한 당시 유행하던 미륵보살벽화나 석가모니상, 보현보살상 등이 그려졌다고 하는 각 종의 기록을 통하여 통일신라시대에 불화가 유행하였음을 짐작할 수 있다.

고려시대에는 불교의 융성과 함께 국난을 불력(佛力)으로 극복하려는 시대적 소망에 편승하여 많은 불화가 그려졌다. 이 시기에 화승(畵僧)으로 전하는 인물만도 20여인이 넘고 있다. 오늘날까지 전하는 불화를 통하여 고려시대의 양식적 특징을 짐작할 수 있다. 일본에는 현재 고려시대의 불화가 상당수 남아있는 것으로 알려져 있다.

현존하는 불화를 비교해 본다면 고려시대의 불화는 우리나라 불화의 전성기라고 할 수가 있을 정도로 섬세하고도 화려한 장엄미를 갖추고 있다. 이 시기의 불화는 벽화를 제외하고는 주로 비단이나 삼베에다가 그렸다. 고려시대의 불화는 홍색과 금색 또는 청색계통의 밝고 화려한 색이 주조를 이루고 있다. 불화의 구도는 협시불이 있을 경우 보통 상·하2단으로 표현되는데 주불(主佛)을 상단에 크게 강조하여 배치하고, 협시불은 하단에 작게 배치하였다. 13세기를 지나 14세기경부터는 본존으로 갈수록 좁아지거나 협시불을 지나치게 작게 표현하는 등의 변화상이 나타나며 또한 원만하고 박력있는 모습에서 근엄해지고 박력이 없는 모습으로 변하는 등의 양식적인 특징을 보이고 있다고 한다.

조선시대의 불화는 고려시대에 비하여 예술적인 품격이 떨어진다. 뿐만 아니라 시대가 지날수록 점차 회화적인 품격이 떨어지고 있는 양상을 보이고 있다. 이 시기 불화의 주변에는 불화의 제작에 관련된 내용을 기록한 화기(畵記)가 있는 것이 대부분이어서 불화의 연구는 물론이고 당시의 사회 및 문화의 일단까지도 알리는 귀중한 사료(史料)가 되고 있다. 이 시기의 불화는 17세기 중엽을 경계로 하여 전기와 후기로 구분할 수 있다. 조선전기의 불화는 남아있는 예가 많지 않다. 조선전기의 양식적 특징을 간단히 알아보면 고려시대에 비하여 선의 표현이 단순화되고 간략화 되었다. 또한 상·하 2단구도가 보다 약해지면서 작게 표현되던 협시불이 보다 강조되며, 협시불의 위치가 본존의 주위로 배치되고 있다. 구체적인 면에서는 육계의 표현이 보다 뾰족해지고 그 정상부에 장식구슬인 계주(髻珠)가 나타나고 있다.

조선시대 후기의 불화는 오늘 날 전하는 불화의 대부분을 차지하고 있다. 그 이전까지는 불화를 주로 비단이나 삼베에다가 그렸는데 이 시기에 이르러는 종이나, 모시 등에 그리기도 하였다.

조선후기 불화의 양식적 특징을 간략히 알아보면 다음과 같다. 첫째로, 상·하 2단구도가 완전히 없어지고 본존불을 중심으로 그려진다. 즉 중앙에 본존불을 중심으로 하여 그 주변에 보살과 제자, 천 등이 배치된다. 둘째로, 육계에 구슬장식(髻珠)이 여러 개 표현된다. 셋째로, 표현수법이 보다 경직되었고 장식화 되었다. 코나 입이 장식화 되었고 의인화되어 수염이 반드시 그려지고 있다. 그러나 19세기 이후에 이르러는 아주 도식화된 형태로 나타난다. 19세기불화의 양식적 특징을 알아보면 다음과 같다.

첫째로, 불화의 주제를 이루는 주인공상이 시대가 내려갈수록 점차 과대하게 표현되는 경향이 뚜렷해지며, 묘선(描線)에서도 그 이전의 원숙하고 활달한 필치가 서서히 경직되어 굵어지는 경향을 보이고 있다. 둘째로 18세기에 주조를 이루던 적색(赤色)과 녹색(綠色)이 점차 퇴조하면서 청색(靑色)계열로 바뀌는 등의 색상의 변화가 감지되며, 또한 색을 칠하는 방식에서도 농채(濃彩: 진한 채색))와 담채(淡彩: 엷은 채색)의 구분이 분명했던 것에서 점차 일률적인 것으로 바뀌어 화면이 매우 두텁게 변하였다.

2) 불화의 종류

불화는 몇 가지 종류로 구분할 수가 있다. 불화를 그린 장소에 따른 분류이다. 첫째는 벽화이다. 이는 사찰건물의 벽면에다가 벽화를 그려 불교교리를 대중들이 쉽게 이해할 수 있도록 하였다. 벽화에는 흙벽에다 그린 토벽화(土壁畵)와 돌에다 그린 석벽화(石壁畵)가 있다. 토벽화의 예로서는 부석사조사당벽화(국보 46호, 고려 우왕 3년(1377))가 대표적이다. 석벽화의 예로는 우리나라에선 찾기가 어렵지만 중국 돈황의 석굴벽화 등이 대표적이다. 둘째는 천정(天井)벽화이다. 이는 사찰건물의 벽면 상부에 해당되는 지붕부분에 불화를 그린 것이다. 지붕에다가 화려한 모습의 채색을 하였는데 이를 단청(丹靑)[48]이라고 한다. 셋째는, 거는 그림인 탱화(幀畵)이다. 이는 천이나 종이에

---

[48] 단청(丹靑)은 목조건물이나 공예품 등에다가 여러 가지 빛깔(청, 적, 황, 백, 흑)로 채색하여 장식하는 그림과 무늬를 일컫는 말이다. 단청은 무기염류인 광물질의 안료를 사용하여 그린다. 먼저 밑칠을 한 연후에 문양본을 대고 문양을 떠서 다섯 가지의 색깔을 적절히 혼합하여 색칠을 한다. 단청을 하게 되면 건축물의 종교적이고도 화려한 장엄미를 나타낼 수가 있을 뿐만 아니라 벌레의 침식을 방지하고 방습효과가 있어 목조건물의 부패를 방지해준다는 측면도 있다. 단청 기술자를 가리켜 화원(畵員), 화공(畵工), 화사(畵師), 가칠장(假漆匠), 도채장(塗彩匠) 등이라 한다. 단청의 종류로는 ① 가칠(假漆)단청(뇌록, 석간주 등의 동일색으로 바탕색을 칠한 것). ② 긋기단청(가칠한 후에 흑과 백의 선을 긋는 것). ③ 모로[毛老]단청(부재의 끝머리 부분에 그린 것). ④ 금(錦)단청(부재의 양끝에 머리초를 치고 여러 가지 무늬를 그린 것). ⑤ 금모로(錦毛老)단청(모로단청에 금단청을 병용한 것)등이 있다. 단청문양은 동·식물문양, 기하학

다가 불화를 그려 불상 뒷편이나 불전의 내부에다가 걸어두어, 불상의 보조적인 역할을 하도록 하였다. 특히 조선시대 후기에 사찰에서 유행하였다. 이와 같은 탱화 중에는 야외에서 법회를 할 때 사용하기 위하여 별도로 제작한 괘불화(掛佛畵)가 있다. 탱화는 주로 비단(絹本)이나 모

그림 Ⅶ-77 단청(불국사대웅전)

시(麻本)에다가 그렸는데 조선시대 후기에 이르러는 삼베(苧本)나 종이(紙本)에다가 그리기도 하였다. 넷째는 불경(佛經)에다가 그림을 그린 불경화(佛經畵)가 있다. 불경화는 불경의 내용을 그림으로 나타낸 것이어서 이를 변상도(變相圖)라고 부르기도 한다.

  불화를 내용에 따라서 분류할 수 있다. 즉 불화를 그린 목적이 대중을 교화하기 위한 것인지 아니면 사찰에서 예배용으로 제작된 것인지 혹은 장엄용으로 그린 것인지 하는 것이다. 대중교화용의 그림은 불전 내외의 벽면에 그리거나, 불전내부에 탱화로 그린 것이 많다. 대중들에게 교훈적인 내용이나 불교교리를 알기 쉽게 설명한 것이 대부분이다. 그러한 예를 몇 가지만 들어보면 다음과 같다. 석가모니의 일대기를 표현한 팔상도(八相圖), 불교의 진리를 깨닫는 과정을 소를 찾는 과정에 비유하여 그린 심우도(尋牛圖), 죄를 짓지 않게 하려는 시왕도(十王圖) 등이 있다. 예배용의 불화는 주로 불전 내부의 주불상(主佛像)의 뒷편에 봉안하여 불상의 보조적인 역할을 하도록 하였다. 그러한 예를 몇 가지만 들어보면 다음과 같다. 대웅전의 석가모니불상 뒷편에 봉안하는 영산회상도(靈山會相圖), 극락전의 아미타여래불상 뒷편에 봉안하는 아미타삼존도(阿彌陀三尊圖), 약사전의 약사여래불상 뒷편에 봉안하는 약사삼존도(藥師三尊圖)등이 있다. 장엄용의 불화는 건물의 화려함을 더해주는 단청이나 동·식물문양 등이 포함된다.

  문양, 길상(吉祥)문양 등이 있다.

3) 불화의 내용

(1) 벽화(壁畵)

　벽화(壁畵)는 사찰의 건물을 장엄하기 위하여 건물의 내외 벽면에다가 직접 그려진 그림을 말한다. 벽화의 위치에 따라서 후불(後佛)벽화[49], 측(側)벽화[50], 포(包)벽화[51]로 구분할 수 있다. 벽화에 그려지는 그림의 주제는 다양한데 불교의 숭배대상이 되는 여래상[52]이나 보살상[53] 등과 같은 인물화나 불교의 교리를 설명하는 내용 등이 주로 그려지고 있다. 대표적인 것으로는 부처님의 일생을 그린 팔상도(八相圖)나 불교교리를 깨우치는 그림을 그린 심우도(尋牛圖)등이 있다.

① 팔상도(八相圖)

　팔상도는 석가모니의 일생을 여덟 단계로 나누어 극적인 장면을 그린 그림이다. 불전의 벽화에 그려지거나 또한 탱화(幀畵)로서 사찰의 팔상전(八相殿)이나 영산전(靈山殿)에 봉안하기도 한다. 그 여덟 장면에는 각기 제목을 기록

---

49) 후불벽화(後佛壁畵)는 불상을 봉안한 불단의 뒷편의 별도로 세운 벽에 그린 그림을 말한다. 그림의 주제는 앞에 봉안된 불상과 동일한 주제의 그림을 그린다. 예를 들어 아미타불상을 봉안한 건물이라면 아미타불이나 아미타삼존도와 같은 그림이 그려져 있다.
50) 측벽화(側壁畵)는 불전 좌우의 벽면에 그려진 그림을 말한다. 불전의 성격에 따라서 다양한 주제가 그려진다. 일례를 들어 아미타불을 봉안한 아미타전이나 극락전이라면 아미타래영도나 관세음보살도를 비롯한 여러 가지 주제가 그려지고 있다.
51) 포벽화(布壁畵)는 지붕부분에 해당되는 공포(栱包)와 공포사이에 그려진 그림을 말한다. 여기에는 화려한 단청과 함께 인물화나 장식화 등이 주제로 그려져 있다.
52) 그러한 예로서는 무위사극락전아미타후불벽화(無爲寺極樂殿阿彌陀後佛壁畵, 보물 1313호, 조선 성종 7년(1476))가 있다. 이는 아미타삼존불의 뒷편에 세워진 벽면에 아미타삼존도를 그렸다.
53) 그러한 예로서는 무위사극락전백의관음도(無爲寺極樂殿白衣觀音圖, 보물 1314호)가 있다. 이는 아미타후불벽화(보물 제1313호)의 뒷면에 일렁이는 파도 위에 연잎을 타고 서 있는 백의관음보살을 그린 벽화이다.

하여 내용을 쉽게 이해할 수 있도록 하였다. 여덟 장면을 하나씩 알아보면

- 가. 도솔래의상((兜率來儀相): 도솔천에서 수행을 하던 석가모니가 흰 코끼리를 타고 인간 세계로 내려와 마야부인에게 들어가 수태되는 모습을 묘사하였다.
- 나. 비람강생상(毘藍降生相): 석가모니가 마야부인의 모습을 빌어 태어나는 모습을 형상화한 그림이다. 마야(摩耶)부인이 산달을 맞아 친정으로 가던 도중 산기가 있어 룸비니동산으로 가서 석가모니를 낳는 모습이다. 석가모니는 부인의 오른쪽 옆구리로 출생하였다. 그는 나오자마자 한 손을 들어 하늘을 가리키고, 다른 한 손은 땅을 가리키고는 이른바 '천상천하유아독존(天上天下唯我獨尊)'이라고 외치는 모습을 묘사하였다.
- 다. 사문유관상(四門遊觀相): 석가모니께서 도성 밖에서 사는 사람들의 고단한 모습을 보고 충격을 받아 인생의 덧없음을 깨닫고 출가를 결심하는 장면을 묘사하였다. 즉 석가모니는 어느 날 도성(都城)인 카필라스투스의 동쪽성문 밖에서 한 늙은이를 만났는데 아주 늙고 추한 모습이었다. 석가모니는 이를 보고 인간의 늙음을 깨닫게 되었다. 또 어느 날 남쪽성문을 나서는 병든 환자를 보고 인간의 고통을 깨닫게 되었다. 또 어느 날 서쪽성문 밖에서 죽은 사람의 모습을 보고서는 인간의 죽음을 알게 되었다. 석가모니는 인간의 늙음과 병, 죽음을 깨닫고 깊은 시름에 잠기게 되었는데 어느 날 북쪽 성문에서 이러한 괴로움을 떠난 수행자의 모습을 보고 커다란 감명을 받았다. 이에 석가모니는 생·노·병·사에 고통 받는 인생의 덧없음을 깨닫게 되었고 자신도 집을 떠날 결심을 굳혔다.
- 라. 유성출가상(踰城出家相): 석가모니께서 드디어 태자라는 신분과 사랑하는 처자를 버리고 궁중을 떠나는 29세 때의 모습을 형상화하였다.
- 마. 설산수도상(雪山修道相): 인생의 덧없음을 고민하고 방황하던 석가모니께서 부다가야의 보리수 아래에 앉아 고행하는 모습을 형상화하였다.
- 바. 수하항마상(樹下降魔相): 석가모니께서 고행의 마지막 단계로서 악마의 갖가지 유혹을 물리치고 마침내 성도하는 모습을 표현하였다.
- 사. 녹야전법상(鹿野轉法相): 성도를 이룬 석가모니께서 그 곳에서 500리쯤 떨어진 녹야원으로 가서 처음으로 5명의 수행자에게 설법하여 그들을 귀의시키는 모습을 표현하였다.

아. 쌍림열반상(雙林涅槃相): 전도에 힘쓰던 석가모니께서 80세에 이르러 인생
   은 제행무상(諸行無常)이니 더욱 정진할 것을 제자들에게 당부하고 사라
   쌍수 아래서 열반에 드는 모습을 표현하였다.

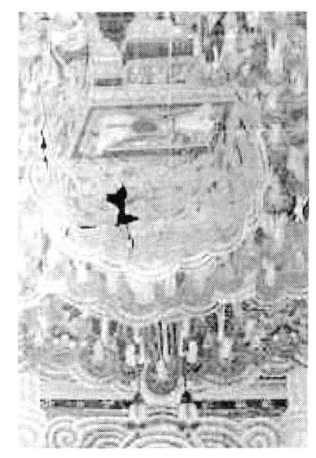

그림 Ⅶ-78 팔상도중의 열반상
(용문사, 보물 1,330호)

속리산 법주사의 팔상전에는 내부의 사방 벽면에 팔상도를 두 장면씩 표현하였다. 또한 양산의 통도사 영산전에는 탱화로서 팔상도가 걸려져 있다.

② 심우도(尋牛圖)

심우도(尋牛圖)는 본성을 찾아 수행하는 단계를 동자(童子)나 스님이 잃어버린 소를 찾는 과정에 비유해서 묘사한 선종화(禪宗畵)계열의 불화이다. 이를 십우도(十牛圖)라고도 부른다. 본래 도교(道敎)의 팔우도(八牛圖)에서 유래된 것으로 12세기 중엽 중국 송나라 때 곽암선사(廓庵禪師)가 2장면을

그림 Ⅶ-79 심우도 제5 목우

그림 Ⅶ-80 심우도 제 10 입전수수

추가하여 십우도(十牛圖)를 그렸다. 중국에서는 소 대신 말을 등장시킨 시마도(十馬圖), 티베트에서는 코끼리를 등장시킨 시상도(十象圖)가 전해진다.

이와 같은 심우도는 경우에 따라서 몇 장면을 생략하기도 한다. 심우도는 송광사를 비롯한 사찰에서 볼 수 있다. 이외에도 각 종의 불상(菩薩像, 天, 羅漢)이나 토착종교와의 결합을 나타내는 신선도(神仙圖)를 비롯한 여러 가지 주제가 나타나고 있다.

(2) 탱화(幀畵)

탱화는 비단과 같은 천이나 종이에다가 불화를 그려서 불전 안에 걸어두어, 불상의 보조적인 역할을 하도록 하였다.54) 탱화가 앞의 벽화와 다른 점은 벽화가 건물에 직접 그린 것에 비하여 탱화는 그려서 걸어놓은 차이라 하겠다. 탱화는 그 주제와 걸어두는 위치에 따라서 크게 상단탱화(上壇幀畵)와 중단탱화(中壇幀畵), 하단탱화(下壇幀畵)로 분류된다. 상단탱화(上壇幀畵)는 불단(佛壇)위에, 중단탱화(中壇幀畵)는 보살단(菩薩壇)위에, 하단탱화(下壇幀畵)는 신중단위에 걸려지는 그림을 말한다. 상단과 중단탱화를 합쳐서 후불탱화(後佛幀畵)라 하기도 한다. 후불탱화(後佛幀畵)는 불전(佛殿)의 중심이 되는 불상의 뒷편에 봉안된 탱화를 말한다. 신중탱화(神衆幀畵)는 불교의 호법신(護法神)을 표현한 것이다. 후불탱화가 본존불의 신앙적 성격을 보다 구체적으로 묘사한 것이라고 한다면 신중탱화는 수호신적인 기능을 띤 것이다. 후불탱화의 경우 본존불이 무슨 불(佛)이냐에 따라 탱화의 주제가 달라지고 신중탱화의 경우에도 그 호법신의 명칭에 따라서 그 주제가 달라진다.

① 후불탱화(後佛幀畵)

후불탱화(後佛幀畵)는 불전(佛殿)의 중심이 되는 불상의 뒷편에 봉안된 탱

---

54) 특수한 경우로는 나무를 깎아내 불교적인 내용을 표현한 목각탱이 있다. 이 경우는 흔치 않은데 대표적인 예로서는 용문사목각탱(경북 예천군, 보물 989호, 숙종 10년 (1684))을 들 수가 있다.

화를 말한다. 후불탱화(後佛幀畵)는 불전의 명칭에 따라서 대웅전후불탱화(大雄殿後佛幀畵), 극락전후불탱화(極樂殿後佛幀畵), 약사전후불탱화(藥師殿後佛幀畵)등으로 분류할 수 있다. 후불탱화는 ≪법화경≫이나 ≪화엄경≫의 내용을 그림의 주제로 하는 것이 보통이다.

가. 대웅전후불탱화(大雄殿後佛幀畵)

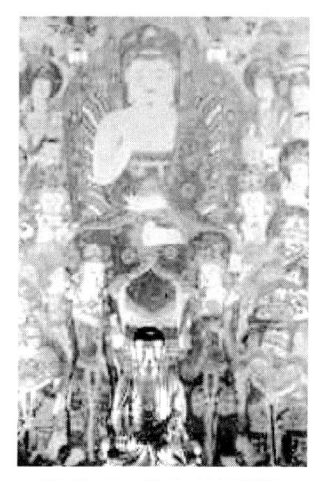

그림 Ⅶ-81 쌍계사영산회상도
(보물 925호)

대웅전후불탱화(大雄殿後佛幀畵)는 대웅전이나 영산전의 주존불(主尊佛)로 봉안된 석가모니를 주제로 한 불화이다. 대표적인 것으로는 석가모니가 영취산(靈鷲山)55)에서 제자들에게 ≪법화경(法華經)≫을 설법하는 모양을 그림으로 표현한 영산회상도(靈山會相圖)가 있다. 특히 영산전은 묘법연화경을 설법하는 장면을 묘사한 영산회상도를 봉안하기 위하여 특별히 건립한 전각이다.

나. 극락전후불탱화(極樂殿後佛幀畵)

극락전후불탱화(極樂殿後佛幀畵)는 극락전이나 아미타전의 주존불로 봉안된 아미타여래의 뒷편에 걸려 있다. 서방 극락정토를 관장하면서 중생들에게 장수(長壽)를 보장해주고 선행자에게는 극락으로 왕생케 해주는 아미타여래가 극락 서방정토에서 설법하는 내용을 묘사하였는데, 아미타극락회상도(阿彌陀極樂會上圖)라고도 한다. 아미타여래와 그 협시불인 관세음보살(觀世音菩薩)과 대세지보살(大勢至菩薩)만을 그리는 경우와 아미타여래와 좌우협시불 이외에 2보살·6보살 등의 여러 보살상과 사천왕(四天王), 청문중(聽聞衆)을 그리는 경우 등이 있다.

―――――――――――――
55) 영취산(靈鷲山)은 고대 인도 마가다국의 수도 라자그리하(王舍城: 현재의 비하르주 라지기르)의 주변에 있는 산으로서 석가모니의 설법장소로서 유명하다. 법현(法顯)의 ≪불국기(佛國記)≫나 현장(玄奘)의 ≪대당서역기(大唐西域記)≫ 등에 의하면, 산꼭대기에 벽돌로 지은 설법당 흔적이 있었다고 한다.

그림 Ⅶ-82 천은사극락전
아미타후불탱화(보물 924호)

그림 Ⅶ-83 무위사극락전
아미타삼존도(보물 1,313호)

아미타래영도(阿彌陀來迎圖)는 아미타여래가 구름을 타고 극락왕생하는 사람을 마중 나와 서방극락으로 인도해간다고 하는 내용을 묘사한 것이다. 즉 열심히 나무아미타불을 외우면 극락왕생할 수 있다는 아미타신앙에서 나타난 것인데 가장 대중적인 그림중의 하나이다. 이는 아미타여래가 단독으로 맞이하는 모습 또는 아미타여래가 여러 보살들과 함께 맞이하는 모습 등으로 구분할 수 있다.

관경변상도(觀經變相圖)는 정토종(淨土宗)의 경전인 관무량수경(觀無量壽經)의 내용을 그림으로 압축하여 표현한 것이다. 이는 아미타여래가 16관법(觀法)으로 구제하는 내용56)이다.

---

56) 그 내용은 마가다왕국의 아사세태자가 왕위를 찬탈하려 하니 왕비가 왕을 몰래 도와주므로 해치려 하자, 왕비는 부처가 있는 곳을 향해 지성으로 예배하고 발원하면서 교화해 주기를 빌었다. 이에 부처님이 신통력으로 극락세계를 보여주며 16종의 관법을 말해 주어 왕비와 시녀를 깨닫게 하여 왕을 구제하였다는 것이다. 그 구체적인 내용은 다음과 같은 3가지 장면으로 표현된다. 첫째는 태자가 굶어 죽어가는 부왕에게 음식을 가져가는 모후(母后)를 칼로 죽이려 하자 월광(月光)과 노파 등 두 대신이 이를 말리는 장면이며, 둘째는 유폐(幽閉)되어 있는 왕에게 부처의 10대 제자 가운데 특히 설법

다. 비로사나전후불탱화(毘盧舍那殿後佛幀畵)

비로사나전후불탱화(毘盧舍那殿後佛幀畵)는 대광보전이나 대적광전의 주존불로 알려진 비로사나불(毘盧舍那佛)의 뒤편에 걸려 있다. 비라사나불이 지권인을 하고 설법하는 모습을 표현하였다. 비로사나불을 단독으로 그리거나 또는 비로사나불과 그 협시불로서 문수보살과 보현보살을 표현하는 경우가 있다. 그러한 예는 월정사성보박물관에 있는 영원사비로자나불후불탱화(강원도 평창군, 강원도 유형문화재 134호, 조선시대)가 있다.

또한 중앙에 비로사나불, 왼쪽에 노사나불, 오른쪽에 석가여래를 배치한 경우도 있는데 이를 비로사나삼신도라고 한다. 이 경우에는 중앙에 비로사나후불화를 두고 그 좌우에 각기 노사나후불화와 석가여래후불화를 배치하기도 한다. 그러한 예는 통도사대광명전삼신불도(通度寺大光明殿三身佛圖, 보물 1,042호, 영조 35년(1759))가 있다.

그림 Ⅶ-84 직지사약사불회도
(보물 670호)

화엄전은 화엄경변상도를 봉안하기 위하여 건립한 전각이다. 화엄경은 화엄종(華嚴宗)의 근본 경전인데 불타의 깨달음의 내용을 그대로 표명한 경전이며, 비로사나불(毘盧舍那佛)을 교주로 한다. 화엄경변상도(華嚴經變相圖)는 화엄경의 내용을 집약하여 그림으로 묘사한 것이다.

라. 약사전후불탱화(藥師殿後佛幀畵)

약사전후불탱화(藥師殿後佛幀畵)는 약사전의 주존불로 봉안된 약사여래의 뒤편에 걸려 있다. 약사가 한 손에 약사발을 들고 있는 모습으로서 약

을 잘하는 부루나가 설법하는 그림이다. 셋째는 대왕이 기사굴산의 부처를 향하여 합장하면서 괴로움에서 벗어나기를 간절히 기원하자 부처가 날아오는 장면이 묘사된 그림이다.

사정토를 묘사하였다. 약사여래와 협시불인 일광보살과 월광보살 그리고 12신장(神將)을 표현하였다.

또한 불전에 석가모니불, 아미타여래, 약사여래 등 이른바 삼존불을 함께 봉안한 경우에는 불상의 뒤편에다가 각각의 주제에 해당하는 탱화를 표현하였다.

마. 미륵전후불탱화(彌勒殿後佛幀畵)

미륵전후불탱화(彌勒殿後佛幀畵)는 미륵전 또는 용화전의 주존불로 봉안된 미륵불의 뒤편에 걸려있는데 미륵보살의 설법장면을 묘사하였다. 이는 미륵보살이 도솔천의 미륵천궁에서 설법하고 있는 모습을 표현한 미륵정토변상도(彌勒淨土變相圖)와, 용화수 아래서 미륵불이 되어 중생을 제도하는 장면을 묘사한 미륵하생도(彌勒下生圖), 미륵보살이 주위인물들과 함께 구름을 타고 내려오는 모습을 그린 미륵래영도(彌勒來迎圖)등의 3종류가 있다.

바. 지장보살(地藏菩薩)탱화

지장보살(地藏菩薩)탱화는 명부전의 주존불인 지장보살의 뒤편에 걸려 있다. 지옥을 비롯하여 육도(六道)57)의 윤회에서 고통받는 일체중생을 구제하는 지장보살을 중심으로 그 좌우에 무독귀왕과 도명존자 등이 표현되어 있다. 경우에 따라 지장보살 주변에 시왕(十王)을 표현하기도 한다. 고려시대(14세기) 탱화로 유명한 지장도(地藏圖, 경기도 용인의 호암미술관, 보물 784호, 크기 130×239.4cm)는 지장보살을 본존으로

그림 Ⅶ-85 북지장사지장보살도

---

57) 육도(六道)는 깨달음을 얻지 못한 무지한 중생이 윤회전생(輪廻轉生)하게 되는 6가지 세계를 나타내는 불교용어이다. 모두 6개의 단계로 나뉘어져 있다. 가장 좋지 못한 곳이 지옥도(地獄道), 그 다음이 아귀도(餓鬼道), 축생도(畜生道), 아수라도(阿修羅道) 또는 수라도, 인간도(人間道), 천상도(天上道)로 구분된다.

그림 Ⅶ-86 양유관음도
(고려시대)

하고, 왼쪽 위에서부터 천왕(天王)·무독귀왕(無毒鬼王)·범천(梵天)·천왕이 있고, 오른쪽에는 위에서부터 천왕·도명존자(道明尊者)·제석(帝釋)·천왕(天王)이 협시하고 있다. 여기에다가 시왕(十王)의 그림이 첨가된 것을 지장시왕도(地藏十王圖)라고 한다.

삼장보살(三藏菩薩)탱화는 지장보살이 삼신불사상과 연관하여 나타난 우리나라 특유의 그림이다. 삼장보살(三藏菩薩)은 법신에 해당하는 천장보살(天藏菩薩), 보신에 해당하는 지지보살(地持菩薩), 화신에 해당하는 지장보살을 의미한다. 이는 중앙에 설법인의 모습을 한 천장보살이 그 좌우에 각기 왼손에 경책을 들고 있는 모습의 지지보살과 왼 손에 구슬을 들고 있는 모습의 지장보살이 배치된다.

사. 관음보살탱화(觀音菩薩幀畵)

관음보살탱화(觀音菩薩幀畵)는 관음전, 관음각 또는 원통전에서 주존으로 봉안하고 있는 관음보살의 뒤편에 걸려 있다. 우리나라에서는 관음신앙이 민간에 널리 유행하였기 때문에 관음보살탱화를 다수 제작 봉안하였다. 관음보살탱화는 아미타전에 협시불로 봉안된 관음보살의 탱화로서도 다수 제작되었다. 관음보살 탱화의 대표적인 예는 수월관음보살도58)(水月觀音菩薩圖, 호암미술관, 보물 926호, 고려시대)와 무위사극락전백의관음도(無爲寺極樂殿白衣觀音圖, 전남 강진군, 보물 1314호, 성종 7년(1476))가 있다.

---

58) 수월관음보살도(水月觀音菩薩圖)는 선재동자(善財童子)가 진리를 구하기 위하여 남인도의 바닷가에 있다는 포타락가산(浦陀洛迦山)으로 관음보살을 찾아가 예배드리는 모습을 그린 것이다. 고려시대에 유행하였는데 14세기의 작품이 현재 27점 가량 남아있다고 한다.

② 신중탱화(神衆幀畵)

신중탱화(神衆幀畵)는 불교의 호법신(제석천, 사천왕, 팔부중)을 표현한 것이다. 이는 그 주제에 따라서 다시 제석(帝釋)탱화, 팔부(八部)신중탱화와 사천왕(四天王)탱화로 구분하는데 이들이 함께 표현된 경우도 많이 있다. 또한 명부전에 봉안되는 지장탱화와 함께 나타나는 시왕(十王)탱화도 여기에 포함된다. 특히 우리의 고유신앙과 연관된 산신(山神)탱화이나 칠성(七星神)탱화등도 포함되는데 이는 우리나라 탱화의 한 가지 특징이라고 할 수가 있다.

그림 Ⅶ-87 신중탱화(쌍계사)

③ 진영(眞影)

진영(眞影)은 조사(祖師)나 수행이 깊은 고승(高僧)의 초상화를 가리킨다. 일반에서 사용하는 영정(影幀)이란 말과 유사한 개념이다. 진영은 진영당(眞影堂), 국사전(國師殿), 조사전(祖師殿) 등으로 불리는 건물에 봉안되는 것이 보통이다. 본래 고대 불교에서는 고승에 대한 진영(眞影)을 제작하지 않았다. 우리나라에서는 언제부터 진영을 제작하였는지 분명치 않다. 통일신라시대에 이르러 각 종파가 성립되고, 특히 중국에서 선종이 유입되어 유행하게 되면서 유행하였다고 추정된다. 교종(敎宗)에서 불교경전을 중시하는 것과는 달리 선종(禪宗)에서는 경전을 그다지 중시하지 않는다. 즉 선종에서는

그림 Ⅶ-88 송광사보조국사 진영도(보물 1,043호)

Ⅶ. 불교문화 249

스승과 제자사이의 관계를 보다 중시하면서 스승을 숭상하는 사제상전(師弟相傳)의 법문이 확립되었다. 이에 각 선문(禪門)에서는 개산조(開山祖)를 숭앙하게 되었고 그 방편으로서 진영이 다수 제작되기에 이르렀다. 이후 고려시대를 거쳐 조선시대에 이르기까지 상당한 숫자의 진영이 제작되었다고 추정되지만 그 내구성의 문제로 인하여 남아 전하는 것이 드물다. 현재 전하고 있는 진영은 대부분이 조선시대 후기에 제작된 것이다.

④ 괘불화(掛佛畵)

괘불화(掛佛畵)는 불전밖에서 큰 법회나 의식을 거행할 때 걸어 놓는 대형의 탱화를 말한다. 수많은 대중이 멀리서도 볼 수 있도록 크게 그린 것이 특징적이다. 따라서 큰 것은 화면이 10~15m 가량 되는 것도 있다. 괘불을 내걸고 행하는 의식을 괘불재(掛佛齋)라고 한다. 괘불재는 불교신앙적인 의미보다는 민속신앙적인 측면이 강하다.

그림 Ⅶ-89 화엄사영산회괘불탱
(국보 301호)

괘불재의 종류로는 국가에 큰 천재지변이 생겼을 때나 기우제(祈雨祭), 수륙재(水陸齋)[59], 영산재(靈山齋)[60], 관음재(觀音齋), 예수재(豫修齋)[61], 용왕재, 산신재, 방생재(放生齋)등을 꼽을 수가 있다. 따라서 법회의 성격에 따라서 적합한 주제의 괘불화를 걸어 놓는 것이 보통이다. 예를 들어 수륙재(水陸齋)를 올릴 때는 명부시

---

59) 수륙재(水陸齋)는 물속과 육지에서 헤매는 외로운 영혼을 달래고 이들을 천도하는 불교의식을 말한다.
60) 영산재(靈山齋)는 사람이 죽은 지 49일 만에 영혼을 천도하는 의식이다.
61) 예수재(豫修齋)는 죽은 후에 극락왕생하기 위해 미리 재(齋)를 올려 공덕을 쌓는 의식을 말한다. 도교의 시왕신앙(十王信仰)이 불교에 수용된 것이다.

왕도(冥府十王圖)나 지장회상도(地藏會上圖)를, 영산재(靈山齋)는 영산회상도(靈山會上圖), 관음재는 관음보살도, 산신재는 산왕대신도, 용왕재에는 용왕대신도 등을 걸어 놓는다. 괘불은 규모가 큰 사찰에서나 볼 수가 있는데 실제로는 행사 때마다 주제에 맞추어 괘불을 걸지 못하고 한 두가지정도의 괘불로서 대치하기도 한다.

(3) 불경화(佛經畵)

불경화(佛經畵)는 불경을 베낀 목판이나 책 등에다가 그 내용을 압축하여 묘사한 그림을 말한다. 어려운 불교교리를 하나의 그림으로 압축하여 표현한 것을 변상도(變相圖)라고 한다. 불경변상도(佛經變相圖)는 백지(白紙)나 감지(紺紙), 비단 등에 먹이나 금(金泥)·은(銀泥)을 사용하여 선(線) 위주로 그림을 그려 나갔다. 대체로 권(卷)머리나 또는 경(經)머리에 한 폭의 그림으로 장식한 사경변상도(寫經變相圖)와, 점차 인쇄술의 발달에 힘입어 목판이나 활판으로 찍은 판경변상도(版經變相圖)가 있다.

그림 Ⅶ-90 화엄경변상도(보물 754호)

6. 부도(浮圖)와 탑비(塔碑)

1) 부도(浮圖)

부도(浮圖)는 승려의 사리나 유골을 봉안한 묘탑을 말한다. 고대의 인도어인 Buddha를 음역한 것으로 부도(浮屠), 불도(佛圖)등으로 표기되기도 한다. 중국에 불교가 전래된 이후인 후한(後漢) 때부터 남북조시대에 많이 쓰여진 용어이다. 부처님의 진신사리나 법신사리가 탑안에 봉안되어 사찰의 중심부에 위치하는 것과는 달리, 부도는 사찰의 변두리나 외진 곳에 위치하고 있다. 결국 수행이 높은 스님의 묘탑을 사찰의 주변에 봉안함으로써 부처님과 비슷한 예우를 해주었던 것임을 알 수가 있다. 부도에는 스님에 대한 간단한 내력을 기록한 경우를 흔히 볼 수 있다.

불교에서 택하고 있는 매장방식은 석가모니이후 화장(火葬)이다. 우리나라에서는 화장한 이후에 그 뼈를 장골용기(藏骨容器)에 담아 매장하는 풍습이 널리 유행하였다. 또한 통일신라시대인 9세기 중엽에 이르러 중국에서 유입된 선종(禪宗)이 유행하였다. 선종에서는 조사(祖師)에 대한 숭상의식이 높아 불탑처럼 승려의 묘탑인 부도를 많이 건립하였다. 부도는 통일신라 중엽이후 고려·조선시대에 널리 유행하였다. 우리나라에서 부도가 언제부터 건립되었는지는 분명치 않다. 그렇지만 백제의 혜현(惠現)스님, 신라의 원광(圓光)법사와 혜숙(惠宿)스님 등의 부도가 당나라 정관(貞觀)연간(627~649)에 건립되었다는 기록이 ≪삼국유사≫에 나타나는 것으로 보아 삼국시대 말엽에 부도가 존재하였음을 알 수 있다. 현재 고고학적으로 확인할 수 있는 가장 오래된 부도는 신라 문성왕 4년(844)에 건립된 염거화상(廉居和尙)부도이다.

(1) 부도(浮圖)의 형태

스님의 사리를 봉안하는 부도는 소규모의 건물형태를 띠고 있어 마치 탑과 유사한 모습이다. 부도는 사찰의 외곽지역에 건립되는 것이 보통인데 고승의 경우에는 행적을 기록한 석비와 함께 세워지고 있다. 부도의 형태는 크게 3가지 종류가 있다. 팔각원당형(八角圓堂形)과 종형(鐘形) 그리고 특수형부도인데 이들은 각기 기단부, 탑신부, 상륜부로 구성되어 있다.

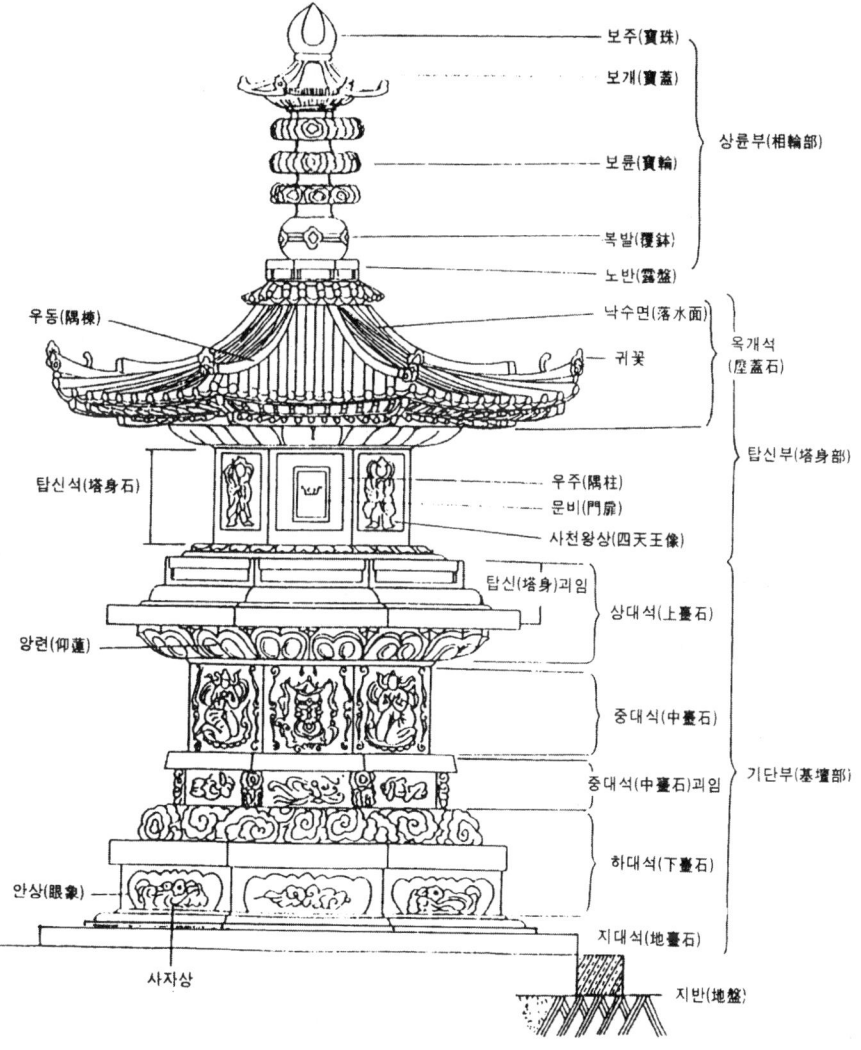

그림 Ⅶ-91 부도(浮圖)의 세부명칭

Ⅶ. 불교문학

① 팔각원당형부도(八角圓堂形浮圖)

그림 Ⅶ-92
쌍봉사철감선사부도(국보 57호)

팔각원당형부도(八角圓堂形浮圖)는 기단부와 탑신부, 옥개석 등이 모두 8각형을 띠고 있다. 전체적인 모습은 단층의 목조건물 양식을 섬세하게 표현하였다. 기단부에는 화려한 연꽃무늬와 안상 등을 새겼으며 탑신부에는 신장(神將)이나 비천(飛天)62) 등을 조각하였다. 팔각원당형부도는 통일신라시대와 고려시대에 유행하였다. 우리나라 부도의 우수한 작품은 대부분 이 형식에 속하고 있다. 탑비가 함께 세워진 것이 많다. 부도 옆에 세워진 탑비에는 개개인 승려들의 행적은 물론이고 다른 승려와의 관계와 사적(寺蹟), 나아가 당시의 사회 및 문화의 일단까지도 알리는 귀중한 사료(史料)가 되고 있다. 팔각원당형부도의 예를 몇 가지 들어 보자면, 염거화상(廉居和尙)부도(강원도 원주시, 현재는 경복궁, 국보 104호, 문성왕 4년(844년)), 쌍봉사철감선사(雙峰寺澈鑒禪師)부도(전남 화순군, 국보 57호, 경문왕 원년(861)) 등이 있다.

② 종형부도(鐘形浮圖)

종형부도(鐘形浮圖)는 마치 종을 엎어놓는 듯한 형상을 띠고 있는 부도를 말한다. 마치 사발을 엎어놓은 모양과 유사하다고 하여 이를 복발형부도(覆鉢

---

62) 비천(飛天)은 천(天)이 하늘을 날아다니는 형상을 말한다. 일찍이 인도신화에서부터 나타나는데 하급의 신으로 간주되었다. 나신(裸身)으로서 날개를 달고 날으는 기독교의 천사와는 달리 날개가 없는 것이 인도 비천의 특징이자 차이점이라 할 수가 있다. 보통 남녀의 비천이 서서 헤엄치는 모습을 띠고 있다. 중국에서는 날개가 없이 천의(天衣)를 길게 펄럭이며 비스듬히 날아오르는 유려한 모습으로 표현하였다. 예로부터 회화·조각에 표현되어 불당의 장엄을 나타내었다. 경주박물관에 있는 성덕대왕신종에 새겨진 비천상이 유명하다.

形浮圖)라고도 한다. 방형의 기단위에 종모양의 탑신을 올리고, 탑신의 상부에는 연꽃봉우리로 장식하거나 상륜부를 얹어놓는 형식이다. 종형부도는 조선시대에 널리 유행하였다. 종형부도의 예를 들자면, 신륵사보제존자석종(神勒寺普濟尊者石鐘, 경기도 양주군, 보물 228호, 우왕 5년(1379))과 북한지역에 소재한 화장사지공(華藏寺指空)부도(고려시대, 14세기)를 들 수 있다.

③ 이형부도(異形浮圖)

이형부도(異形浮圖)는 앞에서 설명한 보편적인 부도의 형식인 팔각원당형부도나 종형부도에 속하지 않는 특수한 형식의 부도를 말한다. 대체로 세 가지 종류가 있다.

가. 석탑형부도(石塔形浮圖)

석탑형부도(石塔形浮圖)는 일반적인 방형의 석탑을 모방하여 만든 부도이다. 그러한 예를 몇 가지 들어보자면, 령전사보제존자사리탑(令傳寺普濟尊者舍利塔, 강원도 원주시 현재 경복궁, 보물 358호, 우왕 21년(1388년)), 진전사지(陳田寺址)부도(강원도 양양군, 보물 439호, 9세기)를 들 수 있다.

그림 Ⅶ-93
신륵사보제존자석종(보물 228호)

그림 Ⅶ-94
진전사지부도(보물 439호)

나. 방형부도(方形浮圖)

방형부도(方形浮圖)는 평면을 팔각형(팔각원당형부도)이나 원형(종형부도)이 아니라 사각형을 이루도록 만든 부도이다. 그러한 예는 법천사지광국사현묘탑(法泉寺智光國師玄妙塔, 강원도 원주군, 현재 경복궁, 국보 101호, 의종 2년(1085))이 있다.

다. 오륜형부도(五輪形浮圖)

오륜형부도(五輪形浮圖)는 팔각원당형부도의 형식을 기본적으로 유지하지만 탑신을 팔각이 아닌 원구형으로 만든 형식이다. 그러한 예는, 정토사지흥법국사실상탑(淨土寺址興法國師實相塔, 충북 중원군 현재 경복궁, 국보 102호, 현종 8년(1017))이 있다.

2) 탑비(塔碑)

탑비(塔碑)란 승려의 사리를 봉안한 사리탑 즉 부도의 옆에 세운 비석을 말한다. 탑비에는 개개인 승려들의 행적은 물론이고 다른 승려와의 관계와 사적(寺蹟), 나아가 당시의 사회 및 문화의 일단까지도 알리는 귀중한 사료(史料)가 되고 있다. 묘비(墓碑)의 일종이라고 하겠다. 본래 비(碑)란 어떠한 사실을 기록하여 후세에 남기려는 목적을 가지고 돌이나 나무, 쇠와 같은 재료에다가 명문을 새긴 건조물이다. 돌에다가 새긴 것을 석비 또는 비석이라고 한다. 비석의 유래에 대하여는 여러 가지 설이 있는데 그 중의 하나는 장례를 지낼 때 무덤 옆에다가 돌을 세워 묘광 안에 관을 넣을 때 돌에다가 천을 감아 내리던 지렛대와 같은 용도로 사용된 데서 시작되었는데 이후 이 돌에다가 묻힌 자에 대한 개인적인 신상(身上)을 기록한 데서 유래하였다고 한다. 이와 같은 묘비는 중국에서 위진남북조시대를 거쳐 당나라 때 이르러 정형화된 형식을 갖추게 된다.

묘비는 비석 받침인 대석(臺石)과 그 위에 놓여진 거북이형태의 귀부(龜趺)

그리고 비석의 몸체에 해당하는 비신(碑身), 비신 상층부에 교룡(蛟龍)의 형상을 새겨놓은 이수(螭首)로 구성되어 있다. 삼국시대의 묘비로는 광개토왕릉비(廣開王陵碑)를 유일한 예로서 들 수가 있다. 그렇지만 귀부와 이수가 없는 형태이다. 우리나라에서 귀부와 이수를 갖춘 전형적인 형태의 묘비가 나타나는 것은 통일신라의 태종무열왕릉비(太宗武烈王陵碑, 경북 경주시, 국보 25호)부터라고 할 수 있다. 통일신라시대, 고려시대에는 불교가 유행하면서 승려들의 사리를 봉안한 탑비가 상당 수 건립되었다. 귀부와 이수를 갖춘 형식을 우리나라의 전형적인 묘비형식이라고 할 때 고려시대에 이르러는 약간 변형된 형식이 나타난다. 즉 지붕부분에 이수가 아닌 기와집 모양의 형태가 만들어지고 있다. 또한 아예 비석의 상층부를 이수나 기와집의 형태를 만들지 않는 대신에 상단부의 양단부분을 잘라낸 형식이 나타나기도 하였다. 계급사회가 더욱 계층화된 조선시대에 이르러는 묘비를 신분 따라 달리 만들게 규정하기도[63] 하였다. 조선시대의 묘비는 상층부를 기와지붕모양으로 만든 형태가 널리 유행하였다.

우리나라의 묘비 중에서 가장 화려한 모습을 띠고 있는 것은 사찰에서 사용된 탑비라 할 수 있다. 탑비가 처음으로 만들어지는 시기는 통일신라시대부터라 하겠다. 9세기 대에 이르러 다수의 탑비가 세워졌다. 이 시기에는 귀부와 이수를 갖춘 전형적인 양식이 대부분이다. 이 시기의 예를 몇 가지만 들어보자면, 쌍봉사철감선사탑비(雙峰寺澈鑒禪師塔碑, 전남 화순군, 보물 170호 경문왕 8년(868)), 성주사낭혜화상백월보광탑비(聖住寺朗慧和尙白月葆光塔碑, 충남 보령시, 국보 8호, 진성여왕 4년(890)) 등이 있다.

고려시대 초기에는 통일신라시대의 양식적 전통을 계승하였지만 한층 정교하고도 다양한 조각이 새로 나타나고 있다. 고려시대 초기에 해당하는 10～

---

[63] ≪경국대전≫에는 정이품(正二品)이상의 관리는 신도비(神道碑)를 세우고 그 이하의 관리는 묘갈(墓碣)을 세우도록 규정하였다. 즉 정이품이하 관리의 묘비에는 지붕부분을 표현하지 않고 머리부분이 네모지거나 각이져 둥그스름한 형태를 띠고 있다. 이러한 형태의 묘비를 비갈(碑碣)이라고 한다.

12세기에 건립된 탑비의 예를 몇 가지만 들어보자면, 보원사법인국사보승탑비(普願寺法印國師寶乘塔碑, 충남 서산시, 보물 106호, 경종 3년(978)), 법천사지광국사현묘탑비(法泉寺智光國師玄妙塔碑, 강원도 원성군, 국보 59호, 선종 2년(1085)) 등이 있다.

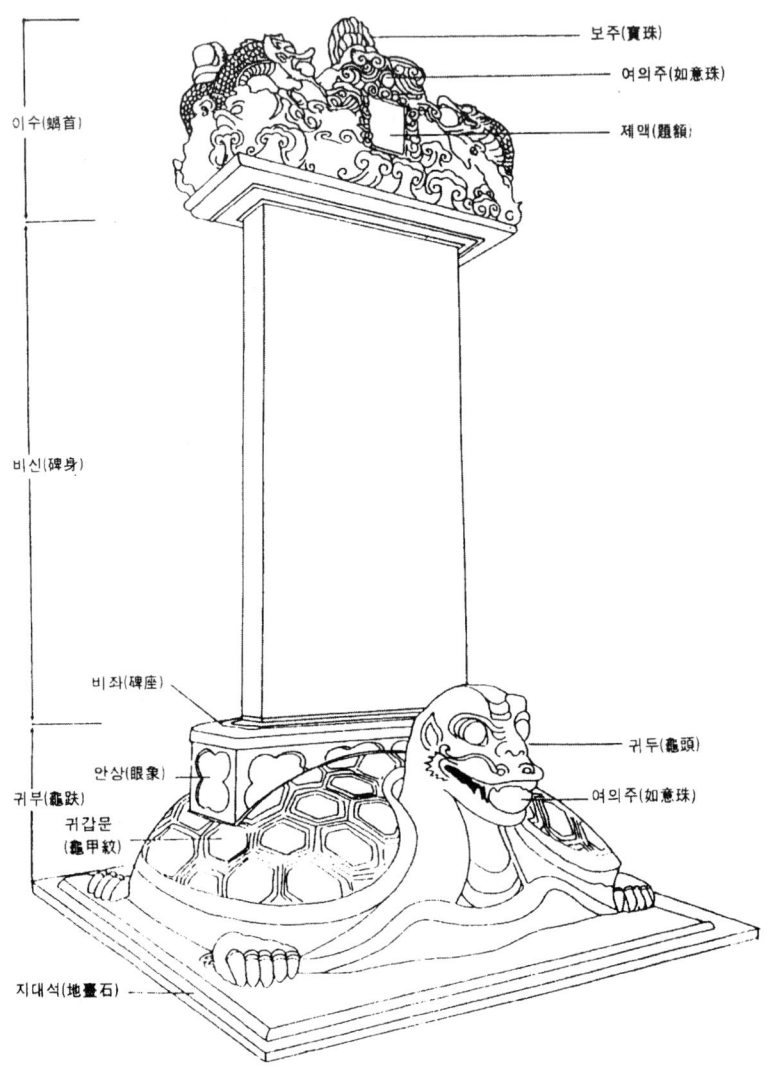

그림 Ⅶ-95 탑비의 세부명칭

그림 Ⅶ-96
법천사지광국사현묘탑비(국보 59호)

그림 Ⅶ-97
대원각사비(보물 3호)

그림 Ⅶ-98
통도사국장생석표(보물 74호)

고려시대 후기(13~14세기)에 이르러는 종래와는 다른 새로운 양식이 나타나고 있다. 귀부 대신에 장방형의 비좌(碑座)가 나타나고, 개석도 기와지붕모양으로 만들어지는 등의 변화가 보이고 있다. 이와 같은 탑비의 예를 몇 가지만 들어보면, 서봉사현오국사탑비(瑞峰寺玄悟國師塔碑, 경기도 용인군, 보물 9호, 명종 15년(1185)), 신륵사보제존자석종비(神勒寺普濟尊者石鐘碑, 경기도 여주군, 보물 229호, 우왕 5년(1379)) 등이 있다. 또한 이수가 없고 비신의 상단부 양끝부분을 약간 깎아 귀접이한 규형(圭形)모양의 양식이 나타나기도 하였다. 이러한 예는 보경사원진국사비(寶鏡寺圓眞國師碑, 경북 영일군, 보물 252호, 고종11년(1224))가 있다.

조선시대에 이르러는 억불정책이라는 시대적인 분위기에 따라서 화려하고도 우수한 조각양식을 보이는 탑비가 그다지 보이지 않는다. 조선시대에는 고려시대 후기의 양식적 전통을 계승하였지만 양식적으로 퇴화된 모습을 보이고 있다. 비신 상단부의 양끝을 깎아내 귀접이한 양식의 예로는, 청룡사보각국사정혜원융탑비(靑龍寺普覺國師定慧圓融塔碑, 충북 충주시, 보물 658호,

태조 3년(1394)), 용문사정지국사비(龍門寺正智國師碑, 보물 531호, 태조 7년(1398)) 등이 있다.

한편 승려의 탑비 이외에도 사찰에서 만들어진 비석에는 사찰의 건립내력을 기록한 사적비(寺蹟碑)와 사찰의 경계를 기록한 석표(石標)등이 있다. 사적비의 예는, 통일신라시대의 창녕탑금당치성문기비(昌寧塔金堂治成文記碑, 경남 창녕군, 보물 227호, 헌강왕 2년(810)), 고려시대의 봉선홍경사비갈64), 조선시대의 원각사비65)를 들 수 있다.

석표(石標)의 대표작인 예로는 통도사에 있는 국장생석표(國長生石標, 보물 74호, 고려 선종 2년(1085), 높이 1.62m, 너비 0.57m)가 있다. 이는 사찰의 경계안에서는 사냥이나 살생·시목(柴木)을 금지하였다는 기록이 있는 점으로 보아 사찰 경내라는 신성구역 표시 역할을 한 것으로 간주된다. 국장생이란 국가의 명령으로 건립한 '장생'의 의미이며, 경계표와 풍수사상에 의한 방액(防厄) 구실을 하는 것 같다.

---

64) 봉선홍경사비갈(奉先弘慶寺碑碣, 충남 천안시, 국보 7호, 현종 17년(1026))은 현종 12년(1021)에 창건한 홍경사의 건립내용을 기록한 비석이다. 전체높이 2.8m, 비신높이 1.94m, 너비 1m로, 현존하는 석비 중 가장 완미(完美)한 형태이다. 귀부(龜趺)와 이수(螭首)를 갖추어 비의 형식을 따르고 있다. 귀부는 대부분 매몰되어 하부의 상태를 알 수 없으나 괴수의 형상을 한 머리를 오른쪽으로 돌리고 있는 점이 특이하며, 조각수법 또한 소박하다. 귀갑(龜甲) 중앙에 마련한 비좌(碑座)는 앙련(仰蓮: 꽃부리가 위로 향한 연꽃)과 복련(覆蓮: 꽃부리가 아래로 향한 연꽃)을 붙여 만들었고, 이수는 높은 산 모양으로 도식화된 운룡(雲龍)무늬가 조각되었다. 비신에는 앞면에 테두리를 돌리고, 테두리 안에는 비문을 각자(刻字)하였으며, 외주(外周)에는 당초무늬띠를, 좌우측면에는 보상화(寶相華)무늬를 조각하였고, 상단에 "奉先弘慶寺碣記"라고 횡서(橫書)하였다. 비문은 자경(字徑) 2.4cm의 해서(楷書)로서, 당시 이름이 높았던 최충(崔只)이 찬(撰)하고 백현례(白玄禮)가 쓴 것이다.

65) 원각사비(圓覺寺碑, 서울 종로구 탑골공원, 보물 3호, 성종 2년(1471))는 세조 10년(1464)에 창건된 원각사의 창건 전말을 기록한 비이다. 대리석으로 된 비신(碑身)은 이수(螭首)와 단일석이고 제액(題額)에는 '대원각사지비(大圓覺寺之碑)'를 두 줄로 전서(篆書)하였다. 비표(碑表)의 찬자(撰者)는 김수온(金守溫), 서자(書者)는 성임(成任)이고 비음(碑陰)의 찬자는 서거정(徐居正), 서자는 정난종(鄭蘭宗)이다.

7. 석등(石燈)과 당간지주(幢竿支柱)

1) 석등(石燈)

석등(石燈)은 등불을 안치하기 위한 석조건조물이다. 석등이 어떻게 생겨났는지 구체적으로 알기는 어렵다. 등불이 어둠을 밝힐 수 있는 도구로서 사용되었다는 점을 고려한다면 석등의 유래에 대한 여러 가지 해석이 가능할 것이다. 그러한 해석중의 하나로는 중국 한(漢)나라 때 석비(石碑)와 함께 무덤 앞에 세워져 사용되었을 것이라는 설이다. 또한 ≪불설시등공덕경(佛說施燈功德經)≫이란 불경에 기록된 '죽은 사람을 위하여 탑묘제불(塔墓諸佛) 앞에 등불을 밝히면 33천(天)에 다시 태어나 다섯 가지의 청정(淸淨)을 얻을 수가 있다'는 내용을 근거로 하여 불교에서 사용되기 시작하였다는 설이 있다.

그림 Ⅶ-99
화엄사각황전앞석등(국내최대규모)

그림 Ⅶ-100
법주사쌍사자석등(국보 5호)

석등은 불교의 가람배치양식에 따른 한 구조물로서 전래되어 조명등으로서의 기능과 사원 공간의 첨경물(添景物)로서의 기능을 함께 발전시켜왔다. 조선시대 무덤 앞에 세워진 석등인 장명등(長明燈)과는 구별된다. 석등은 사찰의 중심부에 불탑과 더불어 배치되는 것이 보통이다. 불전(佛殿)이나 탑 앞에 배치되어 부처님의 광명을 상징하였다. 현재까지 알려진 석등의 숫자는 270여기에 달하고 있는데 이중 30여기가 능묘용 장명등이다.

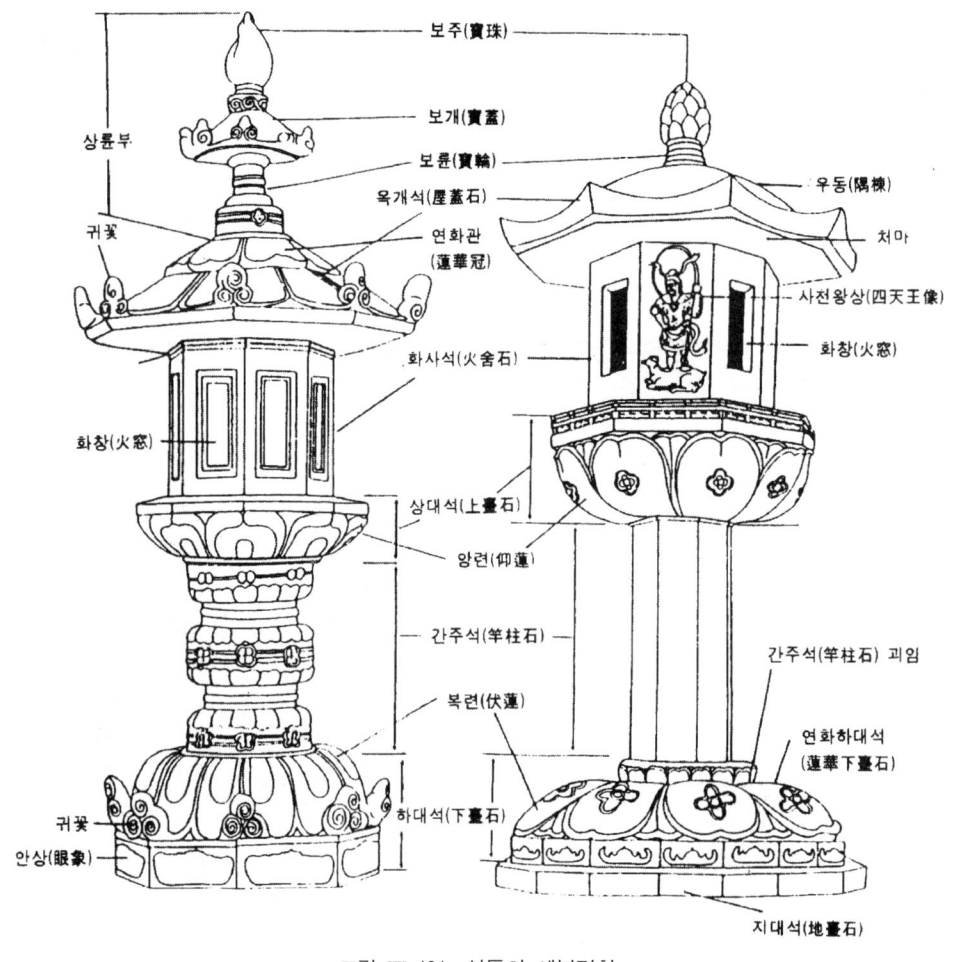

그림 Ⅶ-101 석등의 세부명칭

석등의 일반적인 모습은 하대(下臺), 중대(中臺) 또는 간석(竿石), 상대(上臺)와 그 위에 등불을 밝히는 화사석(火舍石)과 그 위의 옥개석부분으로 구성되어 있다. 이와 같은 석등은 시대와 지방에 따라서 각기 특징적인 모습을 보여주고 있다. 그 중에서도 화사석(火舍石)의 평면형태에서 특징적인 변화양상을 찾아볼 수 있다. 통일신라시대 화사석의 평면형태는 팔각형으로서, 사면에 화창(火窓)이 설치되었고 나머지 사면에는 화사석으로 되어 있는 것이 보편적이었다. 고려시대 이후에는 주로 사각형의 평면을 띠는 것이 대부분이다. 고려시대에는 일부 육각형의 평면형이 있기도 하다.

2) 당간지주(幢竿支柱)

당간지주(幢竿支柱)는 당간(幢竿)을 지탱하기 위하여 당간의 좌우에 세운 기둥을 말한다. 대부분 돌로 되어 있다. 당간(幢竿)은 당(幢)을 매달기 위하여 높게 세운 장대인데 대체로 돌이나 철로 조성한다. 당간은 보통 사찰의 입구에 세워져 절 안의 특별한 행사내용을 알리는 깃발(幢)을 걸도록 되어 있다. 당간은 그 머리모양에 따라서 이름을 달리 부른다. 용머리 모양을 한 것은 용두당(龍頭幢)이고, 사람의 머리 모양을 한 것은 인두당(人頭幢)이라고 한다. 우리나라 당간과 당간지주의 기본적인 모습은 다음과 같다. 먼저 당간을 세울 수 있도록 석재를 가지고 기단부를 조성한다. 그 위에다가 넓이 60~100cm 안팎으로 당간지주를 나란히 세우고 그 사이에 당간을 세운다. 당간이 넘어지는 것을 방지하기 위하여 당간지주에다가 몇 개의 구멍(竿孔과 竿溝)을 뚫어서 이 구멍을 통하여 당간과 당간지주를 고정시킨다. 호암미술관에는 당간의 전반적인 모습을 알 수 있는 자료가[66] 있다. 금동으로 당간을 만들었는데 용머리의 간두가

---

[66] 이 당간을 용두보당(龍頭寶幢, 국보 136호)이라 한다. 고려시대 당간의 예술적 세련미를 보여주는 희귀한 유물이다. 그 크기는 높이 73.8cm, 받침대 아래 길이 20.9cm, 폭 16cm로서 고려시대에 제작된 것이다. 당간의 끝 부분을 용머리로 장식한 것이 특징적이다. 간주(竿柱)는 대나무 형태로 용의 머리부분까지 합쳐서 여덟 마디로 되었고, 용머리가 있는 첫마디에만 용의 비늘을 새겼다. 기단부와 간주의 밑으로부터 두 마디까지 한꺼번에 만들어졌고, 용머리를 포함한 윗부분 여섯 마디가 또 하나로 만들어졌으

있는 당간과 당간지주, 그리고 그 하단의 기단부가 남아 있다.

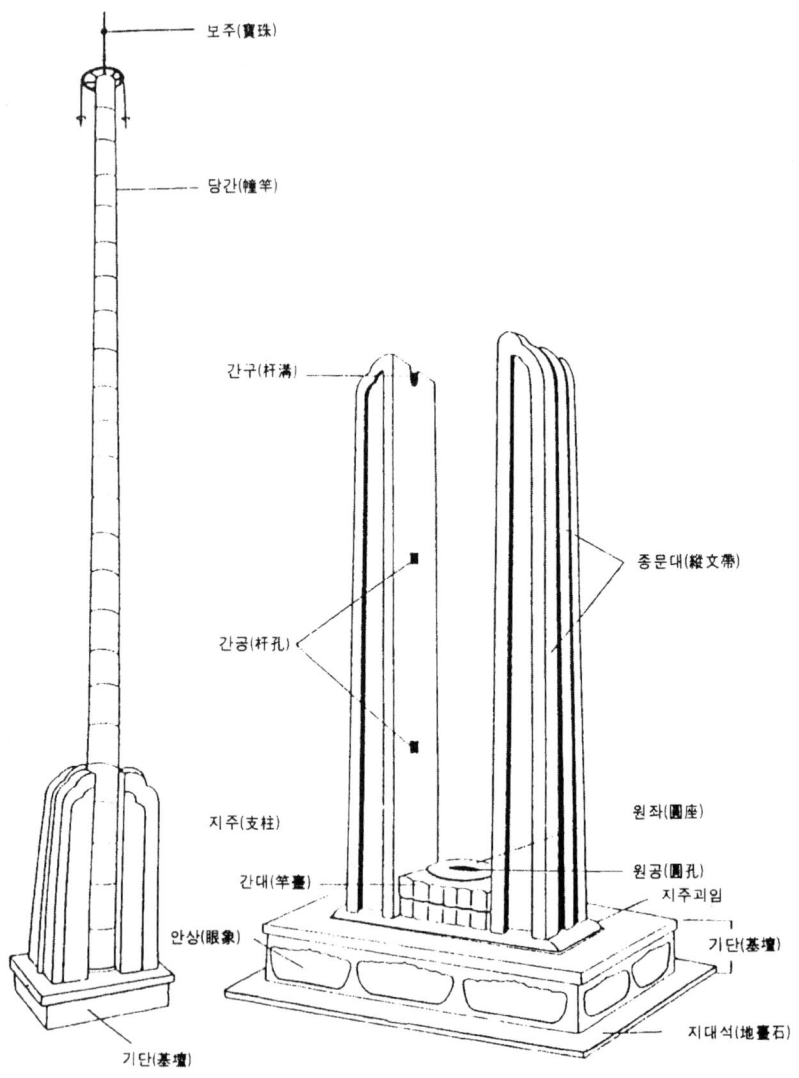

그림 VII-102 당간과 당간지주의 세부명칭

며, 끝마디에 축을 만들어 간주구멍에 끼워 맞춤으로써 전체가 되게 했다. 전 표면은 다갈색으로 얇게 옻칠을 하고 그 위에 도금하였으나 대부분 벗겨졌다.

Ⅷ. 고대의 무덤문화(왕릉)

1. 지석묘
2. 광개토왕릉
3. 무령왕릉
4. 천마총
5. 황남대총

VIII

고대의 무덤문화(왕릉)

1. 지석묘(支石墓)

선사시대 돌무덤의 하나. 지석묘(支石墓)[1]라고도 하며, 거석문화에 속한다. 유럽의 고인돌은 프랑스·남부스웨덴·포르투갈·덴마크·네덜란드·영국 등지에 분포하는데, B.C. 4,000~3,000년대에 이미 유럽 전역에 축조된 것으로 보인다. 지중해 연안을 끼고 있는 지역 일대의 불가리아·에티오피아·수단 등 아프리카에서도 나타난다. 아시아에서는 팔레스타인·이란·파키스탄·티베트와 남부 인도에까지 분포하고 있으며 인도네시아·보르네오·말레이시아에서도 발견되고 있다. 중국에는 요동반도, 산동반도 일대에 분포되어 있다. 석붕(石棚)이라고 부른다. 일본에는 한국과 가까운 큐유슈우 일대에 분포되어 있어 한반도의 영향을 받은 것으로 알려져 있다. 우리나라의 지석묘 분포현황은 동북아 지석묘의 중심을 이루고 있으며, 전 세계지석묘의 반 수 이상을 차지하고 있다고 한다. 한반도에 약 3만기 이상이 분포되어 있으며 그 중에 2만여 기 이상이 전라남도지역에 분포해 있다고 한다. 고인돌은 고대국가 발생 이전의 계급사회의 지배자 무덤이라고 알려져 있다. 한반도에는 전국에

---

1) 지석묘라는 표현은 고려시대 이규보의 『동국이상국집』에서 부터 보인다. 전라도 금마 지역을 여행하다가 "지석"이란 것을 구경했다고 기술하고 있다.

걸쳐서 분포해 있는데, 형식에 따라 탁자식·기반식·개석식으로 나뉜다. 우리나라 고인돌의 기원에 대해서는 북방설, 남방설, 자생설 등 여러 가지 견해가 있으나 분명치 않다. 한반도 북부에서 탁자식 고인돌이 먼저 나타나서 그것이 점차로 남부로 퍼지고, 이어서 기반식 고인돌이 등장하였으며 마지막으로 개석식고인돌이 나타났다고 이해하는 견해가 유력하다. 고인돌에서 돌칼과 화살촉이 주로 출토되는데 이들 유물은 세계적으로 희귀한 유물로서 평가받고 있다. 고인돌은 지상의 덮개돌과 덮개돌을 받치는 지석(고인돌) 그리고 매장시설로 이루어진 것이 일반적이다.

고인돌을 축조하기 위해서는 엄청난 노동력이 필요하다. 이를 위해서는 많은 인력을 동원할 수 있는 사회적 협력체계가 필요하다. 이처럼 많은 사람을 동원하기 용이한 것은 유목사회보다는 농경사회일 것이다. 또한 인원을 통제할 수 있는 강력한 통제력과 동원된 인원에 경제적 대가를 지불할 수 있는 잉여생산물의 축적이 있어야 한다. 따라서 고인돌은 공동체사회의 산물이며 그 지배자를 위한 건조물이라는 해석은 타당하다.

1) 탁자식고인돌

탁자식(卓子式)고인돌은 주로 한강 이북지역에 분포하고 있다. 특히 평안·황해도 지방의 대동강, 재령강, 황주천 일대에 집중되어 있다. 그 분포한계는 동쪽지역에서는 고성과 춘천을 연결하는 북한강 유역을 한계로 하는데, 내륙으로 경기도 이남지역으로는 내려오지 않는다. 서쪽의 해안 지대에는 전라북도 고창에까지 이르고 있다. 따라서 북방식지석묘라고도 한다.

덮개돌의 크기는 대체로 2~4m 가량이 일반적이다. 하지만 황해도 은율 운산리(雲山里)나 오덕리(五德里)의 경우 크기가 8m 이상이고, 높이가 2m 이상인 경우도 있다. 지상에 노출되어 있는 무덤 칸의 긴 변에 세운 2개의 고임돌은 거대한 덮개돌의 무게를 직접 받고 있으므로 두꺼운 판돌(板石)을 사용하고 있으며, 하부는 땅속에 깊이 묻혀 무덤칸 내부 바닥보다 훨씬 뿌리가 깊다. 또한 밑뿌리 형태는 되도록 지하에 깊이 박을 수 있도록 삼각형이나 반달형을 이루고 있다.

그림 Ⅷ-1 탁자식고인돌 모습

무덤 칸의 짧은 변에 세우는 막음돌은 긴 변 고임돌 내부에 들어와 네모 모양으로 세워진다. 이 짧은 막음돌들은 덮개돌의 중량을 직접 받고 있지 않기 때문에 입구를 여닫기가 용이하다. 그러나 탁자식고인돌 중에는 4개의 받침돌 중 1~2개가 없어진 경우도 많다. 무덤 칸 내부 바닥은 자갈이나 판돌을 간 경우도 있다.

탁자식고인돌은 무덤칸이 지상에 노출되어 있다. 부장품은 대개 화살촉(石鏃)과 돌검(石劍)이다. 황해도 연탄군 오덕리에서 한 곳에서만 9점의 화살촉이 나왔다. 이들은 대부분 화살촉 몸의 단면이 마름모꼴을 이룬 슴베화살촉(有莖式石鏃)이다. 그밖에 반달돌칼(半月形石刀), 대팻날도끼, 둥근도끼, 대롱옥(管玉) 및 토기 등이 출토되고 있다.

탁자식고인돌의 상한연대는 대체로 청동기시대에 속하는 것으로 이해되며, 하한에 대해서는 한반도 북부지역에 철기가 들어오는 늦어도 B.C. 3세기 이전에 소멸된 것으로 보고 있다. 또 그 기원에 대해서 북한 학자들은 석관묘(石棺墓)의 뚜껑돌이 지상으로 노출되는 개석식의 침촌형(沈村形)고인돌이 되다가, 지하 매장시설까지 지상으로 완전 노출되고, 대형화되면서 탁자식의 오덕리형 고인돌이 되었다고 이해하고 있다.

그 성격에 대해서는 거석숭배(巨石崇拜)의 표현으로서 종교적인 제사 기념물로 보는 견해, 원시사회의 씨족 공공활동장소로 보는 견해, 그리고 무덤으로 보는 견해 등이 있다. 그러나 요동지방을 포함하여 여러 고인돌에서 인골과 부장품이 발견되는 예로 미루어 볼 때 주로 무덤의 성격을 가진 것으로 이해되고, 기념물과 집회소의 성격을 겸비한 것으로 보여진다. 무덤의 주인공에 대해서는 그 규모가 크고, 정교하게 축조된 고인돌의 경우, 일정한 영역을 통제할 수 있는 집단의 지배 족장 무덤으로 볼 수 있다.

2) 기반식고인돌

기반식(棋盤식)고인돌은 남방식고인돌 혹은 바둑판식고인돌이라고도 불린다. 주로 충청·전라·경상도 등 한강이남 지역에 분포되어 있다. 석재로 지하에 무덤칸을 만들고 덮개돌(上石)과 무덤칸 사이에 3, 4매 또는 그 이상의 고임돌(支石)이 있는 형식이다. 부장유물로는 돌검과 돌화살촉이 가장 많이 출토된다. 돌검은 지역에 따라 형식이 다른데, 금강·한강유역에서는 일단병식(一段柄式)과 이단병식(二段柄式)돌검이, 남부지방에서는 유경식(有莖式)과 일단병식 돌검이 출토된다. 돌검과 청동기가 함께 출토되는 경우도 있다. 기반식고인돌은 평지나 구릉 위에 분포하고 있으나, 때로는 좁은 평지가 있는 계곡 사이나 산의 경사면 또는 산정상부에서도 발견되기도 한다. 고인돌의 기능은 무덤으로서의 기능, 제단(祭壇)으로서의 기능, 묘표석(墓標石)의 기능 등 세 기능으로 구분할 수 있는데, 일반적으로 무덤의 기능이 대부분이다. 제단으로서의 기능은 계곡이나 산기슭의 약간 높은 대지상(臺地上)에 1기만 독립적으로 존재하는 경우에 해당된다고 볼 수 있다. 묘표석으로서의 기능을 하는 것은 군집 내에서 무덤칸이 없는 고인돌의 경우이다.

기반식고인돌의 축조 연대는 청동기의 초기형식인 전형적인 비파형동검(琵琶形銅劍)이 출토되는 예로 보아, 그 상한은 B.C. 8~7세기경이고, 그 전성기는 B.C. 6~4세기경으로 이해된다. 그 하한에 속하는 기반식고인돌은 기원전후 시기까지 내려 올 가능성이 있다. 제주도의 지상 돌돌림형 판돌식고인돌은 원삼국시기에 속하는 곽지리식(郭支里式) 토기가 출토되므로, 가장 늦은 형식으로 파악된다.

그림 Ⅷ-2 기반식 고인돌 모습

3) 개석식고인돌

　개석식(蓋石式)고인돌은 고임돌(支石)이 없이 지하에 있는 매장시설 위를 뚜껑처럼 덮개돌(上石)이 직접 덮고 있는 형태이다.2) 변형 고인돌의 일종이다. 이 형식은 제단적(祭壇的)인 기능을 가지기도 한 탁자식(北方式)이나 기반식과는 달리 무덤의 기능이 일반적이다. 그 분포상황은 한반도 전역에 분포하고 있으며, 양적인 면에서도 대다수를 차지하고 있어 한국 고인돌의 주류를 이루고 있다.

　개석식고인돌의 하부구조로는 적석, 무덤 칸, 바닥시설 등이 있다. 적석(積石)은 덮개돌 아래의 일정한 범위에 돌을 쌓은 시설이다. 무덤 칸은 한 개를 조성하는 것이 대부분이나 여러 개의 무덤 칸이 있는 경우도 있다. 바닥시설은 시신을 안치하는 부분이다. 나무 등으로 바닥면을 고르게 한 것도 추정되나 현재 남아있는 바닥시설은 돌을 평평하게 깔아 놓은 것이 대부분이다. 무덤 칸은 대부분 장방형의 형태를 띠고 있다. 길다란 얇은 석재로 묘실을 구성한 돌널형(石棺型), 할석이나 자연석의 편평한 면을 이용해 세우거나 쌓은 돌덧널형(石槨型), 판돌과 할석을 혼용해 축조한 혼축형(混築型), 자연석만 돌려 만든 돌돌림형(圍石型), 토광이나 토광과 목관 사이에 간단한 돌을 메운

---

2) 무지석식, 접지형, 심촌리형, 구덩식, 대석개묘 등으로 불려지기도 한다.

토광형(土壙型) 등이 있다.

그림 Ⅷ-3 개석식 고인돌 모습

부장유물로는 붉은간토기(紅陶), 돌검(石劍)과 돌화살촉(石鏃)이 대부분이다. 그리고 매장주체부 주변의 적석이나 덮개돌 주변에는 많은 토기편이나 석기들이 발견되고 있는데, 축조와 관련되어서 제의용(祭儀用) 유물과 피장자를 애도하는 의례용(儀禮用) 유물이 있다. 여기서는 실생활에 사용되는 유물들이 발견된다. 돌화살촉, 돌칼(石刀), 돌도끼(石斧), 홈자귀(有溝手斧), 가락바퀴(紡錘車), 그물추(漁網錘), 갈돌(石棒), 숫돌(砥石) 등이 있다.

2. 광개토왕릉

광개토왕릉이 존재했다는 사실은 『광개토왕릉비』에 의해 알려졌다. 『광개토왕릉비』는 왕의 사후 3년 만인 414년에 아들 장수왕이 부왕의 공적을 기념하기 위해 세웠다. 높이는 약 6.39m, 너비는 약 1.95m인 큰 비석이다. 비석에는 1,775자 가량을 새겼는데 이중 150여자는 판독하기 어렵다. 글자의 크기는 큰 것이 16cm, 작은 것이 11cm 가량으로 정방형의 예서체로 쓰여졌다. 기본적으로는 한자이지만 이체자(異體字)와 간체자(簡體字)가 많은 것이 특징이다. 비문은 대체로 세 부분을 이루어졌다. 첫째는, 고구려의 건국부터 광개토대왕까지의 역사를 다뤘다. 고구려의 건국전설 및 **鄒牟王**(동명), **儒留王**(유리왕), **大朱留王**(대무신왕) 등 3대의 왕위계승과 광개토왕의 행장에 대한 간략한 기술이 있다. 둘째는 광개토대왕의 정복 전쟁을 연대순으로 기록했다. 백제, 동부여, 신라, 왜를 비롯한 주변국가와의 정복전쟁을 구체적으로 기술하였다. 셋째는 왕릉을 지키는데 필요한 묘지기에 대한 내용을 기록했다. 왕릉을 수호하기 위한 묘지기를 차출하는데 그 숫자와 출신지, 관련 법령 등을 상세하게 기술하였다. 비석은 당시 왕도가 있던 국내성에서 약 **4km**가량 떨어진 외곽지역인 압록강 변에 우뚝 서있다. 『광개토왕릉비』의 주변에는 왕릉급 초대형 무덤이 2개가 있다. 태왕릉과 장군총이다. 『광개토왕릉비』에서 태왕릉은 **360m**, 장군총 약 **1,300m**가량 떨어져 있다. 학계는 이 2개의 왕릉 중에 하나가 광개토대왕릉이라고 판단하고 있다.

그림 Ⅷ-4 광대토왕릉비의 모습과 『광개토왕릉비』 옆에 축조된 태왕릉의 모습

1) 태왕릉

　태왕릉은 상당부분 무너져 내렸으나 그 원형은 대체로 짐작할 수 있다. 거대한 석재로 방형의 기단을 쌓고 기단내부에는 잔돌을 채웠다. 무덤은 방형의 모습인데 한 변의 길이가 동쪽 62.5m, 서쪽 66m, 남쪽 63m, 북쪽 68m에 달하며 무덤의 높이가 14.8m 가량이다. 무덤의 규모는 장군총의 4배나 된다. 무덤의 아랫부분에는 각 면에 5개씩의 호석을 설치하여 붕괴되는 것을 방지하였다. 현재 세계유산으로 지정되어 있다.

　무덤은 8층의 계단을 구축했고, 맨 위층에 묘실을 배치한 것으로 추정된다. 각 기단마다 그 내부는 크고 작은 돌로 채워졌다. 분구 정상부 가까이에 설치된 매장부는 굴식 돌방(石室)의 형태를 취하고 있다. 돌방의 방향은 서향이며 널길(羨道)은 널방(玄室) 서벽 한가운데에서 시작된다. 묘실의 동서길이는 2.82m, 남북너비는 3.16m이며 현재 높이는 1.5m이다. 널길은 길이가 1m가량 된다. 묘실의 네 벽을 매끄럽게 다듬은 돌로 쌓았으며, 네 벽의 위에 거대한 덮개돌을 덮었다. 널방의 천장부는 3단의 평행고임으로 짜여 졌으며, 천장은 지름 4.55m, 두께 0.8m의 대형 화강암 판석으로 덮여 있다. 무덤에서 '願太王陵安如山固如岳'이라는 글씨가 새겨진 벽돌이 다수 발견되어 무덤이름을 '太王陵'이라고 붙였다. 무덤 주위에는 자갈이 깔리고 그 바깥으로는 무덤구역을 알리는 흙담이 둘러져 있다. 무덤의 남방 180m 지점에서 기와·벽돌과 함께 건물의 초석이 발견되어 무덤의 피장자를 위해 제사지내던 건물이 있었던 것으로 추정된다. 무덤의 동북 360m 거리에는 유명한 『광개토왕릉비』(廣開土王陵碑)가 있다. 명문전의 내용, 무덤의 규모, 근처의 건물터, 『광개토왕릉비』 등을 근거로 광개토왕의 능일 것으로 추정하고 있다. 유네스코 세계문화유산 신청과 관련하여 태왕릉 및 그 주변지역에 대한 대대적인 유적정비 작업을 하였다. 이 과정에서 태왕릉의 동쪽 지역에서 제단으로 추정되는 건물지 유적도 발굴하였던 것으로 보여 진다. 유적정비 작업이 한창이던 2003년 태왕릉 묘실 외곽지역에서 청동제 부뚜막과 함께 약 30여점의 유물이 발견되었다고 한다. 이중에서 관심을 끄는 것은 청동방울이다. 청동방울은 2003년 5월 21일 태왕릉 주변 정리과정에서 태왕릉의 남쪽 오른쪽 모서리 2번째 호석주변 돌 밑에서 출토되었다고 한다. 작은 방울인데 상단부에 명문이 새겨져 있다. 명문은 "辛卯年 好大王 □造□ 九十六"으로 판독할 수 있다. 이중에 □부분은 분명치 않다. 造의 다음 글자는 방울을 뜻하는 '鈴'자로 읽을 여지도 있다. 따라서 이 명문의 분명한 뜻을 파악하기가 어렵다. 그렇지만 '辛卯年'과 '好大(太)王'이란 명문은 그 자체로서 상당히 중요한 의미를 지니고 있는 것으로 볼 수 있다.

'辛卯年'은 『광개토왕릉비』의 신묘년(391)기록이 연상된다. 391년은 고국양왕이 돌아가시고 광개토왕이 즉위하는 해이다. 또한 『광개토왕릉비』에 기록된 것처럼 391년 이래 침입해 온 倭를 광개토왕이 격파하였다는 내용과 연관되는 해이기도 하다. '好大(太)王'은 『광개토왕릉비』에 광개토왕의 시호로서 기록된 '國崗上廣開土境平安好太王'과 『모두루묘지』의 '國崗上大開土地好太聖王', 또한 경주의 호우총에서 발견된 청동제 그릇에 새겨진 '國崗上廣開土地好太王' 즉 광개토왕을 연상케 한다. 또한 太王陵에서 상당 수 출토되는 글자 새긴 벽돌 중에 '太王'이라는 명문과의 연관성이 있기도 하다. 따라서 방울의 명문내용은 직접 광개토왕과 연결시킬 수 있으며, 또한 방울이 출토된 태왕릉을 광개토왕의 릉으로서 해석하고자 하는 견해가 유력하게 제시될 가능성이 있다.

이 명문에 대하여는 여러 가지의 해석이 가능할 것이다. 이와 같은 다양한 해석은 태왕릉의 피장자문제와 직접 관련되는 것으로 대단히 중요한 학술적 의미를 가지고 있다. 청동방울이 광개토왕 생존 시에 만들어 졌을 가능성이 있다. 이 경우 신묘년을 광개토왕의 즉위년인 391년으로 파악할 수 있다. 그렇다면 신묘년(391)

즉 광개토왕이 즉위하던 해에 일어난 역사적인 사건(倭 격퇴?)을 기념하여 제작하였던 것으로 유추할 수도 있다.

그림 Ⅷ-5 태왕릉 내부모습

그림 Ⅷ-6 태왕릉 출토유물

2) 장군총

장군총은 왕도가 있던 국내성으로부터 7.5km 떨어져 있다. 정식 명칭은 우산하1호분(禹山下一號墳)이다. 龍山 기슭 말단의 평탄한 대지 위 통구 평야를 조망할 수 있는 곳에 위치한다. 무덤 앞으로는 평야가 펼쳐져 있고 그 너머에 압록강이 흐르고 있다. 멀리 국내성이 내려다보인다. 현재 세계유산으로 지정되어 있다.

무덤은 화강암 장대석을 이용하여 방대형 단을 7층으로 쌓고 제4층 단의 한가운데에 널길과 대형의 돌방(石室)을 조성했다. 묘실은 서남향이며 무덤의 네 모서리는 정확히 동서남북에 맞추어졌다. 무덤 한 변의 길이는 31.2m이고 잔존 높이는 12.5m이다. 현재 7층이 남아 있는데, 3층부터 현실을 축조하였고 연도는 5층에 위치한다. 1,100여 개의 장대석으로 외형을 축조한 후 내부는 강돌로 채웠다. 기단의 둘레에는 넓이 4m 규모로 돌을 깔았으며, 그 바깥둘레에 넓이 30m의 자갈을 깔아 능역(陵域)을 표시하였다.

무덤의 기초부는 지면을 파내고 자연석을 다져넣은 후, 그 위에 큰 돌을 깔았다. 무덤의 제1층은 석재를 4단으로 쌓았다. 각면에는 일정한 간격으로 높이 5m가량의 대형 석재로 버팀돌을 세워 무덤을 지탱하게 했는데, 북면의 1개는 깨어져 없어지고 현재는 11개만 남아 있다. 제 2층부터 제 7층까지는 모두 3단으로 쌓았다.

묘실은 4층에 만들어졌다. 묘실로 들어가는 입구인 무덤길의 길이는 5.5m이며 그 입구에는 문지방과 같은 거대한 장대석을 가로놓았다. 매장부는 정방형의 평면인데 중앙부에 무덤길이 나 있는 구조이다. 묘실의 길이와 너비는 각각 5.0m, 높이 5.5m이다. 묘실 안에는 장방형인 두 개의 관대가 장축 방향이 연도와 평행을 이루며 나란히 배치되었다. 관대는 길이 3.7m, 넓이 1.5m가량이다. 윗면의 가장자리를 도드라지게 하여 관이 놓일 위치를 나타냈다. 널방은 장대석을 6단으로 쌓아올려 정방형의 벽을 이루게 하고 그 위에 역계단식 평행줄임 방식으로 들보 역할의 석재를 얹어 마무리한 다음 길이 4.5m,

그림 Ⅷ-7 장군총

그림 Ⅷ-8 배장묘의 모습

너비 3.8m 크기의 판석을 덮어 축조했다. 천장돌의 넓이는 약 60m², 무게는 50t 가량이다.

무덤정상부에 놓인 둘레돌의 석재 상면 4변에는 21개의 둥근 구멍이 뚫려 있고 주변에서 상당량의 와당편이 출토되었다. 무덤의 남쪽 흙무더기에서 연꽃무늬 등이 장식된 와당편과 녹슨 쇠사슬이 여러 점 발견되었는데, 둥근 구멍은 쇠사슬로 난간을 설치했던 것이고, 와당과 기타 건축자재류로 보아 정상부에 사당이 있었던 것으로 추정된다.

무덤은 오래 전에 도굴되어 묘실 내에서는 일체 유물이 발견되지 않았다. 무덤의 동북쪽에 동남-서북 방향으로 규모가 작은 소형의 장군총(陪葬墓) 1개가 남아 있다. 이 배장묘는 기단부 3층과 묘실일부만 남아 있으며 남향이다. 기단부의 길이는 9.2m, 높이는 1.9m이다. 묘실 네 벽과 천장은 각 1개씩의 대형판석으로 이루어졌다. 타원형에 가까운 천장돌 밑면 둘레에는 凹모양의 돌기부를 만들어 빗물이 돌방 안으로 흘러 들어오지 못하게 했다. 마치 장군총을 축소한 듯, 규모만 작을 뿐 외형과 축조기법 등에서 장군총과 거의 동일하다(원래는 4~5기가 있었다고 한다). 배총의 옆에는 제사지내던 장소라고 알려진 유적이 장방형의 모습으로 남아있다. 무덤의 서남쪽에는 대형의 건물지가 있다. 왕릉의 관리, 유지와 관련된 건물일 것이다. 이 건물지에서는 다양한 유물이 출토되었다고 한다. 무덤의 거대한 규모, 배장묘, 무덤이 돌무지무덤의 최종단계형인 기단식 돌방무덤인 점, 무덤 주변에 태왕릉(太王陵)과 광개토왕릉비(廣開土王陵碑) 등이 있는 점 등을 근거로 무덤의 피장자를 412년에 죽은 광개토왕으로 보는 견해가 있다. 그러나 태왕릉을 광개토대왕릉으로 보고, 장군총은 장수왕릉이라고 보는 견해도 많다.

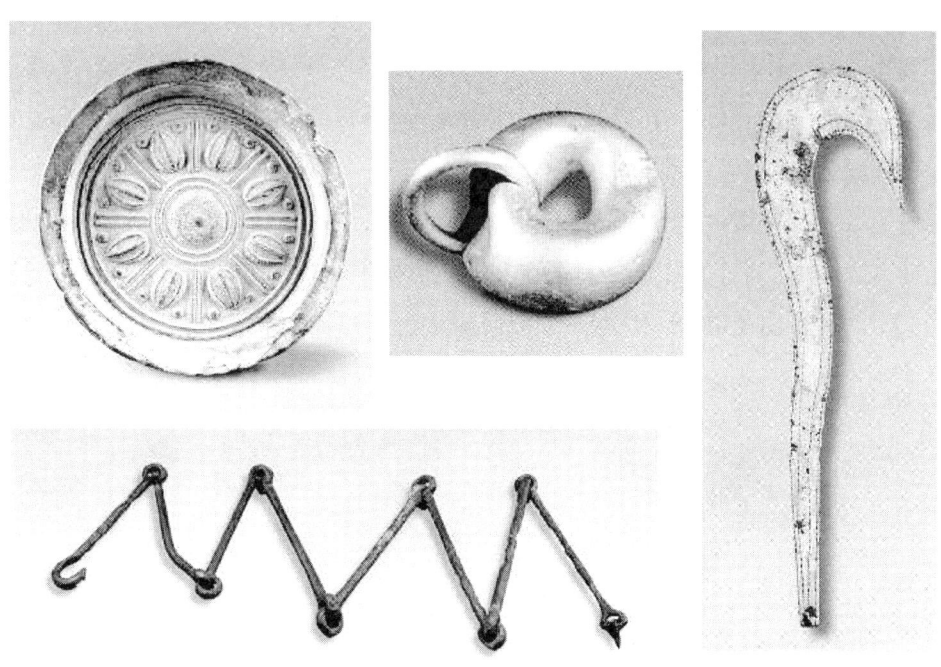

그림 Ⅷ-9 장군총 출토유물

3. 무령왕릉(武寧王陵)

　무령왕릉은 충청남도 공주시(公州市) 금성동(金城洞)의 송산리고분군에 위치한다. 지난 1971년 7월 5일 우연하게 발견되었다. 여름철 무덤에 습기찬 것을 방지하기 위하여 송산리 6호분 주변에 배수로를 만드는 과정에서 발견된 것이다. 7월 7일 발굴단이 파견되었고, 발굴이 오후부터 시작되었으나 갑작스런 폭우3)로 중단. 7월 8일 아침부터 발굴이 시작되었다. 그날 오후 5시 연도 문이 열리면서 발굴은 시작되었다. 하지만 내부발굴은 7월 8일 오후 4시부터 7월 9일 아침까지 단기간에 이루어졌다. 이는 후일 한국고고학계의 수치라고 할 만큼 너무나도 짧은 기간이었다. 발굴결과 백제 무령왕과 왕비의 무덤이라는 것이 밝혀졌다. 신분을 명확하게 알 수 있는 삼국시대의 유일한 왕릉이다.

　매장주체시설은 벽돌을 사용하여 무덤을 만든 전축분이다. 그 위에 흙으로 봉분을 덮었는데, 외형상 원형이다. 봉분의 직경은 20m가량이다. 봉분의 높이는 널방(玄室)의 바닥에서 봉분의 최고치까지가 7.7m에 달한다. 벽돌로 쌓은 외방식무덤(單室墳)이다. 무덤방(墓室)은 평면이 남북으로 긴 장방형(長方形)인데, 그 규모는 남북이 4.2m, 동서가 2.72m이다. 아치형의 천장을 하고 전면의 중앙에 널길(羨道)이 부설되어 있다.

그림 Ⅷ-10　무령왕릉 벽의 등잔과 부서진 관재

---

3) 발굴 뒷이야기: 발굴자의 수난(김원용, 투탄카멘을 발굴한 카르나본경과 카터 21, 명나라 만력제의 무덤인 정릉을 발굴한 오함 등) 사례를 알아보자.

바닥은 암반을 평탄하게 깍은 후 상면에 벽돌을 2겹으로 반듯하게 깔아서 완성하였는데 널방의 남측 약 1m가량을 제외한 나머지를 한단 높게 쌓아 널받침(棺臺)을 만들었다. 벽체는 벽돌을 가지고 길이모쌓기와 작은모쌓기의 방법을 되풀이하였다. 벽면에는 북벽에 1개, 동·서벽에 2개씩 모두 5개의 작은 등감(燈龕)을 설치하였다. 그리고 그의 아래에는 가창(假窓)이 시설되었다. 이들은 벽면에 대한 일종의 장식으로서 그중 등감은 서진과 육조시대의 특징적인 것이다. 길은 무덤방의 남벽 중앙에 위치해 있는데 길이 2.9m, 너비 1.04m, 높이가 1.45m이다. 천장은 완전한 무지개(아치)형태를 이루고 있다. 널길을 구축한 벽돌의 문양 역시 무덤방의 내부와 비슷한데 다만 천장 이하의 벽면에는 반절된 8판연화문의 벽돌이 사용되었다. 널길의 바닥은 벽돌을 삿자리문 모양으로 깔았는데 앞에서도 언급한 바와 같이 무덤방의 바닥보다는 한층 높아져 널받침과 동일한 레벨을 이루고 있다. 또한 무덤방과의 경계가 되는 곳은 널받침의 전면처럼 벽돌을 세워서 배열하였다. 이 널길의 바닥 밑에는 중앙에 남북으로 벽돌로 쌓아 만든 배수구가 마련되어 있으며, 그것이 널길의 밖으로까지 연장되어 있는데 배수구의 일단은 위에서 말한 무덤방과의 경계부분에 위치한다. 즉 이 경계지점의 중앙에 있는 5매의 벽돌은 이음새에 벽돌을 바르지 않고 그대로 두어 무덤방 내에 스며든 수분이 자연스럽게 이곳을 거쳐 배수구로 흘러 내려가게 하였다. 널길의 전면에는 풍화된 암반을 뚫어서 무덤길(墓道)을 설치하였다. 그 길이는 9.3m에 달하며, 널길에서 3.47m까지는 바닥이 평탄하나 그로부터 남쪽은 약간 경사져 있다. 무덤길의 폭은 바닥이 경사진 곳에서부터 차츰 좁아지기 시작하여 완전히 지상으로 나온 곳에서는 1.7m가량이다. 무덤길의 바닥 밑에는 중앙에 남북으로 길게 도랑을 파고 그 안에 벽돌로 만든 배수구를 설치하였다. 이는 널길에서 시작된 배수구의 연장으로 무덤길의 길이보다도 남쪽으로 9.4m나 더 연장되어 있다. 널길 밖에 시설된 무덤길만도 18.7m에 달한다. 구조는 하부에 2매의 벽돌을 포개서 가로놓이게 배열한 후 그의 상면에는 중앙에 약 5cm의 간격을 두고 좌우의 양편에 길게 세로로 2매를 배열하였으며, 이음새는 토사가 새어 들어가는 것을 막기 위하여 다시 그 위에 세로 1매의 벽돌을 놓았다.

현실 동쪽에는 王의 棺이, 서쪽에는 왕비의 관이 머리를 남쪽으로 향한 채 배치되어 있다. 이처럼 널길 남쪽으로 머리를 둔 예는 별로 발견된 일이 없다. 매지권(買地券)4)에 의하면 왕은 523년에 사망하여 525년에 이 능에 안장되었고, 왕비는 526년에 사망하여 529년에 안장되었다. 이로 보아서 왕과 왕비는 모두 사망한 뒤 27개월이 경과한 뒤에야 능에 안장되었는데, 이것은 일정기간의 가묘(假墓) 상태에서 다른 곳에 안치하던 2次葬에 의한 것으로 여겨진다. 왕릉에서 약 1km가량 떨어진 곳에서 왕비의 가묘로 추정된 정지산 유적이 발견 조사되었다. 이 왕릉에서 왕과 왕비의 왕관을 비롯하여 금팔찌·금귀걸이 등 순금제 3kg의 정교한 금세공품과 도자기·철기 등 총 88종 2,600여점의 부장품이 출토되었다. 또한 왕릉의 구조·지석명문(誌石銘文) 등은 백제 문화의 생생한 자료를 제공해 준다.

---

4) 무령왕릉의 입구에서 왕과 왕비의 매지권 2장이 나란히 놓여진 채로 발견되었다. 매지권이란 땅을 매매한 문서를 무덤에 넣어 신의 보호를 기원하는 매장 풍속이다. 중국의 도교사상에 연원하는데, 묘지를 地神에게 구입하는 형식을 밟아 화폐와 함께 그 기록을 적어 넣은 돌 판이다. 매지권에 이 무덤의 주인공인 무령왕과 왕비에 대한 구체적인 기록이 있어 주인공을 알게 되었다. 이는 삼국시대 왕릉 중에 유일한 것이어서 학술적인 면에서 중요한 의미를 갖는다. 왕의 매지권 앞면에는 "영동대장군 백제 사마왕(斯麻王)은 계묘년(523년) 5월7일 62세에 죽어 을사년(525년) 8월12일에 안장해 대묘(大墓)에 모셔 이처럼 문서를 작성했다"고 기록돼 있다. 왕비의 지석 앞면에는 왕비의 사망연월일(526년)과 이장일(529년)이, 후면에는 "돈 1만문을 갖고 525년 8월12일에 영동대장군 백제 사마왕이 토왕(土王), 땅속의 여러 관리에게 땅을 사서 무덤을 조성한다"고 적었다.

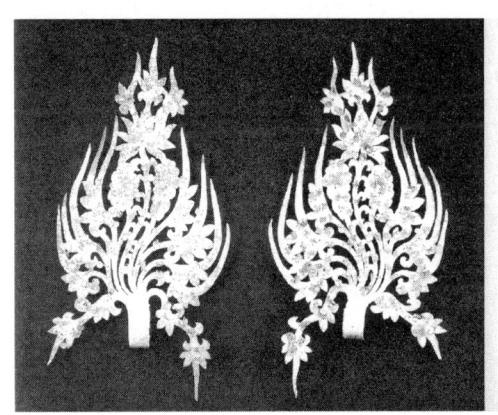

그림 Ⅷ-11 무령왕릉출토유물(왕관 장식과 귀걸이)

그림 Ⅷ-12 무령왕릉출토유물(도자기와 왕의 매지권탁본)

4. 천마총(天馬塚)

　천마총은 경상북도 경주시(慶州市) 황남동(皇南洞)에 위치한다. 황남동 제 155호분이라고도 부른다. 1973년 4월 6일부터 발굴되었다. 발굴중인 7월 3일 대통령이 방문하여 화제가 되기도 하였다. 5~6세기 무렵에 축조된 돌무지덧 널무덤(積石木槨墳)으로서, 밑지름 47m, 높이 12.7m의 원형분이다. 이 고분은 신라 내물왕(奈勿王) 또는 지증왕(智證王)의 무덤으로 추정되나 확실하지는 않다. 목곽 안에 천마(天馬)를 그린 장니(障泥; 말다래)와 금관 등 많은 유물이 발견되어 천마총이라 한다. 금관이 발견된 것은 7월 26일에 이르러서 였다(재미있는 일화는 7월 11일 한국일보 사회면 머리기사로 금관 발굴 보도가 나간 것이다. 기자가 이야기를 잘못 듣고 금관을 확인할 길이 없자 경주박물관에 전시되어 있는 금관을 사진 찍어 보도하였다고 한다). 해방 후 처음으로 발견된 금관이었다.

그림 Ⅷ-13 천마총발굴과 그 내부의 목곽모습

고분의 구조는 지표에 큰 냇돌을 고르게 깔아 바닥으로 하고 동서 6.6m, 남북 4.2m, 높이 2.1m의 목곽을 설치하였다. 목곽 안에는 길이 2.2m 폭 1m 높이 65cm의 목관과 길이 1.8m 폭 1m 높이 80cm의 부장품을 보관하는 목궤를 안치하였다. 목곽주변에는 냇돌을 덮었는데, 그 규모는 직경 23.6m, 높이 7.7m에 이른다. 그 위에는 20cm 두께로 진흙을 발라 스며드는 습기를 차단하였다. 정상부에는 진흙 속에 馬具장식품을 묻고 그 위에 흙을 쌓아 봉토를 만들었다. 봉토 기슭에는 냇돌을 높이 1.2m로 쌓아 호석(護石)으로 삼았다. 봉토 내부의 유물로는 정상부 근처에서 마구류로 추정되는 금동판(金銅板)·미늘쇠(有刺利器)·쇠낫·쇠투겁창(鐵矛)·유리구슬 등이 출토되었다.

무덤내부의 목관부에는 남자로 추정되는 피장자가 머리를 동쪽으로 향한 채 반듯이 눕혀져 있었다. 피장자는 금관(金冠)⁵⁾을 비롯하여 목걸이, 금제허리띠와 띠드리개, 금제·은제 팔찌, 금제반지, 봉황환두대도(鳳凰環頭大刀) 등을 패용한 채로 묻혀 있어 그 신분이 왕으로 추정되고 있다. 목관을 비롯한 각종의 장신구는 순금제 일색으로 피장자의 신분에 걸 맞는 구성을 보여주고 있었다. 주된 부장품들은 목관 동편의 부장품수장궤 안에 차곡차곡 쌓여 있었는데, 바닥에 쇠도끼를 4벌 놓고 그 위로 각종 용기류와 마구류 등을 가지런히 쌓아 놓았다. 부장품상자 뚜껑 위에서는 금제 새날개형 관식(鳥翼形冠飾)·금제 나비형 관식(蝶形冠飾)·금동모자(金銅帽)·금동제 정강이가리개(脛甲) 등의 금동제 장신구류가 발굴되었다. 부장품상자 안에는 쇠솥·토기 등 크고 무거운 용기류가 맨 밑에 있고, 그 위에 금·은·동으로 만든 각종 그릇과 칠기·유리그릇 및 자작나무껍질로 만든 채화판(彩畵板)을 올린 뒤 맨 위에 천마도 장니(天馬圖障泥)를 비롯하여 금·은·동제 말안장 등의 마구류가 놓여져 있었다. 목관 주위 석단에도 금모자(金帽)를 비롯한 각종 장신구와 철제 이기류들을 놓았다.

천마총에서 출토된 유물 중에는 24개의 쇠뿔을 비롯하여 조형칠배(鳥形漆杯) 및 각형칠배(角形漆杯), 유리잔 등 지금까지 보지 못했던 희귀한 것들이 다수 포함되어 있으며, 11,526점이나 되는 다량의 출토유물들을 통하여 신라인의 생활상을 연구하는 데 많은 귀중한 자료들을 얻게 되었다. 특히 천마가 그려진 장니 이외에 기마인물도(騎馬人物圖), 서조도(瑞鳥圖), 칠기그림 등 각종 회화자료가 출토되어 신라시대의 미술사연구에 획기적인 자료가 되었다.

---

5) 발굴조사 당시 왕의 머리에 착용된 채 발견되었다. 높이 32.5cm, 지름 20cm인데, 1978년 국보 제188호로 지정되었다. 금판(金板)을 오려 구부려서 양쪽 끝에 뚫린 2개의 구멍에 맞추어 꿰어 원형의 머리에 맞게 대륜(臺輪)을 만들고, 그 위에 출자형(出字形)의 입식(立飾) 2개를 세운 전형적인 신라금관이다. 금관에 달린 장식은 금으로 만든 여러 개의 영락(瓔珞)과 비취곡옥(翡翠曲玉)을 금으로 만든 실로 매달아 호화의 극치를 이루고 있다. 금관을 장식하기 위해 정연하게 배치된 여러 개의 곡옥 등으로 볼 때 발전 팽창기에 있던 고신라(古新羅)의 국력과 왕권을 상징한다.

그림 Ⅷ-14 천마총출토 유물(천마도, 금관, 금반지)

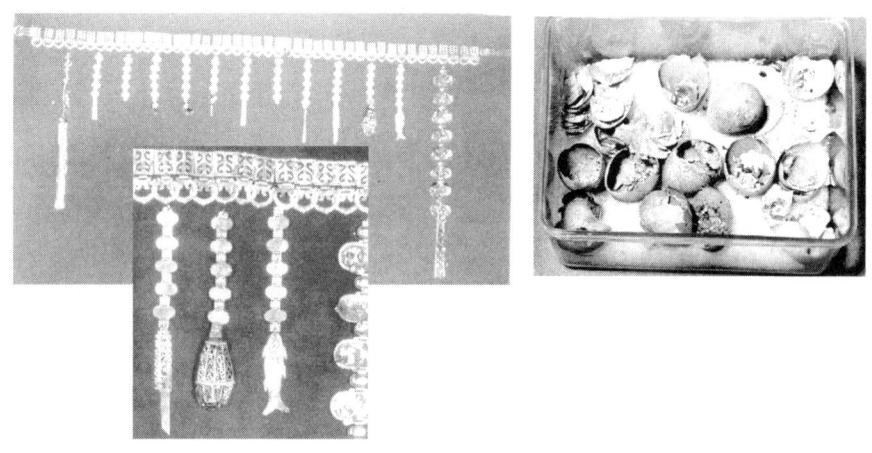

그림 Ⅷ-15 천마총출토 유물(허리띠와 달걀)

5. 황남대총(皇南大塚)

경북 경주시 황남동에 위치한 신라시대의 돌무지덧널무덤(積石木槨墳)이다. 황남동 제98호분이라고도 한다. 경주시내의 고분군 중에서 가장 규모가 큰 돌무지덧널무덤(積石木槨墳)으로 두 개의 봉분이 남북으로 이어져 있는 표주박모양의 무덤(瓢形墳)이다. 거의 원형이 유지된 무덤의 규모는 14,000m²나 되는데, 동·서 80m, 남·북 120m, 높이는 南墳 22.2m, 北墳 23m다. 1973년 7월 6일부터 1975년 10월 8일까지 2년 4개월 동안 발굴되었는데, 발굴에 동원된 인원만도 무려 33,000명이나 되었다. 황남대총에서는 모두 68,000점의 유물이 출토되었다. 발굴된 지 30년 만에 정식으로 박물관 유물로 등록되었다고 한다.

발굴은 북분(北墳)부터 시작되었다. 남분의 발굴은 북분이 유물층에 도달할 때까지 보류하기로 했다. 북분은 남분의 봉토를 일부 제거하고 연이어 축조되었는데 남분과는 달리 딸린덧널이 없는 외널무덤(單槨墳)이다. 목곽은 6.8m×4.8m×4m(높이)의 규모로 만들어졌다. 남분과 마찬가지로 덧널 안에는 널이 안치되어 있고 널 위 동쪽에 따로 껴 묻거리 칸이 마련되어 있었다. 널과 부장품 칸에는 금관·목걸이·허리띠 등의 장신구, 유리와 토제 등의 용기, 고리칼 등의 무기가 들어 있었다. 또한 덧널 위에서도 귀걸이·옥제품·말갖춤·토기 등 신라고분에서는 가장 많은 금제(金製)장신구 유물들이 출토되었다. 북분은 남분에 비해 장신구가 많은 반면 무기류가 적었으며 또한 '夫人帶(부인대)'라는 명문이 있는 허리띠끝꾸미개가 출토되어 부부묘(夫婦墓)인 북분과 남분 중 북분이 부인의 무덤으로 밝혀졌다. 출토유물 중 유리제품은 로만글라스계통으로 실크로드를 통해서 전래된 것으로 추정된다. 또한 소형의 은제 잔에는 이국적인 인물이 표현되었는데 오늘 날 중동지방의 인물(이란지방의 전통적 여신과 흡사)이라고 한다.

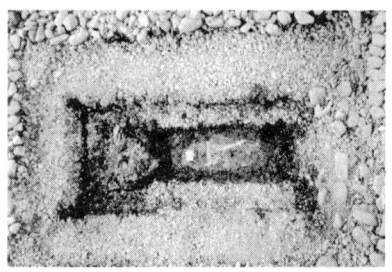

그림 Ⅷ-16 황남대총 모습과 내부시설인 목곽

　금관은 발굴이 시작된 뒤 1년 4개월 만인 1974년 10월 29일 출토되었다. 그로부터 주로 야간시간을 택하여 수습하였는데 4일 간이나 걸렸다(재미있는 일화는 금관이 노출되어 수습될 때까지 경주 하늘이 붉은 노을로 뒤덮여 있었다고 한다). 당시 언론의 치열한 취재경쟁 속에 진행되었는데 기자들이 발굴인부들의 식당에까지 잠복하면서 취재하였다고 한다. 일화중의 하나는 인부들의 이야기를 잘못 듣고 금관을 확인할 길이 없자 경주박물관에 있는 금관을 사진찍어 특종으로 보도하였다는 이야기도 있다. 문화재관리국 경주 고적발굴조사단의 발굴조사에 의해 남분이 북분보다 먼저 축조된 것으로 밝혀졌다.

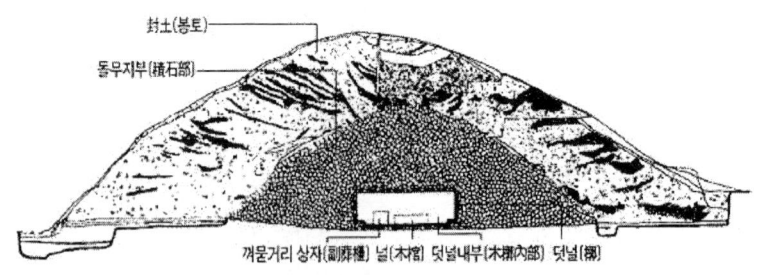

그림 Ⅷ-17 적석목곽분의 구조

　남분(南墳)은 주곽(主槨)과 부곽(副槨)이 T자와 같은 형태로 배치되어 있다. 주곽은 당시의 지표(地表)를 45cm 깊이로 파고 그 위에 냇돌과 자갈을 깔아 설치되어 있었다. 목곽(木槨)은 내외 이중으로 설치되었는데, 내외목곽 사이는 잔자갈로 채워져 있었다. 외곽은 6.5m×4.1m의 규모이고, 내곽은 4.7m×2.3m이다. 다시 내곽 안에는 널과 부장품 칸이 따로 만들어져 있었으며, 널 안의 피장자(被葬者)는 금동관·목걸이·허리띠·고리자루칼(環頭大刀)을 착용하고 있었고, 부장품 칸에는 은관·금제관장식 등의 무기류가 들어 있었다. 피장자는 머리를 동쪽으로 둔 유골(遺骨) 일부(치아 12개)가 남아 있어 60살 전후의 남자로 밝혀졌다. 그 외에 15세 전후의 소녀의 유골 일부(16개의 치아와 뼈로 보아 148cm의 키)가 내곽 안에서 더 수습되어 한 무덤덧널 안에 순장(殉葬)된 여자가 있었다고 해석되었다. 주곽과 3m 두께의 돌벽을 사이에 두고 만들어진 부곽에서는 둥근밑항아리와 굽다리접시를 비롯한 토기류, 덩이쇠(鐵鋌)를 비롯한 철기, 안장 등의 말갖춤 등이 다량으로 출토되었다. 남분에서는 1개의 은제관과 6개의 금동관을 비롯하여 모두 22,000점의 유물이 출토되었다. 남분 발굴 시 북분에서와 같은 금관의 발굴을 기대한 언론의 치열한 취재경쟁이 있었다 한다. 그런 와중에 1975년 7월 1일자 조선일보에서 남분에서 금관출토라고 하는 허위보도 기사가 나갔다. 이것은 7월 2일 현장을 방문한 박대통령에게 영향을 끼친 듯 한번 더 조사하여 남분에서 금관을 찾아보라는 지시를 받기도 하였다고 한다. 하지만 남분에서 기대했던 금관은 발견되지 않았다.

황남대총은 신라고분을 합장묘(合葬墓)와 단장묘(單葬墓)로 구분할 경우 복합된 형태에 속하며, 형태상 표형분에 속하는 무덤으로 돌무지덧널무덤의 형식상 비교적 초기에 속하는 것으로 본다. 4~5세기

그림 Ⅷ-18 황남대총 남분 출토유물(은관, 말안장, 신발)

돌무지덧널무덤의 등장과 그 구조를 연구하는 데 중요한 자료이다.

그림 Ⅷ-19 황남대총 남분 출토유물(유리그릇, 정강이가리개, 금반지)

그림 Ⅷ-20 황남대총 북분 출토유물(금관, 금잔, 은잔)

IX. 성곽문화

1. 성곽의 발생
2. 성곽의 분류와 종류
3. 성곽의 축조방법
4. 성곽의 각종시설

IX 성곽문화

1. 성곽의 발생

　성곽(城郭)이란 적의 침입을 막기 위하여 장애물을 높게 쌓아올린 구조물이다. 성곽이란 용어는 안에 있는 내성(內城)과 그 외곽부에 축조한 외성(外城)을 포함하는 말이다. 내성(內城)에는 王을 비롯한 지배자와 관청(官廳)이 들어서고, 외성(外城)에는 관료와 일반 백성들이 거주하는 서로 분리된 거주 공간이다. 여기에서 성(城)은 내성을 의미하고 곽(郭)은 외성을 의미한다. 그렇지만 이와 같은 용어(성, 성곽)를 엄밀하게 구분하지 않고 혼용하여 쓰는 것이 보통이다.

　방어시설인 城이 언제부터 만들어지기 시작하였는지는 분명하지 않다. 성곽의 발생은 인간이 채집경제 단계에서 생산경제 단계, 즉 농경에 들어선 시기부터 나타난 것으로 이해하는 것이 일반적인 관점이다. 즉 농경을 위주로 한 생산방식은 정착생활과 함께 집단생활을 필수적으로 탄생시켰다. 집단적인 농경에 의한 식량의 대량수확과 장기적인 보관기술이 발전하면서 여러 가지 사회변화가 나타나게 되었다. 먹고 남는 잉여식량을 생활필수품과 교환하기 위한 공공장소인 시장(市場)이 생기게 되었다. 이에 따른 인구집중과 직업의 분화현상이 나타나게 되어 이제까지 생존을 위한 자급자족 생활에서 벗어날 수 있게 되었다. 이 과정에서 생겨난 빈부의 차이는 계급의 분화, 신분의 차이, 권력의 형성 등과 같은 정치·사회적인 변화를 가져왔다. 이러한 상황 속에서 수확된 농작물에 대한 약탈이 집단적인 양상으로 나타나게 되었고 이를 대처하기 위한 방어물이 나타나게 되었는데 이것이 성의 기원(起源)일 것으로 생각되고 있다.

현재 고고학적으로 나타난 최초의 성곽유적은 높은 담장이 아니라 주변의 땅을 깊게 파낸 참호와 유사한 시설이다. 이는 중국 신석기시대 초기의 대표적인 유적으로 알려진 서안(西安)의 반파유적(半坡遺蹟)1)에서 나타나고 있다. 이 유적은 집단생활을 나타내는 밀집된 주거지와 그 주변에 공동묘지를 구분하여 조성하였으며 또한 주거지와 구분하여 작업공간인 토기

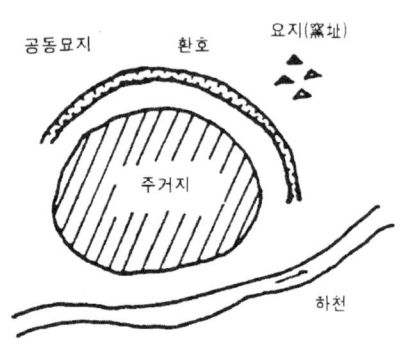

그림 IX-1 반파유적의 환호

를 굽던 요지(窯址)등이 배치되었다. 그런데 집단주거지의 외곽부에는 도랑을 깊게 판 환호(環濠: 둥글게 판 참호시설)가 나타났다. 생활하던 지역을 외부의 적으로부터 보호하기 위한 방어시설로서 추정되고 있다. 오늘날 야영할 때 텐트주변의 흙을 파내는 것과 유사한 형태이다. 이렇게 주거지주변의 흙을 파내어 방어시설로 삼던 전통은 장기간 계속되었던 것으로 보여진다. 그런데 환호시설은 파낸 흙이 다시 참호 속에 흘러내려 이를 다시 파

---

1) 반파유적(半坡遺蹟)은 중국 섬서성(陝西省) 서안시(西安市)의 반파(半坡)에 위치한 신석기시대 초기의 유적이다. 이 유적은 1,950년대에 발견 조사되었는데 집단주거지, 공동묘지, 그릇을 굽던 요지 등이 한 지역에서 밀집하였던 것으로 나타났다. 이 유적에서는 여러 가지 유물이 발견되었는데 그 중에서도 동물무늬나 기하학무늬가 있는 채색토기(彩色土器)가 특징적이다. 화북(華北)에서 일어난 최초의 농경문화인 앙소문화(仰韶文化)의 대표적인 유적이다. 채도가 특색이어서 채도문화(彩陶文化)라고도 하며, 간석기·뗀석기 및 양날이 있는 돌칼과 구멍이 한 개 뚫린 돌칼로 수확한 것, 돌을 갈거나 흙을 구워 만든 팔찌를 애용한 것 등도 특색으로 들 수 있다. 그리고 당시의 사람들은 주로 조를 재배하였으며 채소와 가축을 사육하였다.

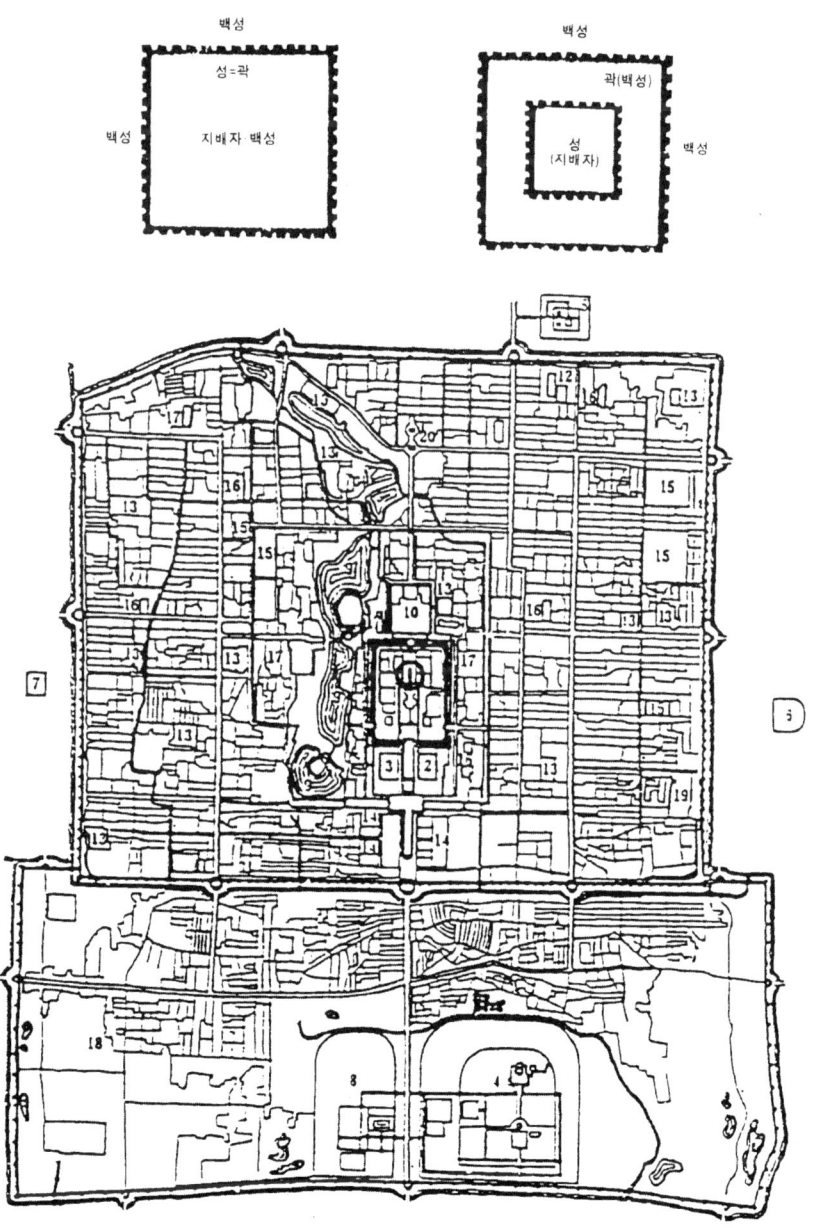

① 궁전, ② 태묘(太廟), ③ 사직단, ⑥ 일단(日壇), ⑦ 월단(月壇), ⑧ 선농단, ⑩ 경산(景山), ⑪ 문묘, ⑫ 국자감, ⑬ 왕부(王府)와 공주부(公主府)

그림 IX-2 중국의 성곽

내야 하는 등의 유지·관리가 필요하였다. 이는 환호시설의 단점으로 작용하였고 이에 따른 불편함은 방어시설의 변화를 필요로 하게 되었을 것이다.

　청동기시대를 전후하여 이와 같은 방어시설(성곽)은 다른 양상으로 나타났다. 이 시기에는 사회규모가 커져서 도시국가가 형성되었는데 이를 둘러싼 거대한 모습의 성이 나타났다. 이전에 환호시설을 만들 때 파냈던 흙을 끌어모아 높게 쌓아 올린 토축(土築)의 방어시설이 나타난 것이다.「성(城)」이란 글자는 「土」+「成」으로서 흙으로 만들어진 것을 나타내는 글자이다. 또한 「國」이라는 글자는 사람들이 네모진 바리케이트(□)안에서 창(戈)을 들고 지키는 모습을 형상화한 것이라고 한다. 이러한 글자들이 모두 이 시기 국가의 탄생과 함께 생겨났다. 내외성을 갖춘 성곽이 나타나게 된 것은 이 시기의 일이었다고 보여진다. 이 시기의 대표적인 유적으로서는 은(殷)나라의 도성인 정주성(鄭州城)과 은허(殷墟), 주(周)나라의 도성인 풍경(豊京)과 호경(鎬京)이 있다. 춘추전국시대를 거쳐 전국을 통일하게 되는 진·한(秦·漢)대에 이르러 성은 지방도시나 촌읍에까지 축성되었다.

　우리나라 성곽의 축조시기에 대하여는 알 수 없다. 현재까지 알려진 고고학자료를 감안해 볼 때 청동기시대였던 것으로 추정된다. 이 시기의 성곽은 대체로 고지성집락(高地性集落 : 높은 지대에 위치한 집단 거주지)에 설치한 방어시설에서 비롯되었다고 생각된다. 경남 진주나 창원, 경북, 울주 등에서는 청동기 시대의 성곽유적이 조사되었는데 모두가 집단주거지의 주변에다가 환호(環濠: 둥글게 판 참호)를 판 형태였다. 문헌상으로는 한 무제의 군대가 위만조선의 평양성(平壤城)을 공격했다는 문헌기록(≪사기≫ 조선전)을 통하여 고조선시대 성곽의 존재를 추정할 수 있다. 그렇지만 평양성이 어떠한 형태의 성곽이었는지는 분명치 않다. 최근 북한에서는 고조선시대의 성곽을 조사한 자료가 공개되고 있다. 대표적인 고조선의 성곽으로는 황대성(평양시 강동군, 둘레 300m)을 들 수 있다. 산성의 형태를 띠고 있는 황대성의 성벽 윗부분에는 지석묘가 있어 확실한 고조선시대의 성곽으로 여겨지고 있다. 이후

삼국이 각기 국가를 성립하여 투쟁하게 되는 시기에 이르러 다양한 형태의 성곽으로 발전되었다.

2. 성곽의 분류와 종류

1) 축성재료(築城材料)에 의한 분류

성곽을 축성하는 재료로서는 주로 흙, 돌, 나무 등이 사용되었는데 그 재료에 따라서 토성(土城), 석성(石城), 토석혼축성(土石混築城), 목책성(木柵城), 전축성(塼築城)등으로 구분할 수 있다.

(1) 토성(土城)

토성(土城)은 흙으로 만든 성곽이다. 인류초기의 성곽은 토성에서 시작되었던 것으로 보여지는데 석성(石城)과 함께 우리나라 고대 성곽의 주류를 이루고 있다. 주로 주변에서 석재를 쉽게 구할 수 없거나 석재를 운반하기 어려운 지형에서는 토성을 축조하였다. 중국에서는 고대부터 토성이 많이 축조되었다. 한사군의 성곽은 대부분 토성으로 알려져 있는데, 대표적인 것으로는 낙랑군의 치소였던 평양의 낙랑토성(樂浪土城)이 있다. 우리나라에서는 삼국시대 이전부터 조선시대에 이르기까지 수많은 토성이 축조되었다. 삼국시대 이전의 토성으로는 고조선의 토성으로 알려진 지탑리토성 등이 있다. 삼국시대의 토성으로는 고구려의 초기 왕성(王城)으로 거론되고 있는 환인의 하고성자성(下古城子城)과 백제의 한성시대 왕성(王城)으로서 논란되는 서울의 풍납동토성(風納洞土城)등을 꼽을 수가 있다. 당(唐) 태종의 군대를 막아낸 고구려의 유명한 산성인 안시성(安市城)은 토성으로 알려져 있다. 통일신라시대의 토성으로는 각 지방의 행정치소로 기능하였던 이른바 구릉성들인데 그중 대

그림 IX-3 목천토성

그림 IX-4 환호
(진주 대평면, 청동기시대)

표적인 유적으로는 신금성(神衿城, 충남 홍성군, 둘레 645m)을 들 수 있다. 고려시대의 토성으로는 북방을 방어하기 위한 천리장성(千里長城)과 수도인 개경을 둘러싼 개성의 고려도성(高麗都城)등이 있다. 조선시대의 초기에는 한양도성을 일부 토축(土築)으로 쌓는 등 토축의 성곽축조법이 전통을 유지하였으나 이후 점차 석성으로 대치되었다.

한편 이와 같은 토성이 나타나기 전 단계에의 방어시설로서는 환호시설이 있다. 이는 집단주거지의 주변을 둘러싸는 참호와 유사한 시설인 환호이다. 이는 중국에서도 토성이 나타나기 이전 단계인 신석기시대 초기에 등장하였다. 우리나라는 환호시설이 청동기시대에 확인되고 있다. 그러한 유적으로 꼽을 수 있는 것은 검단리유적(경남 울산시), 송국리유적(충남 부여군, B.C 5세기 가량), 덕천리유적(경남 창원군)등이 있다. 검단리유적의 경우는 낮은 야산의 정상부에다가 참호를 장타원형으로 파낸 환호시설이다. 환호의 폭이 50~200cm, 깊이가 20~110cm, 둘레가 298m에 달하는데 남북에 출입시설이 있다. 환호의 안팎에는 청동기시대의 주거지 93동이 조사되었다. 이 유적의 연대는 대체로 B.C 7~6세기 가량이라고 한다. 철기시대의 환호유적으로는 대성동유적, 봉황대유적, 양산패총유적 등이 있다. 일본에서는 야요이(彌生)시대 유적인 요시노가리(吉野ヶ里)유적에서 거대한 환호시설이 조사되었다. 이러한 환호시설은 삼국시대 이후까지도 그 전통이 계속 이어지고 있다.

(2) 석성(石城)

　석성(石城)은 돌을 쌓아 만든 성곽이다. 우리나라는 화강암 등의 석재가 풍부하여 삼국시대 이래 조선시대에 이르기까지 수많은 석축성이 축조되었다. 석성은 일단 축조하면 유지와 보수 등이 간편하기 때문에 기존의 토성을 석성으로 개축하는 경우도 많았다. 우리나라에서 석성이 축조되는 것은 삼국시대부터라고 생각된다. 삼국시대는 삼국에서 각기 石城을 축조하였다. 고구려의 경우는 왕성(王城)이었던 국내성(國內城)과 평양성(平壤城), 국경지역에 축조한 석성(石城)등이 있다. 백제의 경우는 부여도성(夫餘都城)을 보호하기 위하여 외곽성으로 축조한 청마산성(靑馬山城, 둘레 6,050m)과 국경지역에 축조한 보문산성(寶文山城, 대전시, 둘레 280m) 등이 있다. 신라의 경우는 왕성을 보호하기 위한 명활산성(明活山城))2)과 국경지역에 축조한 삼년산성(三年山城)3)등이 있다. 삼국시대의 경우 국경지대에 축조한 대부분의 성곽은 석성이다. 조선시대는 대부분의 성곽을 석성으로 축조하거나 개축(改築)하였다.

---

2) 명활산성(明活山城)은 경북 경주시 천군동(千軍洞)과 보문동(普門洞)에 걸친 명활산에 있는 신라시대 석축산성으로서 사적 47호이다. 《삼국사기》에는 신라 실성왕(實聖王) 4년(405)에 왜병이 명활산성을 공격하였다는 기록이 보이고 있어 그 이전에 축조되었음을 짐작할 수가 있다. 이후 명활산성의 보수와 개축에 대한 기록이 《삼국사기》에 여러 번 나타나고 있다. 서쪽의 선도산성(仙桃山城), 남쪽의 남산성(南山城)과 함께, 당시 수도 경주를 방어하는 데 큰 역할을 하였다. 그 둘레는 약 6km가량이다.

3) 삼년산성(三年山城)은 충북 보은군 보은읍 북쪽 2km 지점에 있는 삼국시대의 산성으로서 사적 235호이다. 《삼국사기》에 의하면 이 산성은 신라 자비왕 13년(470)에 축성하였는데 그 기간이 3년이나 걸렸다고 하여 삼년산성이란 명칭이 붙여졌다. 신라는 고구려의 남하를 경계하고 백제를 견제하기 위하여 최전방기지인 보은에 이 산성을 축조하였다. 산성은 포곡식에 가까운 대형의 테뫼식 산성으로서 그 길이가 1,680m에 이른다. 성벽의 구축 방법은 내외면 모두 석축(石築)으로 수직에 가까운 벽면을 이루게 하였고, 전형적인 협축공법(夾築工法)을 채용하였다. 성벽은 주위의 능선을 따라 견고하고 웅대하게 구축하였는데, 높이는 가장 높은 곳이 13m에 달하고, 너비는 5~8m이다. 성벽에는 치(雉)가 설치되었으며 성문(城門)은 보은읍을 내려다볼 수 있는 서쪽 수구(水口) 부근에 있다. 성벽 안에는 저수지가 있다.

(3) 목책성(木柵城)

그림 IX-5
몽촌토성외곽의 목책성

목책성(木柵城)은 나무를 엮어서 축조한 성곽을 말한다. 오늘날 집안 주변의 울타리와 비슷한 것이다. 가장 축조하기가 용이하여 성곽의 원초적인 형태로 생각된다. 목책성은 기존의 성곽 윗부분이나 그 주변지역에 설치하여 방어력을 높이기도 하였다. 우리나라의 목책성은 청동기시대에 나타났다. 청동기시대의 밀집주거지로 유명한 송국리유적에서는 주거지를 둘러싼 목책이 약 430m가량 확인되었다. 또한 경기도 하남시의 미사리에서도 무문토기 전기로 추정되는 목책이 조사되었다.

삼국시대에는 ≪삼국지≫ 동이전에 기록된 부여의 "작성책(作城柵)"기록과 진한(辰韓)의 "유성책(有城柵)"기록을 통하여 삼국시대 초기부터 존재하였음을 알 수 있다. 이후 ≪삼국사기≫에는 삼국에서 목책을 축조하였다는 기록이 다수 나타나고 있다. 백제의 왕성으로 논란되고 있는 몽촌토성은 토성주변에 목책을 축조하여 2중의 방어시설을 만들었다. 또한 통일신라시대 장보고(張保皐)의 청해진(淸海鎭)과 연관된 유적으로 알려진 전남 완도(莞島)의 장도유적(將島遺蹟)에서도 긴 목책시설이 조사되었다. 기록을 보면 조선시대도 목책성을 많이 활용하였던 것으로 나타나고 있다.

(4) 토석혼축성(土石混築城)

토석혼축성(土石混築城)은 흙과 돌을 섞어서 성벽을 쌓아올린 성곽방식을 말한다. 이는 토석혼축성의 보편적인 예이다. 또한 성벽의 하단 중심부분에 석축의 담장을 축조한 다음 그 위에다가 흙을 덮어서 체성(體城)을 완성하는 방식이 있다. 이는 고구려성곽에서 흔히 발견되는데 중국학자들은 이를 포골장(包骨墙)이라고 부른다. 토석혼축성의 예로서는 고조선시대의 황대성(평양시 강동군, 둘레 300m)과 고구려의 구노성(舊老城, 요녕성 신빈현, 둘레: 내성 960m, 외성 5,660m) 등을 들 수 있다.

(5) 전축성(塼築城)

전축성(塼築城)은 벽돌을 쌓아서 축조한 성곽을 말한다. 이는 본래 중국에서 유입된 축성법이다. 중국에서는 당(唐)나라 이후에 전축성이 유행하였다. 우리나라에는 고려 말~조선초기에 유입되었다. 조선 세종(世宗)연간에 4郡, 6鎭지역에 전축성이 축조되었으며 특히 양란(兩亂)이후에 실학자

그림 Ⅸ-6 전축성(중국 북진고성)

들에 의하여 전축성의 필요성이 제기되었다. 정조대에 정약용을 등용하여 경기도 수원에 축조한 화성(華城, 사적 3호)은 그 일부가 전축성인데 세계문화유산으로 등록되었다.

2) 축조지형(築造地形)에 따른 분류

성곽을 어떠한 지형에 축조하였느냐에 따라서, 산성(山城), 평지성(平地城), 구릉성(丘陵城), 평산성(平山城), 차단성(遮斷城)등으로 분류할 수 있다.

(1) 산성(山城)

산성(山城)은 산 위에다가 축조한 성곽을 말한다. 우리나라는 산지가 전 국토의 70%이상 차지하고 있다. 우리나라를 가리켜 '산성(山城)의 나라'로 불려질 만큼 산성은 특징적이고도 대표적인 분포양상을 띠고 있다. 일제강점기

때에 조사된 자료인 ≪조선보물고적조사자료(朝鮮寶物古蹟調査資料)≫ (조선총독부, 1942)에서 성곽 유적을 추출해 보면 약 1,700개소 가까이나 되는데 그 중 대부분이 산성으로 나타나고 있다.

산성은 외적의 침입을 방어하고 영토를 보전하기 위하여 지리적 요충지에 축조하는 시설물이다. 산성을 쌓고 지키게 되면 전술·전략적인 측면에서 몇 가지 유리한 점이 있다. 그것은 평지(平地)에 성을 쌓고 지키는 것보다는 아군의 단점을 보완할 수 있는 반면에, 적군의 장점을 약화시킬 수 있기 때문이다. 적군의 입장에서 볼 때 힘들여 산 위를 기어올라가다 보면 기력이 쇠진하여 막상 전투 시에 - 설령 우세한 인원과 장비가 있다 하더라도 - 산성 밑에서 이를 효과적으로 활용하기가 어려운 점이 있을 뿐만 아니라 성안에 있는 아군의 사정을 파악할 길이 없어 작전에 어려움이 수반된다. 반면에 아군은 지형적으로 유리한 입장에서 최악의 경우 농성만 한다 하더라도 적을 퇴치할 수가 있는 것이다. 이와 같은 산성의 효용성과 관련하여 볼 때 백제는 고구려나 신라보다 훨씬 많은 성곽 축조 기록을 보이고 있음을 ≪삼국사기≫에서 확인할 수 있다. 당시의 산성은 그 용도와 기능면에서 볼 때 단순히 외적의 침략을 방어하는 전략적인 요새로서의 기능뿐만 아니라 경우에 따라서는 지방행정 통치의 중심지로서의 역할도 하였다고 보여진다.

그림 IX-7
부산진순절도
(보물 391호)

이와 같은 산성의 중요성은 삼국시대뿐만 아니라 고려·조선시대에 이르기까지 계속 논의되고 있다. 특히 조선 전기 및 양란(兩亂)을 전후한 시기에 산성에 대한 여러 가지의 논의가 ≪조선왕조실록≫에 다수 나타나고 있음을 볼 수가 있다. 조선 후기 실학자 중 대표적인 학자인 정약용(丁若鏞)은 산성의 축조에 유리한 지형을 고로봉형(栲栳峰形), 산봉형(蒜峯形), 사모봉형(紗帽峯形), 마안봉형(馬鞍峯形)의 4가지 형태로 구분하였다.

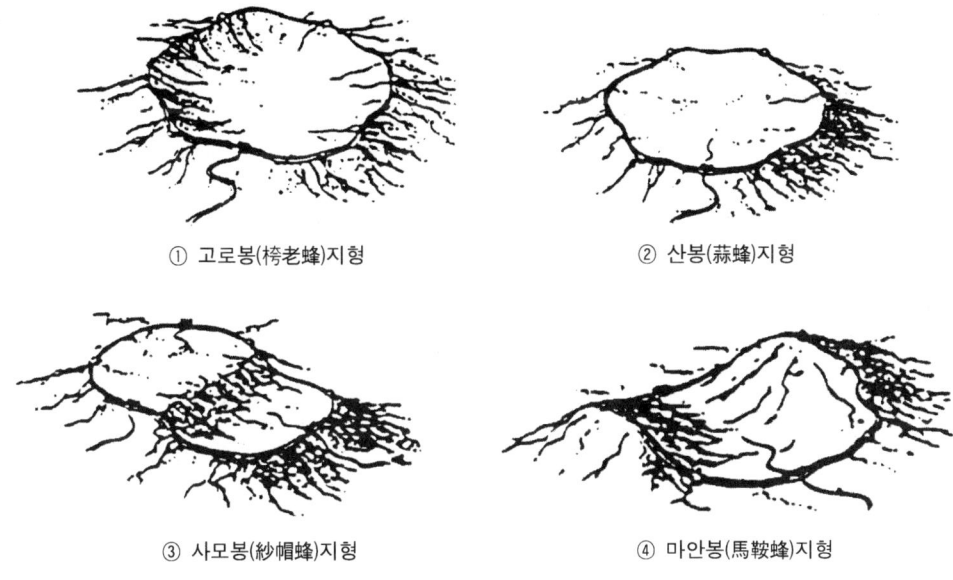

① 고로봉(栲老蜂)지형　　② 산봉(蒜蜂)지형
③ 사모봉(紗帽蜂)지형　　④ 마안봉(馬鞍蜂)지형

그림 IX-8 산성의 축조지형

① 산성의 유형

우리나라에 분포된 산성은 다양한 모습을 띠고 있어 여러 가지로 분류할 수가 있겠지만 가장 합리적인 구분방식은 산성이 위치한 입지적 여건과 성벽의 통과 선이 구체적으로 택하고 있는 지형에 따라 구분하는 것이다. 그러한 기준으로 본다면, 우리나라의 산성은 크게 테뫼식산성, 포곡식(包谷式)산성, 복합식(複合式)산성 등으로 분류할 수 있다고 본다.

가. 테뫼식산성

테뫼식산성이란 입지상으로 볼 때 일반적으로 성벽이 산중턱보다 높은 지형에 쌓여진 것을 특징으로 하여 산정부의 일정한 공간을 둘러싼 형태를 말한다. 테뫼식산성은 삼국시대산성에서 주로 볼 수 있는데 특히 백제산성의 특성이라고 할 만큼 백제에서 상당수 축조하였다는 양상을 보이고 있다. 이와 같은 테뫼식산성은 그 형태가 다양하게 나타나고 있어 다시 세분할 수 있다. 테뫼식산성은 성벽의 통과선을 기준으로 할 때 다시 테머리식산성, 산정식산성(山頂式山城), 산복식산성(山腹式山城) 등으로 분류된다.

　가) 테머리식산성

　테머리식산성이란 머리에 띠를 두른 것처럼 산봉우리에 테를 둘러 성벽을 축조한 형태를 말한다. 다시 말하자면 산 정상부에서 약간 낮은 지점을 선택하여 대체로 비슷한 level로 성벽을 축조해 나가는 방식으로서 마치 머리에 수건을 동여맨 듯한 형상을 띄고 있다. 테머리식산성은 대체로 경사진 지형을 이용하여 성체(城體)를 축조하기 때문에 성체의 안 또는 밖에는 내황(內隍), 외황(外隍) 또는 호(濠)처럼 보이는 통로가 형성되어 있는 경우가 많이 있다. 또한 축조 재료면에서 볼 때도 석축 성벽일 경우에는 내탁기법(內托技法)에 의하여, 토축성벽일 경우에는 삭토법(削土法)에 의하여 성체를 구축하는 것이 보통이다.

　테머리식산성은 성벽안에 포용하고 있는 봉우리의 숫자에 따라서 1개를 포용한 단봉(單峰) 테머리식산성과 2개 이상을 포용한 복봉(複峰) 테머리식산성으로 구분할 수 있다. 여기서 단봉 테머리식산성이 복봉 테머리식산성에 비하여 그 규모가 작은 것이 일반적이다. 소형의 테머리식으로 산성을 구축(단봉 테머리식산성)하게 되면 성벽이 산 정상아래 부분에 만들어져 있기 때문에 적이 공격하기 어렵다는 장점이 있다. 그러나 외부의 적에게 노출될 염려가 있을 뿐만 아니라 성 내부에 사람들이 거주할 수가 있는 평탄지를 확보하기가 어렵고, 水源의 확보 등에도 난점이 있어, 많은 병력이 장기간 주둔하기엔 문제가 있다. 소형의 테머리식산성은 그 규모면에서 볼 때 가장 작은 편에 속한다. 따라서 소형의 단봉 테머리식산성은 대체로 연락용, 감시용으로서의 역할을 담당하였다고 보여진다. 이 범주에는 산 정상부의 일부를 이용하여 소규모의 보루를 축조한 형식의 산성도 포함시킬 수가 있다. 백제지역에는 소규모의 테머리식산성이 다수 분포된 것으로 알려져 있다.

　한편 복봉테머리식으로 산성을 구축하게 되면 단봉 테머리식산성이 일반적으로 내포하고 있는 단점을 어느 정도 해소할 수 있다. 성벽이 두개 또는 그 이상의 봉우리를 연결하여 포용하고 있기 때문에 보다 규모가 클 뿐만 아니라 그 내부에는 계곡의 상단부 또는 평탄지를 포함하게 된다. 따라서 많은 병력이 장기간 주둔할 수 있는 유리한 조건을 구비하고 있다. 대형의 복봉 테머리식산성은 연락이나 감시용뿐만 아니라 군대가 상주할 수 있는 입보용(入堡用)으로서 또는 나아가 지방의 거점성으로서의 역할을 담당하였던 것으로 보여진다. 복봉 테머리식산성의 예는 백제부흥운동군의 주요거점으로서 알려진 **任存城**으로 유명한 봉수산성(鳳首山城, 충남 예산군, 둘레 2,450m, 석축성)이 있다.

나) 산정식산성(山頂式山城)

산정식산성(山頂式山城)이란 산의 정상부에 성벽이 축조되어져 있는 형태를 말한다. 산봉우리의 정상부가 평탄한 대지를 이루고 있는 지형을 이용하여

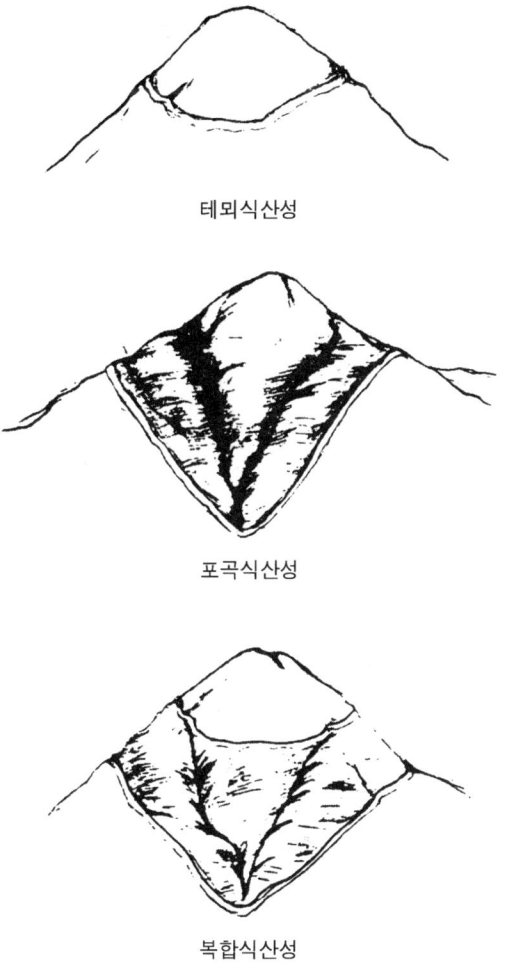

테뫼식산성

포곡식산성

복합식산성

그림 IX-9 산성의 유형

그 외곽부에다가 성벽을 구축하는 방식이다. 용어상으로 보면 일찍이 정약용(丁若鏞)이 분류한 바 있던 산봉형(蒜峰形)이 해당될 것이다. 산봉형은 마늘의 밑 부분처럼 평탄한 산의 정상부에다가 성벽을 에워싼 것을 말한다. 마안봉형(馬鞍峰形)도 이 범주에 포함시킬 수 있다고 생각된다. 마안봉형은 양쪽에 있는 봉우리를 연결하여 마치 말안장처럼 가운데가 오목하게 들어가 정상부

그림 IX-10 산정식산성(고구려 태자성)

가 길고도 평탄한 지형을 이루고 있는 형태를 뜻한다.

이와 같은 산정식으로서 성체를 구축하게 되면 성벽이 평탄한 산의 정상부를 에워 쌓았기 때문에 적의 공격이 어려울 뿐만 아니라 성 내부의 동정이 적에게 노출될 염려가 적다는 장점은 있으나, 성 내부의 공간확보 및 수원(水源)의 확보 등에 난점이 있다. 그러나 정상부의 평탄한 지형을 활동 및 주거공간으로서 이용할 수 있다는 점에서 볼 때는 테머리식산성보다 유리한 조건을 갖추었다고 할 수 있다. 산정식산성은 그 규모면에서 볼 때 비교적 작은 편에 속한다. 특히 백제시대의 산정식산성 가운데는 산정식 산성에다가 단봉테머리식 산성의 형태가 복합되어 이중성(二重城)의 형태를 띠고 있는 경우를 다수 발견할 수 있다. 산정식산성은 규모로 보아 다시 대형의 산정식산성과 소형의 산정식산성으로 구분할 수 있다.

소형의 산정식산성은 대체로 연락, 감시용의 역할을 담당하였다고 생각된다. 이는 주로 교통의 요충지나 대형산성의 주변 또는 국경지역에 설치되었던 것으로 보여진다. 대형의 산정식산성은 일부의 병력이 상주할 수 있다는 측면에서 볼 때, 입보용으로서 또는 나아가 일부는 지방의 거점성으로서의 역할까지도 담당하지 않았을까 생각된다. 대형의 산정식산성에서는 병력의 주둔을 의미하는 기와건물(瓦家建物)이 있었음을 출토유물을 통하여 확인할 수 있다. 백제 산정식산성의 예는 결성산성(충남 홍성군소재, 토축성, 둘레 700m), 고구려의 예는 남산성자산성(중국 요녕성 淸原縣소재, 석축성, 둘레 1,000m) 등이 있다.

다) 산복식산성(山腹式山城)

산복식산성(山腹式山城)이란 성벽이 산의 정상부에서 부터 시작하여 능선을 따라 산허리 부근에까지 내려와 축조된 형태를 말한다. 산 정상부에 축조된 성벽은 산 능선을 타고 내려와 조그마한 계곡이 있는 능선을 포용하고는 다시 반대편 능선을 따라서 산 정상부로 올라가면서 축조된 형태라고 할 수 있다. 성벽이 산 중턱부에까지 내려오지 않았다 하더라도 포용하고

그림 Ⅸ-11 산복식산성(백제 성흥산성)

있는 성벽의 능선 사이에 조그마한 계곡이 포함되어 있고, 또한 그 성벽 내부에 평탄지가 형성되어 있으면 산복식 산성의 범주에 포함시킬 수 있다고 생각된다. 이러한 산복식 산성은 테머리식·산정식과 포곡식의 중간형태를 띄고 있다고 볼 수 있다. 산복식산성(山腹式山城)은 포용하고 있는 능선 및 계곡의 규모에 따라 그 내부에는 커다란 계곡을 포용하고 있는 경우도 있어 종종 포곡식산성(包谷式山城)과 혼동을 일으키기도 한다. 이는 정약용(丁若鏞)의 4가지 분류가운데 사모봉형과 유사한 형태라고 볼 수 있다. 산복식산성은 성벽이 산의 정상부에서 계곡의 일부를 포용하기 때문에 그 평면형태가 마치 삼태기(箕) 모양을 띄고 있는 경우가 많이 있다. 이 형식은 소형의 테머리식산성·산정식산성에서 변화 발전된 형태라고 생각되는데, 테머리식·산정식산성의 단점인 성 내부의 공간확보 및 수원확보 등의 문제점들을 보완하기 위하여 생겨난 산성 축조방식이라고 생각된다.

백제 산복식산성의 예는 황산벌전투와 연관된 것으로 알려진 황산성(黃山城, 충남 논산시, 석축성, 둘레 830m)이 있고, 고구려의 경우는 탑산산성(塔山山城, 중국 요녕성 심양시, 토축성, 둘레 1,000m가량) 등이 있다.

나. 포곡식산성(包谷式山城)

포곡식산성(包谷式山城)은 성 내부에 계곡을 포용하고서 축조한 형태의 산성을 말한다. 즉 성벽은 정상부의 능선을 따라 계속되다가 산 중턱 아래에

형성된 계곡부근까지 내려와 평탄지를 형성하고 있는 계곡을 감싸고 있거나, 또는 산록 하단부의 평지부근에까지 내려왔다가 다시 상대편 능선으로 이어져 정상부로 올라가 축조된 형태이다. 따라서 포곡식산성에서는 성 내부의 물이 일정한 장소 즉 계곡 쪽으로 모여들어 성밖으로 배출되고 있다. 이를 위해 계곡부에는 한 개 또는 그 이상의 수구(水口)가 설치되기도 한다. 포곡식산성은 평면형태를 볼 때 원형 또는 타원형을 띄고 있는 테뫼식산성과는 다른 모습을 띄고 있는 것이 보통이다. 즉 성벽이 자연의 능선을 따라 이어져 축조되고 있기 때문에 불규칙적인 부정형의 형태를 띄고 있다. 또한 포곡식산성은 성 내부에 계곡을 포용하고 있기 때문에 테뫼식산성보다 큰 규모를 갖추고 있다. 따라서 보다 많은 병력이 풍부한 수원을 확보할 수가 있는 성 안에서 장기간 주둔하여 농성할 수가 있다는 장점이 있다. 포곡식산성은 정약용(丁若鏞)이 분류한 고로봉형(栲栳峰形)이 포함된다. 포곡식산성의 대표적인 예는 고구려의 산성자산성과 백제의 청마산성 등이 있다. 포곡식산성은 고구려산성의 특징이라고 할 만큼 고구려 지역내에 상당히 많은 분포양상을 보이고 있다. 고구려의 포곡식산성은 그 입지조건에 따라서 산간지대 한복판에 자리잡은 산간형(山間形), 평지방향으로 뻗어나온 산줄기의 끝자락에 위치한 돌출형(突出形), 벌판위에 우뚝 솟은 산위에 축조된 고립형(孤立形) 등으로 세분되기도 한다. 반면에 백제에서는 포곡식산성을 그다지 축조하지 않았던 것으로 나타나고 있다.

그림 IX-12
포곡식산성(고구려 산성자산성)

그림 IX-13
포곡식산성(서천성내리산성, 고려시대)

다양한 형태를 보이고 있는 고구려 포곡식의 산성을 분석해보면 포용하고 있는 골짜기의 크기 및 형태가 각기 달라 하나의 형식으로 분류하기엔 무리가 따른다고 생각한다. 이에 포곡식산성을 세분하여 본다면, 포용하고 있는 봉우리의 숫자에 따라서 단봉(單峰) 포곡식산성과 복봉(複峰)포곡식산성으로 구분된다. 성벽 안에 포용하고 있는 봉우리가 하나인 것을 단봉 포곡식산성이라고 하고 성벽 안에 포용하고 있는 봉우리의 숫자가 2개소 이상인 것을 복봉 포곡식산성(複峰包谷式山城)이라고 한다. 복봉 포곡식산성은 한 쪽의 봉우리 정상부에서 시작된 성벽이 산 능선을 타고 계속되다가 2개 이상의 또 다른 봉우리를 감싼 연후에 다시 능선을 타고 내려와 봉우리 사이의 계곡과 평탄지를 넓게 포용하고서 다시 정상부로 올라가 연결된 형태를 말한다. 따라서 성안에는 1개 이상의 계곡이 형성되어 풍부한 수원을 확보할 수 있다. 몇 개의 봉우리를 연결했다고 하여 연봉식(連峰式)산성이라고 부르기도 한다. 이는 고구려산성의 특징이라고 할 만큼 백제의 산성에 비하여 독특한 입지여건과 형태를 띄고 있다.

다. 복합식산성(複合式山城)

복합식산성(複合式山城)은 기존의 테뫼식산성과 포곡식산성(包谷式山城)이 서로 결합하여 이루어진 형태라고 할 수 있다. 복합식산성은 외적과의 피나는 투쟁과정에서 생겨난 형식이라고 말할 수 있다. 이는 많은 병력의 장기주둔과 효과적인 방어를 위해 나타나게 된 것으로 생각된다. 즉 기존의 테뫼식 또는 포곡식의 산성 안에 후일 군사적인 필요성에 의하여 포곡식 또는 테뫼식의 산성을 추가하여 축조한 것이다. 이는 대체로 군사적인 요충지에 축조되었다. 그렇지만 예를 들어 하나의 산성 안에 삼국시대의 테뫼식산성에다가 고려시대의 포곡식산성이 복합되어 있다면 이를 복합식산성이라고 하지는 않는다. 고구려의 복합식산성의 예는 평양의 대성산성(평양시 대성구 소재, 석축성, 둘레는 포곡식 7,076m), 백제의 복합식산성의 예는 석성산성(충남 부여군소재, 석축성, 둘레는 포곡식 1,500m, 테뫼식 500m) 등이 있다.

(2) 평지성(平地城)

그림 IX-14 평지성
(고구려 하고성자성, 주몽의 왕성)

평지성(平地城)은 산지(山地)가 아닌 평지(平地)위에 축조한 성곽을 말한다. 이는 교통이 편리하고 주변에 넓다란 농경지가 확보되어 있는 비옥한 하천주변의 평지에 축조되는 것이 보통인데, 군사적인 목적보다는 행정적인 목적으로 축조되었다. 성곽의 평면은 방형(方形) 또는 장방형(長方形)이 대부분이다. 일찍이 중국에서는 평지 위에다가 방형의 성곽을 축조하였다. 중국의 한(漢)나라에 이르러는 지방통치조직(郡縣制)이 완비되어 행정관리가 거주하는 성이 각 지방에 축조되었다. 이러한 지방성들은 대체로 평지에 축조된 평지성으로서 알려져 있다. 우리나라에서는 고조선의 평양성(平壤城)이 문헌기록에 보이는 최초의 성곽명칭이나 이것이 평지성인지는 분명치 않다.

평지성은 산성에 비하여 성벽축조 시에 공역(工役)이 많이 드는 반면에 방어력이 떨어지는 등의 단점이 있다. 그러나 산성보다는 성 내부의 공간활용이 유리하고 또한 지형적인 면에서 주변의 통치행위와 관련된 행정적인 기능을 담당하는데 편리하다는 장점이 있다. 따라서 평지성은 일반적으로 방어적인 기능보다는 행정적인 기능을 갖춘 치소(治所)로서의 성격을 가진 것으로 알려져 있다.

고조선시대 평지성의 예는 지탑리토성(황해북도 봉산군)이 있다. 삼국시대 평지성의 예는 고구려의 국내성, 백제의 풍납동토성 등이 있다.

(3) 구릉성(丘陵城)

구릉성(丘陵城)은 구릉위에다가 축조한 성곽의 형태를 말한다. 이는 군사적인 방어시설물로서 산성의 기능과 읍치(邑治)로서의 행정적 기능을 가진 평지성의 기능을 일부씩 포함하고 있다. 일반적으로는 민보용의 기능을 가진 통치행위와 관련된 행정치소적 성격을 보다 강하게 띄고 있다고 생각된다. 구릉성은 대체로 하천이나 평야지대의 주변에 분포되어 있는 양상을 보

그림 IX-15 구릉성(영릉진고성)
(漢의 군현성이었던 것을 고구려가 재사용)

이고 있으며 또한 축성재료면에서 대체로 토성으로 축조되어 있다는 특징을 보이고 있다. 이는 축조목적상 평지성과 유사한 성격을 띄고 있다고 생각된다. 중국 한(漢)대의 군현성중에는 구릉성을 볼 수 있다. 그러한 예는 낙랑군의 치소였던 낙랑토성(樂浪土城)이 있다. 고구려 구릉성의 예는 청암동토성(淸岩洞土城), 백제의 예는 몽촌토성(夢村土城)이 있다. 통일신라시대의 예는 신금성(神衿城, 충남 홍성군, 둘레 645m)을 들 수 있다. 이후 고려시대·조선시대에 이르기까지 구릉성은 계속 축조되었다.

(4) 평산성(平山城)

평산성(平山城)이란 배후에 있는 산에서부터 시작된 성벽이 산을 타고 내려와 평지에 이르러 그 안에 형성된 촌락(村落)이나 도시를 넓게 포용하고서 다시 산으로 올라가 맞닿는 성곽의 형태를 말한다. 이때 배후에 있는 산봉우리에 산성이 축조되는 경우도 있다. 평산성은 산성과 평지성이 합쳐져서 이루어진 유형으로서 분류할 수가 있다. 이와 같은 평산성은 중국에서 그 연원을 찾을 수가 있다. 고구려 평산성의 예는 평양의 장안성(長安城), 백제의 예는 부여도성(扶餘都城)이 있다. 평산성은 이후 통일신라시대, 고려시대 읍성(邑城)의 형태로 발전하였고 조선시대 초기에 이르러는 읍성의 대표적인 유형으로서 전국에 걸쳐 확대 축조되고 있다.

(5) 차단성(遮斷城)

차단성(遮斷城)은 산줄기와 평지를 서로 연결하여 길게 성벽을 축조한 형태를 말한다. 일반적으로 성곽의 형태가 사방을 보호하기 위하여 원형 또는 방형의 모습을 띠는데 비하여 일직선상으로 길게 축조한 형태를 의미한다. 이는 한쪽 방향의 적을 방어하기 위한 것이다. 차단성은 지리적 요충지 즉 대체로 국경지역 등에 하나의 선으로 길게 성벽을 축조하여 외적을 방비하기 위한 시설물이다. 이를 행성(行城) 또는 관성(關城)이라고 부르기도 한다. 이와 같은 차단성 중에서도 그 길이의 규모에 따라서 보다 광범위한 지역을 방어하기 위하여 축조된 것을 장성(長城)이라 한다. 이는 국경지역에 축조하는 것이 보통이다. 장성의 대표적인 예는 중국의 만리장성을 비롯하여 고구려의 천리장성(千里長城)이 있다. 또한 고려시대에 이르러 거란(契丹)과 여진(女眞)에 대한 대비책으로 압록강구에서 동해안 정평(定平)에 이르기까지 천리장성을 축조하였다.

그림 IX-16
중국의 秦漢長城

그림 IX-17
신라관문성(사적 48호)

한편 특정지역을 방비하기 위하여 축조된 보다 작은 규모의 차단성도 있다. 장성보다 작은 규모의 차단성을 관애(關隘)라고 한다. 관애는 장성에 비하여 국경지역이 아닌 군사적 요충지에 특수한 목적을 지니고 축조된 시설물이라고 할 수 있다.

관애(關隘)는 넓은 범위를 포용하여 축조된 장성과는 달리 특정한 지역이나 교통로 등을 방어하기 위하여 일직선상으로 축조한 장애물이다. 따라서 관애는 교통로상의 요충지인 협곡 등에 주로 위치하고 있다. 즉 협곡을 가로막는 성벽을 설치하고 그 협곡상의 도로에는 성문 즉 관문(關門)을 설치하는 것이다. 삼국중에서도 고구려는 수도의 주변지역에 여러 개의 관애를 설치하였다는 특징적인 양상을 보이고 있다. 고구려 관애의 예는 수도인 국내성을 지키는 집안 관마장관애(關馬墻關隘)가 있다

3) 축조목적(築造目的)에 따른 분류

성곽을 어떠한 목적으로 축조하느냐에 따라서 행정적인 성과 군사적인 성으로 분류할 수 있다.

(1) 군사적인 성

일반적으로 성곽은 군사적인 목적을 가지고 축조된다. 이는 비상시를 대비하기 위하여 축조하는 것인데 평상시 사람들의 거주여하에 따라 상주성(常住城)과 대피성(待避城)으로 세분된다. 산에 축조한 산성일 경우는 대체로 군사적인 목적에 의하여 축조된 성이다.

(2) 행정적인 성

성곽의 1차 기능인 군사적인 목적뿐만 아니라 행정적인 목적에서 축조된 성이다. 이는 전시가 아닌 평화 시에 도성이나 각 지방의 행정적인 통치를

용이하게 하기 위하여 축조되는 경우가 해당된다. 고려시대의 개성도성이나 조선시대의 한양도성 등이 해당된다. 통일신라시대 9주 5소경을 비롯한 각 지방의 행정적인 중심지에 축조된 지방성이 해당된다. 또한 조선시대 각 지방의 행정중심지에 축조된 읍성(邑城)이 여기에 해당된다.

4) 거주주체(居住主體)에 따른 분류

성곽안에 거주하는 주체가 누구인가에 따라서 궁성(宮城), 도성(都城), 행재성(行在城), 읍성(邑城)등으로 분류할 수가 있다.

(1) 궁성(宮城)

궁성(宮城)은 왕이 거주하는 성을 말한다. 보통 왕이 거주하는 곳에 궁궐을 짓고 통치에 필요한 관청건물이 그 주변에 배치된다. 이를 둘러쌓아 축조한 성곽을 궁성(宮城)이라고 한다. 이를 왕성(王城), 재성(在城)[4], 황성(皇城)이라고 부르기도 한다. 대표적인 예는 고구려의 안학궁(安鶴宮), 신라의 월성(月城) 등이 있다.

---

4) 재성(在城)은 우리나라에서 왕성을 가리키는 특수한 용어이다. 신라의 경주왕성(慶州王城)인 월성(月城)에서 '在城'이라 새긴 기와가 출토되었다.

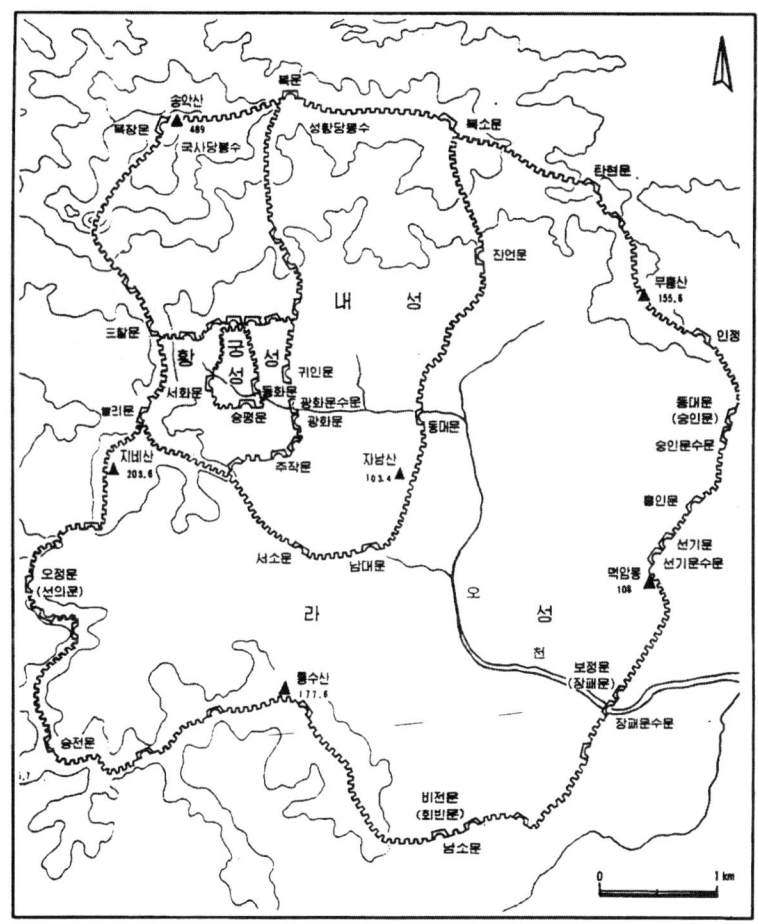

그림 IX-18 고려도성(개성)

(2) 도성(都城)

　도성(都城)은 왕과 백성이 함께 거주하는 성을 말한다. 왕이 거주하는 궁성을 짓고 그 외곽부에 일반 백성이 거주하는 외곽성을 축조한 경우를 말한다. 궁성이 확인되지 않았다 하더라도 보통 수도를 둘러싼 커다란 성곽을 도성이라고 한다. 삼국시대 고구려의 수도를 둘러싼 평양성, 백제의 수도를 둘러싼 부여도성, 고려의 수도를 둘러싼 개성도성과 조선의 수도를 둘러싼 한양도성 등이 여기에 속한다.

그림 IX-19 개성도성(고려시대)

그림 IX-20 해미읍성(사적 116호)

(3) 읍성(邑城)

읍성(邑城)은 지방의 주요 지역에 지방관이 거주하는 관부(官府)와 백성들을 보호하기 위하여 쌓은 성을 말한다. 지방 군현의 주민을 보호하고 군사, 행정 기능을 담당하던 성이다. 중국에서는 진한(秦漢)시대 이래로 읍성이 축조되었는데 한사군(漢四郡))의 군현성(郡縣城)이 이에 속한다. 통일신라시대의 각 지방의 요충지(9주 5소경 및 군현성)에 축조된 성도 읍성으로 분류할 수 있다. 특히 고려 말 조선초기에 왜구의 침입을 대비하기 위하여 각 지방의 해안지방에 읍성을 축조하기 시작하였다. 조선시대에는 전국에 걸쳐 읍성이 축조되었다. 이 시기의 대표적인 읍성으로는 해미읍성(海美邑城, 충남 서산시, 사적 116호, 둘레 1,800m), 낙안읍성(樂安邑城, 전남 순천시, 사적 302호, 둘레 1,384m), 고창읍성(高敞邑城, 전북 고창군, 사적 145호, 둘레 1,684m) 등이 있다.

(4) 행재성(行在城)

행재성(行在城)은 왕이 임시로 머무는 성을 말한다. 왕이 평상시에 거주하지는 않지만 국방상, 행정상 중요한 지점에 축조하여 유사시에 왕이 거주할 수 있도록 축조한 성이다. 왕의 이궁지(離宮地)를 둘러싼 성이기도 하다. 대표적인 예는 정조가 수원에 축조한 화성(華城, 사적 3호, 둘레 4,424m)이 있다. 화성은 수도의 남쪽방어 요충지이며 또한 정조(正祖)의 아버지인 사도세자(思悼世子)의 무덤이 있는 곳이기도 하다. 효자인 정조는 수원성을 축조하여 화성(華城)이라 이름 짓고는 수시로 화성에 행차하여 머물렀다.

그 외에도 성곽의 지리적 위치에 따라서 국경성(國境城), 강안성(江岸城), 해안성(海岸城), 내륙성(內陸城) 등으로 구분하기도 하고, 또한 성벽의 중복도에 따라서 단곽성(單廓城)과 복곽성(複廓城) 등으로 구분하며 성의 입지에 따라서 분지형(盆地形), 협곡형(峽谷形), 산복형(山腹形) 등으로 나누기도 한다.

3. 성곽의 축조방법

성곽의 축조방법은 성의 몸체에 해당하는 체성(體城)을 어떻게 구성하느냐 하는 문제와 직결된다. 즉 어떤 재료를 가지고 어떠한 방법으로 체성을 구성하느냐 하는 것이다. 성곽의 축성재료는 크게 나무(목책성)와 흙(토성), 돌(석성), 벽돌(전축성) 등으로 구분된다. 이와 같은 체성의 외형적인 축조방법은 두 가지 종류가 있다. 체성(體城)을 안과 밖에서 함께 쌓아올리는 협축기법(夾築技法)과 어느 한쪽 벽면에서만 체성을 쌓아올리는 편축기법(片築技法)이다. 일반적으로 평지성 및 평산성은 협축기법이, 산성은 편축기법이 많이 채용되었다.

1) 목책성(木柵城)

목책성(木柵城)은 나무를 재료로 하여 체성을 구성한 것을 말한다. 목책성은 토성이나 석성 등이 인력이나 기일이 많이 소모되는 것에 비하여 빠른 기일 안에 적은 인원으로 손쉽게 만들 수 있다는 장점이 있다. 따라서 급히 방어시설을 만들거나 임시로 성을 만들 경우, 또는 대량의 노동력을 구할 수 없는 도서(島嶼)지방에서 사용하였다. 목책은 화공(火攻)에 치명적인 약점을 가지고 있는 등 견고성과 내구성이 약하여 석성이나 토성에 부수적으로 설치되어 보조적인 기능을 갖는 경우도 있다.

목책성의 축조방법은 잘 알 수 없으나 조선시대 중엽의 기록을 통하여 어느 정도 이해할 수가 있다. 즉 ≪만기요람(萬機要覽)≫5)이라는 책에 다음과 같은 기록이 있다.

"먼저 나무기둥을 땅속으로 약 30~60cm 가량 묻어 견고하게 세워 나간다. 다음에는 이 기둥위에 2~3개의 구멍을 상하로 뚫어서 구멍사이에 짧은 빗장 모양으로 나무를 끼우는데 끼운 부분이 대략 나무 길이의 중간에 오도록 한다. 나무의 길이는 약 90cm 가량이다. 그 다음 빗장목의 양끝에 다시 구멍을 뚫어서 가로목(橫木)을 차례로 끼워 연결하되 네모반듯한 모양을 이루게 한다. 안팎에서 모서리를 묶어 매어 집지을 때 벽체를 만드는 모양으로 한다. 그러면 안팎으로 네모진 벽의 칸이 생겨나 이중의 벽을 이루게 되고 중간이 텅 비어 이곳에 흙을 채울 수가 있게 된다. 다음에는 울타리의 바깥에 길게 구덩이를 파고서 점토, 흙을 여물 썰은 것과 섞어서 물을 넣되 반쯤 물기가 있게 하여 빈 벽속에 채워 넣는다. 마르면 또 채우고 하여 꼭대기까지 쌓아 그 높이가 약 3~4m 가량 되도록 한다. 그 후 몇 일이 지나면 흙과 나무가

---

5) ≪만기요람(萬機要覽)≫은 순조 8년(1,808)에 편찬된 것으로 국왕의 정사에 참고하도록 정부 재정과 군제 토지에 관한 내역을 모아 놓은 책이다. 정부재정편에는 궁중의 소요경비 및 그 조달, 수세의 대상과 방식 및 면세, 세곡(稅穀)의 운반과 관원녹봉, 수세액수, 주전(鑄錢) 등의 재정정책, 관련관서의 분장업무, 국내외 상업 등을 기록하였고, 군정편에는 각 부대 및 관련관서의 직제와 운영, 교통 및 통신, 군사요충 및 방어시설, 국방에 관계된 역대 사실 등을 수치를 밝히면서 자세하게 기록해 놓았다.

서로 돌과 같이 단단하게 되는데 이때 안팎을 고운 점토로 벽을 바르듯이 곱게 발라준다."

이와 같은 목책성은 축조방법의 간편함으로 조선시대까지도 많은 관심을 가지고 축조되었다. 이러한 목책성과 유사한 것으로는 사슴뿔(鹿角)처럼 생긴 목재를 일렬로 배치하여 적에게 위협을 가하거나 나뭇가지의 끝 부분을 뾰족하게 깎아내 인마(人馬)가 넘어오지 못하게 하는 등의 나무울타리를 이용한 방어시설을 생각해 볼 수 있겠다.

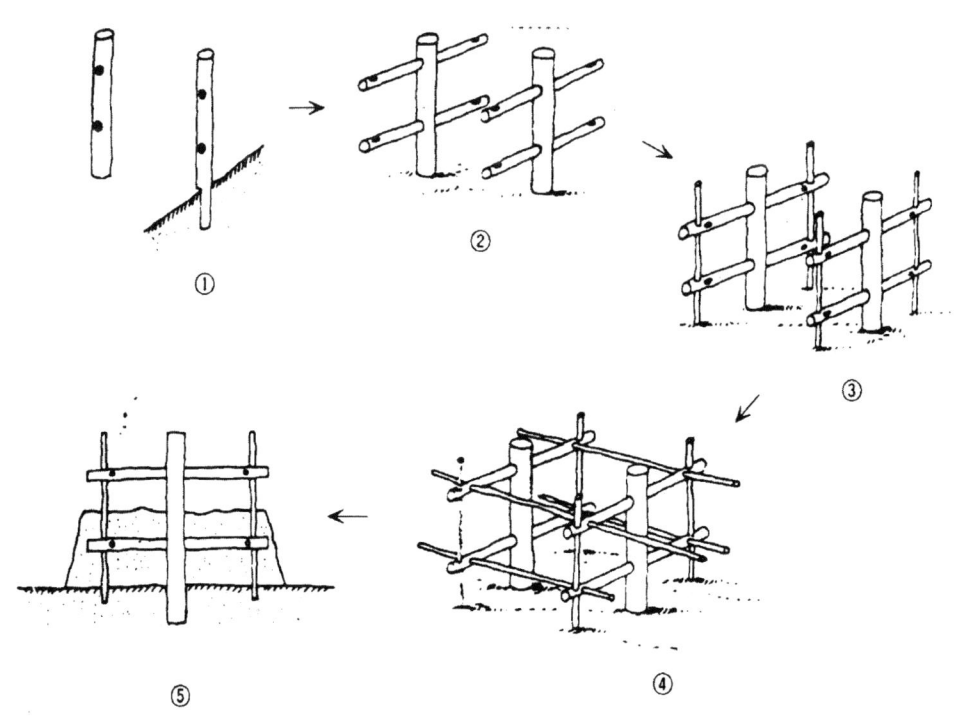

그림 IX-21 목책성의 축조과정

2) 토성(土城)

토성(土城)은 체성(體城)이 흙으로 이루어진 것을 말한다. 토성은 우리 인류가 전쟁을 시작하게된 이후로 방어용의 목적으로 축조해왔다. 「城」이란 글자가 「土」+「成」으로서 토성(土城)을 의미하고 있다. 토성은 주변에서 쉽게 구할 수 있는 흙을 재료로 하기 때문에 일찍부터 발달하였다. 토성(土城)은 체성의 축조형태에 따라서 그 외형이 다르게 나타난다. 즉 성벽의 양쪽에서 체성을 쌓아올리는 협축(夾築)과 한쪽의 성벽만 쌓아올리는 편축(片築)방법의 차이라 할 수가 있다. 여기서 편축(片築)방법은 일반적으로 삭토기법(削土技法)에 의하여 이루어진다. 삭토기법이란 기존의 지형에다가 성벽의 한쪽을 깎아내 적절한 경사를 이루게 하여 성벽으로서의 역할을 하도록 하는 방식이다.

토성(土城)은 체성(體城)의 축조방법에 따라서 크게 두 가지 종류가 있다.

(1) 판축기법(版築技法)

판축기법(版築技法)은 고대 중국에서 발달한 토목공법이다. 중국 은(殷)나라 이후 판축기법으로 축조된 성곽이 확인되고 있다. 판축이란 용어는 ≪맹자(孟子)≫란 책에서 처음으로 등장하고 있다. 중국 송나라 때 저술된 것으로 알려진 ≪영조법식(營造法式)≫이란 책에는 판축기법에 대한 비교적 자세한 설명이 있다. 그 내용을 간단히 알아보면, 체성의 길이 7尺 5寸마다 영정주(永定柱)와 야차목(夜叉木)을 각 2개씩 사용하여 성벽의 높이를 5尺씩 쌓을 때마다 옆으로 대는 기둥인 횡임목(橫袵木) 1개씩을 사용한다. 또한 협판(夾板 : 膊祿)에서 길이가 3尺되는 곳마다 새끼를 사용하여 체성내부에 있는 쐐기를 고정한다는 이해하기 어려운 내용으로 서술되어 있다. 또한 중국의 서적이나 조사보고서를 읽다보면 판축과 관련되는 용어가 다수 나타나고 있다. 이중에 천곤(穿棍 : 체성 내부를 직각으로 통과하는 고정용 나무기둥), 천승(穿繩 :

체성에서 3尺의 길이마다 협판을 새끼로 묶어 서로 고정시킨 것), 협판(夾板 : 흙을 다지기 위하여 체성의 안팎에 갖다 댄 큰 판자)등의 용어가 있다.

(2) 성토법(盛土法)

성토법(盛土法)은 주변의 흙을 채취·운반하여 단순히 체성(體城)을 형성한 방법을 말한다. 이는 우리나라 토성축조에서 보편적으로 사용했던 방법이다. 이는 판축기법보다는 공역이 쉽게 드는 장점이 있으나 내구성이 떨어진다는 단점이 있다. 대부분의 토성은 이와 같은 성토기법에 의한 것이다.

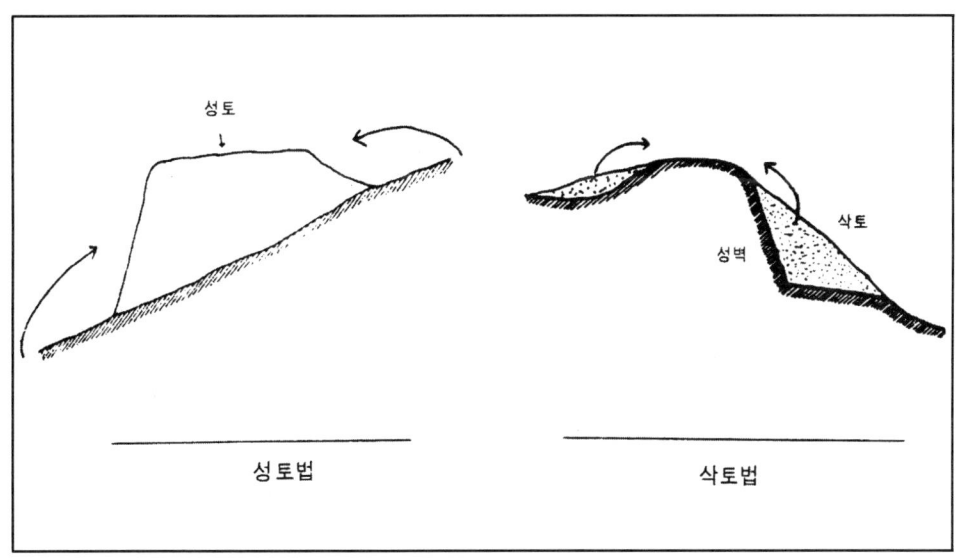

그림 IX-22 토축성의 축조방식

한편 성토기법 중에는 삭토법이라는 것이 있다. 삭토법(削土法)은 성벽 안팎의 흙을 깎아 내거나 퍼 올려서 체성을 구축하는 방법이다. 또한 체성 외곽부의 흙을 깎아내어 체성을 구축하기도 하는 삭토법의 경우는 간혹 체성부를 별도로 만들지 않기도 한다. 대체로 성토법은 평지에서 채용하는 경우가 많고, 삭토법은 경사진 지형에서 채용하는 경우가 많다. 산성의 경우 삭토법이 많은데 체성 외곽부를 깎아내 급한 경사를 이루게 하여 방어력을 높이기도 한다. 이렇게 삭토법이나 일부 성토법으로 체성을 구축한 경우에는 성의 안팎에 참호와 같은 구덩이가 파여서 내황(內隍), 외황(外隍)과 유사한 모습을 띠게 된다. 오늘날에는 이러한 구덩이가 무너져 내려 성안팎에 널따란 평탄지가 형성된 것처럼 보이기도 한다. 고조선시대의 지탑리토성이 성토법에 의하여 축성된 것으로 알려져 있다.

3) 석성(石城)

석성(石城)은 체성(體城)이 돌로 이루어진 것을 말한다. 일반적으로 城이라 하면 석성(石城)을 연상시킬 정도로 우리나라의 대표적인 성곽이다. 석성은 석재(石材)의 채취에서 운반 그리고 석재가공 등 복잡한 공역이 따를 뿐만 아니라 수많은 석재를 하나씩 쌓아 올려야 하는 등의 어려움이 수반된다. 그렇지만 일단 석성을 축조하고 나면 방어력이 양호할 뿐만 아니라 城의 유지·관리에 편리하다는 장점을 가지고 있다. 우리나라에서는 축조의 간편성 때문에 처음에는 토성(土城)이 일반적으로 축조되다가 점차 석성으로 대치되는 경향을 보이고 있다. 조선시대의 성곽은 대체로 석성이다. 석성(石城)은 체성의 축조형태에 따라서 그 외형이 다르게 나타난다. 즉 성벽의 양쪽에서 체성을 쌓아올리는 협축(夾築)과 한쪽의 성벽만 쌓아올리는 편축(片築)방법의 차이라 할 수가 있다. 여기서 편축(片築)방법은 일반적으로 내탁기법(內托技法)에 의하여 이루어진다. 내탁기법이란 외벽을 석축으로 하고 그 내부에는 흙이나 돌을 채워 넣어 축조하는 기법이다. 이는 산성과 같이 경사가 있는 지형에 성곽을 축조할 때 채용하는 일반적인 방법이다. 내탁기법으로 체성을 축조할 경우 성벽의 상부와 안쪽에는 넓다란 평탄지가 형성된다. 이러한 지형을 이용하여 성안의 건물이 배치되기도 한다.

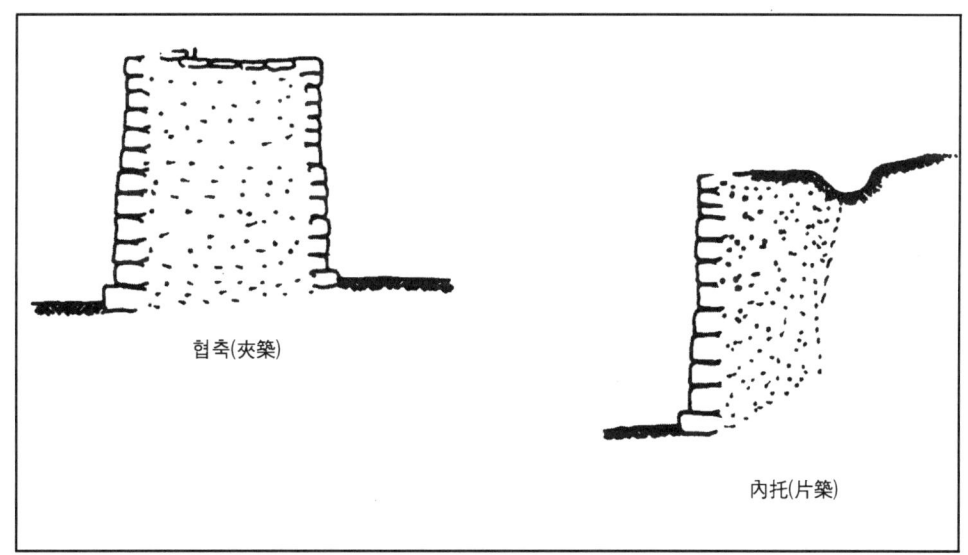

그림 IX-23 석축성의 축조방식

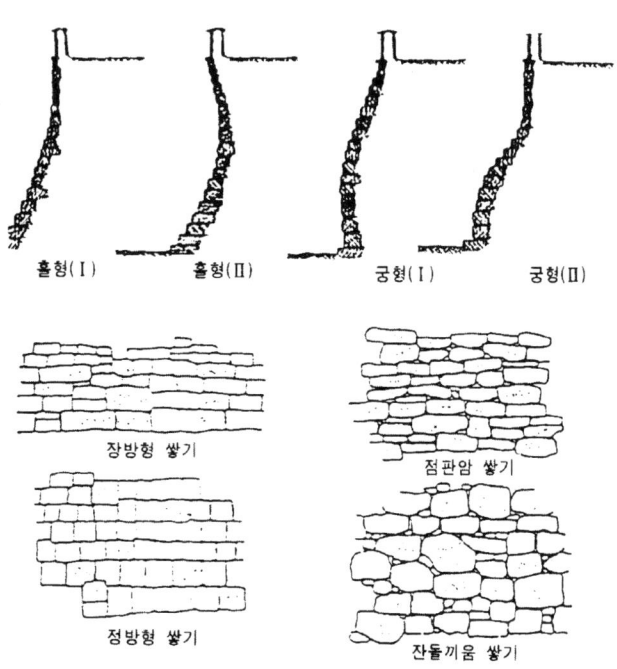

그림 IX-24 석축성의 축조방식(홀형과 궁형)

한편 석성은 면석에 사용된 석재의 모습에서 몇 가지로 분류할 수 있다. 즉 면석(面石)에 사용된 석재가 자연석을 그대로 이용한 것인지, 또는 석재를 가공하여 이용한 것이지 하는 구분이다. 자연석의 석재인 경우에도 주변에 있는 산석(山石)이나 하천석을 옮겨다가 그대로 축조한 것인지 또는 암반에서 돌을 떼내어 사용한 것인지 구분된다. 이 경우 떼어낸 석재의 모습에서 네모진 형태의 할석형(割石形)면석인지, 얇은 벽돌모양의 판석형(板石形)면석인지도 구분된다. 삼국시대 산성의 대다수는 할석형면석을 사용하였다. 가공(加工)된 석재의 경우는 그 모양에 따라서 직사각형면석, 정사각형면석 등으로 구분할 수 있다.

4) 토석혼축성(土石混築城)

토석혼축성(土石混築城)은 체성(體城)이 돌과 흙을 섞어서 이루어진 것을 말한다. 자갈이나 작은 석재를 흙과 혼합하여 체성을 구축하는 것은 가장 일반적인 토석혼축성의 예이다. 또한 성벽의 하단 중심부분에 석축의 담장을 축조한 다음 그 위에다가 흙을 덮어서 체성(체성)을 완성하는 방식이 있다. 이는 고구려성곽에서 흔히 발견되는데 중국학자들은 이를 포골장(包骨墻)이라고 부른다. 한편 하나의 성곽안에서도 석축으로 된 부분과 토축으로 된 부분이 병존하는 경우(토축 + 석축)가 있다. 이는 토석혼축성(土石混築城)과는 구별해야 한다. 왜냐하면 이러한 현상이 대체로 후일의 보수(補修)나 증개축(增改築)등과 연관된 경우가 대부분이기 때문이다. 또한 토성으로 이루어진 체성의 외곽부의 일부에 석축을 쌓은 경우는 토축성의 범주에 포함시켜야 할 것이다. 왜냐하면 이 시설은 체성의 붕괴를 막기 위하여 토성의 축조과정에서 부차적으로 생긴 것으로 파악되기 때문이다. 이와 같은 토석혼축성(土石混築城)은 육안으로는 식별하기가 어렵고 발굴조사와 같은 체성의 확인을 통해서 확인해야 하는 어려움이 수반된다. 따라서 관찰에 의한 지표조사에서 토석혼축성이라고 파악하는 사례는 잘못된 경우가 많이 있다.

그림 IX-25 토석혼축성

4. 성곽의 각종시설

하나의 성곽을 축조하기 위하여는 성곽의 축성에 필요한 여러 가지 시설들이 반드시 포함되어야 한다. 이는 성벽에 필요한 제반시설과 성벽주변에 필요한 제반시설로 구분된다.

1) 성벽시설(城壁施設)

성벽시설(城壁施設)은 체성(體城)에다가 설치하는 여러 가지 시설물들을 말한다. 체성(體城)은 성곽의 몸통부분에 해당한다. 성내외를 출입하는데 필요한 성문(城門)을 보호하기 위하여 옹성(甕城)이나 적대(敵臺)와 같은 시설이 설치되며, 체성을 보호하기 위하여 여장(女墻), 미석(眉石), 치(雉), 각루(角樓), 용도(甬道), 수문(水門), 총안(銃眼), 현안(懸眼)등의 시설이 설치된다.

(1) 성문(城門)

　성문(城門)은 성곽의 안과 밖을 연결해주는 통로로서 중요한 성곽시설이다. 성문은 적의 공격이 집중되는 취약지점이기 때문에 성문이 많을수록 성곽방어에 문제점이 나타난다. 반면에 성곽의 방어력을 높이기 위하여 성문을 적게 설치하면 평상시 성곽을 드나드는 불편함이 나타나게 된다. 따라서 성문은 그 성곽의 규모, 축성목적, 지형 등의 제반여건에 맞추어 설치하는 것이 보통이다.

　평지성의 경우에 성문은 성의 외부와 연결되는 도로와 만나는 지점에 설치한다. 일반적으로 동서남북의 4곳에 설치한다. 산성의 경우에는 출입하기가 비교적 용이한 계곡의 골짜기 부근에 설치하는 것이 대부분이다. 이러한 성문 중에는 성곽의 사방에 설치되는 사대문(四大門)이 있다. 이 사대문중에는 주 출입문인 정문이 있는데 남문(南門)이 그 역할을 하는 경우가 대부분이다.

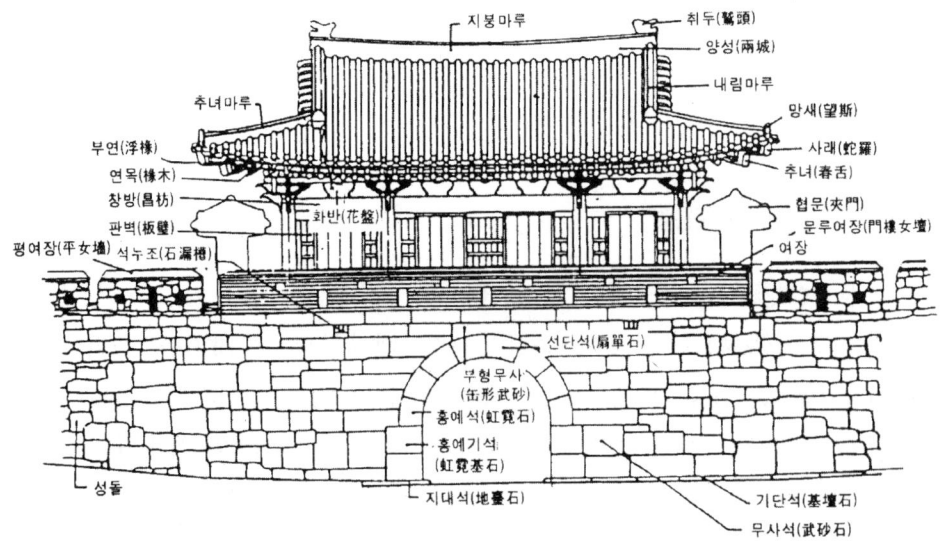

그림 IX-26 성문의 세부명칭

조선시대 대표적인 성곽인 한양성은 각 도로와 성곽이 만나는 곳에 성문을 냈는데 남쪽에 숭례문(崇禮門 : 지금의 서울 남대문), 동쪽에 홍인지문(興仁之門 : 지금의 서울 동대문), 서쪽에 돈의문(敦義門), 북쪽에 숙청문(肅淸門) 등 이른바 사대문이 그것이다. 이 사대문의 중간 중간에 생활의 편의를 도모하기 위하여 설치하는 성문을 간문(間門)이라고 한다. 성문 위에는 지키기 위한 시설인 문루(門樓)가 설치되기도 한다. 따라서 성문이 있던 자리에서는 건축물흔적인 기와편이 출토되고 있는 경우가 대부분이다. 고구려 약수리 벽화고분에는 성곽도에 문루(門樓)가 그려져 있다.

성문의 후미진 곳에 잘 드러나지 않는 비밀문을 만들어 비상시를 대비하는 경우가 있는데, 이를 암문(暗門)이라고 한다. 남한산성에서 암문을 볼 수 있다. 또한 성안의 배수를 용이하게 하기 위하여 설치하는 수문(水門)이 있다. 수문(水門)은 두 가지 형태가 있는데, 규모가 크고 門의 형태를 갖춘 것을 수문(水門)이라 하고, 규모가 작은 것을 수구(水口)라고 한다. 水門이나 水口는 적의 공격에 취약하기 때문에 암문(暗門)처럼 비교적 눈에 띄지 않도록 만들었다. 성안의 하수가 일시에 집중되면 성벽이 무너질 염려가 있기 때문에 물이 빠져나갈 통로를 견고하게 만들었다. 평지성은 성안의 지형이 낮은 저지대에 만들고, 산성의 경우에는 골짜기의 계곡부에 설치된다. 이외에도 성벽의 하단부나 성문의 하단부에 만드는 소형의 배수시설이 있다.

① 성문(城門)의 형식

성문(城門)의 형식은 성문의 외형적인 형상에 따라 다음과 같이 분류할 수가 있다.

가. 개거식(開据式)성문

개거식(開据式)성문은 성문의 상층부에 아무런 시설을 만들지 않은 형태를 말한다. 즉 토성문의 대부분과 석성문의 일부가 개거식에 속한다.

나. 평거식(平据式)성문

그림 IX-27
평거식성문(동림산성, 평안북도)

평거식(平据式)성문은 양쪽에 석축성벽을 쌓고 성문위에다가 커다란 판석이나 장대석과 같은 석재를 걸쳐 네모진 형태의 출입시설을 만든 형태를 말한다. 성문의 크기가 작은 곳에 설치하는 것이 보통이다. 주로 석성문에 해당한다.

다. 홍예식(虹霓式)성문

홍예식(虹霓式)성문은 성문 윗부분의 모습이 마치 홍예(무지개)처럼 생겼다고 하여 붙여진 이름이다. 성문의 크기가 대형인 곳에 설치하는 것이 보통이다. 조선시대의 석축성문에서 흔히 볼 수 있는 형식이다.

라. 현문식(懸門式)성문

현문식(懸門式)성문은 일정 높이까지 성벽을 쌓다가 그 위에 성문을 만드는 형식인데, 마치 다락과 같다고 하여 다락문이라고도 불려진다. 이 성문을 출입하기 위하여는 성안에서 사다리나 바구니와 같은 물체를 내려주어야 출입할 수 있다. 보통 적과 항상 대치하는 국경지대나 국방의 요충지에 설치한다. 삼국시대에 설치되기 시작하여 고려시대이후에 많이 설치되었다.

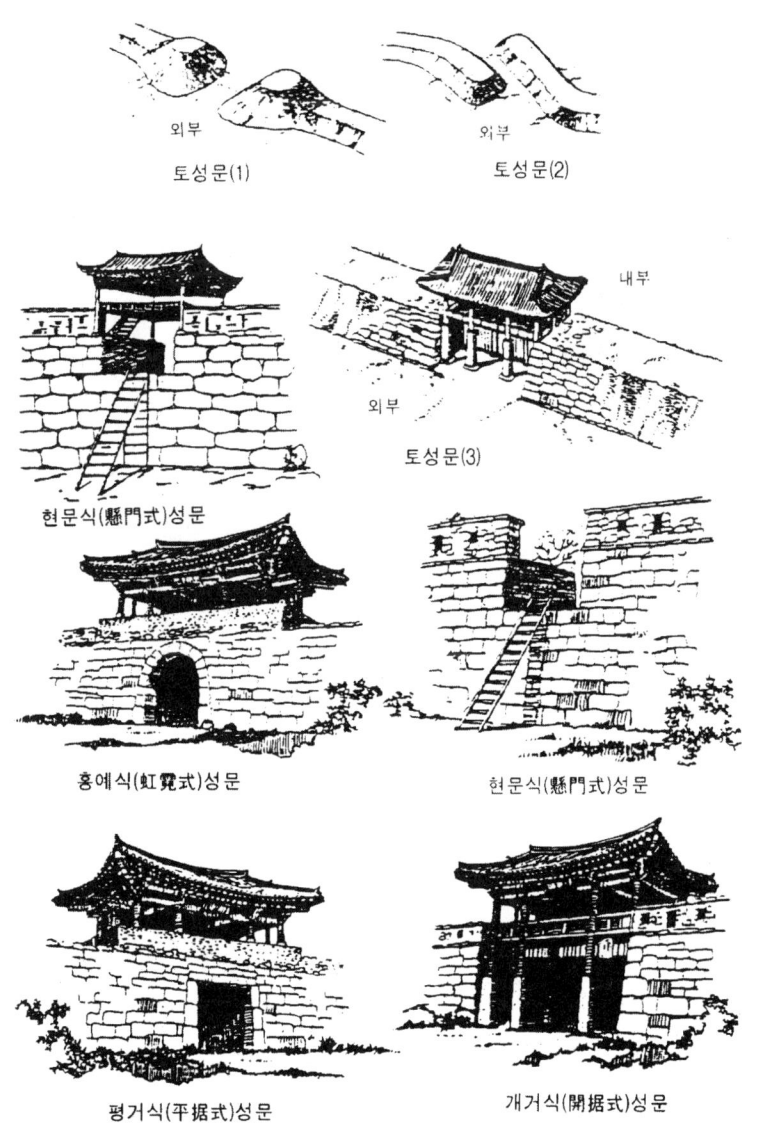

그림 IX-28 성문의 형식

② 성문(城門)보호시설

성문은 접근하기 쉬운 지점에 위치할 뿐만 아니라 성안으로 들어갈 수 있는 통로이기 때문에 늘 적의 공격대상이 되는 취약지점이다. 따라서 성문에는 적의 공격을 대비한 여러 가지 보호시설들이 설치된다.

가. 문비(門扉)

그림 IX-29
성문확돌(평양성내성북문)

문비(門扉)는 성문의 출입을 통제하기 위해 성문에 설치하는 문짝을 말한다. 오늘날 대문처럼 여닫도록 하였다. 문짝은 목재로 만들었는데 바깥쪽에는 적의 화공(火攻)에 대비하기 위하여 철판을 덧붙였다. 문짝은 안에서 잠글 수 있도록 빗장을 걸었다. 문을 잠그는 가로목으로 된 빗장을 장군목이라고 한다.

나. 적대(敵臺)

적대(敵臺)는 적의 공격으로부터 성문을 보호하기 위하여 성문의 좌우 부분에다가 장방형으로 길게 돌출시켜 설치한 시설물을 말한다. 적의 공격이 성문에 집중될 때 일직선의 성문 안에 있는 병사들은 집중적인 적의 공격에 효과적으로 대응하기가 어렵다. 이러한 문제를 해결하기 위하여 성문의 좌우에 짧은 장방형의 성벽을 돌출시켜 설치하게 되면 전면과 좌우 측면의 3방면에서 적의 공격에 대응할 수 있게 된다. 성벽 보호시설인 치(雉)와 유사한 개념이다. 적대는 중국의 춘추전국시대에도 이미 확인되고 있는 주요한 성곽 보호시설이다. 적대보다 성문의 방어력을 더욱 높이기 위하여 고안된 것이 옹성(甕城)이다.

다. 옹성(甕城)

옹성(甕城)은 성문을 외부의 적으로부터 보호하기 위하여 성문 앞에다 설치한 짧은 성벽을 말한다. 그 모양이 옹기(甕器)처럼 생겼다고 하여 붙여진 이름이다. 적이 접근하여 성문을 파괴시키고자 하는 것을 막기 위하여 성문앞에 또 다른 성문을 설치한 것이다. 따라서 적이 성문으로 접근하기 위하여는 앞의 작은 성벽, 즉 옹성을 우회하여야만 한다. 일단 적이 옹성을 돌아 성문앞에 다다르게 되면 성문과 옹성 안에 갇히게 된다. 이때 적군은 성문과 옹성에서 쏟아지는 공격을 감당해야만 하는 효과적인 성문 보호시설이다. 성벽을 서로 어긋나게 축조하여 방어력을 높인 어긋문이 옹성의 원시적인 형태라고 생각된다. 이는 삼국시대 산성에서 나타나는 문의 형태이기도 하다. 옹성(甕城)은 그 평면형태가 사각형인 것과 반원형인 것이 있다. 사각형이 보다 고식(古式)으로서 삼국시대 성곽에서 볼 수가 있다. 반원형의 옹성은 조선시대의 성곽에서 흔히 볼 수 있다. 자연히 옹성에서 성문으로 통하는 통로가 있게되는데 이 통로가 옹성의 좌우 어느 한 쪽에 치우쳐 있는 것을 편문식(片門式)이라고 한다. 이 통로가 중앙부에 있는 것을 중앙식(中央式)이라고 한다.

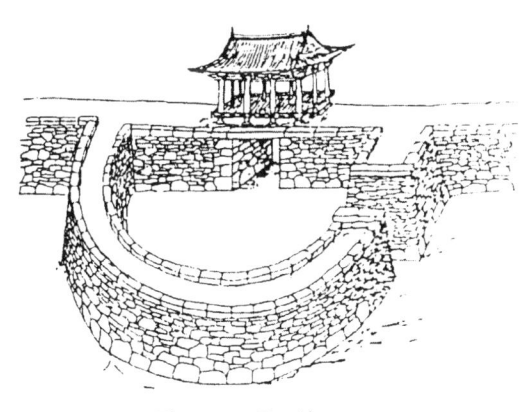

그림 IX-30 옹 성

그림 IX-31 옹성(수원성화서문)

(2) 여장(女墻)

　여장(女墻)은 성의 몸통에 해당하는 체성(體城)위에 설치하는 시설물이다. 치첩(雉堞)이라고도 하며, 우리말로는 성가퀴라고 부른다. 병사가 체성위에서 수비하다 보면 몸체가 노출되어 성밖에 있는 적군의 표적이 되기 쉽다. 이를 방지하기 위하여 체성위에 담장을 좁고도 낮게 쌓아 신체를 은폐하기 위한 시설이다. 여장(女墻)은 성밖에서 보면 더욱 높아진 성벽이지만 성안에서는 병사들이 몸을 은폐하고 방어할 수 있는 효과적인 시설이다. 이는 성에 접근하여 공격하는 적의 무기로부터 몸을 보호할 수 있는 시설이기도 하다. 당나라와의 격전으로 유명한 요동성, 백암성 등에 여장이 존재하였다는 기록(≪삼국사기≫ 보장왕 4년조)이 있다. 그렇지만 삼국시대의 성곽에서는 대부분 붕괴되어 그 흔적만 남아 있다. 오늘날에는 조선시대의 성곽에서 구체적인 여장의 모습을 볼 수 있다.

여장(女墻)에는 화살을 막는 시설인 타(垜)를 꼭대기부분에 설치하였고, 또한 화살을 쏠 수가 있도록 여장의 사이사이에 움푹 패인 공간시설인 타구(垜口)를 만들었다. 후일에는 여장에다 구멍을 뚫어 총을 발사할 수 있는 시설(銃眼)을 만들기도 하였다. 여장은 성밖에서 본 입면형태에 따라서 여러 가지 종류가 있는데 평여장(平女墻), 반원형(半圓形)여장, 볼록여장(凸여장) 등으로 나눌 수 있다.

(3) 미석(眉石)

미석(眉石)은 성체와 여장사이에 툭 튀어나온 돌이다. 외적이 성벽을 기어올라 넘어오는 것을 방지하기 위하여 성체의 끝부분 석재를 약간 앞으로 튀어나오게 축조하였다. 마치 눈을 보호하는 눈썹처럼 생겼다고 하여 붙여진 이름이다.

(4) 치(雉)

치(雉)는 성벽의 앞부분에 장방형으로 돌출시켜 쌓은 시설물이다. 적의 공격이 성벽에 집중될 때 직선의 성벽 안에 있는 병사들은 집중적인 적의 공격을 효과적으로 대응하기가 어렵다. 또한 성위에서는 성 밑에 붙어 공격해 들어오는 적을 도저히 막을 수 없다. 이러한 문제를 해결하기 위하여 성벽의 좌우에 짧은 장방형의 성벽을 돌출시켜 설치하게 되면 전면 및 측면 등 3방면에서 적의 공격에 대응할 수 있게 된다. 또한 적의 접근을 빨리 관측하여 대응할 수가 있게 된다. 꿩(雉)이 몸을 숨기고 밖을 잘 엿보기 때문에 붙여진 이름이라고 한다.

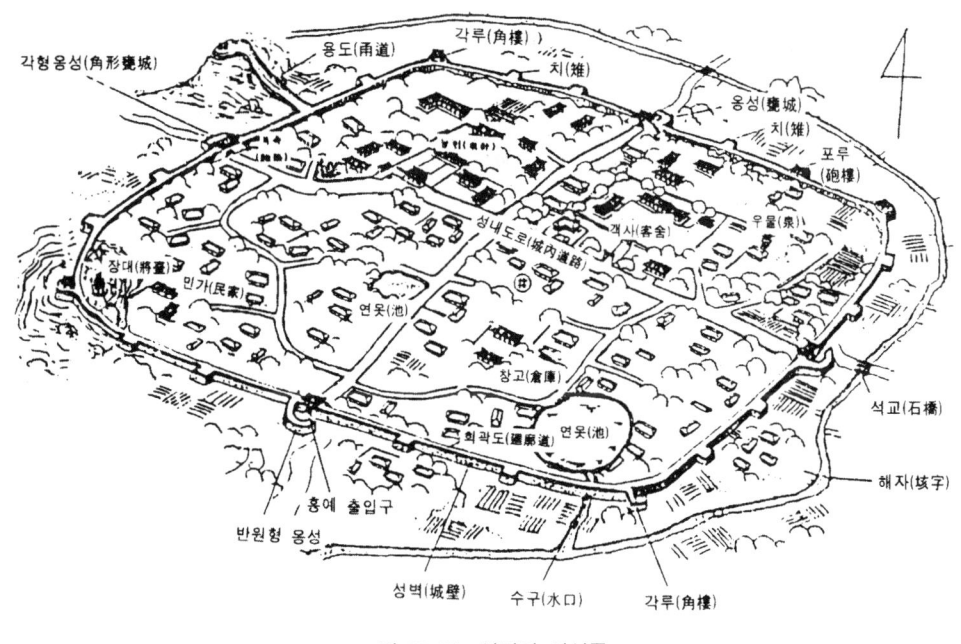

그림 IX-32 성곽의 시설물

(5) 각루(角樓)

각루(角樓)는 성벽이 서로 교차되는 모서리 부분에 설치된 누각(樓閣)건물을 말한다. 方形이 대부분인 평지성(平地城)에서는 4모퉁이에 설치하고, 산성에서는 성벽의 굴곡이 심하고, 주변 지형의 관측이 양호한 지점에 설치하였다. 각루가 있던 자리에는 건물이 있던 흔적 즉 기와편, 토기편과 같은 생활 유물이 발견된다.

(6) 용도(甬道)

용도(甬道)는 성벽의 일부를 지형에 따라 성밖으로 길게 축조한 성벽을 말한다. 이는 본 성벽과 같은 구조로 축조하는데, 국방의 요충지에 설치하여 방어와 관측 및 통행로의 역할을 하였다.

(7) 총안(銃眼)

총안(銃眼)은 여장에 나있는 구멍을 말한다. 이는 총을 무기로 사용하는 시기에 고안되었다. 여장뒤에 몸을 은폐하고는 여장에 난 구멍을 통하여 총을 발사하도록 한 시설이다. 원거리를 관측하고 총을 발사하도록 만든 원총안(遠銃眼)과 가까운 거리를 관측하고 총을 발사할 수 있도록 만든 근총안(近銃眼)이 있다. 원총안은 수평에 가깝고, 근총안은 급경사로 뚫려 있다.

(8) 현안(懸眼)

현안(懸眼)은 성벽의 바깥 벽면에다가 수직에 가까운 구멍을 뚫어 놓은 시설을 말한다. 적이 성벽가까이 밀착해오면 성벽위에서 공격할 수 없게 된다. 이 때 뚫린 구멍을 통하여 근접한 적을 효과적으로 공격할 수 있다. 조선시대에 고안된 방법으로 알려져 있다. 수원성(水原城)에서 볼 수 있다.

(9) 공심돈(空心墩)

공심돈(空心墩)은 성벽의 치성부분에 설치한 높은 누각을 말하는데, 그 내부가 비어 있어 공심돈이라고 한다. 내부에는 사다리와 같은 층계시설을 만들어 군사를 층층히 배치할 수 있다. 이는 병력과 화력을 공심돈에 집중 배치하여 성벽에 접근하

그림 IX-33 공심돈(수원성)

는 적을 방어하기 위하여 고안된 것이다. 16세기 대에 고안된 것으로 중국에서 축조기법을 도입하였다. 우리나라에서는 화성(수원성)에서만 볼 수 있다. 그 형태는 원형과 방형이 있다. 화성(수원성)에는 서북과 동북 그리고 남쪽등의 3곳에 공심돈이 있다.

 2) 성벽주변시설(城壁周邊施設)

  성벽(城壁)은 적의 공격을 감당하여야 하는 장애물이다. 특히 전면적인 적의 공격이 시작될 때면 성벽에서 적군에 대항하여야 한다. 따라서 성벽이 허물어지거나 돌파당하는 것을 방지하기 위하여 여러 가지 성벽보호를 위한 시설들이 설치된다.
  성벽안팎의 시설물로서는 해자(垓字)를 비롯하여 양마장(羊馬墻), 장대(將臺), 망대(望臺), 집수시설(集水施設) 등이 있다.

 (1) 해자(垓字)

  해자(垓字)는 성벽의 안팎에 인공적으로 땅을 파내어 물을 담아 장애물로 만든 시설을 말한다. 유럽의 중세도시를 배경으로 한 영화를 보면, 성밖에 물이 고여있는 것을 흔히 볼 수가 있는데 이것이 해자이다. 해자의 발생은 성벽을 축조하는 과정에서 생겨났다. 성벽주변의 흙을 파내어 성벽으로 이용하거나, 남는 흙을 성안팎의 일정한 장소에 쌓아두는 과정에서 생긴 긴 도랑과 같은 시설이 자연적으로 2중의 방어물이 된 것이다. 산성의 경우에, 물을 담아둘 수 있도록 만든 도랑시설을 호(濠)라고 하고, 물을 담아둘 수가 없도록 만든 도랑시설을 황(隍)이라고 한다. 평지성은 성벽의 외곽부를 따라서 흙을 파내고는 이곳에 물을 저장하여 방어물로 삼았는데 이를 해자라 한다.

(2) 양마장(羊馬墻)

양마장(羊馬墻)은 성벽과 해자 사이에 또 하나의 낮은 울타리를 만든 시설을 말한다. 즉 어렵게 해자를 건너온 적은 또 다른 장애물을 넘어야만 성벽에 도달할 수가 있다. 이처럼 성벽 밖에서 적의 접근을 차단하기 위한 낮은 담장과 같은 시설물을 양마장이라 한다.

(3) 장대(將臺)와 망대(望臺)

장대(將臺)와 망대(望臺)는 성내외의 주변지형을 잘 조망할 수 있는 성안의 높은 고지에 설치하는 시설물이다. 장대와 망대는 명확하게 구별되지 않는 경우가 많다. 특히 소규모의 성곽에서는 2개의 기능이 합쳐진 경우도 있다. 장대(將臺)는 장수가 거처하는 전투지휘소인데 성내외의 상황에 대한 작전보고와 작전명령을 하달하는 곳이다. 대체로 정문을 바라볼 수가 있는 높은 지형에 설치하거나 성안의 전망이 양호한 높은 지형에 설치한다. 장대에는 장수가 작전을 지휘하기 위한 건물을 세우기도 한다. 고구려 산성자산성의 장대는 정문을 바라볼 수 있는 높은 지형에 축조하였다. 고구려 백암성(白岩城)으로 알려진 연주산산성(燕州山山城, 요녕성 등탑현)의 장대는 성안의 전망이 양호한 지점에다가 높은 석축을 쌓아서 축조하였다. 장대의 구체적인 모습은 수원성에서 볼 수 있는데 누각형의 대형건축물이다.

그림 IX-34 장대의 흔적(고구려 석성)

그림 IX-35 장대(수원성, 조선시대)

망대는 성밖의 상황을 감시하는 초소이다. 따라서 성밖의 주변지형이 잘 바라다 보이는 지형에다 설치한다. 망대는 자연의 높은 지형을 그대로 이용하거나 약간의 축대를 쌓기도 한다.

(4) 집수시설(集水施設)

성곽을 유지·관리하기 위하여는 사람들이 생활할 수 있는 여러 가지 조건이 구비되어야 한다. 이중에서도 식수(食水)의 조달은 필수 불가결한 요소이다. 특히 비상시에 많은 사람들이 성안에서 장기간 농성(籠城)하기 위하여 반드시 필요한 요소일 것이다. 따라서 성의 내부 또는 외곽부에는 식수를 조달하기 위한 집수시설(集水施設)을 마련하여야 한다. 가장 보편적인 집수시설은 먼저 우물을 꼽을 수 있다. 크고 작은 성곽에는 자연우물 또는 인공우물이 설치되어 있다. 그렇지만 대형의 성곽은 소규모의 우물로서는 부족할 것이다. 따라서 대규모성곽의 경우에는 많은 인원이 장기간 농성할 수가 있도록 우물보다는 대형의 집수시설이 필요하다. 이 경우는 성안에 커다란 저수지를 파서 문제를 해결한다. 이러한 대형의 집수시설은 산성일 경우 계곡을 포용하는 골짜기의 평탄한 지점에 설치하는 경우가 많이 있다. 그러한 예는 고구려의 산성자산성(山城子山城), 백제의 공산성(公山城), 신라의 삼년산성(三年山城)등이 있다. 이와 같은 집수시설에는 성밖으로 하수를 배출하는 배수시설(수구)이 성벽내외에 마련되기도 한다.

참 고 문 헌

고유섭, 1981, ≪한국탑파의 연구≫, 동화출판공사.
고구려연구재단, 2009, ≪고구려 왕릉 연구≫.
공석구, 1998, ≪고구려 영역확장사 연구≫, 서경문화사.
공석구, 2002, ≪우리문화 우리역사≫, 도서출판 보성.
공석구외 공저, 2004, ≪다시 보는 고구려사≫, 고구려연구재단.
국립문화재연구소, 2001, ≪한국고고학사전≫.
국립부여문화재연구소, 2000, ≪사비도성과 백제의 성곽≫, 국립부여문화재연구소.
국립중앙박물관편, 1983, ≪한국고고학미술사요해≫, 국립중앙박물관.
국사편찬위원회, 1997, ≪한국사≫, 권 4, -초기국가(고조선·부여·삼한)-.
국사편찬위원회, 1996, ≪한국사≫, 권 5, -삼국의 정치와 사회 Ⅰ, 고구려-.
국사편찬위원회, 1998, ≪한국사≫, 권 8, 삼국의 문화.
국사편찬위원회, 1998, ≪한국사≫, 권 9, 통일신라.
국사편찬위원회, 1996, ≪한국사≫, 권 21, 고려 후기의 사상과 문화.
국사편찬위원회, 1996, ≪한국사≫, 권 27, 조선 초기의 문화 Ⅱ.
국사편찬위원회 조선왕조실록(http://sillok.history.go.kr/main/main.jsp)
김광중·김주성·송화섭·조법종, 1998, ≪완주의 문화유산Ⅰ≫, 완주문화원·우석대 박물관.
김리나, 1989, ≪한국고대불교조각사연구≫, 일조각.
김태식, 2002, ≪미완의 문명 7백년 가야사≫, 푸른역사.
김현준, 1991, ≪사찰, 그 속에 깃든 의미≫, 교보문고.
김희경, 1986, ≪탑≫(한국의 미술 2), 열화당.
네이버백과사전, http://www.naver.com/
다음백과사전, http://enc.daum.net/dic100/view_top.do
대전직할시, 1993, ≪대전의 성곽≫, 형제옵셋인쇄사.
문명대, 1977, ≪한국의 불화≫, 열화당.
문명대, 1980, ≪한국조각사≫, 열화당.
문명대, 1984, ≪조선불화≫(한국의 미 16), 열화당.
문명대, 1994, ≪고려불화≫, 열화당.

문명대, 1994, ≪한국불교미술대전≫ 권 1, 불교조각, 한국색채문화사.
문명대, 1994, ≪한국불교미술대전≫ 권 2, 불교회화, 한국색채문화사.
문명대, 1994, ≪한국불교미술대전≫ 권 3, 불교건축, 한국색채문화사.
문명대, 1994, ≪한국불교미술대전≫ 권 4, 불교공예, 한국색채문화사.
문화재관리국, 1973, ≪武寧王陵發掘調査報告書≫.
문화재관리국, 1974, ≪天馬塚發掘調査報告書≫.
문화재관리국 문화재연구소, 1994, ≪皇南大塚(南墳)≫.
문화재청 홈페이지, http://www.ocp.go.kr/
박경식, 1999, ≪우리나라의 석탑≫, 역민사.
박경준, 2001, ≪다비와 사리≫, 대원사.
반영환, 1992, ≪한국의 성곽≫(빛깔있는 책들 109), 대원사.
성주탁역, 1993, ≪중국도성발달사≫, 학연문화사.
손영식, 1987, ≪한국성곽의 연구≫, 문화재관리국.
신영훈, 1981, ≪사원건축≫(한국의 미 13), 중앙일보사.
야후백과사전, http://kr.encycl.yahoo.com/
염영하, 1992, ≪한국의 종≫, 서울대학교출판부.
유병용·박위성편, 1995, ≪한국전통화자료집≫, 국일미디어.
윤열수, 1990, ≪괘불≫, 대원사.
이기백편, 1987, ≪한국사시민강좌≫ 1집 -식민주의사관비판-, 일조각.
이기백편, 1988, ≪한국사시민강좌≫ 2집 -고조선의 제문제-, 일조각.
이기백편, 1988, ≪단군신화론집≫, 새문사.
이기백편, 1997, ≪한국사시민강좌≫ 21집 -오늘의 북한역사학-, 일조각.
이태진, 1990 <사화와 붕당정치> ≪한국사특강≫, 서울대학교출판부, 1990.
이만열, 1997, <일제 식민통치의 근대화론 검토> ≪한국독립운동사연구≫ 9, 독립기념관.
이형구엮음, 1994, ≪찾아서≫, 살림터.
이호관, 1999, ≪한국의 금속공예≫, 문예출판사.
이호관, 1989, ≪범종≫, 대원사.
장충식, 1989, ≪한국의 탑≫, 일지사.
정명호, 1992, ≪석등≫(빛깔있는 책들 136), 대원사.
정영호, 1980, ≪석탑≫(한국의 미 9), 중앙일보사.
정영호, 1983, ≪석등·부도·비≫(한국의 미 15), 중앙일보사.

정영호, 1990, ≪부도≫, 대원사.
정영호, 1998, ≪한국의 석조미술≫, 서울대학교출판부
정영호편저, 1984, ≪국보≫-석조-, 예경산업사.
조유전, 1996, ≪발굴이야기≫, 대원사.
조유전·이기환, 2004, ≪고고학자 조유전의 한국사미스터리≫, 황금부엉이.
中村原·奈良康明·佐藤良純著, 김지견역, 1984, ≪불타의 세계≫, 김영사.
진홍섭, 1987, ≪불상≫, 일지사.
진홍섭, 1989, ≪석불≫, 대원사.
진홍섭편저, 1983, ≪국보≫-탑파-, 예경문화사.
진홍섭, 1998, ≪한국불교미술≫, 문예출판사
최완수, 1984, ≪불상연구≫, 지식산업사.
충남도·충남대박물관, 1994, ≪알고 보는 문화재≫, 학연문화사.
최몽룡, 1991, ≪재미있는 고고학여행≫, 학연문화사.
한국고대사학회, 2003, ≪중국의 고구려 왜곡 대책 학술발표회≫.
한국불교연구원편, 1977, ≪한국의 사찰 1~16≫, 일지사.
허균, 2000, ≪사찰장식 그 빛나는 상징의 세계≫, 돌베게.
홍윤식, 1986, ≪한국의 불교미술≫, 대원사.
홍윤식, 1989, ≪불화≫, 대원사.
황수영, 1979, ≪불상≫(한국의 미 10), 중앙일보사.
황수영, 1981, ≪한국불상의 연구≫, 삼화출판사.
황수영, 1990, ≪한국불교미술사론≫, 민족사.

※ 이외에도 선배와 동학 여러분의 저서와 논문을 참조하였으나 일일이 출전을 밝히지 못하였다. 많은 양해를 바란다.

저자소개

공 석 구(孔錫龜)

【주요경력】
- 문학박사(충남대학교)
- 고구려・발해학회 회장(현)
- 한국고대사학회 이사(현)
- (재)백제문화재연구원 감사(현)
- 중국의 고구려사 왜곡 공동대책위원회 위원(역임)
- 호서고고학회 감사(역임)
- (현)국립한밭대학교 교수
- 백산학회 편집위원(현)
- 한국고대학회 대전지역 연구위원(현)
- 한국고대사학회이사・편집위원(역임)
- 고구려 연구재단 연구위원(역임)
- 호서사학회 이사(역임)

【최근의 주요논저】
- 《고구려영역확장사연구》, 1998, 서경문화사.
- 《다시 보는 고구려사》, 2004, 고구려연구재단(공저).
- <고구려 벽화무덤에 나타난 깃발(旗)연구>, 《고구려연구재단 연구총서 4》, 2005, 고구려연구재단, 2005.
- <강원도 동해안 지역의 고대 정치세력>, 《강원학 학술총서 3》, 2006, 강원발전연구원.
- <고구려의 남진과 백제・신라>, 《고구려의 정치와 사회》, 2007, 동북아역사재단.
- <집안지역 고구려 왕릉의 조영>, 고구려발해연구 31호, 2008, 고구려발해학회.
- <고구려유적의 어제와 오늘>, 동북아역사재단, 2009(공저).
- <광개토왕릉비에 나타난 광개토왕의 왕릉관리>, 고구려발해연구 39호, 고구려발해학회, 2011.
- <광개토왕의 요서지방 진출에 대한 고찰> 한국고대사연구 67호 한국고대사학회, 2012.
- <광개토왕릉비 수묘인연호기사의 고찰>, 고구려발해연구 47호, 고구려발해학회, 2013.

한국사의 어제와 오늘

인 쇄	2009년 8월 25일
발 행	2009년 9월 1일
제 2판	2014년 3월 1일
제 3판	2017년 2월 27일
제 4판	2024년 3월 2일
저 자	공 석 구
발행인	박 상 규
발행처	도서출판 보성
주 소	대전광역시 동구 태전로126번길 6
전 화	(042) 673-1511
팩 스	(042) 635-1511
E-mail	bspco@hanmail.net
등록번호	61호

ISBN 978-89-6236-029-5 03900

값 15,000원